Dziga Vertov

Die Vertov-Sammlung im Österreichischen Filmmuseum
The Vertov Collection at the Austrian Film Museum

Herausgegeben von / Edited by
Österreichisches Filmmuseum, Thomas Tode, Barbara Wurm

T0311548

Österreichisches Filmmuseum
SYNEMA – Gesellschaft für Film und Medien

Ein Buch von SYNEMA ☰ Publikationen
Dziga Vertov. Die Vertov-Sammlung im Österreichischen Filmmuseum
        The Vertov Collection at the Austrian Film Museum
Band 4 der FilmmuseumSynemaPublikationen

2. Auflage, Dezember 2006 / 2nd edition, December 2006

Für den Inhalt verantwortlich / Edited by: Österreichisches Filmmuseum, Thomas Tode, Barbara Wurm
Projektleitung / Project management: Michael Loebenstein
Lektorat und Korrektur: Andrea Glawogger, Alexander Horwath und die Herausgeber/innen
Proofreading: Teresa Devlin, Eve Heller
Konservatorische Leitung / Collection management: Roland Fischer-Briand
Reproduktion der Originalplakate / Re-production of the vintage posters: Robert Newald
Fotorestaurierung / Photo restoration: Barbara Knoll
Scans: Paolo Caneppele, Teresa Devlin, Roland Fischer-Briand
Übersetzungen / Translations: siehe S. 287 / see p. 287
Praktikant/innen / Interns: Julia Dossi, Ildiko Brunner, Jessica Huijnen und Carolina Steinbrecher
Grafisches Konzept, Gestaltung und Produktion / Design and Layout: Gabriele Adebisi-Schuster
und Thomas Kussin für buero8, Wien
Verlags- und Herstellungsort: Wien
Druck: REMAprint / printed in Austria by REMAprint
Cover: Vladimir und Georgij Stenberg, Čelovek s kinoapparatom (1929)

ISBN 3-901644-19-9

Die Erarbeitung und Herstellung dieses Buchs wurde durch ein Stipendium seitens des
Bundeskanzleramts / Kunstsektion (Abteilung Film), durch die Wissenschaftsabteilung der
Stadt Wien (MA 7) und durch die Sponsoren ERSTE BANK und REMAprint mitermöglicht.

ERSTE ◉

SYNEMA – Gesellschaft für Film und Medien ist eine vom
BKA – Kunstsektion Abteilung II/3: Film und Neue Medien – geförderte Institution.
Das Österreichische Filmmuseum ist eine von der Kulturabteilung der Stadt Wien und
vom BKA/Kunstsektion geförderte Institution.

BUNDESKANZLERAMT ▪ KUNST   ▪▪▪ WIEN
                            ▪▪▪ KULTUR

Inhalt / Contents

Vorwort / Preface

Das Österreichische Filmmuseum verstand sich von Beginn an als ein Zugbegleiter, manchmal auch als Lokomotive. Der Zug ist der Film, und er fährt auf zwei Schienen: „Film ist die wichtigste Kunstgattung seit 1895. Film ist das wichtigste zeitgeschichtliche Dokument seit 1895." Diese Sätze aus einem frühen ÖFM-Dokument der 1960er Jahre haben ihre Kraft behalten, ungeachtet anderer und jüngerer Zugänge zum Medium Film. Film als Objekt der Wirtschaft und der Ideologie, Film als psychisches und als kognitives Phänomen, Film als Fließband der Alltagskultur usw. – alle diese Blickwinkel können die ästhetische Dimension und die Zeugnisfunktion des Films deutlich ergänzen, aber nicht ohne Verlust ersetzen.

Der russische Filmmacher und Filmtheoretiker Dziga Vertov (1896–1954) hat beide Schienen gleichzeitig befahren, schneller und folgenreicher als alle anderen in der Geschichte des Films. Als Schöpfer-Dokumentarist einer in Bewegung befindlichen Welt wurde er für das Filmmuseum, bei aller Gebrochenheit, sehr früh zur idealtypischen Figur. Dies mag eine erste Erklärung sein für den überraschenden Umstand, dass sich gerade in Wien die umfangreichste Sammlung von Vertov-Zeugnissen außerhalb Russlands befindet.

Der vorliegende Katalogband hat zwei durch-

The Austrian Film Museum (ÖFM) saw its role from the outset as similar to that of a railway guard, at times even to that of an engine. The train, of course, is film, and it runs on two tracks: "Film is the most significant creative genre since 1895. Film is the most significant contemporary document of history since 1895." These lines, from an early ÖFM text from the 1960s, have maintained their momentum irrespective of other or more recent approaches to the medium of film. Film as an object of economy and of ideology, film as an emotional and cognitive phenomenon, film as a conveyor belt of everyday culture and so forth; these are perspectives that can clearly add to both the aesthetic dimension of film and its documentary function. They cannot, however, replace these qualities without something being lost in the process.

The Russian filmmaker and film theorist Dziga Vertov (1896–1954) navigated both these tracks simultaneously; faster and more effectively than any other in the history of film. As a creator and chronicler of an ever-moving world, Vertov became a model figure for the Film Museum from an early stage. Perhaps this can begin to explain the remarkable fact that the largest collection of Vertov material outside of Russia lies here in Vienna.

gängige Motive. Einerseits die Sammlung anhand ausgewählter Materialien vorzustellen und ihren Hintergrund zu beleuchten. Andererseits Anregungen zu liefern für neue wissenschaftliche und künstlerische Projekte, für eine zeitgenössische Aktivierung von Vertovs Erbe.

Von vorne nach hinten gelesen, hat das Buch die Struktur einer Zwiebel: Die Schale „Vertov in Splittern" führt zu „Vertov und Wien" führt zur Geschichte der Sammlung führt zu deren „Ordnungen" und schließlich zu den einzelnen Objekten. Zwei davon, eine Storyboard-Zeichnung und Vertovs späte „Künstlerische Visitenkarte", sind besonders ausführlich kommentiert und liegen erstmals in Übersetzung vor. Von den vielen weiteren Objekten lässt sich freilich jedes als Ausgangspunkt eines neuen Lektüre- oder Forschungswegs begreifen. Manchmal wird der Weg blitzartig erhellt; manchmal führen ein paar karge Zeilen in das Gebiet tiefer Empfindungen; fast immer tut sich im Zwischenraum der Objekte der Reichtum eines früh vom Medium Film und von der Revolution „überrumpelten" Lebens auf.

Mein Dank gilt jenen, die diese Sammlung aufgebaut und betreut haben – vor allem Peter Konlechner und Peter Kubelka, Edith Schlemmer und Rosemarie Ziegler, und natürlich Elizaveta Svilova-Vertova, der Ehefrau und engsten

This volume has two recurrent themes. On the one hand it aims to introduce the Vertov collection and bring its history to light by means of selected material. On the other hand, it hopes to give the impetus for further academic and artistic projects, to "activate" Vertov's legacy for the here and now. Read from cover to cover, the book resembles the structure of an onion. The layer "Fragments of Vertov" leads on to "Vertov and Vienna," which, in turn, feeds into the history of the collection, its ordering and finally to the individual objects themselves. Two of these, a storyboard and Vertov's late "Artistic Calling Card," have been commented on in particular detail and exist in translation for the first time. Indeed, each of the numerous additional objects can be regarded as a point of departure for further readings and further research. At times the path is illuminated as if by lightning; sometimes a few meagre lines lead the reader into the realm of profound sentiment. The richness of a "life caught unawares" early on by the medium of film and by the revolution nearly always reveals itself in the space between the items in this volume.

My thanks go to all those who built up and took care of the collection, above all Peter Konlechner and Peter Kubelka, Edith Schlemmer and Rosemarie Ziegler, and, of course, Eliza-

Mitarbeiterin Vertovs, die dem Filmmuseum weite Teile der Sammlung gestiftet hat.

Ebenso möchte ich den vielen jüngeren Kolleginnen und Kollegen danken, die in den letzten beiden Jahren die Vertov-Forschung im Filmmuseum mit neuem Enthusiasmus vorangetrieben haben – allen voran Michael Loebenstein, der die aufwändige Leitung dieses Projekts übernommen hat; den beiden akribischen „Gast-Vertovianern" Barbara Wurm und Thomas Tode, die aus dem Meer der Materialien mit wesentlichen Ergebnissen (und intaktem kritischen Blick) wieder aufgetaucht sind; sowie Paolo Caneppele, Teresa Devlin, Roland Fischer-Briand, Brigitte Paulowitz, und allen weiteren Autor/innen und Übersetzer/innen des Buches. Für ihre entscheidenden Anregungen von außen danke ich Klemens Gruber (TFM, Universität Wien), Yuri Tsivian (University of Chicago) und ganz besonders Aleksandr Derjabin (Moskau), ohne dessen unermessliches Vertov-Wissen, das er großzügig mit uns geteilt hat, viele Detailfragen im Dunkeln geblieben wären. Zuletzt ein herzlicher Dank an Gabi Adebisi-Schuster (buero8) – ohne ihren unermüdlichen Einsatz wäre dieses Buch nicht realisierbar gewesen.

Alexander Horwath

veta Svilova-Vertova, Vertov's wife and his closest collaborator, who donated vast sections to the collection.

I would also like to thank the many younger colleagues who, in the last two years, have pushed forward Vertov research in the Film Museum with a new-found enthusiasm: at the fore Michael Loebenstein, who undertook the time-consuming organisation of this project; our two "guest Vertovians," Barbara Wurm and Thomas Tode, who resurfaced from a sea of material with essential information (and an intact critical stance), as well as Paolo Caneppele, Teresa Devlin, Roland Fischer-Briand, Brigitte Paulowitz, and all other authors and translators who contributed to the book. For their decisive input, I would like to thank our external advisors Klemens Gruber (TFM, University of Vienna), Yuri Tsivian (University of Chicago) and, particularly, Aleksandr Derjabin (Moscow), as numerous questions would have remained in the dark without his immense knowledge of Vertov, which he so generously shared with us. Finally, my heartfelt thanks to our graphic designer, Gabi Adebisi-Schuster of buero8, whose tireless contribution ensured the realisation of this volume.

Alexander Horwath

Vertov in Splittern
Fragments of Vertov

Angesichts der bestehenden Vertov-Literatur möchten wir hier zur Einleitung keine runde Zusammenfassung von Vertovs Leben und Werk geben, sondern eine Montage von „Vertov-Splittern". Wir haben einige, vor allem jüngere „Vertovianer" aus verschiedenen Ländern eingeladen, Beispiele anzudeuten, spezifische Aspekte, die einer weiterführenden Beschäftigung mit Vertov zugrunde liegen könnten. Zehn kurze Skizzen, Beobachtungen, Fragestellungen, die sich gewissermaßen an die Zukunft richten (selbst dort, wo sie historische Detailforschung betreiben). Es bleibt noch viel zu tun, wenn man sich Vertovs „metamorphotisches Potential" (Marc Ries) vor Augen hält; und es wird quer durch alle Disziplinen und über ihre Grenzen hinweg zu tun sein: von der historiografischen Faktenfindung bis zur Theorie der Medien, von der Film- und Kulturwissenschaft bis zur politischen Medienpraxis, der Hervorbringung neuer Öffentlichkeiten mittels laufender Bilder. *Die Herausgeber/innen*

Taking the existing literature on Vertov into account, we wish to open this volume not with a mere summary of Vertov's life and work, but with a montage of 'Vertov fragments'. We have invited several, especially younger generation 'Vertovians' from various countries to write on specific aspects or examples, serving to form a basis for the further study of Vertov. Ten short sketches, observations and questioning formulations which direct themselves, so to speak, towards the future (including, of course, the future research on historical details). If one keeps in mind Vertov's "metamorphic potential" (Marc Ries), then there is still much to be done. Research that will cut straight through the disciplines and find meaning through their convergence, ranging from historiography to media theory, from film and cultural studies to political media practices initiating new public discourse by means of moving images. *The editors*

~

Zuversichtlich, dass ihm die Welt gehört

Ich hatte das Glück, einen Film über Dziga Vertov und seine Brüder zu machen. Ich hielt Vertovs Tagebücher in meinen Händen, ich las seine Briefe, ich sah mir seine Filme wieder und

Confident that the world was his

I was lucky to make a film about Dziga Vertov and his brothers. I held Vertov's diaries in my own hands, I read his letters, I watched his films again and again. I will never forget this experience.

What is it that makes Vertov's work so capti-

wieder an. Diese Erfahrung werde ich nie vergessen.

Was macht Vertovs Werk so fesselnd, so inspirierend? Ich denke, es ist das elektrisierende Gefühl der Vertrautheit mit der riesigen und grenzenlosen Welt, die unermessliche Weite, die sich plötzlich auftut, ausbreitet und alle Grenzen überschreitet, von den Moscheen von Bucharov zu den Stahlträgern des Eiffelturms, von den Schächten der Hochöfen in den ukrainischen Metallwerken zu den Wolkenkratzern in New York. Vertov wollte hier wie dort präsent sein, und überall gleichzeitig, als hätte er befürchtet, etwas Bemerkenswertes zu übersehen. Sein „Mann mit der Kamera" raste in Autos dahin, flog Flugzeuge, spähte durch Fenster und wagte sich sogar unter die Erde. Die ganze Welt gehörte ihm, und er fühlte sich überall zuhause.

Vertovs Offenheit und seine Freude am Prosaischen scheinen heute fast undenkbar. Die Gutgläubigkeit seiner Vision ist beinahe kindlich.

Ein Knabe aus einer kleinen Provinzstadt reist zum ersten Mal in seinem Leben durch große Städte. Er ist überwältigt, glücklich und zuversichtlich, dass ihm die Welt gehört.

Diese Empfänglichkeit, diese „Blauäugigkeit" ist dem modernen Film praktisch abhanden gekommen. Heute fühlen sich sogar die größten

vating, so inspiring? I think it is the electrifying sense of intimacy with the immense and boundless world. The vast expanse that suddenly reveals itself and extends outwards, transcending all borders, from the mosques of Bucharov, to the steel girders of the Eiffel Tower, from the shafts of the metal works in the Ukraine to the sky-scrapers in New York. Vertov wanted to be present here, there, and everywhere at once, as if he feared overlooking something significant. His "Man with a Movie Camera" raced in cars, flew planes, peered into windows and even ventured underground. The whole world was his, and he felt at home everywhere.

Vertov's openness and the delight he took in all that was commonplace seem almost unthinkable today. The credulity of his vision is very nearly child-like.

A young boy from a small provincial town travels through big cities for the first time in his life. He is overwhelmed, happy, and confident that the world was his.

This naive receptivity is all but gone from modern film. Today even the greatest filmmakers are more comfortable forging their own micro-universes, shielding their creations from the kaleidoscopic reality of the modern world. This trend, however sad, is inexorable. The avant-garde art of the 1920s was perhaps the last

Dziga Vertov, ca. 1897

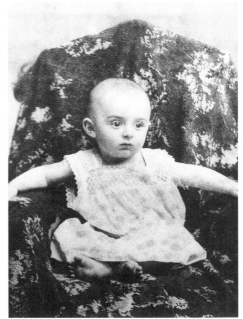

Filmemacher wohler dabei, ihre eigenen Mikro-Universen zu erfinden und ihre Kreationen von der kaleidoskopischen Realität der modernen Welt abzuschirmen. Dieser Trend, wie traurig auch immer, ist unerbittlich. Die Avantgarde der 1920er Jahre schätzte vielleicht als letzte die Welt als ein großes Ganzes, obwohl diese universalistische Weltsicht im Grunde utopistisch war: Man sah in der Einheit der Welt die Dämmerung einer globalen Revolution angekündigt, die sehr bald die ganze Welt ergreifen würde.

Vladimir Nepevnyj, Filmemacher, Sankt Petersburg

~

Vertov vor Vertov: Jüdisches Leben in Białystok

Das Milieu, in das die drei Söhne von Abel' und Chaja Kaufman geboren wurden – David/Denis, später Dziga Vertov (15. Jänner 1896), Moisej/Michail (5. September 1897) und Boris (12. Januar 1903) –, veränderte sich rasant.[1] Zwischen 1896 und 1917 trafen sich diverse „traditionalistische" und „modernisierende" Impulse und machten Białystok, die Heimatstadt der Kaufmans – fälschlicherweise oft als ein provinzielles Kaff beschrieben – zu einem äußerst dynami-

to appreciate the world as both whole and one, although this universalist world-view was an essentially utopian one. The unity of the world was believed to herald the dawn of a global revolution, that would very soon engulf the planet.

Vladimir Nepevnyj, Filmmaker, St. Petersburg

~

Vertov before Vertov: Jewish Life in Białystok

The milieu within which were born the three sons of Abel' and Chaja Kaufman—David/Denis, later Dziga Vertov (15 January 1896), Moisej/Michail (5 September 1897) and Boris (2 January 1903) was a rapidly changing one.[1]

---

1) Diese Geburtsdaten (alle im „neuen Stil", d. h. dem Gregorianischen Kalender entsprechend) wurden direkt den Geburtsscheinen der Brüder Kaufman entnommen, die im Staatsarchiv in Białystok (heute Polen) vorliegen.

1) These birthdates are all "new style," i.e., according to the Gregorian calendar, and have been taken from the birth records of the Kaufman brothers, housed in the State Archive in Białystok, Poland.

schen Schauplatz, auch wenn es seinen jüngsten, ruhelosesten Bewohnern nicht so schien.

Białystok war kein „Schtetl" („Dorf" auf Jiddisch), sondern vielmehr die größte und wirtschaftlich rührigste Stadt in der Grodno-Gubernija, die Teile von Ostpolen und des westlichen Weißrussland einschloss. Im Jahr 1910 hatte sie 80.190 Einwohner – während des Ersten Weltkriegs sank die Bevölkerungszahl um mehr als die Hälfte – und rühmte sich ihrer zahlreichen Geschäfte, über 200 Fabriken (Leskov nannte Białystok das „Manchester von Russland"), fünf Kinos und fünf Büchereien. In einer dieser Büchereien, die auch als Buchhandlung fungierte und vom Besitzer Abel' Kaufman betrieben wurde, gab es ungefähr so viele Bücher wie in der regionalen Hauptbibliothek in Grodno. Kaufmans Buchhandlung haftete nichts „Provinzielles" an – im Jahr 1900 gab es dort unter anderem die gesammelten Werke von Maupassant, Flaubert, Zola und Darwin (auf Russisch), später kamen Autoren wie Ibsen, Strindberg und d'Annunzio hinzu. Erklärungen in den Katalogen seiner Bücherei verdeutlichen, dass Kaufman sein Unternehmen als eines der kulturellen „Verbesserung" im klassischen Sinn der Intelligenzija sah. Er versuchte, das „Angenehme mit dem Nützlichen" zu verbinden, „billige" kommerzielle Literatur zu vermeiden, und

Various "traditionalist" and "modernizing" impulses converged between 1896 and 1917 to make the Kaufmans' hometown of Białystok —sometimes wrongly described as a provincial backwater—an intensely dynamic setting, even though it didn't appear as such to its youngest, most restless inhabitants.

Białystok was not a "shtetl" ("village" in Yiddish) at all, but rather the largest and most commercially active city in the Grodno gubernija, which included parts of eastern Poland and western Belarus. It had 80,190 residents in 1910—the population was to drop by more than half over the course of World War I—and boasted scores of businesses, over 200 factories (Leskov called Białystok the "Manchester of Russia"), five movie houses, and five libraries. One of these libraries (which also served as a bookstore) was owned and operated by Abel' Kaufman, and contained about as many books as the main regional public library in Grodno. There was nothing "provincial" about Kaufman's bookstore—in 1900, it contained the complete works (in Russian) of Maupassant, Flaubert, Zola, and Darwin among others, later adding writers like Ibsen, Strindberg, and d'Annunzio—and statements that he included in the library's catalogues make it clear that Kaufman saw his enterprise as one of cultural "uplift," in the clas-

er traf seine Auswahl in Richtung „derer, die in Büchern nicht nur nervöse Stimulation, Muße und eine angenehme Schläfrigkeit suchen, sondern Nahrung für den Geist und das Herz".[2]

Obwohl Białystok eine mulitkulturelle Stadt war (es lebten dort viele Russen, Litauer und Deutsche), machten die Juden ungefähr 75 Prozent der Bevölkerung aus, was die große Mehrheit sowohl der Geschäftsleute wie auch der Arbeiter einschloss. Diese Feststellung sagt allerdings nicht viel über die Komplexität des jüdischen Lebens in der Stadt aus, das in viele widersprüchliche religiöse, kulturelle und politische Tendenzen aufgespalten war, einschließlich des Liberalismus, diverser Sozialismen und (besonders nach dem Pogrom 1906) des beginnenden Zionismus. Chaja Kaufman war zwar die Tochter eines Rabbis, doch der „aufgeklärte" und russophile Abel' repräsentierte die dominante Kraft in der Familie. Es gibt keine Hinweise, dass die Söhne irgendeine maßgebliche religiöse Erziehung erhielten, und die Hauptsprache des Haushaltes (und der Schulen, die die Brüder besuchten) war eindeutig Russisch und nicht Jiddisch. Wie viele aufstrebende Juden dieser Generation machten auch die Kaufmans

sic intelligentsia mode. He sought to unite "the pleasant with the useful," avoiding "cheap" commercial literature, and oriented his selections toward "those who seek in books not mere nervous stimulation, leisure and pleasant somnolence, but food for the mind and the heart."[2]

Though a diverse city (with many Russians, Lithuanians and Germans in residence there), Jews made up around 75 percent of Bialystok's population, and comprised the vast majority of business owners and workers alike. Acknowledging this fact says little, however, about the complexity of Jewish life in the city, which was striated by many conflicting religious, cultural and political vectors, including liberalism, various socialisms, and (especially after the 1906 pogrom) incipient Zionism. Although Chaja Kaufman was a rabbi's daughter, the dominant force in the family was clearly the "enlightened" and Russophilic Abel'. There is no evidence that the sons received any significant religious education, and the main language of the household (and of the schools attended by the brothers) was clearly Russian and not Yiddish; like many aspirant Jews of this generation, the Kaufmans underwent what Yuri Slezkine calls "an eager

2) A.K. Kaufman, *Katalog Russkich Knig Biblioteki dlja čhtenija (pri knižnom magazine) A. Kaufmana v g. Białystok*, 2. Ausgabe, Białystok 1900, S. 1.

2) A.K. Kaufman, *Katalog Russkich Knig Biblioteki dlja čhtenija (pri knižnom magazine) A. Kaufmana v g. Białystok*, 2nd edition, Białystok 1900, p. 1.

eine – so Yuri Slezkine – „eifrige Konvertierung zum puschkinschen Glauben" durch.[3] Dennoch gab es in der Bücherei Bücher in Jiddisch und viele Werke zu jüdischen Fragen; und die hochpolitisierte Atmosphäre der Schulen brachte die Brüder, besonders nach 1905, mit den großen Themen Freiheit und Bürgerrechte in Kontakt, die die aufstrebende linksliberale jüdische Intelligenzija so sehr beschäftigten. Nicht zufällig war Vertovs erste Veröffentlichung eine Satire auf Vladimir Puriškevič, den Gründer der pogromistischen Organisation der „Schwarzen Hundert".

John MacKay, Yale University, New Haven

~

Vertov vor Vertov: Psychoneurologie in Petrograd

Im Jahr 1914 ging Vertov an das „Bechterev-Institut für Psychoneurologie" in Petrograd, an dem auch Abram Room, Grigorij Boltjanskij und Michail Kol'cov studierten, die später ebenfalls in der Filmbranche tätig waren.

Die Archivdokumente aus dem persönlichen Nachlass Vladimir Bechterevs und seines Instituts, die in Sankt Petersburg aufbewahrt werden, ermöglichen es uns, Hinweise über diesen Abschnitt im Leben Vertovs zu erhalten. Sie

conversion to the Pushkin faith."[3] All the same, the library contained books in Yiddish and many works on Jewish issues; and the highly politicized atmosphere of the schools, especially after 1905, exposed the brothers to the great themes of freedom and civil rights that so preoccupied the emergent left-liberal Jewish intelligentsia. Not by chance was Vertov's first published work a satire on Vladimir Puriškevič, founder of the pogromist Black Hundreds organization.

John MacKay, Yale University, New Haven

~

Vertov before Vertov: Psychoneurology in Petrograd

In 1914, Vertov was accepted into the "Bechterev Institute of Psychoneurology" in Petrograd, where Abram Room, Grigorij Boltjanskij and Michail Kol'cov (all of whom would later work in film) were also students.

Documents held in archives in St. Petersburg, which form part of Bechterev's and the Institute's legacy, enable us to bring this period in Vertov's life to light. They unveil the importance of the Bechterev Institute in the 1910s, a fact which was often underestimated after Bechterev's rumoured poisoning in 1927 and the subseqent elimination of his supporters during

3) Yuri Slezkine, *The Jewish Century*, Princeton und Oxford 2004, S. 127.

3) Yuri Slezkine, *The Jewish Century*, Princeton and Oxford 2004, p. 127.

unterstreichen die Bedeutung des Instituts im ersten Jahrzehnt des zwanzigsten Jahrhunderts, die nach Bechterevs mutmaßlicher Vergiftung im Jahr 1927 und der Beseitigung seiner Anhänger im Laufe der 30er Jahre oft unterschätzt wurde. Dieses im Jahr 1907 gegründete Privatinstitut setzte sich das (bis dahin noch nie formulierte) Ziel, eine Verbindung von Krankenpflege, klinischer Beobachtung, wissenschaftlicher Forschung und Ausbildung zu schaffen. Das gemeinsam absolvierte Grundprogramm für die ersten beiden Jahre war ehrgeiziger als jenes der Universität und enthielt Vorlesungen über Soziologie, Anthropologie, Ethnografie, allgemeine Geschichte, Kunstgeschichte, Literaturgeschichte und Philosophie. Danach hatten die Studierenden die Wahl zwischen drei Fakultäten, nämlich „Medizin" (de facto Psychiatrie), „Recht" (Kriminologie) und Pädagogik mit zwei Zweigen: „historisch-literarisch" (Psychologie) und „naturgeschichtlich" (Pädagogik). Das Ausbildungsprogramm war im Vergleich zu jenem der Militärakademie für Medizin und anderen Universitäten des Reiches sehr innovativ.

Unter den etwa 15.000 Dossiers von Studierenden zwischen 1908 und 1918 befindet sich auch jenes von David Abel'evič Kaufman, der im Weiteren den Namen Denis Arkad'evič führte und sich schließlich Dziga Vertov nannte.

the 1930s. Founded in 1907, the private Institute was conceived with the then unheard of idea of combining care for the sick with clinical observation, scientific research and education. The common programme of study for the first two years was more ambitious than that found at university. It included courses on sociology, anthropology and ethnography, general history, art history, literature and philosophy. Students were then able to chose between three faculties: 'medicine' (in reality psychiatry), 'law' (criminology) or 'pedagogy,' which divided into two distinct fields. The first focused on history and literature (psychology), whilst the second leant more towards natural history (pedagogy). The educational programme offered by the Institute was thus clearly innovative compared with that of the Military Academy of Medicine and other universities in the Russian Empire.

Amongst the roughly 15,000 records of all students admitted between 1908–1918, a file can be found for David Abel'evič Kaufman, who also went under the name of Denis Arkad'evič and finally settled on Dziga Vertov. The file includes documents presented on the occasion of his enrollment in 1914, as well as his graduation certificate from the secondary school in Białystok (6 years) dated 1913; followed by a certificate from a supplementary year of school

Dort finden wir die für die Einschreibung im Jahr 1914 vorgelegten Dokumente sowie mehrere andere Schriftstücke: das Abschlusszeugnis der sechs Klassen zählenden Realschule von Białystok aus dem Jahr 1913 sowie das Zeugnis des Zusatzjahres, das Vertov 1914 absolvierte. Er war ein durchschnittlicher, in den meisten Fächern sogar schwacher Schüler mit Ausnahme von Mathematik und Französisch im letzten Jahr.

Im Februar 1915 wohnt der Student David Kaufman, der manchmal den Vatersnamen Abramovič benutzte, in Sankt Petersburg bei seiner Tante, der Ärztin Maša-Rivka Rachilevna Galpern.

Aus den Unterlagen geht auch hervor, dass der Vater im Oktober 1915 ein Ansuchen um Zahlungsaufschub an das Institut stellte, das er mit dem Vorrücken der Front und der Tatsache begründete, dass die Familie Białystok hatte verlassen müssen und ihr gesamtes Hab und Gut in die Hände des Feindes gefallen sei. Außerdem war das gesamte Gepäck, das per Eisenbahn verschickt worden war, verloren gegangen. Die Familie flüchtete nach Petrograd und wohnte bei einem Diplomingenieur namens Z.M. Begun auf dem Lermontov-Prospekt 12, Wohnung 10.

Am 16. August 1916 suchte Vertov um eine Bestätigung über den Schulbesuch an, um sie

dated 1914. Overall, Vertov was an average if not weak pupil, apart from mathematics and French in his final year of school.

In February 1915, the student David Kaufman, sometimes called by the patronym of Abramovič, resided with his aunt, Maša-Rivka Rachilevna Galpern, a medical doctor.

Also to be found in the file is a request writtened by Vertov's father in October 1915 to the director of the Institute, asking to postpone payment of the enrollment fee for the then current semester. The advancement of the front was stated as the reason. The family had been forced to leave Białystok, where their property remained at the mercy of the enemy, and their entire baggage had been lost in transit. The family took refuge in Petrograd, living with Engineer Z.M. Begun at 12 Lermontov prospect, flat no. 10.

On the 16th of August 1916, Vertov requested certification of his status as a student for presentation to the military recruitment office, no doubt with the intention of obtaining a deferment. Another document issued by the recruitment office (district of Bogorodskij, region of Moscow), attests that he passed the medical examination for admission on the 7th of September 1916, and was declared fit for service.

Vertov studied, according to the certificates issued by the Institute, at least until the spring

der Militärrekrutierungsstelle vorzulegen (zweifellos um einen Aufschub zu erwirken). Ein anderes Dokument, das von eben dieser Rekrutierungsstelle ausgestellt wurde (Bezirk Bogorodskij, Region Moskau) bestätigt, dass Vertov am 7. September 1916 einer medizinischen Untersuchung unterzogen und für tauglich befunden wurde.

Vertov führte seine Ausbildung im Bechterev-Institut laut Aufzeichnungen der Institution mindestens bis zum Frühjahrssemester 1916 fort. Am 18. Juli 1917 bat das Institut den Direktor der Militärschule von Čuguev (Region Charkov), die verwaltungstechnischen Dokumente des Studenten David Kaufman, die an jenen geschickt worden waren, wieder zurückzusenden, sobald dieser sie nicht mehr brauchte.

Valérie Pozner, CNRS (Arias), Paris

~

Schaufenster, Laufsteg, Guckkasten:
Konstruktivist Vertov
Die *Kinopravda Nr. 16* zeigt die Feiern zum 1. Mai 1923 in Moskau. Eine Wochenschau, die kaum jemals zu sehen ist, obwohl sehr berühmt, weil Vertov darin den ersten Film von Eisenstein aufgenommen hat, *Dnevnik Glumova (Glumovs Tagebuch),* ein Mikrospielfilm von etwa 3 Minuten Länge, der sehr komödiantisch und ganz und

semester of 1916. On the 18th of July 1917, the Institute requested that the director of the Military School of Čuguev (region of Charkov) return the administrative papers to the file of David Kaufman, as soon as those documents were no longer required.

Valérie Pozner, CNRS (Arias), Paris

~

Display window, catwalk, peepshow
Vertov the constructivist
Kinopravda Nr. 16 depicts the Mayday celebrations in Moscow in 1923. Despite its renown, it is a weekly newsreel rarely seen. *Kinopravda Nr. 16* is famous for the fact that Vertov included Eisenstein's first film within it. A short feature film lasting about three minutes, *Dnevnik Glumova (Glumov's Diary)* is highly comic and wholly theatrical: pure Commedia dell'arte. Vertov, the declared enemy of theatre, nevertheless shows us theatre constantly in *Nr. 16*. He doesn't present just that one short theatrical film: this entire issue of *Kinopravda* is full of theatre, but a theatre that exists in sharp contrast to the heated, over-excited dramaturgy of *Dnevnik Glumova*. In picturesqe, epic shots, the film permits the eye to slide over metropolitan scenes. People crowd the streets and squares; everyone has come and all are curious about what is to be seen. Pic-

gar theaterhaft gemacht ist: reine Commedia dell'arte. Vertov, der erklärte Feind des Theaters, zeigt uns in *Nr. 16* ständig Theater: Er präsentiert nicht nur jenes Theater-Filmchen, die ganze Ausgabe dieser *Kinopravda* ist voll von Theater, allerdings in starkem Gegensatz zur erhitzten, überdrehten Dramatik von *Glumovs Tagebuch*. In malerischen, episch-distanzierten Einstellungen lässt die Filmchronik das Auge über die Szenerie der Großstadt gleiten. Die Menschen füllen die Straßen und Plätze, alle sind gekommen und neugierig, was es zu sehen gibt. Bilder einer Gesellschaft ohne Fernsehen: Die Schaulust der Massen ist noch nicht ermattet von einer Überdosis visueller Eindrücke. Kinder sehen dem Zauberer zu, Erwachsene dem Taschenspieler. Und wir sehen Menschen, die fröhlich in die Kamera grüßen und vor ihr respektvoll den Hut ziehen.

Vertov, der alles Theaterhafte aus dem Film verbannen wollte, zeigt doch in *Nr. 16* eine Heerschau des Straßen- und Massentheaters: Umzüge, Schauwagen, Prozessionstheater, dazu Musikkapellen, bemalte Gesichter, Fahnen und Transparente natürlich, Puppen als Karikaturen des Klassenfeinds, Karnevaltreiben, einen betrunkenen Popen, einen kleinen Panzerwagen. Sogar ein wirkliches Flugzeug mit einem Bildnis Trotzkis vorne am Cockpit, bekränzt mit

tures of a society without television: the curiosity of the masses has not yet been wearied by an overdose of visual impressions. Children watching a magician, adults watching a conjuror. And we see people cheerfully greeting the camera and respectfully raising their hats to it.

Vertov, who wanted to ban anything theatrical from film, gives us a review of street and popular theatre: processions, floats, processional theatre, as well as bands, painted faces, flags and, of course, banners, dolls which function as caricatures of the class enemy, carnival tricks, a drunken Pope, a little armoured car. There is even a real aeroplane with a picture of Trotsky crowned with branches in the cockpit, which is carried along in the procession. Popular theatricality.

This edition of *Kinopravda* clearly gives us theatre: passers-by who wander around and notice no difference between the fairground scenes the speech of a People's Commissioner or the appearance of mannequins in a fashion show. And then Vertov's instinct for analysis suddenly comes into play: in ironic contrast to the bustling pictures of the floats, he films scenes right around the fashion salon, as if the figures were playing on a stage. Between the mannequins and in the mirror in the background the cameraman can be seen: he is the "spinning

Zweigen, wird im Umzug mitgeführt. Populäre Theatralität.

Diese Ausgabe der *Kinopravda* führt uns Theater vor: Passanten, die umherschweifen und keinen Unterschied machen zwischen den Jahrmarktszenen, der Rede eines Volkskommissars und dem Auftritt der Mannequins in einem Modesalon. Da plötzlich kommt Vertovs analytischer Instinkt ins Spiel: ironisch und in Kontrast zu den bewegten Bildern der Schauwagen filmt er die Szenen rund um den Modesalon, als ob sie in einem Theater spielten. In den Spiegeln im Hintergrund zwischen den Mannequins ist der Kameramann zu sehen, der „kreiselnde Kurbler", der sich gleichzeitig im Schaufenster spiegelt, durch das er die Szene wie die anderen Zuschauer auch betrachtet. „Das Theater kennt prinzipiell die Stelle, von der aus das Geschehen nicht ohne weiteres als illusionär zu durchschauen ist", bemerkte Walter Benjamin im Kunstwerk-Aufsatz. Vertov liefert dazu jenen antitheatralischen Blick der Entzauberung: Die Schauspielerinnen auf der Bühne, die Anordnung der Kulissen und davor die sich drängenden Schaulustigen im Parkett. Gesehen von schräg oben, gewissermaßen von außerhalb, vom Balkon des gegenüberliegenden Hauses vermutlich: ein konstruktivistischer Blickpunkt, der uns die ganze Anlage dieser Szenerie ent-

top" who is also mirrored in the very display window through which he views the scene along with the other spectators. As Walter Benjamin remarked in his most famous essay, "In the theater one is well aware of the place from which the play cannot immediately be detected as illusionary." Vertov delivers the anti-theatrical gaze of disenchantment: the actresses on the stage, the arrangement of the set and, in front of that, the eager viewers crowding into the stalls. All of this is seen diagonally from above, or, so to speak, from the outside, presumably from the balcony of the house opposite. It is a constructivist angle that reveals the whole structure of this scenery to us. Display window, catwalk, peepshow—a middle-class theatre of illusion.

Klemens Gruber, TFM, Vienna

~

Vertov the traveller: A modern nomad

The films of Dziga Vertov bear witness to a persistent fascination with travelling. Movement across vast spaces became, perhaps, the most recurrent motive in his oeuvre. This movement was not limited to a succession of filmed sights. Indeed, cinema for Vertov was a 'moving institution' *par excellence,* a network that brought films to the most remote audiences as well as

17

hüllt. Schaufenster, Laufsteg, Guckkasten – bürgerliches Illusionstheater.

Klemens Gruber, TFM, Wien

~

Vertov, der moderne Nomade

Die Filme von Dziga Vertov bezeugen eine nachhaltige Faszination für das Reisen. Die Bewegung durch gewaltige räumliche Ausdehnungen wurde zu dem Motiv, das in seinem Werk wahrscheinlich am häufigsten wiederkehrt. Die Bewegung war nicht auf eine Abfolge von gefilmten Ansichten beschränkt: Das Kino war für Vertov die „bewegliche Institution" *par excellence,* ein Netzwerk, das Filme zum entferntesten Publikum bringt und Zuseher auch dazu bewegt, das Unbekannte zu erfahren und sich von ihren gewohnten Auffassungen zu trennen. In den frühen 1920er Jahren machte Vertov auf seinen Reisen Filme und führte sie zugleich durch ein improvisiertes Verleihnetzwerk von Kino-Zügen (*agit-poezda*) und transportablen Projektoren (*peredvižki*) vor.

„Kino-Fahrt" (*kino-probeg*) – ein Genre, das von Vertovs Kinoki-Gruppe entwickelt wurde – ist eine umfassende Metapher für seine eigene Arbeit. Vertovs räumlich ambitioniertester Film *Šestaja čast' mira* (1926) bietet einen Streifzug, in dem „das Land des Kapitals" mit seinen Kolo-

'moving' viewers to experience the unknown and allow themselves to be parted from habitual opinions. In the early 1920s, Vertov travelled whilst both making and screening films through an improvised distribution network of 'cine-trains' (*agit-poezda*) and travelling projectors (*peredvižki*).

Cine-race (*kino-probeg*)—a genre developed by Vertov's Kinoki group—is an all-encompassing metaphor for his own work. Vertov's most spatially ambitious film *Šestaja čast' mira* (1926) featured a cine-race where "the land of the capital", with its colonies, was contrasted with the most distant realms of the Soviet universe, including Dagestan villages, Central Asian deserts, and Siberian forests. What emerged was a highly ambiguous image of a "union of Soviet borderlands," earning the author polarized evaluations which ranged from "epic cine-poet" to "exoticism-hunter." The extensive travelling and unusually high budgets for non-fiction films resulted in Vertov being fired from the central Moscow film studio. Moving began to acquire different overtones for Vertov: after losing the job in Sovkino he left for the VUFKU studio in Kiev. There, together with his brother, the cameraman Mihail Kaufman, he continued experimenting with the same travelling pattern: all three films made in the Ukraine—*Odinnadcatyj*

nien den entferntesten Gebieten des sowjetischen Universums gegenübergestellt wird, einschließlich Dörfern in Dagestan, zentralasiatischen Wüsten und sibirischen Wäldern. Es entstand ein höchst ambivalentes Bild der „Union der sowjetischen Grenzländer", das dem Autor Bewertungen von „epischer Kino-Poet" bis „Exotismus-Jäger" einbrachte. Die ausgedehnten Reisen und die für nicht-fiktionale Filme ungewöhnlich hohen Budgets führten dazu, dass Vertov vom zentralen Moskauer Filmstudio entlassen wurde. In Bewegung zu sein bekam für Vertov einen anderen Beigeschmack: Nachdem er seine Arbeit bei Sovkino verloren hatte, übersiedelte er nach Kiev zum VUFKU-Studio. Dort setzt er seine Reise-Experimente fort. Alle drei in der Ukraine entstandenen Filme, *Odinnadcatyj* (1928), *Čelovek s kinoapparatom* (1929) und *Ėntuziazm* (1930), lassen die Kamera dahinrasen, um simultane Ereignisse einzufangen und diverse Schauplätze in einem einzigen filmischen Raum zu vereinen.

Je größer die Einschränkungen waren, denen das Reisen in der Sowjetunion unterlag, desto mehr durchdrang es Vertovs Filme, desto mehr wurde seinen filmischen Subjekten Bewegung eingeflößt und so die Immobilität des Autors durch eine spektakuläre Eroberung von Zeit und Raum ersetzt. In den 1930er Jahren blieb die

(1928), *Čelovek s kinoapparatom* (1929), and *Ėntuziazm* (1930)—make the camera race to capture simultaneous events and unite diverse sites within a single filmic space.

The more restricted travelling became in the Soviet Union, the more it penetrated Vertov's films, and the more his filmed subjects were infused with movement, to make up, as it were, for the immobility of the author with a spectacular conquest of space and time. In the 1930s, the spatial component remained central even in those films which charted the evolving cults of Lenin (*Tri pesni o Lenine,* 1934) and Stalin (*Kolybel'-naja,* 1937). While the centrifugal movement of the early films was replaced by a centripetal structure, Soviet space nevertheless remained diverse and heterogenous and stood in contrast to the homogenizing expectations of socialist realism.

Throughout the 1930s and 1940s, Vertov's numerous projects still centered on the idea of travelling. Among them were *Tri geroini,* about female pilots and their non-stop flights from Moscow to the Far East; a montage film project entitled *Den' mira* which was intended to cover events all over the globe; a film on Vertov's native Białystok advocating the 'documentation' of its incorporation into the Soviet Union; and even fantasy pieces which featured journeys to

19

räumliche Komponente seiner Filme zentral, sogar in jenen, die die aufstrebenden Kulte um Lenin (*Tri pesni o Lenine,* 1934) und Stalin (*Kolybel'-naja,* 1937) bezeugten. Während die zentrifugale Bewegung der frühen Filme durch eine zentripetale Struktur ersetzt wurde, blieb der sowjetische Raum im Gegensatz zu den homogenisierenden Erwartungen des Sozialistischen Realismus dennoch vielfältig und heterogen.

Auch Vertovs spätere (zum Teil unrealisierte) Projekte drehten sich um das Reisen. Dazu gehörten *Tri geroini* (1938), ein Film über Pilotinnen und ihren Non-Stop-Flug von Moskau in den Fernen Osten; ein Montage-Film mit dem Titel *Den' mira,* der Ereignisse auf der ganzen Welt behandeln sollte; ein Filmprojekt über Vertovs Heimatstadt Białystok, das ihre Eingliederung in die Sowjetunion befürwortete; und sogar Fantasiestücke, die eine Reise zum Mond und eine gigantische Durchquerung des gesamten sowjetischen Reiches in einigen wenigen Schritten boten. In seinem letzten tatsächlich produzierten Film – *Tebe, front!* (1943) – durchquerte die Kamera die enormen Steppen von Kasachstan und verband nicht nur den Westen und den Norden, das Zentrum und den Osten der Republik zu einer einzigen Einheit, sondern, einem bewährten Muster folgend, auch direkt mit Moskau. Dahinrasend, um der Zeit, den Erwar-

the moon and a giant crossing the whole Soviet empire in a few steps. In the last film he actually produced—*Tebe, front!*—the camera crossed the vast steppes of Kazakhstan, uniting the West and the North, the Center and the East of the republic into a single entity, as well as connecting it directly with Moscow. It followed an already tried and tested pattern. Perpetual movement remained an inalienable feature of Vertov's work, cutting across changing aesthetics and evolving a visual language. Racing to be ahead of time, of expectations, and of others, Vertov created films saturated with the poetics of movement.

Oksana Sarkisova,
Open Society Archives, Budapest

~

Vertov's Vitalism

The camera is busy, it has work to do. It is working on equating image and world, filmic *cogito* and the nature of things—it could be the urban, industry, modern life, or simply the heartiness of a laugh. These motifs motivate the images, but the images in turn also motivate the world. Even though the editing table is a subordinate theme in *Čelovek s kinoapparatom,* it is the editing table, and not the camera, which pulls Vertov's enterprise of repeatedly transcending the

tungen und den anderen voraus zu sein, schuf Vertov Filme, die durchtränkt sind von der Poetik der Bewegung.

Oksana Sarkisova,
Open Society Archives, Budapest

~

Vertovs Vitalismus

Die Kamera hat zu tun, sie hat Arbeit, sie arbeitet an der Adäquation von Bild und Welt, von filmischem *Cogito* und der Natur der Dinge – diese mag das Urbane sein, die Industrie, das moderne Leben oder einfach die Herzlichkeit eines Lachens. Diese Motive, sie motivieren die Bilder, jedoch motivieren die Bilder auch die Welt. Wenngleich der Schneidetisch in *Čelovek s kinoapparatom* ein untergeordnetes Motiv ist, ist *er* es, nicht die Kamera, der das vertovsche Unternehmen einer vielfachen Überschreitung der menschlichen Kondition bis in die Gegenwart zieht. *Ich seh' etwas, was du nicht siehst.* Die Montage etabliert einen Materialismus, der sich unserer natürlichen Wahrnehmung entzieht und ausschließlich als filmische Wahrnehmung erkennbar wird. Montage wird zum Auge, das sich in der Materie selbst befindet, wird zur Topologie, die Inkommensurables neben- und ineinander stellt, blendet und hebt sich selbst auf im Fotogramm als Differential der Wahrnehmung

human condition into the present. "I" see something that you don't see. Montage establishes a materialism that evades our natural perceptions so that, finally, it can be recognised only as a cinematic perception. Montage becomes the eye that is located in the matter itself; it becomes a topology that sets incommensurables next to one another and within each other. It blinds us and cancels itself out in the photogram as a differential of perception (Gilles Deleuze). With his montage, Vertov breaks down the network of the conditioning forces of his time. It is *with* the machines, and, especially, with the people, in the forward drive of speeds, in the weightlessness of bodies, in the production of mass, that cinema turns itself into the unrestricted progenitor of an immanence that demands to be called "A Life". The landscape of film transfers itself today into a landscape of desktops and interfaces; a *centre* is produced, which allows for countless transgressions, moving from a world of solid, coherent bodies and things to a world of fluid, changeable bodies and things. The metamorphic potential of a digital vitalism might just find its calling in the spirit of Vertov.

Marc Ries, media theorist, Vienna

~

(Gilles Deleuze). Mit seiner Montage sprengt Vertov das Bedingungsgefüge seiner Zeit. *Mit den Maschinen und vor allem mit den Menschen, im Voran der Geschwindigkeiten, im Schwerelosen der Körper, im Erzeugen von Masse macht sich das Kino zum unbedingten Erzeuger einer Immanenz, die „Ein Leben" genannt werden will. Die filmische Landschaft, sie transformiert heute in die Landschaft der Desktops und Interfaces, eine *Mitte* entsteht, die zahllose Überschreitungen vorsieht. Von einer Welt solider, kohärenter Körper und Dinge hin zu einer Welt fluider, veränderbarer Körper und Dinge. Das metamorphotische Potential eines digitalen Vitalismus mag im Geiste Vertovs seine Verwendung finden.

Marc Ries, Medientheoretiker, Wien

~

Haken und Schlaufe, Schnüre und Streifen:
Das verzauberte Kino

Der Prolog von Vertovs *Čelovek s kinoapparatom* präsentiert die Chronologie von Filmproduktion und Vorführung, vom Kameramann bis zum Kinosaal als ein Möbiusband. Zusätzlich verbindet er aber auch das vertraute Erscheinungsbild des Kinosaals mit dem normalerweise unsichtbaren Vorführraum und dessen spezieller Technik. In guter konstruktivistischer Manier bedient sich

Hook and loop, strip and sprocket: Enchanted cinema

The prologue of Vertov's *Čelovek s kinoapparatom* lines up onto a Moebius strip the chronology of film production and exhibition from cameraman to movie theater. But it also interweaves the familiar appearance of the movie theater with the otherwise invisible space and specialized technicality of the projection booth. In good constructivist fashion, Vertov uses visual analogies of composition and movement alongside a functional analogy to reduce the complexity of a specialized technical device, namely the movie projector, prefiguring its operation by means of simple mechanical images of hooks, loops, and lowering seats in the movie theater.

A few shots introduce the parallel elements of movie theater and projector: a lamp on the wall, and two indoor entrances to the theater with curtains down and a rope hanging across the entrances. A close-up shows the end of the rope hooked into a loop. The next shot returns to the theater entrances, though this time focusing on the empty aisle and seats. Now we are introduced to the technology of film projection: the projectionist enters, turns on the light bulb above the projector and takes reel 1 of *Čelovek s kinoapparatom* out of the film can. We then see the curtain of one of the theater entrances drawn open before we return to the projection-

Čelovek s kinoapparatom

Vertov sowohl visueller als auch funktioneller Analogien, um die Komplexität einer hochspezialisierten Vorrichtung wie eben des Filmprojektors zu reduzieren, indem er dessen Arbeitsweise durch einfache Bilder von Haken, Schlaufen und sich senkender Sitze im Kino vorwegnimmt.

Mit wenigen Einstellungen führt der Film die parallelen Elemente von Kinosaal und Projektor vor: eine Wandlampe, zwei Eingänge in den Kinosaal mit geschlossenen Vorhängen und eine quer vor einen Eingang gespannte Kordel. Eine Nahaufnahme zeigt den Haken am Ende des Seils, der in eine Öse eingehängt ist. Die nächste Einstellung kehrt wieder zu den Eingängen zurück, doch diesmal mit Fokus auf den leeren Gang und die Sitze. Nun werden wir in die Technik der Filmprojektion eingeführt: Der Filmvorführer tritt zum Projektor, macht die Lampe an und nimmt die erste Rolle von *Čelovek s kinoapparatom* aus der Filmdose. Wir sehen, wie der Vorhang im Eingang aufgezogen wird, bevor wir wieder zu dem Filmvorführer zurückkehren, der die Filmrolle auf der Abwickelspule des Projektors platziert und den Anfang des Filmstreifens herauszieht. Die folgenden Einstellungen – eine Hand, die an einer Schnur zieht, und eine Reihe von Sitzen, deren Sitzflächen sich magisch senken – lassen nicht nur den Eindruck eines einladenden, beinahe verzauber-

ist, who places the film onto the projector's feed reel and pulls the start of the filmstrip away from the reel. The two shots that follow—a hand pulling a string and a row of chairs magically lowering their seats—not only configure an inviting, almost enchanted movie theater, but also visualize the projectionist's next step of mounting the perforated filmstrip onto the feed-up sprocket. The close-up of the loop of the filmstrip behind the sprocket is visually matched by a close-up of a hand unhooking the rope from the loop in front of the entrance, an action that opens the theater to the audience and suggests the beginning of the projection.[4] A stream of people shot from above enters the theater and occupies the seats—just as the filmstrip unwinds, loops, and is transported through the aperture mask.

Inga Pollmann, University of Chicago

4) The pun is also lexical: In Russian, the same word (*petlja*) is used for a hook and for the loop of the filmstrip in film projectors (the so-called Latham loop). Thanks to Yuri Tsivian for pointing this out to me.

ten Kinos entstehen, sondern veranschaulichen auch den nächsten Arbeitsschritt des Filmvorführers, der den perforierten Filmstreifen in die Vorwickelrolle einlegt. Die Nahaufnahme der Filmschlaufe hinter der Vorwickelrolle findet ihr Gegenstück in der Nahaufnahme einer Hand, die das Seil vor dem Eingang aushakt; eine Handlung, die den Kinosaal für das Publikum öffnet und den Beginn der Vorführung suggeriert.[4] Ein Strom von Menschen, von oben gesehen, betritt das Kino und setzt sich – ganz so wie sich der Filmstreifen abwickelt, eine Schlaufe formt und in Richtung Bildfenster transportiert wird.

Inga Pollmann, University of Chicago

~

Der Ton macht die Frau

In Vertovs Filmen der 1930er Jahre dominieren weibliche Wesen. Kleine Mädchen, junge und reife Frauen. Vertov zeigt uns in seinen Filmen selten (Liebes-)Paare. Stattdessen paart er die Frau mit der Maschine, mit dem Buch, später auch mit dem Flugzeug, mit anderen Frauen, mit Kindern oder in dem Film *Kolybel'naja* (1937)

4) Das Wortspiel ist auch lexikalisch: Im Russischen wird dasselbe Wort (*petlja*) sowohl für eine Öse oder Schlaufe zum Einhaken als auch für die Schlaufe des Filmstreifens in Filmprojektoren (die sogenannte Latham-Schlaufe) verwendet. Ich danke Yuri Tsivian für diesen Hinweis.

The woman in minor key

Vertov's films of the 1930s are predominated by the female form, by little girls and mature women. Vertov seldom shows us a couple in his films. Instead, he couples the female with a machine, with a book, later with an aircraft, other women, children, or, as notoriously in the film *Kolybel'naja* (1937), with Stalin. In Vertov's documentary films these women are not only represented but they also acquire an increasingly symbolic dimension, which (in contrast to the positively labelled masculine figures of the avant-garde) is subject to a very emotional, yet very ambivalent characterisation.

Women entered Vertov's work with sound (films). Indeed, *Ėntuziazm* (1930) opens with a young woman wearing earphones. But his "poetic documentaries" form a lyrical opposition played in a minor key to the popular musical comedies of the thirties. The elegies on the death of Lenin (*Tri pesni o Lenine,* 1934) and the lullaby for the vulnerable "crumb" leave us with a many-layered impression of the femininity symbolically designed by Vertov, as well as the documented Soviet femininity of the thirties. This contradiction arises directly from Vertov's contrapunctual work with sound. Laughing faces are accompanied by a disturbing soundtrack. Pictures of women riding on the backs of

auf berüchtigte Weise mit Stalin. Diese Frauen sind in Vertovs Filmen dokumentarisch repräsentiert, aber sie erhalten auch eine zunehmend symbolische Dimension, die im Gegensatz zu den positiv markierten maskulinen Gestalten der Avantgarde eine sehr emotionale, jedoch ambivalente Charakterisierung erfährt.

In Vertovs Werk zog die Frau mit dem Ton(film) ein – *Ėntuziazm* (1930) beginnt mit einer jungen Frau mit Kopfhörern. Doch zu den populären Musikkomödien der 30er Jahre bilden seine „poetischen Dokumentarfilme" eine lyrische Opposition in Moll. Die Klagelieder über den Tod Lenins (*Tri pesni o Lenine*, 1934) oder das Wiegenlied (*Kolybel'naja*) für das schutzbedürftige „Krümelchen" hinterlassen einen mehrdeutigen Eindruck der von Vertov entworfenen symbolischen Weiblichkeit – wie auch des dokumentierten sowjetischen Frauseins in den 30er Jahren. Der Widerspruch entsteht gerade durch die kontrapunktische Arbeit mit dem Ton. Lachende Gesichter werden von einer verunsichernden Tonspur begleitet. Zu den Bildern von Reiterinnen auf fröhlich trabenden Pferden und den optimistischen Paraden, die sich in Mädchenbeine und -arme auffächern, erklingt ein Trauermarsch. Das Originalton-Brummen der Flugzeugmotoren als vibrierendes Hintergrundgeräusch irritiert.

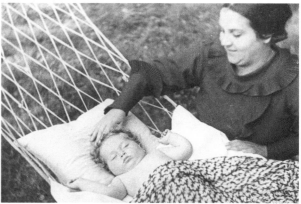

cheerfully trotting horses and the optimism expressed in the spreading parades of girl's arms and legs play to the sound of a funeral march. The original sound of roaring aircraft engines forming the vibrating background noise is irritating.

These audiovisual micro-portraits of Soviet women exist in the tension between hope, tenderness and fear—like the hammock dipped in

Diese audiovisuellen Mikroporträts sowjetischer Frauen sind zwischen Hoffnung, Zärtlichkeit und Angst aufgespannt – wie die in Hell-Dunkel-Muster getauchte Hängematte in *Kolybel'naja*, die zur Marschmusik schwingt und dabei auch die Kamera mitnimmt. Das Gefühl der Bangigkeit schwappt aus dem Dunkel der Verschleierten und den Spanien-Episoden über in die hell fotografierten Sonnen-Seiten sowjetischen Lebens. Es ist in den Frauen und geht von ihnen aus. Und doch wird es auf der diskursiven Ebene geleugnet: „Ich hatte keine Angst, als ich aus dem Flugzeug ins Schwarze sprang", beteuert die Fallschirmspringerin.

Was bedeutet es, wenn „Mutter Heimat dich umfängt", wie es im Text des Wiegenlieds im gleichnamigen Film heißt? Was hat das Kind (von) dieser Heimat zu befürchten? Man ahnt, dass es neben dem genannten äußeren auch einen inneren Feind gibt, vor dem die konkrete Mutter ihr Kind nicht schützen kann – ist sie im Film doch selbst der Ort, der engstens verbunden ist mit dem Hineingeborensein des Sowjetbürgers in seine Heimat (*rodina,* von *rodit'* – gebären), die niemanden freiwillig loslässt. Ist die Gattungshybride des Wiegenliedmarsches, gesungen von der übermächtigen Mutter-und-Heimat eine resignative Geste des Avantgardisten Vertov in der Zeit des großen Terrors? Oder

patterns of light and dark in *Kolybel'naja,* swinging in time to military marches and caught by the camera. A feeling of anxiety splashes out from the darkness of the veiled women and the Spanish episodes into the brightly photographed sunlit pages of Soviet life. It is in the women and issues out from them. And yet, on a discursive level, it is denied: "I wasn't frightened when I jumped from the aircraft into the darkness," the young female parachutist assures us.

What does it mean when "the mother country embraces you", queries the text of the lullaby in the eponymous film? What must the child fear from this mother country? One feels that there exists an inner enemy alongside the named external enemy, an enemy no mother can give protection from. For in the film the mother is closely associated with the fact that the Soviet citizen is born into his local "rodina" (from "rodit"—give birth), a home that never releases anyone. Is the hybrid genre of the lullaby-march a gesture of resignation of the avant-garde Vertov in the time of the great terror? Or a filmic song, not so much about sleep as about death—against the fear of death?

Natascha Drubek-Meyer, FAMU, Prague

~

ein filmisches Lied nicht so sehr über den Schlaf als über den Tod – und gegen die Angst davor?

Natascha Drubek-Meyer, FAMU, Prag

~

Kinoki – Mehrfachbelichtungen

Erste Sequenz: Gekippte Aufnahmen eines Kinoki-Aktivisten mit Kamera wechseln in rascher Folge mit dem Zwischentitel: „Wir blenden die Sterne mit unseren Projektoren!"

Als wir in der ersten Hälfte der 1990er Jahre eine Filmgruppe mit Homebase im Wiener Ernst-Kirchweger-Haus nach Vertovs Begriff für Film-Aktivist/innen *kinoki* nannten, hatten wir lediglich den *Mann mit der Kamera* gesehen. Die großspurige Aneignung Vertovs stützte sich vor allem auf seine Texte, die Manifeste der Kinoki, deren Enthusiasmus versprach, man könne revolutionär sein, indem man mit dem Kino arbeite, nicht nur bourgeois. Als ich später Vertovs hyperstalinistisches *Kolybel'naja* sah, war ich irritiert. Den Vereinsnamen ändern? „Gruppe Medvedkin"!? Hatten wir wirklich Vertov, Svilova und Kaufman beerbt, als wir Wunschmaschinen in Gestalt mobiler Projektionsapparate aus den Schutthalden des Realen Sozialismus geborgen hatten?

Zweite Sequenz: Die Montage mehrerer Bilder in Odinnadcatyj, 1928. Auf der großen sozialistischen

Multiple *kinoki* exposures

First sequence: tilted shots of a Kinoki-activist with a camera alternate rapidly with the intertitle: "We dazzle the stars with our projectors!"

When, in the early nineties, we named a film group based in the Ernst-Kirchweger-Haus in Vienna *kinoki*, after Vertov's term for film activists, we had only seen *Čelovek s kinoapparatom*. Our large-scale absorption of Vertov was based almost completely on his texts, the Kinoki manifestos, whose enthusiasm promised that it was possible to be revolutionary and not only bourgeois while working in cinema. When I later saw Vertov's extremely Stalinist *Kolybel'naja* I was troubled. Should we change the name of the group? "Medvedkin Group"!? Did we really inherit Vertov, Svilova and Kaufman when we raised dream machines in the form of mobile projection equipment from the waste of Real Socialism?

Second sequence: the montage of several images in Odinnadcatyj, 1928. On the big socialist building site covering a sixth of the earth's surface, workers are chipping away at the peaks of stone mountains. One is holding the chisel, others are swinging huge hammers with rhythmic blows—wherever they fall millenniums of history are awakened. Literally and metaphorically. Fountains of rock and sand fly over a grave unearthed, where a Scythian has been lying

27

Baustelle, die ein Sechstel der Erde ausmachte, schlagen Arbeiter auf die Spitze steinerner Berge ein. Einer hält den Meißel, andere schwingen wuchtige Hämmer in rhythmischem Schlag – wo sie hinfallen, wird Geschichte geweckt. Buchstäblich + bildlich. Fontänen aus Steinen und Sand fliegen über ein freigeschaufeltes Grab, in dem schon seit 2000 Jahren ein Skythe liegt. Neben Splittern, Speer und Steinspitzen lauscht ein Skythe durch schwarze Löcher seines Schädels dem lärmenden Anbruch einer neuen Zeit. Kameramann Kaufman richtet das Objektiv verwirrt auf die berstende Stille.

Mit diesen Bildern lösen die Kinoki ein vermessenes Begehren ein und markieren im Herzen des Wunsches den Ort des Klassenkampfes: Arbeiter, weck' Geschichte auf! Jahre später lernte ich bei *kinoki*-Arbeiten in mittelamerikanischen Regenwäldern Menschen kennen, die mir die Skelette ihrer jahrtausendealten Ruinen nur unter der Bedingung zeigten, dass durch kein verwirrtes Objektiv die Stille zerberste.

Dritte Sequenz: Die Frauen vor der Kamera des Mannes mit der Kamera. Eine Frau wacht auf. Arbeiterinnen. Frauen beim Baden.

Schönheit ungeschönter Menschen. Jedes Grinsen, jeder Oberarm, jeder Blick in die Kamera ein Aufstand gegen die Körper- und Charakterstereotypen der Star-Aristokratie der kapitalistischen Kulturindustrien. Welch ein Genuss,

for 2000 years. Alongside splinters, spears and stone points, a Scythian is listening through the black holes in his skull to the noisy dawn of a new age. Kaufmann, the cameraman, aims his lens in confusion at the breaking silence.

With these images the Kinoki satisfy a bold desire and marks the location of the class struggle in the heart of a wish: workers, awaken history! Years later, while doing *kinoki* work in the rainforests of Central America, I met people who showed me the skeleton of their thousand-year-old ruins only on the condition that no confused lens should break the silence.

Third sequence: women in front of the camera of the Man with the Movie Camera. A woman wakes up. Workers. Women bathing.

The beauty of unbeautified people. Every grin, every upper arm, every glance at the camera a revolt against the body and personality stereotypes of the star-aristocracy in capitalist cultural industries. What a pleasure to be permitted to spend time gazing at people, watching them in their daily lives, without using them for a story, a meaning, a significance. Shortly before, I had seen Lina Wertmüller's *Camorra* and cursed the camera that swept superficially, if at all, past the real heroines of the film, the conspiratorial old women, and halted instead at the pretty face of Angela Molina. A curse on this

Odinnadcatyj

mit dem Blick auf irgendwelchen Menschen verweilen zu dürfen, ihnen beim Leben zuzusehen, ohne sie für eine Geschichte, einen Sinn, eine Bedeutung zu benützen. Ich hatte kurz zuvor Lina Wertmüllers *Camorra* gesehen und die Kamera verflucht, die kaum einmal (und wenn, dann oberflächlich) über die eigentlichen Heldinnen des Films, die verschwörerischen, alten Frauen schwenkt und stattdessen immer nur auf Angela Molinas Prettyface haftet. Fluch dem Fokus auf's kodiert Schöne, auf's dramaturgisch Stringente. Dagegen scheint die Kinoki-Kamera Raum, Zeit und Geschichte unbeschränkt vor dem Blick auszurollen, scheint ein Gesellschaftspanorama zu bieten. Anschein, der beim genauen Hinsehen sich weniger als weitäugig gesehene Wirklichkeit denn als gedankenweite Konstruktion einer solchen präsentiert.

Wenn er Kinoki-Aufnahmen der Welt lieferte, würde ich mir einen Fernseher kaufen.

kinoki. Verein für audio-visuelle Selbstbestimmung, Wien, www.kinoki.at

~

Das Leben wie es ist!

Im Slogan der Kinoki „Lang lebe das Leben wie es ist!" verdichtet sich eine der zentralen Paradoxien des Dokumentarismus. Weit davon entfernt, ein leidenschaftlicher Aufruf zum Rea-

focus on coded beauty, on dramatic stringency. In contrast, the Kinoki camera seems to roll out space, time and history without limit in front of our eyes, seems to offer a social panorama. Appearance, which, when looked at more closely, presents not so much a reality seen with open eyes as the mental construction of such. If it gave me Kinoki images of the world, I would buy myself a television set.

kinoki. Association for audiovisual self-empowerment, Vienna. www.kinoki.at

lismus zu sein, bestätigt die Forderung der Kinoki, das Leben zu filmen, „wie es ist", dass dieses Leben nicht einfach da draußen existiert und
passiv darauf wartet, aufgezeichnet zu werden.
Das Leben, das sie für filmenswert befinden,
muss provoziert, organisiert und sogar kreiert
werden. Für sie ist das Leben etwas Subjekti-
ves, das nur dann geteilt werden kann, wenn es
mit den Energieströmen, mit den Dynamiken
und Wünschen kompatibel ist, welche die ma-
terielle Welt beleben und ihre Bewegungen organisieren. Also wird das „Leben wie es ist" nur
dann „wie es ist", wenn es radikal transformiert
wird; wenn es im Takt einer gigantischen gemeinsamen Symphonie der Materie pulsiert,
anstatt als bourgeoise Individualität privatisiert
zu werden. Paradoxerweise entsteht das „Leben
wie es ist" also nur, wenn es nicht so belassen
wird, wie es ist. Zumindest jetzt. Und hier. Bisher.

Dass seine Unmittelbarkeit nur im Rahmen
einer filmischen Vermittlung seines Wesens
kreiert werden kann, wurde seither zu einem
der grundlegenden philosophischen Probleme
des Dokumentarismus. Dieses Leben muss
innerhalb einer einzigen Aufnahme auseinander gerissen und in Stücke zerfetzt und danach
durch die Montage wieder zusammengesetzt
werden. Und wenn man die einzelne Aufnahme

Life as it is!

The slogan of the Kinoki "long live life as it is!"
summarises one of the central paradoxes of the
documentary form. Far from being a passionate
call for realism, the Kinoki's demand to film
"life as it is" acknowledges that this life is not
something out there, passively waiting to be
recorded. The life they consider worth filming
has to be provoked, organised and even created.
For them, life is subjective, shared only if it is
compatible with the energy currents, with the
drives and desires which animate the material
world and organise its movement. Thus "life as
it is" only becomes "as it is" if it is radically
transformed; if it is pulsating to the tact of a
huge common symphony of matter, instead of
being privatised as bourgeois individuality. Thus
somewhat paradoxically, "life as it is" comes into
being only if it is not left as it is. At least now.
And here. Until now.

That its immediacy can only be created
within substantial filmic mediation has since become one of the main philosophical problems of
the documentary form. This life has to be pulled
apart and torn to pieces within individual shots
in order to be finally reassembled by montage.
And if the single shot is seen as a separate, bio-
logically animated entity, montage is the divine
breath that blows its spirit into it. It is at once ar-

Čelovek s kinoapparatom

als eigenständige, biologisch belebte Einheit sieht, ist die Montage der göttliche Atem, der sie mit seinem Geist erfüllt. Sie ist gleichzeitig künstlich und natürlich – nur durch ihre völlige Künstlichkeit wird sie natürlich. Dieses filmische Leben zu organisieren, heißt, es in ein weltweites Netzwerk der zirkulierenden Energien und des Austausches einzuführen, in dem die „sichtbaren Tatsachen" orchestriert werden, um eine wahrhaft internationale absolute Sprache zu kreieren. Der Traum der Kinoki ist es also, eine atheistische Sprache des Kinos zu erschaffen, in der die Dinge selbst sprechen – nicht durch ihr realistisches Erscheinungsbild, sondern indem sie die physischen und sozialen Kräfte und Mächte übermitteln, die letztendlich ihre Existenz bestimmen. Ihr Ziel ist es, diese Kräfte von der Macht des Warenfetischismus zu befreien, der sie erstarren lässt, und ihre revolutionäre Macht freizusetzen.

Heutzutage wird dieser Traum auf den Kopf gestellt. Ein international verständlicher Doku-Jargon „sichtbarer Tatsachen" verbindet weltweit Menschen durch ein Firmennetzwerk von Nachrichten- und Fernsehkanälen. Diese standardisierte Sprache der Nachrichten mit ihrer Ökonomie der Aufmerksamkeit, die auf Katastrophen und Hysterie basiert, ist ebenso fließend und affektbetont, ebenso unmittelbar und

tificial and natural—it becomes natural only through its complete artificiality. Organising this cinematic life means to insert it into a worldwide network of circulating energies and exchanges, in which "visible fact" is orchestrated to create a truly international absolute language. Thus the kinoki dream is to create an atheist language of cinema in which things speak for themselves, not through realist appearance but by transmitting the physical and social forces and powers that ultimately determine their existence. Their aim is to liberate these forces from the petrifying constraints of commodity and fetishism and to unleash their revolutionary power.

Nowadays, this dream has been turned upside down. An internationally intelligible docujargon of "visible facts" connects people worldwide through corporate news and television channels. This standardised language of news, an economy of attention based on catastrophe and hysteria, is as fluid and affective, as immediate and biopolitical as the Kinokis could ever

biopolitisch wie die Kinoki es sich vorgestellt haben könnten. Aber die dynamischen Kräfte der Affektivität und Anziehungskraft wurden wiederhergestellt und ihre Energie sicher im Dienste des Kapitalismus kanalisiert. Während die Kinoki die sozialen Kräfte befreien wollten, die durch die okkulte Magie der kapitalistischen Beziehungen in den Dingen gebunden werden, entfesseln die aktuellen Doku-Jargons ganz im Gegenteil die okkulten affektiven Potenziale der neuen globalen Mediennetzwerke, die durch Angst und Aberglauben gedeihen. Der Slogan „das Leben wie es ist" bezieht sich jetzt auf hyperrealistische, konkurrenzbetonte Gameshows. Es geht nicht länger um einen Aufruf zur Veränderung, sondern im Gegenteil um die Anweisung, alles so zu belassen, wie es ist. Also hat „das Leben wie es ist" seine Seele verloren. Und es scheint, als bräuchten wir neue Kinoki, um es wieder auseinander zu reißen und aufs Neue zu erschaffen. „Das Leben wie es ist" ist tot. Lang lebe „das Leben wie es ist"!

Hito Steyerl, Filmemacherin und Autorin, Berlin

have imagined. But the dynamic forces of affection and attraction have been recuperated and their energy safely channeled to the service of capital. While the kinoki wanted to liberate the social forces congealed in things by the occult magic of capitalist relations, the current docu-jargons have, on the contrary, unleashed the occult affective potentials of new global media networks, which thrive on fear and superstition. The slogan "Life as it is" now refers to hyperrealist competitive game shows. It is no longer an appeal for change, but instead the order to leave everything as it is. Thus "life as it is" has lost its spirit. And it seems as if we need new kinoki to pull it apart and recreate it all over again. "Life as it is" is dead. Long live "life as it is!"

Hito Steyerl, filmmaker and writer, Berlin

Thomas Tode

Vertov und Wien
Vorwärts in das neue Jahrtausend!

Vertov and Vienna
Onward into the New Millennium!

Die Wiederentdeckung, Verbreitung und Rezeption der Vertov-Filme in Westeuropa ist
zweifellos durch die umfangreichen Aktivitäten
einiger Wiener Filmaktivisten beeinflusst worden. Im Folgenden möchte ich untersuchen,
wie die besondere Beziehung zwischen der Do-
naumetropole und dem Filmpionier Dziga Vertov stets von Neuem stimuliert worden ist, und
welche Impulse die internationale Vertov-Forschung aus Wien erreichten. Die Beziehung
lässt sich in fünf recht unterschiedliche Phasen
gliedern.

1. Misslungene Kontakte (1920er und 1930er)
Postuliert man eine Liebesbeziehung zwischen
Wien und Vertov, so beginnt diese zunächst
mit einer Reihe von Missverständnissen, Ver-
wehrungen und verpassten Begegnungen. Die
ersten Filme Vertovs, die in Wien in den 20er
Jahren gezeigt wurden, konnten Zeitgenossen
gar nicht als Vertov-Filme identifizieren, da sie
in erster Linie Nachrichtencharakter hatten und
ohne Nennung des Autorennamens vorgeführt
wurden. Vertovs *Kinopravda Nr. 13* (1922) trägt in
Österreich – wie auch in Deutschland – den
Titel *5 Jahre Sowjetrussland.*[1] Die Wiener Zensur

The rediscovery, distribution and reception of
Vertov's films in Western Europe has, without
a doubt, been influenced by the wide-ranging
activities of a few Viennese film activists. In the
following I want to examine how the distinc-
tive relationship between the 'Danube city' and
the film pioneer Dziga Vertov has been continually re-stimulated, and what impulses international Vertov research has received from Vienna.
The relationship can be divided into five
markedly different phases.

1. Unsuccessful Contacts (1920s and 1930s)
If one can postulate a love affair between Vienna
and Vertov, it begins initially with a series of
misunderstandings, refusals and lost opportu-
nities. The first of Vertov's films to be shown in
Vienna were unrecognisable for his contemporaries as works of the pioneer. Classed as news
reports, they were usually shown without any
mention of their author's name. In Vienna as
well as in Germany, Vertov's *Kinopravda No. 13*
(1922) bore the title *5 Jahre Sowjetrussland* (Five
Years of Soviet Russia)[1]. In the summer of 1923,
however, the Viennese board of censorship
banned the film on the following grounds: "Not

---

1) Zur Identifizierung des Films als Vertovs *Kinopravda Nr. 13*
vgl. Thomas Tode/Alexandra Gramatke (Hg.), *Dziga
Vertov: Tagebücher/Arbeitshefte*, Konstanz 2000, S. 216f.

1) For the identification of the film as Vertov's *Kinopravda
Nr. 13* see Thomas Tode/Alexandra Gramatke (eds.), *Dziga
Vertov: Tagebücher/Arbeitshefte*, Konstanz 2000, pp. 216.

verbietet den Film aber im Sommer 1923 mit folgender Begründung: „Nicht zugelassen, weil der Film durch seine tendenziös politische Färbung geeignet erscheint im Publikum Gegensätze in den Meinungen auszulösen, zu eventuellen Ruhestörungen demonstrativen Charakters führen und so die öffentliche Ruhe, Ordnung und Sicherheit gefährden könnte."[2] Dies ist in mehrfacher Hinsicht zu bedauern. Seine Ästhetik war modern und ging über eine schlichte Kompilation von Wochenschaubildern weit hinaus. Vertov hatte erstmals kühne Montagen erstellt, indem er Bilder zusammenfügte, die an höchst unterschiedlichen Orten und Zeiten aufgenommen worden waren. Auch die von dem Konstruktivisten Aleksandr Rodčenko gestalteten Zwischentitel waren der Avantgarde verpflichtet, mit schräge oder abfallend ins Bild gesetzten Schriftzügen, grafischen Elementen (z. B. Pfeilen) und einzelnen, typografisch herausgehobenen Worten.

Im Frühjahr 1924 kommt ein Film nach Wien, an dem Vertov zumindest als Kameramann und abschnittsweise auch als Aufnahmeleiter mitge-

approved, because with its tendentious political colouring the film seems likely to trigger conflicting opinions in the public, to lead to disturbances of the peace of a demonstrative kind and thus endanger public quiet, order and safety."[2] This is regrettable for several reasons. Its aesthetics were modern and went much further than a simple compilation of weekly news bulletins. For the first time, Vertov had produced bold montages by placing images together which had been taken at very different places and times. The intertitles composed by the Constructivist Aleksandr Rodčenko were also indebted to the avant-garde and featured diagonal or descending lines of writing within the image, as well as graphic elements (such as arrows) and individual words highlighted typographically.

In the spring of 1924 a film came to Vienna on which Vertov had worked at least as a cameraman and in parts also as unit manager: *Pochorony V.I. Lenina* (Lenin's Funeral)[3]. Lenin died in Gorky on 21.1.1924; his body was taken to Moscow and shown to a file of supporters in the

2) Paolo Caneppele (Hg.), *Materialien zur Österreichischen Filmgeschichte, Bd. 8: Entscheidungen der Wiener Filmzensur 1922–1925*, Wien 2002, S. 90. Die Zensurentscheidung erging in der Zeit vom 14.7.–21.7.1923. Länge des eingereichten Films: 856 m.

2) Paolo Caneppele (ed.), *Materialien zur Österreichischen Filmgeschichte, Bd. 8: Entscheidungen der Wiener Filmzensur 1922–1925*, Wien 2002, p. 90. The censor's decisions were made 14.7.–21.7.1923. Length of the film: 856 m.

3) Caneppele 2002, op. cit., p. 169. The censor's decisions were made 10.5.–17.5.1924. Length: 637 m. For Vertov's involvement see Tode/Gramatke, op. cit., pp. 220.

wirkt hatte: *Pochorony V. I. Lenina* (Die Beisetzung V. I. Lenins).[3] Am 21.1.1924 war Lenin in Gorki gestorben, dann nach Moskau überführt und im Gewerkschaftshaus für ein Defilee der Anhänger aufgebahrt worden. Sämtliche sowjetischen Filmschaffenden waren in diesen Tagen mit der Dokumentation des einmaligen Ereignisses beschäftigt, so auch Vertov. Der Film erlangte in den sozialistischen und kommunistischen Organisationen Westeuropas immense Bedeutung und markiert auch den Beginn des Personenkults. Eingereicht zur Wiener Zensur wurde der Streifen durch die Fiag (Film-Industrie A.G.).

1929 unternimmt Vertov eine Europatournee mit seinem neuen Film *Čelovek s kinoapparatom* (1929), im Wesentlichen organisiert durch die Kontakte eines befreundeten Ehepaars, El Lissitzky und dessen deutscher Frau Sophie Küppers.[4] Unmittelbar nach Vertovs ersten Auftritten in Hannover und Berlin erreicht ihn am 9. Juni eine Aufforderung aus Wien, seinen Film

trade union building. All Soviet film-makers were occupied with documenting this unique event, including Vertov. The resulting film acquired huge significance within the socialist and communist organisations of Western Europe, and also marked the beginning of the personality cult. The film was submitted to the Viennese board of censorship by Fiag (Film-Industrie A.G.).

In 1929 Vertov toured through Europe with his new film *Čelovek s kinoapparatom* (1929). The tour was largely organised by the contacts of two of Vertov's friends, El Lissitzky and his German wife Sophie Küppers.[4] On June 9th, immediately after his first appearances in Hanover and Berlin, Vertov received an invitation from Vienna to show his film there as well.[5] In his final report on the tour, Vertov noted laconically: "I also received invitations to give talks in Mannheim, Hamburg, Augsburg, Vienna and Zurich."[6] It was impossible to accept any of them. Yet another lost opportunity! *Čelovek s*

---

3) Caneppele 2002, a.a.O., S. 169. Die Zensurentscheidung erging in der Zeit vom 10.5.–17.5.1924. Länge: 637 m. Zu Vertovs Mitarbeit siehe Tode/Gramatke, a.a.O., S. 220f.

4) Zur Europareise vgl. Thomas Tode, „Ein Russe projiziert in die Planetariumskuppel: Dsiga Wertows Reise nach Deutschland 1929", in: Oksana Bulgakowa (Hg.), *Die ungewöhnlichen Abenteuer des Dr. Mabuse im Lande der Bolschewiki*, Berlin 1995, S. 143–151.

4) See Thomas Tode, "Ein Russe projiziert in die Planetariumskuppel: Dsiga Wertows Reise nach Deutschland 1929", in: Oksana Bulgakowa (ed.), *Die ungewöhnlichen Abenteuer des Dr. Mabuse im Lande der Bolschewiki*, Berlin 1995, pp. 143–151.

5) Invitation dated 9.6.1929, see. RGALI [Russian State Archive for Literature and Art], f. 2091, op. 2, d. 412.

6) idem.

auch dort vorzustellen.[5] In seinem Abschlussbericht über die Auslandsreise notiert Vertov lapidar: „Einladungen zu Vorträgen erhielt ich noch aus Mannheim, Hamburg, Augsburg, Wien und Zürich."[6] Sie konnten alle nicht wahrgenommen werden. Erneut eine verpasste Gelegenheit. *Čelovek s kinoapparatom* ist in Österreich zu Lebzeiten Vertovs offenbar nie gezeigt worden.

Von Juni bis Dezember 1931 unternimmt er eine zweite Europatournee, diesmal mit seinem ersten Tonfilm *Ėntuziazm* (1930). Das Thema Tonfilm machte damals bereits längere Zeit Furore, und es verwundert nicht, dass Vertov gleich zu Beginn seiner Reise von der Wiener Monatszeitschrift für Neue Musik *Der Anbruch* kontaktiert wird, die um Material über die Vertonung seiner Filme ersucht.[7] Offenbar kam es aber auch hier zu keinen konkreten Ergebnissen, denn in den entsprechenden Jahrgängen der Zeitschrift findet sich kein diesbezüglicher Artikel.

Es bleibt der Initiative von Josef Szende, einem jungen Aktivisten der Kommunistischen Partei Österreichs, überlassen, 1932 mit *Ėntu-*

kinoapparatom was apparently never shown in Austria during Vertov's lifetime.

From June to December 1931 Vertov went on a second European tour, this time with his first sound film *Ėntuziazm* (1930). The topic of sound cinema had been making waves in Europe for a long time, and it is therefore not surprising that Vertov was contacted at the very beginning of his tour by the Viennese monthly magazine for new music, *Der Anbruch*, with a request for material on the sound recordings for his films.[7] Apparently this request also went unanswered, for in the relevant years no such article can be found in the magazine.

Finally it was on the initiative of Josef Szende, a young activist of the Austrian Communist Party, that *Ėntuziazm* was shown in 1932. Entitled *Das Lied vom Aufbau (Enthusiasmus),* the film was submitted to the Viennese board of censorship, who approved it without restrictions – apart from an age limit.[8] In the files it is subheaded "Wahlpropagandafilm in 3 Abteilungen" (election propaganda film in 3 parts) and apparently this was a sufficient definition of the film

---

5) Einladung vom 9.6.1929, vgl. RGALI [Russisches Staatsarchiv für Literatur und Kunst], f. 2091, op. 2, d. 412.

6) Ebd.

7) Schreiben vom 12.9.1931, vgl. ebd.

7) idem, letter from 12.9.1931

8) Paolo Caneppele (ed.), *Materialien zur Österreichischen Filmgeschichte, Bd. 8: Entscheidungen der Wiener Filmzensur 1929–1933,* Wien 2003, p. 388. The censor's decisions were made 29.3.–16.4.1932.

ziazm Vertovs ersten Tonfilm in Österreich zu zeigen. Unter dem Titel *Das Lied vom Aufbau (Enthusiasmus)* wird der Film der Wiener Zensur vorgelegt, die ihn – bis auf ein Jugendverbot – unbeschadet passieren lässt.[8] Er trägt in den Akten den Untertitel „Wahlpropagandafilm in 3 Abteilungen" und schien den Zensoren damit ausreichend als parteiliches Produkt gekennzeichnet. Die Premiereneinladung und -werbung (vgl. hier im Band: Ankündigungen, A 7) wandelt die Unterzeile allerdings in „Ein Russen-Tonfilm vom 5 Jahrplan!" um. Der Zensureintrag der Wiener Behörde dokumentiert die ursprüngliche Länge des Films gewissermaßen amtlich: 2178 m (80 min). Die heute erhaltenen Kopien haben aber nur noch eine Länge von 1838 bzw. 1849 m (67 min). Es fehlt das furiose Finale des Films mit der im Vorspann angekündigten *1. Mai-Sinfonie* von Dmitrij Šostakovič.[9]

Nach der Wiener Pressevorführung am 13. Mai erscheinen erste, mit Motiven aus dem Film illustrierte Berichte, die das visuell „Neuartige"

for the censor to classify it as a party product. The invitation to the premiere and the subsequent advertising (see: "Announcements", A 7) changes the sub-heading, however, to "Ein Russen-Tonfilm vom 5 Jahrplan!" (A Russian sound film about the 5-year plan!). The censorship entry from the Viennese authorities records simply an official documentation of the film's original length: 2178 m (80 min). But the prints that have survived today are only 1838/1849 m (67 min) in length. What is missing is the furioso finale of the film, the *First of May Symphony* by Dmitrij Šostakovič[9], which is announced in the opening credits.

After the film was screened for the Viennese press on May 13th 1932, there appeared some initial reports illustrated with stills from the film, which emphasised the film's "novelty" value. Examples included the deliberate double exposure of two overlapping faces, which created a three-eyed being.[10] On May 20th the film was premiered at the Kreuz-Kino, with four screenings per day.[11] While the bourgeois press found

8) Paolo Caneppele (Hg.), *Materialien zur Österreichischen Filmgeschichte, Bd. 10: Entscheidungen der Wiener Filmzensur 1929–1933*, Wien 2003, S. 388. Die Zensurentscheidung erging in der Zeit vom 29.3.–16.4.1932.

9) Zum fehlenden Ende vgl. Thomas Tode, „Töne stürmen gegen das Bild: Musikalische Strukturen im Werk von Dziga Vertov", in: *Cinema* (Marburg) Nr. 49, 2004, S. 21–35, hier S. 31ff.

9) For the missing finale see Thomas Tode: „Töne stürmen gegen das Bild: Musikalische Strukturen im Werk von Dziga Vertov", in: *Cinema* (Marburg) Nr. 49, 2004, pp. 31.

10) *Rote Fahne*, 15.5.1932; *Film-Rundschau*, undated clipping in the Vertov Collection. The multiple exposures described are missing from the prints in circulation.

des Films unterstreichen, etwa die gezielt komponierte Mehrfachbelichtung zweier sich überlappender Gesichter, die ein dreiäugiges Wesen entstehen lässt.[10] Am 20. Mai erlebt der Film im Kreuz-Kino seine österreichische Uraufführung, mit täglich vier Vorstellungen.[11] Während die bürgerliche Presse den Film allenfalls als „langweilig" oder „kunterbunt" charakterisiert,[12] erscheint in der katholischen *Reichspost* (21.5.1932) eine scharfe Rezension, die sich insbesondere über die antireligiösen Szenen ereifert.[13] Am Ende ruft die *Reichspost* zu handgreiflichen Gegenmaßnahmen auf, und tatsächlich finden noch am selben Tag Tumulte statt: Anhänger der Lueger-Jungfront stören die erste Nachmittagsaufführung am 21. Mai, anwesende Polizisten beschlagnahmen sofort die Kopie, Verleiher und Kinobesitzer werden angezeigt. Flankierend war bereits zuvor eine Abordnung der Lueger-Front unter Führung des ehemaligen Vizekanzlers Schmitz bei dem gerade erst ernannten Bundeskanzler Dollfuß vorstellig geworden.

the film "boring" or "colourful",[12] the Catholic *Reichspost* (21.5.1932) reacted with harsh criticism and was particularly angered by anti-religious scenes.[13] Eventually the *Reichspost* called for physical countermeasures, and indeed that very same day witnessed public tumults. Supporters of the youth movement "Lueger-Jungfront" disrupted the first afternoon showing on May 21st. The police, who were present, confiscated the print immediately; the distributor and the cinema owner were charged. Before that, a delegation from the Lueger Front, led by former Vice-Chancellor Schmitz, appeared before the newly appointed Federal Chancellor Dollfuß. His first act in office was to ban the film.[14] Josef Szende, who had submitted the film under his own name, but on behalf of the Communist Party, was actually imprisoned for a considerable period. At the end of the year the communists resubmitted *Das Lied vom Aufbau* in an extremely

---

11) *Rote Fahne*, 20.5.1932; *Das kleine Blatt*, 20.5.1932

12) *Neues Wiener Tagblatt, Das Kleine Volksblatt,* both 21.5.1932

13) Vertov Collection, signature Pr Ö 5, see "Press".

14) For details on the ban see *Telegraf,* 21.5.1932 and *Reichspost, Arbeiterzeitung, Rote Fahne, Neues Wiener Tagblatt, Kleine Volks-Zeitung, Das Kleine Blatt, Das Kleine Volksblatt,* all 22.5.1932, *Film-Kurier,* 23.5.1932. For the legal dispute see *Arbeiterzeitung,* 25.5.1932, 10.6.1932 and 21.12.1932.

---

10) *Rote Fahne*, 15.5.1932; *Film-Rundschau*, Ausriss o.D., in der Vertov-Sammlung im ÖFM. Diese Mehrfachbelichtung fehlt ebenfalls in den überlieferten Kopien.

11) *Rote Fahne*, 20.5.1932; *Das kleine Blatt*, 20.5.1932.

12) *Neues Wiener Tagblatt, Das Kleine Volksblatt*, beide vom 21.5.1932

13) In der Wiener Vertov-Sammlung als Pr Ö 5, hier im Band unter der Rubrik „Presse".

Dessen erste Amtshandlung ist das Verbot des Films.[14] Josef Szende, der den Streifen zwar im Auftrag der KPÖ, aber unter eigenem Namen eingereicht hatte, kommt sogar geraume Zeit in Haft. Die Kommunisten reichen *Das Lied vom Aufbau* am Ende des Jahres in extrem zensierter Fassung (1495 m, 55 min) erneut ein und erhalten nun sogar eine Jugendfreigabe.[15] Es ist unwahrscheinlich, dass selbst diese Kurzfassung über 1934 hinaus gezeigt worden ist. Szende wird später in Auschwitz ermordet.[16]

Auch in der Nachkriegszeit unter sowjetischer Besatzung zählen die Filme Vertovs offenbar nicht zu dem Programm, das die russischen Kulturoffiziere in ihrer Zone zeigten. Nach einer Erinnerung des Wiener Filmhistorikers Peter Schauer war Vertov aber unter Filmenthusiasten nicht völlig vergessen: „Anlässlich der Feierlichkeiten für ‚50 Jahre Film' (1946) lädt Franz Rossak (…) Dsiga Wertow nach Wien ein. Aber dieser erhält keine Ausreise-Genehmi-

censored form (1495 m, 55 min) and this time even received a licence to show it to young people.[15] It is unlikely that the film, albeit in this shortened form, was shown after 1934. Szende was later murdered at Auschwitz.[16]

Even after the war, in the Soviet zone of occupation, Vertov's films clearly formed no part of the programme that the Russian cultural officers showed. According to a memoir from the Viennese film historian Peter Schauer, however, Vertov was not completely forgotten by film enthusiasts: "On the occasion of the celebrations for '50 years of film' in 1946, Franz Rossak (…) invited Dsiga Wertow to Vienna, but he received no travel permit."[17] The invitation is said to have come from the film enthusiast and (Communist) city councillor Viktor Matejka.

2. Love at First Sight — The Rediscovery of Vertov (1960s)
A new chapter in the relationship between Vertov and Vienna begins in the 1960s with film enthusiast Peter Konlechner and filmmaker Peter Kubelka. Konlechner first showed Vertov's

14) Zum Verbot: *Telegraf*, 21.5.1932 und *Reichspost, Arbeiterzeitung, Rote Fahne, Neues Wiener Tagblatt, Kleine Volks-Zeitung, Das Kleine Blatt, Das Kleine Volksblatt*, alle vom 22.5.1932, *Film-Kurier*, 23.5.1932. Zum Rechtsstreit: *Arbeiterzeitung*, 25.5.1932, 10.6.1932 und 21.12.1932.

15) Caneppele 2003, a.a.O., S. 427. Die Zensurentscheidung erging in der Zeit vom 1.11.–30.11.1932.

16) Geboren 18.6.1901, deportiert nach Dachau, ermordet 14.2.1943 in Auschwitz, vgl. „Namentliche Erfassung der österreichischen Holocaustopfer": www.doew.at.

15) Caneppele 2003, op. cit., p. 427. Censor's decisions 1.11.–30.11.1932.

16) Born 18.6.1901, deported to Dachau, murdered 14.2.1943 in Auschwitz, see "Namentliche Erfassung der österreichischen Holocaustopfer" at www.doew.at.

17) Peter A. Schauer, *Dsiga Wertow und der österreichische Arbeiterfilm*, Wien 2001, p. 31.

Thomas Tode

gung."[17] Die Einladung soll durch den filminteressierten (kommunistischen) Stadtrat Viktor Matejka erfolgt sein.

2. Liebe auf den ersten Blick
Die Wiederentdeckung Vertovs (1960er)

Ein neues Kapitel in Sachen Vertov und Wien fängt in den 1960er Jahren mit dem Filmenthusiasten Peter Konlechner und dem Filmemacher Peter Kubelka an. Konlechner zeigt erstmals am 23. April 1963 Vertovs *Čelovek s kinoapparatom* in dem von ihm geleiteten Filmklub an der Technischen Hochschule Wien. Die Kopie leiht er in Dänemark aus, denn in Österreich gibt es bis dato noch keine Vertov-Filmkopien.[18] Die Anschaffung von Kopien ist eines der ersten Anliegen, als Konlechner und Kubelka 1964 das Österreichische Filmmuseum gründen. Vertovs Filme stehen ganz oben auf einer dem sowjetischen Gosfilmofond übersandten Wunschliste mit Titeln, die dem ÖFM tatsächlich großzügigerweise geschenkt werden.

In der vom ÖFM veranstalteten Retrospektive 1967, der „vollständigsten der Werke Vertovs", wie man mit Stolz in einer Presseaussen

Čelovek s kinoapparatom on April 23rd 1963 in the film club he headed at the Technical College in Vienna. He had rented the print from Denmark, for there were no Vertov films in Austria at that time.[18] Procuring film prints was one of the foremost priorities for Konlechner and Kubelka in 1964, when they founded the Austrian Film Museum (ÖFM). Indeed, Vertov's films were at the very top of the wish-list sent to the Soviet Gosfilmofond. The films were generously donated to the ÖFM enabling it to enter the ranks of a FIAF Institute.

In the retrospective organised by the ÖFM in 1967, the "most complete [showing] of Vertov's works" as the press release proudly announced, ten of his films were, for the first time, screened in Austria. They included seven feature films. The sub-heading "Unrecognised Russian Film-Poet Rediscovered" already reveals the particular accent of Vienna's understanding of Vertov by placing emphasis on his avant-garde tendencies and the repression of the artist. This was in contrast to interpretations in East Germany, where Vertov was integrated into the tradition of militant activism by socialist film-makers (at the Vertov retrospective in Leipzig in 1960, for example).

17) Peter A. Schauer, *Dsiga Wertow und der österreichische Arbeiterfilm*, Wien 2001, S. 31.

18) „Peter Konlechner im Gespräch mit Antonia Lant", in: *Maske und Kothurn*, Nr. 1 (50. Jg.), S. 77–85.

18) "Peter Konlechner im Gespräch mit Antonia Lant", in: *Maske und Kothurn*, Nr. 1 (50. Jg.) p. 77–85.

dung verkündet, sind erstmals zehn seiner Filme in Österreich zu sehen, darunter sieben Langfilme. Der Untertitel „Verkannter russischer Filmdichter wiederentdeckt" markiert bereits die besondere Note der Wiener Vertov-Auslegung: Man betont die avantgardistische Seite und die Repression des Künstlers, im Gegensatz zur Ostberliner Interpretation, die Vertov in die Tradition militanter Publizistik sozialistischer Filmemacher eingemeindet (so in der Vertov-Retrospektive 1960 in Leipzig).

Anlässlich dieser Filmschau publiziert das ÖFM 1967 auch eine deutsche Übersetzung (Reinhard Urbach) der Tagebücher Vertovs, die im Jahr zuvor in Moskau in einer ersten russischsprachigen Gesamtausgabe zusammen mit den „Artikeln" und „Projekten" erschienen war (*Stat'i, dnevniki, zamysly,* 1966, Hg. Sergej Drobašenko). Wie die Zählung „Band I" andeutet, hatte das ÖFM vor, noch weitere Bände folgen zu lassen. Doch im gleichen Jahr war in Ostberlin eine deutsche Übersetzung aller drei Teile herausgekommen (*Aufsätze, Tagebücher, Skizzen,* Hg. Hermann Herlinghaus) und so blieb dieses Editionsprojekt unvollendet, obwohl Rohübersetzungen weiterer Partien bereits vorlagen (vgl. die Rubrik „Übersetzungen" in diesem Band).

Zwischen Wien und Ostberlin entwickelt

As a direct result of the retrospective in 1967, the ÖFM also published a German translation (by Reinhard Urbach) of Vertov's diaries, which had appeared in Moscow the previous year in a collected edition together with "Articles" and "Projects" (*Stat'i, dnevniki, zamysly,* 1966, ed. Sergej Drobašenko). As the numbering "Vol. 1" suggests, the ÖFM intended to follow up the publication with further volumes. But in the same year a German translation of all three parts appeared (*Aufsätze, Tagebücher, Skizzen,* ed. Hermann Herlinghaus), so the project remained incomplete, even though some parts already existed in rough translations (see the catalogue section "Translations" for more details).

After that a full-blown competition developed between Vienna and East Berlin for priority in German-language Vertov research, which often ended in polemics. "The 'Austrian Film Museum', having put an irresponsible translation of Vertov's diaries into circulation in 1967, is now trying to hype itself up as the Western guardian of the grail of the Vertov heritage."[19] Shortly before this article was published in March 1976 the ÖFM had announced in western newspapers that the Soviets would remain silent about the

19) Hans-Joachim Schlegel, in: *Film und Fernsehen,* Nr. 6, East Berlin 1976, p. 47

41

sich in der Folge eine regelrechte Konkurrenz um die Priorität in der deutschsprachigen Vertov-Forschung, die häufig genug in Polemiken endete: „Das ‚Österreichische Filmmuseum‘, das 1967 eine unverantwortliche Übersetzung der Vertovschen Tagebücher in Umlauf setzte, versucht sich heute als westlicher Gralshüter des Vertovschen Erbes aufzuspielen."[19] Kurz vor dem Erscheinen dieses Artikels im März 1976 hatte das ÖFM in westlichen Zeitungen melden lassen, dass die Sowjets den Tod von Vertovs Lebensgefährtin und Schnittmeisterin Svilova verschweigen würden. Dies rief mit dem Sozialismus sympathisierende Forscher (auch solche aus Westdeutschland) auf den Plan, die diese „aus dem ‚Österreichischen Filmmuseum‘ stammende Husarenmeldung mit eindeutig antisowjetischer Tendenz"[20] emphatisch zurückwiesen. Tatsächlich hatten sich aber in der Wiener Tagebuchedition einige Übersetzungsfehler eingeschlichen, die den Vertov-Spezialisten hätten auffallen müssen, beispielsweise: „Im Filmtheater blauer Himmel, blinkende Sterne und ich wurde ‚sentimental‘" (ÖFM, S. 20). Derselbe Satz in der neusten Vorlage der Tagebücher: „Im Kino blauer Himmel, blinken-

death of Vertov's widow and editor Svilova. This drew out researchers sympathetic towards Socialism (including some in West Germany), who emphatically rejected the "triumphant announcements from the 'Austrian Film Museum' with clearly anti-Soviet tendencies".[20] Some translation errors had, in fact, found their way into the Viennese edition of the diaries, which should have caught the attention of Vertov specialists. For example: "In the film theatre there were blue skies and sparkling stars and I became 'sentimental'" (ÖFM, p. 20). In the latest edition of the diaries the same sentence reads: "In the cinema there were blue skies, sparkling stars and similar 'sentimentalities'".[21]

In 1968, when students in Berlin renamed their film school the "Dsiga-Wertow-Akademie" and Jean-Luc Godard and others in Paris founded the "Group Dziga Vertov", nothing on the same scale could be heard from Vienna. In both cities, there appeared "new forms of enlightening and protest films"[22] associated with Vertov's name and theories that "simply consisted of opening people's eyes and showing the

20) Idem.

21) Tode / Gramatke, op. cit., S. 22.

22) Ulrich Gregor, "Aus den Annalen der Dsiga-Wertow-Akademie", in: Filmkritik, Nr. 8, 1968, p. 531.

19) Hans-Joachim Schlegel, in: Film und Fernsehen, Nr. 6, Ostberlin 1976, S. 47

20) Ebd.

de Sterne und ähnliche „Sentimentalitäten‴.[21]

Im Jahr 1968, als in Berlin die Studenten ihre Filmhochschule in „Dsiga-Wertow-Akademie" umbenennen, und als in Paris Jean-Luc Godard mit anderen die „Groupe Dziga Vertov" gründet, hört man aus Wien nichts dergleichen. Verbunden mit seinem Namen werden da wie dort „neue Formen des aufklärerischen und agitatorischen Films"[22] und Theorien, die „einfach darin bestanden, den Leuten die Augen zu öffnen und die Welt unter der Diktatur des Proletariats zu zeigen"[23]. Diese Art der Politisierung ist nicht die Sache der sich langsam vergrößernden Wiener Anhängerschaft Vertovs. Im Gegenteil. Im Februar 1969 polemisieren Peter Weibel und Ernst Schmidt jr. in der für den experimentellen Film aufgeschlossenen deutschen Zeitschrift *Film* gegen eine allzu simple Eingemeindung Vertovs durch die Politgruppen und verteidigen den dialektischen Charakter seiner Arbeiten und ihre strukturalistisch-experimentellen Qualitäten: „‚Wirklich' ist auch das Zelluloid: In der *Leninska Kino-Prawda* (Nr. 21) wird

world under the dictatorship of the proletariat".[23] This sort of political attitude was not the goal of the slowly increasing group of Vertov supporters in Vienna. On the contrary, in February 1969 Peter Weibel and Ernst Schmidt jr. took passionate stands in the German film journal *Film* against a far too crude inclusion of Vertov by political groups, and defended the dialectical character of his works and their structural-experimental qualities: "Celluloid is also 'real': in the *Leninska Kino-Prawda* (No. 21) a metre-long black strip is mounted in front of the funeral procession of the people."[24]

In the meantime the ÖFM used the audience of widely-read news magazines such as *Der Spiegel* (No. 24, 8.6.1970) to tackle fundamental problems within Vertov research: "'Sadly', the Viennese Vertov fan Konlechner discovered at the Moscow Film School while preparing his retrospective, 'most silent film negatives have deteriorated, are covered in mould, and cannot be restored.'" For this retrospective, the second Vertov show within a short timespan, Svilova was, for the first time, permitted to travel

21) Tode / Gramatke, a.a.O., S. 22.

22) Ulrich Gregor, „Aus den Annalen der Dsiga-Wertow-Akademie", in: *Filmkritik*, Nr. 8, 1968, S. 529ff., hier S. 531.

23) „Politische Filmgruppen in Frankreich nach dem Mai 68", in: *Sozialistische Zeitschrift für Kunst und Gesellschaft*, Nr. 7, Juni 1971, S. 31–59, hier S. 53.

23) "Politische Filmgruppen in Frankreich nach dem Mai 68", in: *Sozialistische Zeitschrift für Kunst und Gesellschaft*, Nr. 7, Juni 1971, p. 53.

24) "Revision in Sachen Wertow", in: *Film* (Velber), Nr. 2, 1969, p. 18.

vor den Trauerzug der Bevölkerung ‚ein Meter schwarzer Klebestreifen' einmontiert.‟[24]

Das ÖFM nutzt derweil die Öffentlichkeit viel gelesener Journale wie *Der Spiegel* (Nr. 24, 8.6. 1970), um Grundprobleme der Vertov-Forschung anzuprangern: „‚Leider', erfuhr nun der Wiener Wertow-Bewunderer Konlechner bei seinen Retrospektiv-Vorbereitungen aus der Moskauer Filmhochschule, ‚sind die meisten Stummfilm-Negative zugrunde gegangen, von Schimmel befallen und nicht wiederherzustellen.'‟ Für die angesprochene Retrospektive, die zweite Vertov-Schau innerhalb kurzer Zeit, durfte Svilova 1970 erstmals ins Ausland reisen. Die Wiener Anhängerschaft Vertovs vergrößert sich kontinuierlich: 1970–74 wird Vertov auch im so genannten „Freien Kino" regelmäßig gespielt, das der „Klub Kritischer Film" als Trägerverein zunächst an der Universität Wien, dann in einem ehemaligen Gemeinde-Kino veranstaltet. Einer der Aktivisten, Dieter Schrage, hält auch Vorlesungen über Vertov am Institut für Publizistik in Salzburg.

3. Näheres Kennenlernen
Enthusiasmus allerorts (1970er)

Größte Aufmerksamkeit innerhalb der Vertov-Forschung erlangt die 1972 erfolgte Re-Synchro-

abroad in 1970. The Viennese following for Vertov was constantly growing. In 1970–74 his work was shown regularly in the so-called "Freies Kino" organized by the "Klub Kritischer Film" initially at the University of Vienna and then in a former communal cinema. One of the activists, Dieter Schrage, also gave lectures on Vertov at the Institute for Media and Communications in Salzburg.

3. Closer Acquaintance
Enthusiasm Everywhere (1970s)

The closest attention within Vertov research was paid to the 1972 re-synchronisation of the film *Éntuziazm* by Peter Kubelka and Edith Schlemmer. Several points in the film which were quite clearly meant to be synchronous but were nevertheless clearly asynchronous in the available prints, convinced them that the sound and picture no longer represented the original arrangement. Lucy Fischer's related and frequently reprinted interview with Kubelka focuses on this version.[25] Prints of this version were purchased widely in the USA, where Kubelka has many associations.

---

24) „Revision in Sachen Wertow", in: *Film* (Velber), Nr. 2, 1969, S. 16–19, hier. S. 18.

25) Lucy Fischer, "Enthusiasm: From Kino-Eye to Radio-Eye" and "Restoring 'Enthusiasm': Exerpts from an Interview with Peter Kubelka", in: *Film Quarterly* 2 (Winter 1977/78), Vol. 31, pp. 25–34.

Kritisches Glück: Elizaveta Svilova vor den Schaukästen des ÖFM in der Münchner Ausstellung 1974/ Sceptical appreciation: Elizaveta Svilova in front of one of the ÖFM's light boxes, Munich 1974

nisierung des Films *Ėntuziazm* durch Peter Kubelka und die Archivarin des ÖFM, Edith Schlemmer. Etliche offensichtlich als Synchronereignisse gemeinte, aber deutlich asynchrone Stellen der umlaufenden Kopien des Films bringen sie zu der Überzeugung, dass Töne und Bilder nicht mehr der Originalzusammenstellung entsprachen. Lucy Fischers einschlägiges, oft nachgedrucktes Interview mit Kubelka beschert dieser Fassung viel Aufmerksamkeit.[25] Besonders in den USA, wo Kubelka gute Kontakte hat, werden Kopien dieser neuen Fassung angekauft.

Die große Vertov-Ausstellung im April 1974 im ÖFM sorgt für weitere Aufmerksamkeit und Verbreitung seines Werks.[26] Sie war vordergründig die Übernahme einer vom Staatlichen Filmarchiv der DDR und dem Verband der Filmschaffenden der UdSSR in Ostberlin organisierten Präsentation,[27] die zwischendurch nur in Stockholm zu sehen gewesen war. Doch in Wien fügt man zusätzliches Material ein, erstellt eigene Fototafeln und verfolgt eine andere

The extensive Vertov exhibition in April 1974 at the ÖFM ensured further regard for, and distribution of Vertov's work.[26] The exhibition had developed largely out of a presentation in East Berlin organised by the State Film Archive of East Germany and the Union of Film Makers in the USSR,[27] and had in the meantime been seen only in Stockholm. In Vienna, however, additional material was inserted, several photo boards were assembled and a different overall concept was thus realised, which emphasised in particular the experimental works of Vertov. A big light box presented film strips with extremely short and formalist passages from *Čelovek s kinoapparatom*. But in the eyes of Soviets, and therefore also in the East German exhibition, *Tri pesni o Lenine* was considered to be Vertov's most important film (thanks to its theme, which was above any suspicion). Correspondence preserved in the State Film Archive of East Germany (now the Federal Archives) gives evidence of the furious reactions from

25) Lucy Fischer, „Enthusiasm: From Kino-Eye to Radio-Eye" und „Restoring 'Enthusiasm': Exerpts from an Interview with Peter Kubelka", in: *Film Quarterly* 2 (Winter 1977/78), Vol. 31, S. 25–34.

26) Vgl. *Die Presse*, 16.4.1974; *Arbeiterzeitung*, 20.4.1974.

27) Zusammengestellt von Sergej Drobašenko, vgl. Alfred Krautz, in: *Film und Fernsehen*, Nr. 2, 1974, S. 41f.

26) See *Die Presse*, 16.4.1974; *Arbeiterzeitung*, 20.4.1974.

27) Compiled by Sergej Drobašenko, see *Film und Fernsehen*, Nr. 2, 1974, pp. 41

Gesamtkonzeption, die besonders die experimentellen Arbeiten Vertovs betont. Ein großer Leuchtkasten zeigt etwa Filmstreifen mit extrem kurz und formalisiert geschnittenen Passagen aus *Čelovek s kinoapparatom*. In der sowjetischen Auslegung (und also auch in der DDR-Ausstellung) gilt jedoch *Tri pesni o Lenine* (dank seines über jeden Verdacht erhabenen Themas) als Vertovs bedeutendster Film. Eine im Staatlichen Filmarchiv der DDR (heute im Deutschen Bundesarchiv-Filmarchiv) verwahrte Korrespondenz bezeugt die wütenden Reaktionen aus Ostberlin, wo man die Ausstellung zur Überprüfung vergeblich zurückfordert, da sie die weiteren Stationen (München, Sofia) nicht in dieser unautorisierten Fassung erreichen soll. Die Wiener Ausstellung stimuliert auch eine erneute, kritische Auseinandersetzung mit Vertov.[28]

4. Ehe & Gewohnheit
Zum Alltag der Vertov-Sammlung (1980er und 1990er)
Im Zuge der Vorbereitungen zur Ausstellung hatte man im ÖFM jene umfangreiche Vertov-Sammlung angelegt, die im vorliegenden Band

East Berlin, where the exhibition was unsuccessfully recalled for inspection because the organisers did not wish it to be transferred to the other sites (Munich and Sofia) in this unauthorised form. The Vienna exhibition thus helped to stimulate a new critical discussion surrounding Vertov.[28]

4. Marriage and Habit—Everyday Aspects of the Vertov Collection (1980s and 1990s)
The comprehensive Vertov collection presented in this book was assembled in the ÖFM during preparations for the exhibition. It includes many original manuscripts, posters and photos given to the ÖFM by Svilova or made available for copying, and other objects unearthed through the research of ÖFM collaborator Rosemarie Ziegler. For years after the death of Svilova in 1975, however, the Viennese collection remained hidden from international Vertov researchers and led a pretty clandestine existence, as I know from my own experience. When I was preparing a new edition of Vertov's diaries and reviewed the Vertov prints in the ÖFM editing room, no-

28) Vgl. z. B. die beiden Artikel von Friedrich Geyrhofer, in: *Neues Forum* (Wien) Nr. 245 und Nr. 246, Mai und November 1974, außerdem: Peter Weibel, „Eisensteins und Vertovs Beiträge zu einer Artikulation der Filmsprache", in: Birgit Hein, Wulf Herzogenrath (Hg.), *Film als Film, 1910 bis heute*. Köln 1978, S. 98ff.

28) See Friedrich Geyrhofer's articles, in *Neues Forum* (Wien) Nr. 245 and Nr. 246, May and November 1974, furthermore Peter Weibel, "Eisensteins und Vertovs Beiträge zu einer Artikulation der Filmsprache", in: Birgit Hein, Wulf Herzogenrath (ed.), *Film als Film, 1910 bis heute*. Köln 1978, pp. 98.

präsentiert wird. Dazu zählen zahlreiche Autografen, Plakate und Fotos, die Svilova dem ÖFM schenkte bzw. zur Reproduktion zur Verfügung stellte, und weitere, durch die ÖFM-Mitarbeiterin Rosemarie Ziegler recherchierte Objekte. Die Wiener Sammlung blieb aber nach dem Tod Svilovas 1975 über Jahre der internationalen Vertov-Forschung verborgen und führte eine recht klandestine Existenz, wie ich aus eigener Erfahrung weiß. Als ich im Rahmen der Vorbereitung einer neuen Ausgabe der Tagebücher Vertovs in den 1990er Jahren im Archiv des ÖFM Filmkopien von Vertov sichtete, kam niemand auf die Idee, mir einen Hinweis auf die einen Stock höher aufbewahrte Vertov-Sammlung zu geben.

Die Gründe für die fortgesetzte Geheimhaltung sind sicherlich vielfältig. Der heimliche Kulturtransfer in Zeiten des Kalten Krieges war wohl nicht ungefährlich, zumal man sich die Möglichkeit weiterer Erwerbungen auf dem inoffiziellen Weg erhalten wollte. Zu Lebzeiten Svilovas musste man zudem noch mit Repressionen für Vertovs Witwe rechnen. Für die Verschwiegenheit selbst nach der Perestrojka ist wohl auch die generelle Politik des ÖFM in diesen Jahren verantwortlich, die (auch aufgrund mangelnder personeller und finanzieller Ressourcen) wenig Wert auf Öffentlichkeit, Ver-

body thought of hinting at the Vertov collection kept one floor higher.

No doubt there were many reasons for this secrecy. The undercover transfer of cultural objects during the Cold War was not without risk, especially if one wanted to keep the possibility of more unofficial purchases open. When Svilova was alive, sanctions against Vertov's lifelong companion also had to be taken into account. The general policy of the ÖFM at the time (also a result of a lack of financial resources and a shortage of staff) was probably also responsible for this secrecy, even after Perestroika, since not much value was placed on openness or building up networks and cooperating with other researchers and institutions. The major Vertov conference in Moscow in 1992, for example, which was co-organised by the European Documentary Film Institute (EDI), took place without any contribution from Vienna. The role of a stimulant for western Vertov research seemed to have been forgotten in Vienna in the course of everyday business.

5. Second Spring—New Impulses
(mid 1990s and into the New Millennium)

The relationship between Vertov and Vienna enjoyed a "second spring" from the mid-nineties onwards, through a new generation of activists

netzung und Kooperation mit anderen Forschern und Institutionen legte. So findet die große Vertov-Konferenz in Moskau 1992, koorganisiert vom Europäischen Dokumentarfilm Institut (EDI), ganz ohne Wiener Beteiligung statt. Die Stellung als Impulsgeber der westlichen Vertov-Forschung schien Wien im Alltagsgeschäft abhanden gekommen zu sein.

5. Zweiter Frühling – Neue Impulse
(Mitte 1990er und ins neue Jahrtausend)

Einen „zweiten Frühling" erlebt die Beziehung zwischen Vertov und Wien ab Mitte der 1990er Jahre, einerseits durch neue, jüngere Aktivisten, andererseits durch Kooperationen des ÖFM mit anderen Institutionen. Zum 100. Geburtstag des Filmpioniers im Januar 1996 organisiert Klemens Gruber (TFM) parallel zu einer Retrospektive im ÖFM ein großes Symposium an der Universität Wien, in Zusammenarbeit mit der New York University und dem ÖFM. Anlässlich der Konferenz erscheint ein Band mit kanonischen Texten zu Vertov, gefolgt von einem zweiten Band mit den Vorträgen der Tagung.[29] Regelmäßige Seminare zur Sowjetavantgarde und „Digital Formalism", ein von TFM,

or in cooperation between the ÖFM and other institutions. On the 100th birthday of the film pioneer, in January 1996, Klemens Gruber organised a big symposium at the University of Vienna together with the ÖFM and New York University. In connection with the conference, a volume with canonical texts on Vertov was published in a journal of the Institute for Theatre, Film and Media Studies (TFM), followed by a second volume containing the papers delivered at the conference.[29] Regular seminars on the Soviet avant-garde and a research project on Vertov ("Digital Formalism") jointly submitted by TFM, Technical University Vienna and ÖFM testify to the continuity of this initiative.

This newly strengthened interest in Vertov's ideas has also been shared by the Viennese *kinoki,* a cinema group founded in 1994 in the Ernst-Kirchweger-Haus who named themselves after Vertov's working group. They function within the field of pirate radio stations, squatting and the autonomous urban scene, have written a *Wunschmaschinen-Manifest* (Wish-Machine Manifesto) and pursue a concept of socially interventionist film events with their projections. A direct spin-off from this group is

29) *Maske und Kothurn,* Nr. 1, 1996 (42. Jg.), Dziga Vertov Band 1. *Maske und Kothurn,* Nr. 1, 2004 (50. Jg.) Dziga Vertov Band 2.

29) *Maske und Kothurn,* Nr. 1, 1996 (42. Jg.), *Maske und Kothurn,* Nr. 1, 2004 (50. Jg.)

Technische Universität Wien und ÖFM gemeinsam getragenes Forschungsprojekt zu Vertov zeugen von der Kontinuität dieser Initiative.

An der wieder verstärkten Beschäftigung mit den Ideen Vertovs haben auch die Wiener *kinoki* teil, eine Kinogruppe, die 1994 im besetzten Ernst-Kirchweger-Haus gegründet wurde und sich nach Vertovs Arbeitsgruppe benannte. Sie situieren sich im Feld von Piratenradio, Hausbesetzung und autonomer Stadtszene, schreiben ein *Wunschmaschinen-Manifest* und verfolgen mit ihren Projektionen ein Konzept sozial eingreifender Filmveranstaltungen. Ein direkter Ableger dieser Gruppe ist das Wanderkino *Kinoki lumal* in Mexiko. Die Wiener *kinoki* nehmen auch Kontakt mit den *Hamburger Kinoki* auf, zeigen deren filmische Vertov-Porträts und vermitteln sie auch anderen Wiener Institutionen weiter, wie dem HTU-Kino und der Jüdische Filmwoche. Internationale Vernetzung und Erschließung neuer Zuschauer ist hier das erklärte Ziel.

Die Beschäftigung mit Vertov im ÖFM wird von der neuen Leitung des Hauses (seit 2002) weiter intensiviert. Das ÖFM unterstützt großzügig die umfassende Vertov-Retrospektive auf dem Stummfilmfestival in Pordenone / Sacile 2004 mit Filmen und mit Materialien für das vom Filmwissenschaftler Yuri Tsivian herausgegebene Begleitbuch[30]. Teile der Vertov-Sammlung wer-

the peripatetic cinema group *Kinoki lumal* in Mexico. The Vienna *kinoki* have also established contact with the *Hamburg Kinoki,* and have shown their film portraits of Vertov and passed them on to other Viennese institutions, such as the HTU Cinema and the Jewish Film Festival. International networking and finding new audiences is their declared goal.

The ÖFM's new management (2002) has intensified the research on Vertov. It generously supported the comprehensive Vertov retrospective in Pordenone / Sacile in 2004, providing films and print material for the accompanying book edited by Yuri Tsivian.[30] Parts of the Vertov collection were again shown, for the first time in thirty years, in a small exhibition curated by Brigitte Paulowitz and Yuri Tsivian. Edited by the ÖFM, the DVD of *Ėntuziazm* appeared in 2005 and presented—as would befit an academic institution—not only the Kubelka version of the film but also the version distributed by the Gosfilmofond. At the same time, the evaluation and replenishment of the Viennese Vertov collection was commissioned and an electronic database of the objects produced (see Barbara Wurm's essay in the catalogue section).

30) Yuri Tsivian (ed.), *Lines of resistance: Dziga Vertov and the Twenties,* Pordenone/Sacile 2004

den in einer kleinen, von Brigitte Paulowitz und Yuri Tsivian betreuten Ausstellung erstmals seit 30 Jahren wieder gezeigt. 2005 erscheint die vom ÖFM herausgegebene DVD *Ėntuziazm,* die – filmwissenschaftlich vorbildlich – nicht nur die „hauseigene" Version des Films vorlegt, sondern auch die verbreitete Ausgangsfassung des Gosfilmofond. Zur selben Zeit wird die Aufarbeitung der Wiener Vertov-Sammlung begonnen und eine elektronische Datenbank der Objekte erstellt (siehe „Ordnungen" in diesem Band).

Zusammenfassend lässt sich sagen, dass Wien lange Zeit der internationalen Vertov-Forschung wichtige Impulse geliefert hat und dies offenbar noch längere Zeit tun wird. Garant dafür ist vor allem die von der Forschung noch kaum ausgewertete Vertov-Sammlung, die das ÖFM durch seine besondere Stellung in Zeiten des Kalten Krieges und das bei Svilova erworbene Vertrauen anlegen konnte. Vorwärts in das neue Jahrtausend!

To summarise, it may be said that Vienna has long given international Vertov research important impulses and will clearly continue to do so in the long term. The guarantee of this is, in particular, the Vertov Collection itself, the surface of which has hardly been touched upon by research, which the ÖFM was able to assemble due to its particular status during the Cold War and the trust it acquired from Svilova. Onward into the new millennium!

30) Yuri Tsivian (Hg.), *Lines of resistance: Dziga Vertov and the Twenties,* Pordenone/Sacile 2004

Michael Loebenstein

Kulturdiplomatie der anderen Art

Eine kleine Geschichte der Vertov-Sammlung im Österreichischen Filmmuseum

Cultural Diplomacy of Another Kind

A brief history of the Vertov Collection at the Austrian Film Museum

Vorbemerkungen

So sehr das Österreichische Filmmuseum (ÖFM) bereits seit seiner Gründung 1964 auf die Dokumentation und Historisierung seiner eigenen Aktivitäten bedacht war, so schwierig gestaltete sich – 30 bzw. 40 Jahre nach dem Geschehen – unser Vorhaben, eine umfassende Dokumentation jener Ereignisse, Kontakte, Entscheidungen und Vorgehensweisen zu erstellen, die zwischen 1964 und 1979 zur Schaffung und Konsolidierung dessen beitrugen, was in diesem Band als die „Vertov-Sammlung im Österreichischen Filmmuseum" vorgestellt wird. Vieles geschah klandestin und wurde nie schriftlich dokumentiert. Zum anderen füllt die gesammelte Bürokorrespondenz des ÖFM aus den Jahren 1967 bis 1995 (also vor E-mail und Textverarbeitung) etwa 1600 Aktendeckel. Viel von dem Wissen um die Beziehungen zwischen der UdSSR und dem ÖFM ist nur mehr über die Erinnerung der Zeitzeugen abrufbar, von denen einige in fortgeschrittenem Alter sind.

So versteht sich diese „Chronologie der Ereignisse" zum Zeitpunkt ihrer Niederschrift als erstes Schlaglicht auf ein Kapitel „Kulturdiplomatie", das bislang nur in Form von unbelegten Gerüchten, wilden Mutmaßungen oder Andeutungen abgehandelt wurde. Als Quellen dienten Pressespiegel der Jahre 1964–76 sowie mehrere

Foreword

No matter how much the Austrian Film Museum (ÖFM) has concentrated on documenting and transcribing the history of its own activities since its foundation in 1964, it has nonetheless proven difficult—thirty or forty years later—to assemble a comprehensive documentation of the events, contacts, decisions and processes which contributed to the creation and consolidation of what this volume labels "The Vertov Collection at the Austrian Film Museum". Much of what happened in the years between 1964 and 1979 was clandestine and indeed never documented in writing. In addition to this, the collected official correspondence of the ÖFM dating from the years 1967 to 1995 (before e-mail and word processing) fills about 1600 files. Much knowledge of the relationship between the USSR and the ÖFM can now only be recalled in the memories of witnesses from the time, some of whom are at an advanced age.

Consequently, this "Chronology of Events" sees itself, at the time of writing, as the first light to be thrown on one example of "cultural diplomacy," that until now existed solely in undocumented rumours or wild suppositions. Sources for this section include a review of the press during the years 1964–76, and several hundred pages of historical files, postal items and

100 Blatt historischer Akten, Poststücke und Fotografien, die im Lauf des Jahres 2006 – mit der Konvolutsbezeichnung „V ÖFM" versehen – in die neue Datenbank der Vertov-Sammlung transferiert werden. Die wohl wichtigste Quelle stellten aber Gespräche dar, die zwischen Sommer 2005 und Februar 2006 mit Peter Kubelka und Peter Konlechner (den Gründern und Direktoren des ÖFM) und Rosemarie Ziegler (Slawistin und ehemalige Mitarbeiterin) geführt und aufgezeichnet wurden.

1. Filme, Fragmente, erste Fragen

Ihre erste gemeinsame Bekanntschaft mit Vertovs Filmen machen der Technikstudent Peter Konlechner und der Avantgardefilmmacher Peter Kubelka im Ausland (insbesondere im tschechoslowakischen und im jugoslawischen Filmarchiv), und zwar im Zuge von Recherchereisen zum Aufbau einer Wiener Cinémathèque. In Österreich waren zu diesem Zeitpunkt keine Kopien von Vertovs Filmen erhältlich (vgl. Thomas Todes Essay in diesem Band). Dass nur wenige Jahre später ein umfangreiches Konvolut sowjetischer Autorenfilme in die Sammlung des ÖFM eingeht, verdankt sich der Privatinitiative der Gründer sowie persönlicher Kontakte zu sowjetischen Verantwortlichen mit cineastischer Bildung.

photographs, which will be transferred into the new database of the Vertov Collection during 2006 under the file name "V ÖFM". Perhaps the most important source of all, however, were interviews with Peter Kubelka and Peter Konlechner, the founders and directors of the ÖFM, and Rosemarie Ziegler, Slavic scholar and former assistant, which were conducted and taped between summer 2005 and February 2006.

1. Films, fragments, initial questions

Peter Konlechner, student of industrial technology, and Peter Kubelka, avant-garde filmmaker, first encountered Vertov's films during research trips abroad (especially to the Czech and Yugoslav film archives), which were intended to build up a Viennese Cinémathèque. No prints of Vertov's films existed in Austria at that time (see Thomas Tode's essay in this volume). The fact that only a few years later the ÖFM possessed a wide-ranging collection of Soviet *films d'auteur* was wholly due to the private initiative of the founders and their personal contacts with those Soviet officials who possessed a cinephile taste.

In contrast to the way the Soviets suppressed the historical film avant-garde, especially during the Brežnev era, Viktor Privato, the director of Gosfilmofond (the State Film Archives of the USSR) was an admirer and connoisseur of rev-

Im Gegensatz zu der von sowjetischer Seite forcierten Ausklammerung der historischen Filmavantgarde, insbesondere während der Brežnev-Ära, findet man in Viktor Privato, dem Leiter des Gosfilmofond (Staatliches Filmarchiv der UdSSR), einen Verehrer und Kenner des Revolutionskinos und langjährigen Förderer der Autorenpolitik des ÖFM. Wichtige Hinweise in Sachen Vertov verdankt das ÖFM auch dem russisch-amerikanischen Filmhistoriker Jay Leyda, der etliche Titel für eine große „Kopien-Wunschliste" an den Gosfilmofond vorschlägt. Aufgrund der Übergabe vieler russischer Filmkopien an das ÖFM wird 1965 die Aufnahme in die Internationale Vereinigung der Filmarchive (FIAF) möglich. Der Kulturattachée Österreichs in Moskau, Alexander Auer, bedankt sich bei der FIAF schriftlich im Namen der Republik Österreich. Er wird in den kommenden Jahren noch eine besondere Rolle spielen.

1967 bitten Konlechner und Kubelka Prof. Sergej Komarov (VGIK – Staatliches Institut für Kinematografie, Moskau) um Informationen zu Vertov-Filmen, die womöglich im Krasnogorsker Staatsarchiv für Film- und Fotodokumente (heute RGAKFD) konserviert seien. Der Brief schließt mit der Anfrage, ob man dem ÖFM Kontakt zur Witwe und künstlerischen Mitarbeiterin Vertovs, Elizaveta Ignat'evna Svilova-

olutionary cinema and supported the *auteur* policies of the ÖFM for many years. The Russian-American film historian Jay Leyda also contributed to the process by suggesting several titles for a lengthy "print wish-list" addressed to Gosfilmofond. It was due to this transfer of prints from Russia that the ÖFM could become a member of the International Federation of Film Archives (FIAF). The cultural attaché for Austria in Moscow, Alexander Auer, expressed his gratitude to the FIAF in writing on behalf of the Republic of Austria. He was to play an important role in the coming years.

In 1967 Konlechner and Kubelka requested information on several Vertov films most likely preserved in the Krasnogorsk State Archives for Film and Photographical Documents (today RGAKFD) from Prof. Sergej Komarov (VGIK— State Institute for Cinematography, Moscow). The letter concluded with a plea to put the ÖFM in touch with Elizaveta Ignat'evna Svilova-Vertova, Vertov's widow and artistic partner. The response was courteous but firm: a large proportion of the original negatives was "spoiled by mould" or had "decayed" and the film *Kolybel'-naja* was "deformed" and could not be copied. The available material would have to suffice. Furthermore, the ÖFM was told that Mrs. Svilova was unfit to travel. Komarov suggested

53

Vertova ermöglichen könne. Die Antwort ist höflich, aber bestimmt: Weite Teile der Original-negative seien „von Schimmel befallen" oder „zugrunde gegangen", der Film *Kolybel'naja* „de-formiert" und nicht kopierbar. Man solle sich mit dem Vorhandenen begnügen. Frau Svilova sei zudem nicht reisefähig, als Kontaktperson in der UdSSR schlägt Komarov den Kunsthistori-ker und Vertov-Forscher Sergej Drobašenko vor.

2. Erste Retrospektive. Rosemarie Ziegler.
Erstkontakt mit Svilova

Mit den bereits erhaltenen Kopien und Leih-gaben (u. a. aus dem Museum of Modern Art, New York) richtet das ÖFM 1967 die erste große Vertov-Retrospektive aus. Zeitzeugen erinnern sich an Warteschlangen an der Kassa und aus-verkaufte Nachtvorstellungen. Aus dem Minis-terium für Unterricht und Kunst kommen Gra-tulationsbekundungen. Im gleichen Jahr veröf-fentlicht das ÖFM Vertovs Tagebücher in eige-ner Übersetzung. Die Slawistin Rosemarie Zieg-ler arbeitet zu dieser Zeit an der ÖFM-Kassa; in Folge einiger Gespräche schlagen Konlechner und Kubelka ihr vor, ihren nächsten Moskau-Aufenthalt zu Recherchezwecken für das ÖFM zu nutzen – man suche Kontakt zu Svilova. Ziegler willigt ein; im Zuge ihrer Recherchen zur sowjetischen Avantgarde plane sie ohnehin,

instead the art historian and Vertov specialist Sergej Drobašenko as a contact person in the USSR.

2. First Retrospective. Rosemarie Ziegler.
Initial Contact with Svilova

The ÖFM put on stage the first major Vertov retrospective in 1967, presenting their collection of prints as well as some on loan (including prints from the Museum of Modern Art, New York). Witnesses of the time recall long queues at the box office and latenight shows that were sold out. Messages of congratulations came from the Ministry for Education and Art. In the same year, the ÖFM published Vertov's diaries in their own translation. The slavicist Rosemarie Ziegler was at this point working in the ÖFM box office, but, after several conversations, Kon-lechner and Kubelka suggested that she could use her next stay in Moscow for research work on behalf of the ÖFM—they were still trying to contact Svilova. Ziegler agreed; as part of her re-search on the Soviet avant-garde she had already planned to visit and interview people like Lil'ja Brik. When in Moscow, she was able to find out Svilova's telephone number and address. After this initial contact a correspondence began be-tween Vienna and Moscow, in which the ÖFM asked Svilova for information on Vertov and for

Zeitzeugen wie etwa Lil'ja Brik aufzusuchen. In Moskau bringt sie Svilovas Telefonnummer und Adresse in Erfahrung. Nach einem Erstkontakt beginnt 1968 ein Briefverkehr Wien-Moskau-Wien, in dem das ÖFM von Svilova Informationen über Vertov und Bildmaterial für weitere geplante Bucheditionen erbittet. Svilova antwortet und schickt im März 1968 über den Verband der Filmschaffenden der Sowjetunion (*Sojuz kinematografistov SSSR*) ein Dankesschreiben sowie unveröffentlichte Texte und Fotos nach Wien. Dort sucht man nach Gelegenheiten, Svilova einen Wienbesuch zu ermöglichen. Im Oktober 1969 ersucht man die sowjetischen Stellen, Svilova als Expertin für eine geplante Schau „Lenin im Film" nach Wien zu entsenden. Dem Gesuch wird stattgegeben; als Begleitung Svilovas – eine bei Auslandsreisen sowjetischer Bürger gängige Praxis – lädt das ÖFM Sergej Drobašenko ein, im Mai 1970 nach Wien zu kommen. Unterstützt wird die Reise vom *Sojuz kinematografistov* und dessen Leiter Leonid Buldakov, der dem ÖFM noch bis in die 1990er Jahre freundschaftlich verbunden bleiben sollte.

3. Erster Wien-Besuch. Konfekt, Diplomatenpost.
Ein Plan reift

Von 18. bis 21. Mai 1970 weilen Svilova und Drobašenko in Wien. Es gibt kaum Dokumente

photographs for future book publications. Svilova replied and in March 1968 she sent a letter of thanks as well as unpublished texts and photos to Vienna through the Association of Soviet Filmmakers (*Sojuz kinematografistov SSSR*). Efforts were made to enable Svilova to visit Vienna. In October 1969 a request went to the Soviet authorities to send Svilova to Vienna as an expert for the planned show, "Lenin in Film". Permission was granted. As Svilova's travel companion—the practice was customary for Soviet citizens visiting foreign countries—the ÖFM invited Sergej Drobašenko to come to Vienna in May 1970. The trip was supported by the *Sojuz kinematografistov* and its director, Leonid Buldakov, who was to retain friendly contact with the ÖFM until the nineties.

3. First visit to Vienna. Sweets. Diplomatic mail.
A plan matures

Svilova and Drobašenko were in Vienna from the 18th to the 21st of May 1970. There are almost no documents referring to this meeting, but a reel of silent 16 mm film discovered in the ÖFM collection shows Svilova in the office of the ÖFM conversing with Konlechner. Several items

zu diesem Treffen, eine in der Sammlung des ÖFM aufgefundene, stumme 16 mm-Filmrolle aber zeigt Svilova im Büro des ÖFM im Gespräch mit Konlechner. Ins Bild kommen Objekte aus dem sich damals noch in Svilovas Privatbesitz befindlichen Vertov-Archiv darunter ein Plakat der Brüder Stenberg zu *Čelovek s kinoapparatom*. Dies und ein Schriftstück (vom 21. Mai 1970), in dem Svilova dem ÖFM eine nicht näher bezeichnete Menge Autografen, Bilder und das fragliche Plakat übergibt, belegen den ersten größeren Erwerb von Materialien. Dieser Transfer setzt sich nach Rückkehr Svilovas fort – im Mai, Juni und Juli 1970 schickt sie vorerst per Luftpost, später über die österreichische Botschaft in Moskau, Plakate, Montagelisten und Schriften Vertovs nach Wien. In einem Brief vom 28. Mai bedankt sie sich für die Möglichkeit, Filmkopien zu sichten, und für die konservatorische Sorgfalt des Archivs: „Auch den Schneidetisch in Aktion kann ich nicht vergessen. Würde ich noch heute beim Film arbeiten, so würde ich viel von Ihnen übernehmen." In Folge der von Svilova festgestellten Mängel in einigen Filmkopien verfasst Konlechner 1971 eine legendäre Petition an die Kulturministerin der UdSSR, die gefürchtete Ekaterina Furceva, in der er sie ersucht, die Vertov-Filmsammlung in Krasnogorsk zu öffnen und die

from the Vertov archive, which at that time were her private property, are presented to the camera, including a poster by the Stenberg brothers for *Čelovek s kinoapparatom*. This document and another (dated 21 May 1970), where Svilova passes on to the ÖFM a not precisely defined number of manuscripts, pictures and the above mentioned poster, are evidence of a first extensive transfer of materials. This continued after Svilova's return home—in May, June and July 1970 she sent posters, montage lists and writings of Vertov to Vienna, at first by airmail and later through the Austrian Embassy in Moscow. In a letter dated 28 May, she expresses her gratitude for the opportunity to review film prints and for the careful conservation work of the archive: "I also find it impossible to forget the editing table at work. If I were still working in film, I would take on a lot of your methods." Following up on certain defects in some of the film prints noted by Svilova, in 1971 Konlechner wrote a legendary petition to the Minister of Culture in the USSR, the dreaded Ekaterina Furceva, asking her to open up the Vertov film collection in Krasnogorsk and enable Svilova to restore the prints.

In the meantime, Rosemarie Ziegler spent the evenings of a summer stay in Moscow in Svilova's apartment. After some initial mis-

Restaurierung der Kopien durch Svilova zu ermöglichen.

Inzwischen verbringt Rosemarie Ziegler die Abende eines Moskauer Sommeraufenthalts in Svilovas Wohnung. Nach anfänglichem Misstrauen – laut Ziegler war Moskau damals voller westlicher Forscher, die die in der Sowjetunion vergessenen Zeitzeugen der Avantgarde zum Teil auch ausnutzten – übergibt Svilova bei den folgenden Treffen Ziegler ausgewählte Materialien, die sie ihrem privaten Vertov-Archiv entnimmt. Laut Ziegler ein Vorgehen, mit dem sie gezielt das Andenken ihres Mannes im Ausland sichern wollte: „Sie wusste, dass Vertov in die russischen Archive gehörte, es aber Jahrzehnte dauern würde, bis man ihn hier schätzen würde." (Gespräch vom 16. Dezember 2005) Nach telefonischen Absprachen über die Art der benötigten Materialien werden diese mitunter auch – da Svilova einiges bereits für die Archivierung im CGALI (Staatliches sowjetisches / russisches Archiv für Literatur und Kunst, heute RGALI) vorgesehen hatte – mit Zieglers kompakter *Praktika*-Kamera abfotografiert. Gesprochen wird (laut Ziegler) leise, da Svilova befürchtet, überwacht zu werden, und dem Ruf Vertovs nicht schaden will. Nach einer „Botenfahrt", bei der Ziegler an der Grenze beinahe mit in Konfektpapier verborgenen Autografen

trust—according to Ziegler, Moscow was at that time full of western researchers who, in some cases, exploited informants of the avant-garde era—Svilova eventually gave Ziegler selected material taken from her private Vertov archive. According to Ziegler, Svilova wanted to secure her husband's memory abroad in this way: "She knew that Vertov should belong in the Russian archives, but that it would take decades before they would value him there." (Conversation on 16.12.2005.) After discussing the nature of the required material on the telephone, Ziegler also photographed some objects with her compact 'Praktika' camera when Svilova had already agreed to the material being archived in the CGALI (Soviet / Russian State Archive for Literature and art, now called RGALI). Conversations were conducted softly (according to Ziegler) because Svilova was afraid that she was being watched and did not want to damage Vertov's reputation. After a "mission" where Ziegler was almost caught at the border with manuscripts concealed in sweet wrappers, a large part of the transfer of material was made through the cultural attaché in the Austrian Embassy, Alexander Auer. The courage and persistence of Auer and of his wife, the painter Eva Auer, brought western researchers a considerable amount of artefacts from the Soviet Union dat-

„erwischt" worden wäre, wird ein Großteil des Materialverkehrs fortan über den Kulturattachée Alexander Auer in der Österreichischen Botschaft abgewickelt. Dem Mut und der Initiative Auers sowie seiner Frau, der Malerin Eva Auer, verdankt die westliche Forschung einen nicht unbeträchtlichen Teil nun im Westen zugänglicher Artefakte aus der Sowjetunion der 1920er bis 1950er Jahre. Über diese Einzelbegegnungen – Konlechner selbst besucht 1971 im Zuge des Moskauer Filmfestivals Svilova und Drobašenko, Kollegen wie Naum Klejman und Viktor Privato sowie (vergeblich) das Krasnogorsker Filmarchiv – gelangt ein substantieller Teil der heutigen Vertov-Sammlung in die Bestände des ÖFM. Die Idee, Svilova in Wien erneut Zugang zu den Filmen zu ermöglichen, bleibt allerdings unrealisiert. Die Gelegenheit für einen weiteren Besuch sollte sich jedoch 1974 ergeben.

4. Vertov-Ausstellung.
Die Konsolidierung der Sammlung

Im Mai 1973 verständigt Wolfgang Klaue (Staatliches Filmarchiv der DDR) die Direktion des ÖFM über Pläne, in Ostberlin eine Vertov-Ausstellung mit zahlreichen Originalmaterialien zu zeigen. Klaue schlägt vor, den *Sojuz kinematografistov* sowie Svilova und Drobašenko um eine Übernahme der Ausstellung nach Wien zu bit-

ing from the 1920s to the 50s. These meetings of individuals—while attending the Moscow Film Festival in 1971, Konlechner himself visited Svilova and Drobašenko, other colleagues like Naum Klejman and Viktor Privato as well as (in vain) the Krasnogorsk Film Archive—were responsible for a large part of the Vertov Collection in existence today finding its way to Vienna. The plan to give Svilova access to the films again in Vienna, however, was never realised. Even so, there was to be an opportunity for a second visit in 1974.

4. Vertov Exhibition. Consolidating the Collection

In May 1973 Wolfgang Klaue (of the State Film Archive in East Germany) informed the curators of the ÖFM of plans to show a Vertov exhibition with numerous original materials in East Berlin. Klaue suggested to the ÖFM that it should ask the *Sojuz kinematografistov* as well as Svilova and Drobašenko for permission to show the exhibition in Vienna. In June 1973, an agreement was reached to show the exhibition in the "Säulenhalle" in the Albertina above the ÖFM cinema after it made a guest appearance at the Filmhuset in Stockholm in April 1974. In November 1973, Ziegler and Konlechner travelled to Berlin, documented the structure of the exhibition in writing and spent an afternoon with

...obašenko, Ziegler, Svilova, Vienna Airport, 1974

Vertov-Ausstellung / Vertov exhibition, 18.4.1974. Rechts im Bild / to the right: Margarete Schütte-Lihotzky (Architektin / architect)

ten. Im Juni 1973 wird vereinbart, die Ausstellung nach einem Gastspiel im Stockholmer Filmhuset im April 1974 in Wien in der Säulenhalle der Albertina über dem Kinosaal des ÖFM zu zeigen. Im November 1973 reisen Ziegler und Konlechner nach Berlin, dokumentieren schriftlich den Aufbau der Ausstellung und verbringen einen Nachmittag mit Svilova (von dem Gespräch existiert ein Tonbandmitschnitt). Konlechner übernimmt die Kuratierung der Schau. Mit ihm arbeiten Rosemarie Ziegler, der Schriftsteller Reinhard Priessnitz (Texte), Reinhard Pyrker (Pressereferent) und die Grafikerin Gertie Fröhlich (Gestaltung). Man bricht mit der als tendenziös empfundenen Narration der Ostberliner Ausstellung (die auf einem „Drehbuch" Drobašenkos beruht) und stellt mittels Filmstreifen und Montageplänen den Avantgardisten Vertov und seine internationale Rezeption in den Mittelpunkt. Zu diesem Zweck wird bei Svilova noch einmal – diesmal „offiziell" – ein großes Konvolut Archivalia (überwiegend Presseausschnitte) bestellt, das via *Sojuz kinematografistov* und Österreichische Botschaft nach

Svilova (the conversation was recorded in part). Konlechner curated the exhibition. He was assisted by Rosemarie Ziegler, the writer and poet Reinhard Priessnitz (texts), Reinhard Pyrker (press agent) and the graphic artist Gertie Fröhlich (design). They moved away from the narration of the East Berlin exhibition (based on a "script" by Drobašenko) and used filmstrips and editing scores to focus on the avant-garde artist in Vertov and his international reception. Once again—this time "officially"—a large bundle of archive material (mainly press clippings) was ordered from Svilova, and came to Vienna through *Sojuz kinematografistov* and the Austrian Embassy. The Swedish Film Institute—especially Anna-Lena Wibom—made a major contribution by passing on to the ÖFM both Vertov's *Kinonedelja* (see "Film Collection" in the catalogue section) and a large number of film stills. Walter Koschatzky, director of Albertina, also made a Malevič picture available (see the section "Contemporaries").

The Vertov Exhibition opened on April 18th

Wien gelangt. Einen wichtigen Beitrag leistet auch das Svenska Filminstitutet, vor allem Anna-Lena Wibom, die dem ÖFM nebst Vertovs *Kinonedelja* eine Anzahl Kadervergrößerungen zukommen lässt. Walter Koschatzky, der Direktor der Graphischen Sammlung Albertina, stellt zudem ein Bild Malevičs (für den Themenblock „Zeitgenossen") zur Verfügung.

Die Vertov-Ausstellung wird am 18. April 1974 eröffnet. Konlechner erinnert sich an Drobašenkos Angst vor Repressalien – „er forderte, den Malevič, da er nicht der offiziellen Kulturpolitik der UdSSR entsprach, vor Ausstellungsbeginn abzuhängen." (Gespräch vom 12. Dezember 2005) Dies geschah nicht. Mehrere Fotomappen und ein 16 mm-Tonfilm belegen den Aufbau der Schau, deren Original-Schautafeln im Archiv des ÖFM teilweise erhalten sind. Neben Interviews für österreichische Tageszeitungen steht Svilova in der Ausstellung auch für Fernsehdreharbeiten zur Verfügung: Für Konlechners Dokumentarfilm *Dziga Vertov* (A/BRD 1974 – siehe „Filmsammlung") erläutert sie einige der Objekte und liest Vertovs Gedicht *Start* (V 1/1 im vorliegenden Katalog). Die Beziehung Svilova-ÖFM hat ihren Höhepunkt erreicht. Mit Datum vom 23. April 1974 gestattet sie dem ÖFM schriftlich die Verwendung ihrer Materialien für wissenschaftliche Zwecke.

1974. Konlechner remembers Drobašenko's fear of political consequences—"He wanted us to take down the Malevič because it did not conform to the official cultural policies of the USSR." (Conversation on 12 December 2005). Konlechner declined. Several photographic portfolios and a 16 mm sound film document the structure of the exhibition, and some of the original display boards are still to be found in the archives of the ÖFM. In addition to interviews taken for Austrian daily newspapers, Svilova was interviewed for Konlechner's documentary film *Dziga Vertov* (1974—see "Film Collection"). There she explains some of the objects and recites Vertov's poem *Start* (V 1/1 in the present catalogue). The relationship between Svilova and the ÖFM had reached its climax. On 23 April 1974 she gave written permission for the ÖFM to use her material for research purposes.

5. From Boxes to Files. The End and New Prospects.

In May and June 1974 the exhibition was shown at the Munich Film Museum. After that, the material already present in the Berlin exhibition was sent on to Sofia. During the subsequent months the exhibition was shown in several Warsaw Pact countries. The additional materials used in Vienna remained at the ÖFM.

Because of Svilova's ill health and a long

Rosemarie Ziegler, Peter Konlechner, 1.2.2006

5. Aufarbeitung. Vorläufiges Ende und Ausblick

1974 reist die Wiener Ausstellung weiter nach München, wo sie im Mai / Juni im Filmmuseum-Stadtmuseum zu sehen ist. Danach wird jenes Material, das schon in der Berliner Ausstellung vertreten war, nach Sofia weitergeschickt und dort und in einigen Staaten des Warschauer Pakts gezeigt. Der Rest verbleibt in Wien und wird eingelagert.

Aufgrund der Erkrankung Svilovas und eines längeren Studienaufenthaltes Zieglers im Ausland werden die Kontakte seltener; mit Drobašenko hält das ÖFM bezüglich der Restaurierung von Vertov-Filmen noch einige Jahre Kontakt. Im November 1975 stirbt Svilova in Moskau im 75. Lebensjahr – und die Wiener Sammlung ruht in Schachteln im Lager des Filmmuseums. 1977–79 erhält Ziegler eine Anstellung im ÖFM und nutzt die Zeit dafür, die Vertov-Sammlung konservatorisch zu behandeln und in ein Ordnungssystem zu überführen (siehe Barbara Wurms Erläuterungen im Katalogteil dieses Bandes). Die Ironie dieses Unternehmens: Die Benutzerfreundlichkeit ihrer Katalogisierung sollte für das nächste Vierteljahrhundert ohne Adressaten bleiben, da die Sammlung mit dem Ende von Zieglers Engagement nicht mehr öffentlich präsentiert wurde. Konlechner / Ziegler: „Wir mussten so handeln,

study trip abroad by Ziegler, contact became more sporadic. The ÖFM, however, still remained in touch with Drobašenko for many years regarding the restoration of Vertov films. Svilova died in November 1975 in Moscow aged 75—and the Viennese collection remained in boxes in the storeroom of the Film Museum. From 1977–79 Ziegler was an employee of the ÖFM and worked on the conservation of the Vertov collection, sorting it into a filing system (see Barbara Wurm's remarks in the catalogue section). The irony of this enterprise was that the user-friendliness of her catalogue was to remain without addressees for another 25 years. Once Ziegler's work was over, the collection slowly slipped out of the public conscience and sat quietly in a safe in the storeroom. Konlechner / Ziegler: "We had to act in a way that seemed legitimate to us to guarantee the future accessibility of these items" (Conversation on 1 February 2006).

Now, in 2006—as a result of changes in underlying geopolitical conditions—things are different. The RGAKFD in Krasnogorsk has agreed to duplicate a large number of Vertov films un-

wie es uns legitim erschien, um die Zugänglich-
keit dieser Stücke einst zu gewährleisten." (Gespräch vom 1. Februar 2006)

2006 sieht das nun – in Folge veränderter geo-
politischer Rahmenbedingungen – anders aus:
Mit dem Krasnogorsker RGAKFD wurde ein
groß angelegter Transfer bislang im Westen
nicht erhältlicher Vertov-Filme vereinbart, und
der vorliegende Band soll Forscher/innen aus
aller Welt ermöglichen, erstmals eine Übersicht
über die in Wien bewahrten Artefakte zu ge-
winnen und damit zu arbeiten. Was, so Konlechner und Ziegler, immer das Ziel einer damals noch fernen Zukunft gewesen sei.

available in the West for the Film Museum's collection, and the present volume presents an
overview of the artefacts preserved in Vienna to
researchers from all over the world. Giving the
stimulus for new research was, according to
both Ziegler and Konlechner, always the goal for
the (then distant) future.

Barbara Wurm

Ordnungen

Von der Sammlung zur Datenbank zum Katalog

Order

From the Collection to the Database and the Catalogue

Ankunft im Archiv des ÖFM. Nein, nicht Wien, innere Stadt und der Glanz von Oper und Albertina, sondern Stadtrand, Heiligenstädter Straße, graue Gemeindebauten. Ein äußerst freundlicher Empfang, trotzdem aber strenge Spielregeln: gegessen und getrunken wird nur außerhalb des Archivs, historische Dokumente auf brüchigem Papier gehören in säurefreie Spezialhüllen, Fotos und Filmrollen dürfen nur mit Handschuhen angegriffen werden. Ordnungen, die vorgegeben sind.

Das vorliegende Buch ist vorläufiges Ergebnis einer ersten intensiven Aufarbeitung der Vertov-Sammlung im ÖFM. Stellt das Archiv, genauer, die Fotosammlung in der Regel Materialien zu einzelnen Filmen oder Regisseuren bereit, die der internen oder externen Dokumentation und Information dienen, so ist diese Sammlung gleich in mehrerlei Hinsicht etwas ganz Besonderes – sie ist die umfangreichste und eine der ältesten Einzelsammlungen, sie zeugt unmittelbar von den spezifischen filmischen Interessen des ÖFM und schließlich fällt sie in Teilen mit dem Nachlass zusammen, mehr noch, sie umfasst viele Originale. Aber auch Vertov selbst ist ein Spezialfall. Sein Œuvre weist ebenso viele Aspekte und Arbeitsbereiche auf wie Medien und Trägermaterialien – Gedichte mit rotem Buntstift, Montagelisten mit

Arrival at the archive of the Austrian Film Museum. No, not in downtown Vienna with the splendour of the State Opera and the Albertina, but rather in the suburbs, in Heiligenstädter Strasse, among grey council buildings. An extremely friendly reception, yet there are strict rules to the game: one is only allowed to eat and drink outside of the archive, historical documents on brittle paper belong in special acid-free covers, photographs and film reels may only be touched when wearing gloves. An order which has been stipulated.

The present book is the preliminary end product of a first intensive reappraisal of the Austrian Film Museum's Vertov Collection. Whereas the archive, or to be more precise, the photographic collection, usually makes available material on individual films or directors for the purposes of internal or external documentation and information, this collection is something quite special in several respects—it is the most extensive monographic collection and also one of the oldest, it directly testifies to the specific cinematic interests of the Austrian Film Museum and finally it corresponds in some areas to the actual estate, and what is more it comprises a number of originals. But then Vertov himself is a special case. His œuvre presents just as many aspects and areas of work as it

Typewriter auf Durchschlagpapier, veröffentlichte Artikel und Manifeste in sowjetischen Avantgardezeitschriften, unveröffentlichte Skizzen und Tagebucheinträge, persönliche Fotos, Kadervergrößerungen und den Dreh- und Arbeitsprozess dokumentierende Fotos, Filmplakate, Erinnerungen an Zeitgenossen, Briefe. Ordnungen, die im Archiv entstehen.

Aber zurück zur Urszene: die Öffnung des „Schreins". Ein Metallschrank, darin dunkelgrüne Ordner, eine Schreibmaschine, ein Brieföffner, unzählige Mappen mit unsortierten Papieren, Briefen und Skizzen, ein paar Rollen Negativfotofilm, ein Kuvert mit der Aufschrift *Mikrofilme von: Dziga Vertov, Montagelisten zu Kinonedelja, Kinopravda, 4 Rollen.* Auch auf dem Kuvert der Vermerk: *Offiziell nicht vorhanden.* Klandestines Material, noch unidentifizierte und undatierte Objekte sowie schließlich eine unerwartet große Zahl an Originalen (Autografen Vertovs, ein paar Briefe und … Rodčenko- und Stenberg-Plakate!) – das ist der Stoff, aus dem die eher kühneren Träume der oft trockenen historischen Filmwissenschaft gemacht sind. Und spätestens jetzt sind zwei Dinge klar: Erstens, dass auch schon vor uns jemand am Werk war, der akribisch und minutiös die unterschiedlichen Bild- und Textsorten nicht nur von Moskau nach Wien, sondern darüber hinaus in

does media and working materials—poems written with red pencil, montage lists typed on carbon paper, published articles and manifestos in Soviet avantgarde journals, unpublished sketches and diary entries, personal photos, frame enlargements and photographs that document the process of shooting and working, film posters, reminiscences of contemporaries and letters. An order which arises in the archive.

However, to return to the original scenario: the opening of the "shrine". A metal cupboard, inside it dark green files, a typewriter, a wooden letter opener, innumerable folders with unsorted papers, letters and sketches, a couple of rolls of negative photographic film, an envelope marked *Mikrofilme von: Dziga Vertov, Montagelisten zu Kinonedelja, Kinopravda, 4 Rollen* ('Dziga Vertov, montage lists for *Kinonedelja, Kinopravda*, 4 reels). Also on the envelope is the note: *Offiziell nicht vorhanden* ('Officially nonexistent'). Clandestine material, as yet unidentified objects and dates, as well as finally an unexpectedly large number of originals (autographed manuscripts by Vertov, a couple of letters and … Rodčenko and Stenberg posters!)—that is the stuff which the somewhat bolder dreams of the often rather dry historical film studies are made of. And at least by now two things have become clear: firstly, that someone

eine bestimmte Ordnung überführt hatte und aus Gründen der fragilen politischen Tagesordnung im neutralen Österreich des Kalten Kriegs immer wieder zu Vorsichtsmaßnahmen greifen musste; und zweitens, dass die Herausforderung unserer eigenen Tätigkeit dreißig Jahre später dennoch – oder vielleicht gerade deshalb – darin bestehen würde, die diversen Register der Aufarbeitung (Sprach-, Sach-, und kulturelles Wissen) in einem ersten Schritt nachzuvollziehen und in einem zweiten selbst anzuwenden. Die Sammlung sollte zugänglich gemacht werden. Neu-Ordnungen würden dabei aber nur entstehen können, indem wir auf gegebenen aufbauten.

Vermutlich gibt es drei Haupt- und mehrere kleinere Nebenschauplätze (vor allem Privatarchive in der ehemaligen UdSSR) der Vertov-Verwaltung. Gleich nach Vertovs Tod im Jahre 1954 wurde sein Nachlass von Vertovs Witwe Elizaveta Svilova und dem späteren Leiter des Wissenschaftlichen Filminstituts der UdSSR, Sergej Drobašenko, aufgearbeitet. Noch zu Lebzeiten Svilovas gingen die meisten Dokumente aus diesem „Archiv Svilova" ans CGALI / RGALI (Russisches Staatsarchiv für Literatur und Kunst). Svilova sah offenbar auch die Notwendigkeit, westliche Institutionen in die Vertov-Rezeption einzubeziehen. Neben einer von

has been at work before us, meticulously and precisely putting the different kinds of pictures and texts (not only those from Moscow and Vienna, but others too) into a certain order, repeatedly having to take precautions for reasons of the delicate political agenda in neutral Austria during the Cold War; and secondly, that the challenge of our own work thirty years later nevertheless—or perhaps precisely for this reason—might well consist, in the first phase, in completing the various registers of reappraisal (linguistic, factual and cultural knowledge) and then in the second phase in applying them ourselves. The intention was to make the collection publicly accessible. It would therefore only be possible to create a new order by building upon what was already given.

It is presumed that there are three main locations and several smaller secondary locations (mainly private archives on former Soviet territory) where Vertov's estate is administered. Immediately after his death in 1954 his widow Elizaveta Svilova and Sergej Drobašenko, who later became director of the Scientific Film Institute of the USSR sorted his estate. In her lifetime Svilova dedicated most of the writings and pictures from this "Svilova Archive" to the CGALI / RGALI (Russian State Archives for Literature and Art) in Moscow, which today is in

Anna-Lena Wibom initiierten Sammlung im Svenska Filminstitutet (die überwiegend aus Fotokopien von Texten, Kadervergrößerungen und Fotos besteht) ist das ÖFM mit seiner Sammlung zahlreicher Originalschriften und Fotos heute die dritte zentrale Quelle für die Vertov-Forschung. Geopolitische Ordnungen, die im Essay-Teil unseres Buches analysiert werden.

Für die erste und unterste Ordnungsschicht der Sammlung zeichneten folglich die Nachlassverwalter verantwortlich. Das „Dziga Vertov Archiv", das Elizaveta Svilova anlegte, sah folgende Rubriken vor: „Künstlerische und Produktionstätigkeit" (Drehbücher, Protokolle, u. a.), „Aufsätze, Vorträge, Auftritte und publizistische Arbeiten", „offizielle Dokumente" sowie „Fotografien, Zeitungsausschnitte, Briefe und andere Dokumente".[1] Eine weitere Systematisierung erfolgte im ÖFM im Zuge der Bearbeitung der Wiener Vertov-Sammlung, die in den 1970er Jahren in erster Linie von der Slawistin Rosemarie Ziegler betrieben wurde. Innerhalb der einzelnen Rubriken ging man historisch-editorisch und folglich streng chronologisch vor. Chronologie als die erste aller Ordnungen.

possession of the major part of the estate. Apparently she also had an active interest in stimulating the western reception of Vertov. Besides a collection pursued by Anna-Lena Wibom at the Svenska Filminstitutet (mainly photocopies of texts, but also frame enlargements and photos) the ÖFM today constitutes the third centralised source of Vertov research. A geopolitical order, which is analysed in the essay part of our book.

The administrators of the estate consequently became responsible for the first and lowest layer of order in the collection. The "Dziga Vertov Archive", created by Elizaveta Svilova, included the following sections: "Artistic and production work" (film scripts, records, etc.), "Essays, lectures, appearances and journalistic work", "Official documents" as well as "Photographs, newspaper clippings, letters and other documents".[1] A second order was decided upon at the ÖFM during the cataloguing of the Vertov Collection in Vienna which was undertaken in the 1970s by the Slavic scholar Rosemarie Ziegler. Within the individual sections a historical-editorial and therefore strictly chronological approach was followed. Chronology as the first phase of all order.

1) Eine Aufstellung der Rubriken erschien in S.S. Ginzburg (Hg.), *Iz istorii kino*, Moskva 1959, S. 132–155.

1) A listing was published in S.S. Ginzburg (ed.), *Iz istorii kino*, Moskva 1959, pp. 132–155.

Unsere Aufgabe war es, die Objekte in zweifacher Weise neu zu ordnen. Aus konservatorischer Sicht sollten sie in qualitativ hochwertige Hüllen und Ordner überführt werden, wobei nun auch nach Trägermaterial getrennt werden musste (Negative – Fotos – Papier). Der zweite Transfer fand statt, indem die Objekte in eine Datenbank übertragen wurden, die nun zusätzlich zu all jenen Kriterien, die bereits der Index aus den 70er Jahren enthielt (‚alte' Signatur – im vorliegenden Band beibehalten –, Objekttitel und Datierung sowie gegebenenfalls bibliografische Angaben), zahlreiche weitere Daten umfasst.

Neben einer Reihe formaler Kriterien (Sprache, Umfang, Format, Trägermaterial, Zustand sowie Informationen darüber, ob es sich bei dem Objekt um ein Original oder um eine Kopie handelt) werden in der Datenbank die bestehenden inhaltlichen Rubriken durch feinere Deskriptoren erfasst (z. B. „Vertov-Schriften" in Artikel von Vertov, Interview, Montageliste u. a. getrennt; „Dokumente" als Mandat, Urkunde, Passagierschein u. a. genauer bestimmt). Die Objekte selbst werden nicht nur betitelt, sondern auch inhaltlich beschrieben, im gegebenen Fall den jeweiligen Filmen und Projekten Vertovs zugewiesen und schließlich – die wohl wichtigste Neuerung – in einem eigenen Feld wissenschaftlich kommentiert.

It was our task to re-order the objects in a twofold manner. From a conservational point of view they had to be transferred to high-quality transparent envelopes and files and had to be separated according to medium (negatives—photos—paper). The second transfer occurred when the objects were transferred into a database, which now comprises numerous further details in addition to all the criteria which the index already contained from the seventies ('old' signature mark—used throughout this volume, object title and date, as well as bibliographical references where necessary).

Apart from a number of formal criteria (language, scope, format, medium, condition as well as information about whether the object is an original or a copy) the database refines the existing headings by using more exact descriptions of the contents (for example, "Vertov's writings" is divided up into articles by Vertov, interviews, editing lists and others; "documents" such as authorisations, certificates, passes etc.). Not only do the objects themselves receive titles, but their contents are also being described, and in certain cases are attributed to Vertovs's respective films and projects and finally—probably the most significant innovation—commented upon in a separate field.

While all the other information in the data-

Während alle anderen Angaben in der Datenbank eingetragen und damit ‚fixiert' sind, soll der wissenschaftliche Kommentar von anderen Forscher/innen in einer Art offenem Dialog fortgeschrieben werden. Hier sollen unterschiedliche Auffassungen zu Inhalten oder auch divergierende Datierungen und Annotierungen vorgenommen werden können, die dann mit Autor/innennamen gezeichnet und mit Datum versehen werden. Kommt es im Verlauf der weiteren Vertov-Forschung oder der konkreten Beschäftigung mit einzelnen Objekten zu neuen Einsichten, so werden Verschiebungen und Korrekturen auch in den ‚fixierten' Teil übernommen. Ziel ist es, eine möglichst vollständige und gesicherte Bestimmung der Objekte zu gewährleisten.

Für die Weiterentwicklung der Datenbank, die künftig auch online zugänglich werden soll, stehen folgende Aufgaben an: Die neue Rubrik „V ÖFM" soll sämtliche Dokumente und Objekte erfassen, die die Beschäftigung des ÖFM mit Vertov betreffen, also Vorarbeiten zur Vertov-Ausstellung 1974, die Ausstellungsobjekte selbst (Texttafeln, Schaukästen), die Dokumentation der Ausstellung (Filme, Tonbänder, Fotos), Korrespondenzen, deutsche Übersetzungen von Vertov-Schriften, Pressespiegel zu Retrospektiven u. a. An die 500 neue Objekte

base has been entered and therefore 'fixed', the commentary will continue to be written in a kind of open dialogue. Here the various interpretations of the contents and even the different ways of dating and annotating can be recorded and then signed and dated by the respective authors. If, in the course of future Vertov research or the concrete study of individual objects, new evidence emerges, then alterations and corrections will also be made to the 'fixed' part. The aim is to ensure a determination of the objects that is as complete and definite as possible.

For the further development of the database, which in the not-too-distant future will also be accessible online, the following details still have to be dealt with: the new section "V ÖFM" should comprise all the documents and objects which concern the ÖFM's study of Vertov, i.e. preparations for the Vertov exhibition of 1974, the exhibition objects themselves (textboards and display cases), the documentation of the exhibition (films, tapes, photographs), correspondence, German translations of Vertov's writings, press clippings on retrospectives, etc. Some 500 new objects will be added here. Furthermore, the already existing databases of the collection of films, videos and books relating to Vertov will also be incorporated.

The following catalogue presents individual

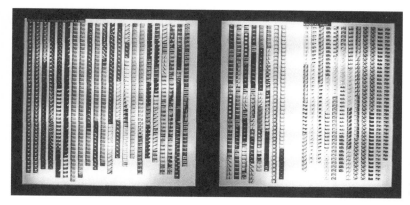

Ausstellungs-Anordnung:
Leuchtkasten aus der Vertov-
Ausstellung 1974
Rearranging Vertov's films:
film strips displayed in a light box,
Vertov exhibition, 1974

kommen hier wohl hinzu. Außerdem sollen die bereits bestehenden Datenbanken des Film-, Video- und Bibliotheksbestandes mit Bezug auf Vertov eingearbeitet werden.

Der folgende Katalogteil stellt einzelne Objekte innerhalb der genannten Rubriken der Vertov-Sammlung vor. Bei insgesamt mehr als 2000 Objekten und 13 Rubriken lag es nahe, eine Auswahl zu treffen. Wir haben versucht, dabei eine möglichst vielfältige Darstellung zu geben, die die unterschiedlichen Leser- und Benutzerinteressen berücksichtigt, dennoch aber an einer Gewichtung nach ‚kultureller' Wertigkeit orientiert bleibt, die die Sammlung selbst vorgibt. Da Listen, Tabellen, Statistiken und Aufzählungen leicht über die Datenbank gewonnen werden können, möge es uns hier vorbehalten sein, die einzelnen Rubriken sowie die jeweiligen Auswahlkriterien zunächst in einem kurzen Einführungstext zu skizzieren, um danach ausgewählte Objekte einer Rubrik in Abbildungen und Annotationen zu präsentieren.

Den größten Teil der Darstellung nehmen dabei Vertovs Schriften ein, darunter zahlreiche

objects as part of the aforementioned sections of the Vertov Collection. With a total of more than 2,000 objects under 13 headings at our disposal, the idea of making a selection seemed to suggest itself. We have tried to give as varied a presentation as possible, thereby taking into account the differing interests of readers and users, while still retaining an emphasis on the 'cultural' value of the collection. Since lists, tables, statistics and enumerations may easily be obtained from the database, we have taken the liberty of first of all providing a sketch of the individual headings and the respective selection criteria in a short introductory text, in order thereafter to present the selected objects of each section in the form of illustrations and annotations.

The largest part of the presentation is taken up by Vertov's writings, which include numerous autographed manuscripts. A further focus is on the photographs, most of which were previously unpublished. All the original posters of the collection have been reproduced. The final touch has been added by Edith Schlemmer, who for decades has handled that which without

Autografen. Einen weiteren Schwerpunkt bilden bisher meist unveröffentlichte Fotografien. Alle Originalplakate der Sammlung wurden reproduziert. Den Schlusspunkt setzt Edith Schlemmer, durch deren Hände seit Jahrzehnten das transportiert wird, was unhinterfragt das Allerheiligste der Vertov-Sammlung des ÖFM darstellt: Vertovs Filme. Die von ihr und Michael Loebenstein zusammengestellte Bestandsliste von Filmkopien im ÖFM möge uns zurück zur eigentlichen Ordnung der Dinge führen: hinaus aus dem Katalog, hinein ins Kino.

question represents the holy of holies of the ÖFM's Vertov Collection: Vertov's films. May the filmography that Michael Loebenstein has put together in collaboration with her take us back to the original order of things: out of the catalogue and into the cinema.

Exemplarische Edition / *Exemplary Edition*

Dziga Vertov war Medienkünstler *par excellence*, in Theorie *und* Praxis. Seine Experimente und differenzierten Beiträge zum unterschiedlichen Funktionieren bestimmter Aufzeichnungssysteme und Übertragungskanäle ließen und lassen ihn als Pionier am Horizont einer medienorientierten Filmwissenschaft erscheinen. Wenngleich die immense Produktivität Vertovs heute ‚nur noch' in den dominanten Speichermedien Film und Schrift (ab-)lesbar ist, so zeichnet sich gerade innerhalb dieser kulturellen Praktiken (die für Vertov stets beides sind: politische *und* ästhetische Verfahren) eine ganz außergewöhnliche Affinität zu beispielsweise Radio (Funk) und Phonogramm oder auch zu grafischen Rhythmen und Diagrammen ab.

Als Auftakt zum annotierten Katalog präsentieren wir in größerer Ausführlichkeit zwei Objekte aus der neben den Filmen wichtigsten Rubrik der Sammlung, den „Vertov-Schriften". Zunächst das „Storyboard" – eine komplexe Aufnahmeskizze zu *Čelovek s kinoapparatom*, die Vertovs Virtuosität im schriftlichen Umgang mit optisch-visuellen Phänomenen aufblitzen lässt (V 78). Danach Vertovs umfangreiche autobiografische „Künstlerische Visitenkarte" (V 161) – das inhaltlich wie rhetorisch aufschlussreiche Zeugnis einer *vita activa*. [BW]

Dziga Vertov was a media artist *par excellence*, in theory *and* practice. His experiments and diverse contributions to the various functions of particular recording systems and channels of transmission cast him as a pioneer in the media-oriented world of film studies, both then and today. Although Vertov's immense productivity is 'only' to be found in the dominant storage media of film and text, within these cultural practices (which Vertov always understood as both political *and* aesthetic in nature) there is an extraordinary affinity to, for example, the radio and the phonogram or to graphic rhythms and diagrams.

As a prelude to the annotated catalogue, we present two items in greater detail, from the most important category of the collection other than the films: the 'Vertov Writings'. To begin with, the complex storyboard for *Čelovek s kinoapparatom*, which brilliantly reveals the virtuosity of Vertov's handling visual phenomena in writing (V78). This is followed by Vertov's comprehensive, autobiographical "Artistic Calling Card" (V 161) – the textually as well as rhetorically revealing report of a *vita activa*. [BW]

Vertov, Dziga:
Kiev I sent. 28g. čelovek s kinoapparatom

Aufnahmeskizze/Storyboard

Kiev 1. Sept[ember] [19]28
Der Geschütz-Apparat richtet seine Mündung auf die Stadt.
1. Das [Kamera]-Objektiv mit einer Vorrichtung, aufgenommen wie ein Geschütz, der Länge nach, – bewegt sich tastend über der Stadt.
2. Die [Kamera]-Mündung des Objekt[ivs]. kommt ins Bild, bleibt stehen, und wandert dann weiter
3. Die Mündung des Objektivs schwebt über der Stadt
4. Der Apparat eilt über die Stadt, wie der „Eherne Reiter"
5. Der Riese č.s.a. [Čelovek s kinoapparatom = Mann mit der Kamera] steht, mit auseinandergestellten Beinen, und schaut hinunter, visiert an, nimmt auf.
6. -- Volleyballnetz
7. ----------- Fensterbrett

(Übersetzung: Barbara Wurm)

Partitur des Sehens

Dieses datierte Blatt, feinsäuberlich aus einem grau karierten Heft herausgetrennt, stellt in mehrfacher Hinsicht ein bemerkenswertes Dokument aus Vertovs roter Feder dar.

Bis dato ist kein vergleichbares Beispiel bekannt, in dem der glühende Verfechter des Fak-

Kiev 1 Sept[ember] [19]28
Gun apparatus directs its muzzle towards the city.
1. [Camera] lens with a device, filmed like a gun, lengthways—moves tentatively over the city.
2. [Camera] muzzle of the lens enters the picture, stays still and then wanders on
3. Muzzle of the lens hovers over the city
4. Camera races across the city, like the "Bronze Horseman"
5. Giant č.s.a. [Čelovek s kinoapparatom = man with the camera] stands straddle-legged, stares downwards, takes aim and starts to shoot.
6. -- Volleyball net
7. ----------- Window-sill

Score of vision

In several respects, this dated page, which has been cleanly torn out of a grey notebook with squared paper, constitutes a remarkable document deriving from Vertov's red pen.

To date, no comparable example is known in which the glowing champion of documentary film made a preparatory list of camera shots, picture contents and compositions and extensively commented upon them. Although it is not a storyboard in the strict sense—since it does not present a cohesive sequence—the docu-

Аппарат-орудие наводит дуло на город.

1. ⚐ – объектив с приспособл., снято, как орудие, вдоль – шарит над городом.

2. ⚐ – жерло объект. ↓ входит в кадр, останавли-вается, потом идет дальше

3. дуло объект. плывет над городом

4. аппарат весь ползет над городом, как "медн. всадник"

5. великан чел. стоит, раздвинув ноги, и смотрит аппар. наводит, снимает.

V78/1 TSCHELOVEK S KINOAPPARATOM
Aufnahmeskizze, Kiev, 1.9.1928

6.

сетка
от волейбола

7.

подоконник

8.

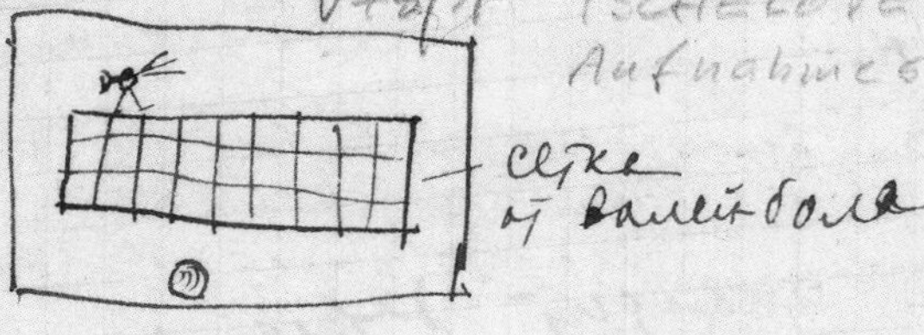

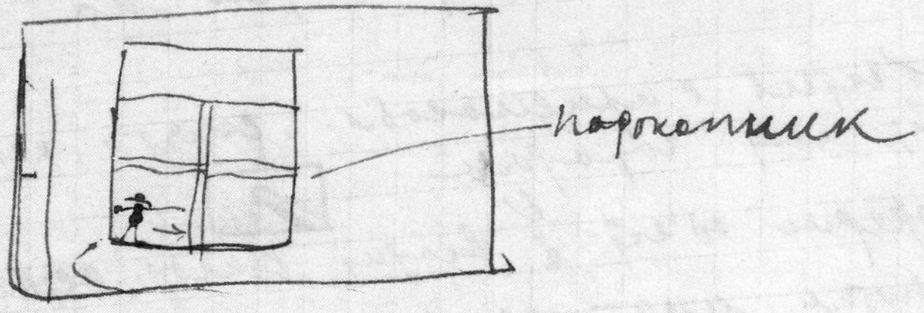

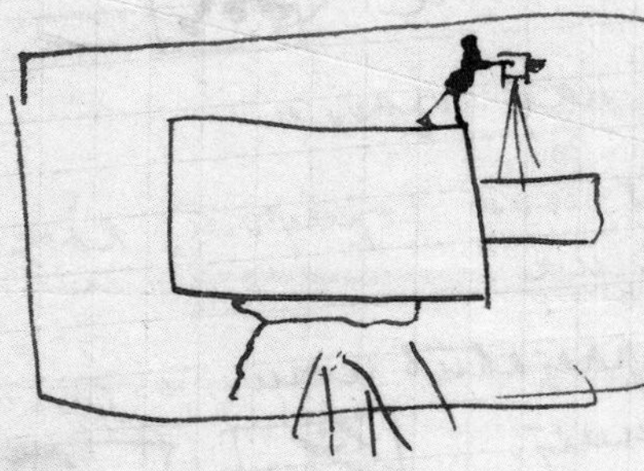

tenfilms eine vorbereitende Folge von Kamera-einstellungen, Bildinhalten und -kompositionen aufzeichnet, respektive ausführlich kommentiert. Obwohl es sich – da es keine zusammenhängende Sequenz darstellt – nicht um ein Storyboard im engeren Sinn handelt, erlaubt das Dokument Rückschlüsse auf das Verhältnis von Entwurf und Realisierung.

Der Text besticht zunächst durch seinen bestimmten, fast energischen Tonfall. Dieser ergibt sich aus dem kämpferischen Vokabular. Die Verkürzung der Syntax bezeugt Vertovs Effizienzprinzip. Die einzelnen Sätze und Satzfragmente fügen sich oftmals aus Abkürzungen von Wörtern zusammen, selbst der Filmtitel *Čelovek s kinoapparatom* wird auf sein Akronym „č.s.a." kondensiert. Gleichzeitig vermag Vertov durch seinen Verweis auf Aleksandr Puškins *Mednyj vsadnik* [*Der Eherne Reiter*], die ganze Dramatik eines historischen Versepos' zu evozieren.

Schon zu Beginn dieses Blattes werden manche Begriffe direkt, durch eine kleine Strichzeichnung visualisiert. Man beachte die Differenz zwischen den Worten ‚Kamera-Objektiv' (Punkt 1), das im Profil, ähnlich einem Piktogramm, aufgezeichnet wird, während die ‚Kamera-Mündung' (Punkt 2), zusätzlich hervorgehoben, direkt auf den Betrachter zielt.

Während sich zunächst die Bildelemente

ment does give us an idea of the relationship between the plan and its implementation.

In the first place, the text is impressive on account of its resolute, almost energetic tone. This results from the aggressive vocabulary used. The contraction of syntax and rigorous economy in the use of lettering testifies to Vertov's adherence to the principle of efficiency. The individual sentences and fragments of sentences are often put together from abbreviations of words and in fact even the film title itself, *Čelovek s kinoapparatom*, becomes the acronym "č.s.a.". At the same time, by making a reference to Alexander Puškin's *Mednyj vsadnik* ["The Bronze Horseman"], Vertov was able to evoke the whole drama of a historical verse epic.

Even at the top of this page, some notions are immediately visualised by means of a small line drawing. One should notice the difference between the words "camera lens" (point 1), which are drawn in profile, as in a pictogram, and the "camera muzzle" (point 2), additionally emphasised, which targets the viewer directly.

While the visual elements are at first still integrated into the lines of text or at least match the format of the line spacing, in point 5 they continue to develop until the language of the words is replaced by that of the images. In the final emblem (point 8) this culminates in a com-

noch in die Schriftzeilen integrieren oder sich zumindest dem Format des Zeilenabstands anpassen, wachsen sie unter Punkt 5 förmlich an, bis die Sprache der Wörter durch jene der Bilder ersetzt wird. Im finalen Emblem (Punkt 8) kulminiert diese Verschiebung vom geschriebenen Wort zur visuellen Idee. Hier wird, ganz ohne Bildunterschrift, für den „ersten russischen Film ohne Zwischentitel" quasi ein Ikonogramm geschaffen. Das Stativ der Kamera schlägt hier im Übertreten des Bildausschnitts eine Brücke zwischen der zu projizierenden Welt der Filmkader und der realen des Filmschaffenden. Ähnlich wie im Film selbst schließt sich der selbstreferenzielle Kreis zwischen Produktion und Rezeption.

Diese vorbereitende Skizze entstand während der Dreharbeiten, als dezidierte Handlungsanweisung an Vertovs Bruder Michail Kaufman, Titelheld und Kameramann. Neben genauen Bewegungsabläufen der zu filmenden Kamera werden auch Konzepte für Doppelbelichtungen, also Montagen *im* Bild, visuell entwickelt.

Einige von Ihnen lassen sich direkt im Film wiederfinden – jene zu Punkt 2 und 8 (vgl. hierzu die Kadervergrößerungen aus dem Film). Andere können über den Text abgeleitet werden, wie die Analogie zu einem Riesen oder

plete shift away from the written word and towards the visual idea. Here, quite without captions, what has been created is more or less an iconogram for the phrase "first Russian film without intertitles". In going beyond the frame, the camera tripod here builds a bridge between the world of the frame to be projected and the real world of the filmmaker. As in the film itself, the self-referential circle between production and reception has been brought to a close.

This preparatory sketch arose during shooting, as a set of definite instructions for Vertov's brother Michail Kaufman, the film's hero and cinematographer. Apart from the precise of movements of the on-screen camera, it also visually develops concepts for multiple exposures, i.e. montage *in* the frame.

Some of them can be immediately recognised in the film—e.g. those for points 2 and 8 (cf. the frame enlargements from the film). Others can be derived from the text, such as the analogy with a giant or with Puškin's hovering and all-seeing horseman. More abstract visual concepts, such as the fusion of operator and apparatus may also be identified. The head becomes the *doppelganger* of the camera housing, with a nose in the form of a lens. In a further drawing, the borders blur between the legs of the hero and those of the tripod. Body

jene zu Puškins schwebendem, die Stadt über-blickendem Reiter. Auch abstraktere Bildüber-legungen, wie das Verschmelzen zwischen Ope-rateur und Apparat lassen sich identifizieren. So wird der Kopf zum Doppelgänger des Kamera-gehäuses, mit einer Nase in Form eines Objek-tivs. In einer weiteren Zeichnung verschwim-men die Grenzen zwischen den Beinen des Titelhelden und des Stativs. Körper und Ka-mera verschmelzen und bedingen einander. Das Objektiv selbst ist nicht selten auf den Pro-tagonisten gerichtet und ein gewisser Zug zur Symmetrie, folglich des Kontrollier- und Über-schaubaren, lässt sich in mehreren Bildfeldern aufspüren.

Inmitten umherfliegender Flugzeuge heben sich die Arme wie Tragflächen. Daneben wird der Torso kurzerhand mit dem Corpus der Ka-mera in Einklang gebracht. Vertovs Assoziatio-nen wurden folgerichtig auch von den Brüdern Stenberg für das Plakat (P 33) umgesetzt. Wäh-rend die Bewegung durch Pfeile, Straffuren (Hosenbeine) oder Fabrikrauch angedeutet wird, gibt es einige Kaderfelder, deren Interpre-tation schwieriger ausfällt. So auch jene drei Skizzen, in denen der Boden beziehungsweise die vom „Riesen" überblickte Welt abgefilmt wird. Bei näherer Betrachtung kippen sie aus der vertikalen Ebene der zweidimensionalen

and camera merge and determine each other.

The lens itself is infrequently directed to-wards the protagonists and in several frames one may notice a certain tendency towards sym-metry and consequently towards what can be controlled and overseen.

In the midst of the aeroplanes that are flying around, the arms are raised like wings. Next to them, the torso is brought into harmony with the body of the camera. Vertov's associations were also incorporated into the poster by the Stenberg brothers (P 33).

While movement is indicated by means of arrows, pin stripes (trouser legs) or factory smoke, there are some frames which are more difficult to interpret. These include the three sketches in which the floor (the world as seen from the "Giant's" perspective) is filmed. When examined more closely, they literally topple over and out of the vertical level of the two-dimen-sional drawing. As in a picture puzzle, the man with the camera here seems to be standing on firm ground, yet the back wall seems to fold backwards and literally surround him.

Two frames further on, the protagonist fi-nally appears to slip through the folded down space (radial arrow!) and be circumscribed by it, while his attribute, the camera, is able to move freely between them. The detached gaze. Or as

77

Zeichnung buchstäblich heraus. Gleich einem Vexierbild scheint hier zum einen der Mann mit der Kamera auf festem Grund zu stehen, zum anderen die Rückwand nach hinten zu klappen und ihn buchstäblich zu umfassen. Zwei Felder weiter scheint der Protagonist endgültig durch den umgeklappten Raum (Radialpfeil!) zu schlüpfen, in ihm eingeschrieben zu sein, während sich sein Attribut, die Kamera, frei dazwischen bewegen kann. Der entkoppelte Blick. Oder wie Vertov selbst es formuliert:

„Mein Film bedeutet also
Kampf zwischen gewöhnlichem Sehen und Kino-Sehen,
Kampf zwischen Real-Raum und Kino-Raum,
Kampf zwischen Real-Zeit und Kino-Zeit."[1]

Roland Fischer-Briand
(Foto- und Filmdokumentationssammlung, ÖFM)

Vertov himself put it:

"My film therefore signifies
the struggle between everyday vision and cinematic vision,
the struggle between real space and cinematic space,
the struggle between real time and cinematic time."[1]

Roland Fischer-Briand
(Photo Collection and Documentation, ÖFM)

1) Vgl. Pr De 99; *Die Weltbühne*, Berlin, 25. Jg., Nr. 30, 23. Juli 1929.

(1) Cf. Pr De 99; *Die Weltbühne*, Berlin, 25. Jg., Nr. 30, 23 July 1929

Dziga Vertov: Tvorčeskaja kartočka (1917–1947)

Dziga Vertov: Künstlerische Visitenkarte (1917–1947)
Dziga Vertov: Artistic Calling Card (1917–1947)

Vertovs Text von 1947 stellt einen außergewöhnlichen Bericht über 30 Jahre seines Schaffens dar. In 137 immer länger werdenden Paragrafen reiht sich minutiös Projekt an Projekt. Vertov leistet einen weit über die Autobiografie hinausgehenden Offenbarungseid – knapper, nüchterner und ‚objektiver' als die Tagebucheintragungen, durchzogen aber von der kampfbereiten Rhetorik eines gegen Missverständnisse und Hindernisse anschreibenden (Film-)Exzentrikers. Der Text entstand vermutlich im Rahmen einer offiziellen Künstler-Befragung. Das erklärt, warum Vertov oft von sich in der dritten Person Singular schreibt. Vertovs Bilanz erfüllt den offiziellen Zweck durchaus, während sie gleichzeitig einen mitunter arrogant erscheinenden Beitrag zur Selbsthistorisierung leistet.

Der Text liegt in mehreren Fassungen vor. Unsere Edition bezieht sich mit einer Ausnahme (§ 104) auf das im ÖFM archivierte Typoskript.

Die vorliegende Übersetzung stellt den Versuch dar, terminologisch, stilistisch und textgestalterisch möglichst nahe am russischsprachigen Original zu bleiben. Dies wirkt sich auf Entscheidungen im Bereich der Übersetzung und der grafischen Gestaltung des Textes aus. Zur besseren Orientierung hier die wichtigsten Richtlinien:

Vertov composed his "Artistic Calling Card" in 1947. It presents an extraordinary report of his accomplishments over a 30 year period. One project after another is meticulously described over the course of 137 entries that progressively increase in length. Vertov takes an oath of disclosure that by far exceeds any autobiography – more lean, sober and 'objective' than diary entries, albeit infused with the combat-ready rhetoric of a film-eccentric addressing misunderstandings and obstacles. The text presumably arose within the framework of an official artist survey. This explains, why Vertov often uses the third person singular. Vertov's accounting completely fulfills its official purpose, while the self-consciousness of his report at times takes on an appearance of arrogance that contributes to its self-historicizing impact.

The text exists in several versions. Our edition, with one exception (§ 104), corresponds to the typewritten text in the ÖFM collection.

The text at hand attempts to stay as close as possible to the Russian original, in terms of terminology and style. This effects decisions in the realm of translation and the graphic layout of the text. The most important guiding principles are outlined below, for the purpose of orientation.

Unübersetzt bleiben bibliografische Quellen (z. B. *Izvestija*), bekannte Filmtitel (siehe hintere Buchklappe), russische Straßennamen (z. B. *Malaja Dmitrovka*), bekannte Abbreviaturen oder Bezeichnungen von Institutionen (z. B. *Goskino*) sowie für Vertov spezifische Neologismen, z. B. *Kinopravda, Kinonedelja, Kinoglaz, Radioglaz, Fotoglaz, Kinok* (sg.), *Kinoki* (pl.), die Ableitungen des russ. *pravda* (Wahrheit), *nedelja* (Woche), *glaz* (Auge) sowie *oko* (veralt.: Auge) darstellen. Weniger bekannte Film-, Projekt- und Aufsatztitel werden übersetzt und erfolgen im Sinne eines besseren Leseflusses zuerst deutsch, dann russisch (in eckiger Klammer).

Unregelmäßigkeiten des russischen Originals bleiben in der Übertragung erhalten (z. B. Kinoglaz vs. Kino-Glaz). Vereinheitlicht wurden nur bibliografische und Datierungsangaben. Das Original kennt drei Arten der Markierung: Versalien (in der Übersetzung beibehalten), Sperrungen (in der Übertragung kursiv) und Anführungszeichen. Beziehen sich jene auf Filmtitel, Projekttitel oder Quellenangaben, so werden diese in der Übersetzung ebenfalls kursiv gesetzt. Beziehen sie sich auf Zitate, Hervorhebungen oder auf Aufsatztitel, so werden sie beibehalten. Alle russischsprachigen Transliterationen werden – außer im Fall von Neologismen – kursiv gesetzt. [BW]

The following are not translated: bibliographic sources (i.e. *Izvestija*), widely known film titles (see back sleeve of the book cover), Russian street names (i.e. *Malaja Dmitrovka*), common abbreviations or names of institutions (i.e. *Goskino*), as well as neologisms specific to Vertov's work, i.e. *Kinopravda, Kinonedelja, Kinoglaz, Radioglaz, Fotoglaz, Kinok* (singular), *Kinoki* (plural), variations on the Russian word *Pravda* (truth), *nedelja* (week), *glaz* (eye) as well as *oko* (archaic: eye). More obscure film, project, and essay titles are translated first in English and then quoted in Russian (in brackets), providing for a less interrupted reading.

Irregularities in the Russian original have been preserved (i.e. Kinoglaz vs. Kino-Glaz). Only bibliographic information and the designation of dates have been standardized. The original contains three types of marks: majuscules (maintained in the translation), spacing (italicized in the translation), and quotation marks. If the quotation marks indicate film titles, project titles, or sources, italicized text is used in the translation. Quotation marks used in the original for quotes, accentuation or essay titles, are maintained in the translated version of the text. All Russian language transliterations are italicized, excepting neologisms. [BW]

Dziga Vertov, Denis Arkad'evič, *1896

Künstlerische Visitenkarte
Artistic Calling Card

[Tvorčeskaja kartočka]
(1917–1947)[1]

<table>
<tr><td>

Start
1917
Nicht Pathé,
   nicht Gaumont.
Nicht das.
   Nicht davon.
Wie Newton
   den Apfel
      sehen.
   Der Welt – Augen geben,
den gewöhnlichen Hund
mit Pavlovschem
   Auge
      zu sehen.
Ist Kino wirklich Kino?
Sprengen sollten wir das Kino,
um
   KINO
      zu sehen.
(Dziga Vertov: Laboratorium des Gehörs, 1917)[2]

</td><td>

Start
1917
Not like Pathé.
   Not like Gaumont.
Not how they see,
   Not as they want.
Be Newton
   to see
      an apple.
   Give people eyes
To see a dog
With
   Pavlov's
      eye.
Is cinema CINEMA?
We blow up cinema,
For
   CINEMA
      to be seen.
(Dziga Vertov: The Laboratory of Hearing, 1917)[2]
[Translation: Julian Graffy]

</td></tr>
</table>

1) In der leicht abweichenden Variante des Textes, die in der russischen Filmzeitschrift *Kinovedčeskie zapiski* Nr. 30 (1996), S. 161–192 von Aleksandr Derjabin publiziert wurde, fehlt das Gedicht am Beginn des Textes. Da die Zeile „Nicht Pathé, nicht Gaumont" gleich in § 1 vorkommt, könnte es sein, dass das Gedicht von anderer Hand in der hier vorliegenden Fassung im Nachhinein hinzugefügt wurde.

2) Zum Laboratorium des Gehörs vgl. die §§ 1, 100, 104, 108 und 121 im vorliegenden Text. So bezeichnet Vertov oft die Phase vor seiner filmischen Tätigkeit, in der er in erster Linie mit der technisch vermittelten Wahrnehmung und Wiedergabe von Geräuschen, Wörtern und Tönen experimentiert hat.

1) This poem is missing from the beginning of a minor variation of the text published in the film journal *Kinovedčeskie zapiski Nr. 30* (1996), pp. 161–192 by Aleksandr Derjabin. Since the line "Not Pathé, not Gaumont" appears at the outset in § 1 of the above text, it could be that the poem was subsequently added by someone else.

2) On the Laboratory of Hearing cf. §§ 1, 100, 104, 108 and 121 in the text. Vertov thus describes the phase before his filmic endeavors, during which he primarily experimented with technically conveying the perception and reproduction of words and sounds.

1. Laboratorium des Gehörs [*Laboratorija slucha*]. Montage von Stenogrammen. Filmgedichte. Erste Fotomontage. *Selbstporträt* [*Avtoportret*]. *Vorfall im Warenhaus* [*Slučaj v univermage*]. (Versuch eines Abenteuerdrehbuchs). „Nicht PATHÉ, nicht GAUMONT" (Keimzelle des Nicht-Spielfilm-Umsturzes). Das Versgedicht „ICH SEHE" (teilweise später in den Filmen *Kinoglaz, Šestaja čast' mira* u. a. verwendet).

2. Erstes sowjetisches Leinwand-Journal – *Kino-Nedelja* (40 Ausgaben, 1918–1919).

3. Erste Versuche[3] der „Zeitlupen"-Chronik: *Sprung von der Grotte* [*Pryžok s grota*][4], *Bockspringen* [*Čecharda*], u. a. (Filmkomitee des Narkompros, 1918).

4. Weltweit erster Versuch eines Parallelschnitts von 30 Exemplaren[5] eines langen Dokumen-

1. The Laboratory of Hearing [*Laboratorija slucha*]. Montage of stenographs. Film poems. First photo montages. *Self-portrait* [*Avtoportret*]. *Warehouse Incident* [*Slučaj v univermage*]. (Attempt at an adventure screenplay). "Not Pathé, not Gaumont" (germ cell for the revolution of the non-theatrical film). The poem "I see" (later partly used in *Kinoglaz, Šestaja čast' mira* among others).

2. First weekly Soviet film newsreel—*Kino-Nedelja* (40 editions, 1918–1919).

3. First attempt[3] at a "slow-motion" chronicle: *Leap from the Grotto* [*Pryžok s grota*][4], *Leapfrog* [*Čecharda*], among others (Film-Committee of Narkompros, 1918).

4. The world's first attempt at 30 parallel cuts[5], in a long documentary film consisting of 11

---

3) Das russ. *opyt* bedeutet auch Experiment, Erfahrung, Erprobung und hat also stärker als das dt. „Versuch" stets experimentellen Charakter – für Vertovs Arbeitsweise ist es ein zentraler Begriff.

4) Möglicherweise handelt es sich um eine (heute verschwundene) künstliche Grotte im Garten der Villa in der *Malyj Gnezdikovskij pereulok 7,* in der das Moskauer Filmkomitee seinen Sitz hatte. Vertov sprang aus dem ersten Stock der Grotte, um zu zeigen, dass die Kamera durch Zeitlupenaufnahmen seines Gesichts existentielle Gefühlszustände wie Unentschlossenheit, Verhärtung und Erleichterung sichtbar machen kann. Eine andere Interpretation führt die in der Vertov-Mythologie zentrale „Grotte" auf eine Plattform zurück, die über einem Mauervorsprung oberhalb eines Eingangsportals angebracht war.

5) Vermutlich sind hier 30 Montagekomplexe gemeint.

3) The Russian term *opyt* is central to Vertov's working method, conveying the idea of experiment, experience and testing. In this sense it has a stronger connotation than the English "attempt".

4) Possible reference to an artificial grotto that no longer exists today, in the garden of the Villa in *Malyj Gnezdikovskij pereulok 7*, where the Moscow Film Committee was in residence. Vertov leapt from the first floor of the grotto in order to show that the slow motion capacity of the camera could reveal existential states such as indecision, tension, and relief. Another interpretation of the "grotto", central to the Vertov myth, is that it had to do with a leap from a wall at the entrance of the building.

5) Possible reference to a montage of 30 different scenes.

tarfilms in 11 Teilen – *Jahrestag der Revolution*
[*Godovščina revoljucii*] (Versuch einer Simul-
tan-Montage, ähnlich wie ein Schachspiel auf
30 Brettern. War dazu aus Zeitmangel ge-
zwungen. Dauerte 10 Tage.)

5. Erster Versuch einer Kriegschronik (*Die
   Schlacht bei Caricyn* [*Boj pod Caricynym*]).
6. Erster Versuch einer Gerichtschronik (*Der Mironov Prozess* [*Process Mironova*]). Experimentiert wurde auch mit der Aufnahme eines
   stummen Interviews mit dem Angeklagten.
7. Manifest über die Entwaffnung der Spielfilmkinematografie, 1919.
8. Theorie der Intervalle (über eine bestimmte
   Art, die Elemente der Bewegungskunst in ein
   rhythmisches, künstlerisches Ganzes zu organisieren).
9. Relativitätstheorie auf der Leinwand (Filmprojekt, erstmals in der ersten Variante des
   Manifests erwähnt, 1919).
10. Erste Versuche von filmischen Jahresberich-
    ten. *5 Jahre Kampf und Sieg* [*5 let bor'by i pobed*]
    – 5 Teile, *Geschichte des Bürgerkriegs* [*Istorija
    graždanskoj vojny*] – 13 Teile).
11. Erste Versuche der Gründung von Wander-
    kinos (Kinowagen, Kinowaggons, Kinoautos,
    Kinozüge). Organisation einer Abteilung für
    Wanderkinos. Kino-Kampagne für den
    Kampf gegen den Hunger, für die Vertov of-

parts—*Anniversary of the Revolution* [*Godovščina revoljucii*] (attempt at a simultaneous montage that resembles a game of chess played on
30 chessboards. Demanded by a shortage of
time. Required 10 days.

5. First attempt to undertake a war chronicle
   (*The Battle of Tsaritsyn* [*Boj pod Caricynym*]).
6. First attempt to undertake a trial chronicle
   (*The Mironov Trial* [*Process Mironova*]). Experiment also included the shooting of a silent
   interview with the accused.
7. Manifesto on the Disarmament of Theatrical
   Cinema, 1919.
8. Theory of Intervals (about a particular way to
   organize the elements of moving art into a
   rhythmic and aesthetic whole).
9. The Theory of Relativity on screen (film proj-

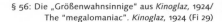

§ 56: Die „Größenwahnsinnige" aus *Kinoglaz*, 1924/
The "megalomaniac". *Kinoglaz*, 1924 (Fi 29)

fiziell Dank vom Moskauer Parteikomitee
ausgesprochen wurde (*Kinofot* Nr. 2, 1922).

Erster Versuch einer Kino-Reise (der Film
Agitpoezd VCIK [Agitzug VCIK]).

12. Manifest über die Nicht-Spielfilmkinematografie („Kinoki. Umsturz" [„*Kinoki. Perevorot*"], 1922).

13. *12 Minuten* – Projekt einer beweglichen Film-
projektionsanlage. Von der Ankunft am Ort
der Vorstellung bis zum Beginn der Projektion vergehen nur 12 Minuten. Erste Vorführung auf dem Platz im Kreml. Eine zweite
auf dem Theaterplatz gegenüber vom Bol-
schoj-Theater. Filmvorführung für den Kon-
gress der Komintern.[6]

14. Neues Alphabet der Filmaufnahme. Abschaf-
fung von 16 Bildern pro Sekunde. Aufnahme
mit beweglicher Kamera. Mikroaufnahme.
Makroaufnahme. Rückwärtsprojektion. Be-
schleunigte und verlangsamte Aufnahme.
Nah- und extreme Nahaufnahmen. Anhalten
der Bewegung auf der Leinwand. Superweit-
einstellungen und solche mit wechselndem
Licht [*sverchobščie i svetoizmenjajuščiesja plany*].
Zusammenschluss von Wissenschaft und
Chronik mit dem Ziel, die oft unsichtbare
Wahrheit zu entdecken und zu zeigen.

6) Ein solches Wanderkino ist beispielsweise in der
Kinopravda Nr. 9 zu sehen.

ect initially mentioned in the first variation of
the Manifesto, 1919).

10. First film experiments at yearly reports. *Five
Years of Struggle and Victory [5 let bor'by i
pobed]*—5 parts, *History of the Civil War [Is-
torija graždanskoj vojny]*—13 parts).

11. First attempts to establish a travelling cinema (Kino-trucks, Kino-railroad cars, Kino-
automobiles, Kino-trains). Organization of a
department for a travelling cinema. A film
campaign for the battle against hunger which
earned Vertov the official thanks of the
Moscow Party Committee (*Kinofot* Nr. 2,
1922).

First attempt at a Kino-race (the film *Agitpoezd VCIK*).

12. Manifesto about the cinema of non-theatrical film ("*Kinoki. A Revolution*" ["*Kinoki.
Perevorot*"] 1922).

13. *12 Minutes*—Project of mobile film projection unit. Only 12 minutes transpire from the
arrival time at the show location to the beginning of the screening. First presentation takes
place at the public square in the Kremlin. The
second takes place at the square across from

§ 14: „Rückwärtsprojektion" – Beginn der berühmten Szene aus dem Film *Kinoglaz*, in der sich ein Stück Fleisch in einen Stier zurückverwandelt / "Reversal of motion" — The beginning of the famous sequence from *Kinoglaz* in which a bull is "revived" through cinema (Fi 52)

15. *Was das Auge nicht sieht* [*To, čego ne vidit glaz*]. Negativ der Zeit. Möglichkeit, grenzenlos und ohne Distanzen zu sehen. Steuerung der Kamera aus der Ferne. Radioglaz. Problem ungewöhnlicher, aber gerechtfertigter Perspektiven. Ein sich aus wissenschaftlichen oder künstlerischen Studienzwecken ändernder Blickpunkt.

16. *Zimmer-Filmphrase* [*Komnata-kinofraza*]. (Erster Versuch, durch Montage ein Zimmer nicht so zu zeigen, wie es ist, sondern wie es sein wird oder sein könnte).

17. *Lebendige Filmskulptur* [*Živaja kinoskul'ptura*], *Filmdenkmal* [*Kinopamjatnik*], *Filmknabe* [*Kino-junoša*]. Versuch, durch Montage und Aufnahme den Menschen zu schaffen, nicht so, wie er ist, sondern so, wie z. B. die Bildhauer versuchen, ihn zu zeigen, in Art der berühmten Skulptur von Muchina am Eingang zur Landwirtschaftlichen Unionsausstellung.[7] Modellieren des „synthetischen Menschen" durch Montage.

18. *Menschheit der Kinoki* [*Čelovečestvo kinokov*] – eine der frühesten Ideen Dziga Vertovs war, eine Armee von Filmbeobachtern [*kinona-bljudateli*] und Kinoki zu schaffen, um von

the Bolshoi Theater, a presentation for the Congress of the Comintern.[6]

14. New alphabet for filming. End of 16 frames per second. Shooting with mobile camera. Micro-cinematography. Macro-cinematography. Reversal of motion. High speed and time-lapse cinematography. Close-ups and extreme close-ups. Freeze-frame on screen. Super wide-angle and changing light conditions [*sverchobščie i svetoizmenjajuščiesja plany*]. Combining science and the film chronicle to discover and reveal the invisible truth.

15. *What the eye doesn't see* [*To, čego ne vidit glaz*]. Negative of time. Possibility of seeing without boundaries and without distances. Remote control of the camera. Radioglaz. The problem of unfamiliar yet justified perspectives. A vantage point that changes for purposes of scientific or artistic study.

16. *Room-Filmphrase* [*Komnata-Kinofraza*]. (First attempt at utilizing montage not to show a room the way it is, but rather the way it will or could be seen.)

7) Es geht um die berühmte Skulptur von Vera Muchina, *Arbeiter und Kolchosbäuerin*. Die Figuren halten Hammer und Sichel mit ausgestreckten Armen in die Höhe.

6) An example of the traveling cinema can be seen in *Kinopravda Nr. 9*.

der Einzelautorschaft weg zur Massenautorschaft zu gelangen, um ein Montage-„Ich-Sehe" zu organisieren, „keine zufällige, sondern eine notwendige und umfassende Weltrundschau alle paar Stunden" (*Kinofot* Nr. 2).

19. *Beobachtung, Experiment, Messung* [*Nabljudenie, ëksperiment, izmerenie*]. Ich beobachte nicht nur und sammle Beobachtungen, sondern organisiere einen Versuch, experimentiere, studiere und nehme das Phänomen in meine Hände (*Kinofot* Nr. 5).

20. Gesetz der Bewegungsüberwindung (unbedingte visuelle Kontinuität). Gesetz der Gleichzeitigkeit einer Handlung (Parallelmontage). Montage während der Beobachtung. Montage während der Aufnahme. Grobschnitt und Endschnitt am Schneidetisch. Assoziative Montage. Montage in der Zeit. Räumliche Montage und komplizierte, kontrapunktische Montage. Die erste von Dziga Vertov zusammengestellte Montage-Fibel des Stummfilms.

21. *System aufeinanderfolgender Bewegungen* [*Sistema posledovatel'nych dviženij*] – unglückliche und veraltete Definition eines richtigen Ausspruchs des frühen Vertov über die strenge Abfolge beim Dekodieren der Erscheinungen durch Aufnahme und Montage. Im weiteren Sinn heißt es später im Testament von

17. *Living Film Sculpture* [*Živaja kinoskul'ptura*], *Film Memorial* [*Kinopamjatnik*], *Film Boy* [*Kinojunoša*]. Attempt to use montage and shooting techniques to render a person not as they appear, but rather as a sculptor would try to render them—for example, the famous sculpture by Muchina at the entrance of the Agricultural Union Exhibit.[7] The modelling of a "synthetic man" via montage.

18. *Humanity of Kinoks* [*Čelovečestvo kinokov*]—one of Vertov's earliest ideas was to create an army of film scouts [*kinonabljudateli*] and Kinoks in order to abandon single authorship and proceed to mass authorship, to organize an "I-See" montage, "not a coincidental but rather a necessary and all-encompassing global review of the world every few hours" (*Kinofot* Nr. 2).

19. *Observation, Experiment, Measurement* [*Nabljudenie, ëksperiment, izmerenie*]. I don't simply observe and gather observations but rather organize an attempt, I experiment, study and take the phenomena into my own hands (*Kinofot* Nr. 5).

20. Rule to overcome movement (necessary visual continuity). The rule of plot simultane-

7) Reference to *Workers and Women Kolchos Farmers*, the famous sculpture by Vera Muchina. The figures are holding the hammer and sickle with outstretched arms.

Professor I.P. Pavlov: „Abfolge, Abfolge, Abfolge. Von Beginn eurer Arbeit an gewöhnt euch eine strenge Abfolge beim Ansammeln von Wissen an."[8]

22. Dreiundzwanzig Muster unterschiedlich langer thematischer Versuche von Filmausgaben eines neuen Typs unter dem gemeinsamen Titel KINOPRAVDA. (Hier werden, parallel zum Anwachsen des politischen Gehalts des Journals, von Nummer zu Nummer unentwegt Alphabet, Grammatik und Syntax der kinematografischen Sprache gestaltet. Es wachsen Menschen heran, die später preisgekrönte und ausgezeichnete Kameraleute und Regisseure sind.)

23. Erste Versuche mit expressiven Zwischentiteln: a) Parolen-Titel, b) konstruktive[9] Titel, c) Titel in Bewegung, d) Titel, die das Sujet nicht benennen, sondern es gestalten, e) Leuchttitel, f) in die Einstellung einkopierte Titel, g) keine Titel.

24. *Gestern, heute, morgen* [*Včera, segodnja, zav-*

8) Pavlov, I.P., „Obraščenie k molodeži", in ders.: *Polnoe sobranie sočinenij*, izd. 2-e, dop. T.1., Moskva 1951, S. 22.

9) Vermutlich ist hier mit russ. *konstruktivnyj* eher konstruktivistisch gemeint – z. B. besorgte der Konstruktivist Aleksandr Rodčenko die Zwischentitelgestaltung für die *Kinopravda Nr. 13* (vgl. die Abbildungen im Artikel „*Trinadcatyj opyt*" [„Der 13. Versuch"] von Aleksej Gan in: *Kino-fot* Nr. 5, 1923, S. 6–7 – vgl. Pr USS 4, in diesem Buch S. 264).

ity (parallel montage). Montage during observation. Montage during shooting. Rough-cut and final-cut at the editing table. Associative montage. Montage in time. Spatial montage and complex, contrapunctal montage. Vertov's first primer on silent film montage.

21. *System of Consequential Movements* [*Sistema posledovatel'nych dviženij*]—unfortunate and outdated definition of a proper statement by the early Vertov about strict succession in decoding appearances via filming and montage. Later alluded to more broadly in the Testament of Professor I.P. Pavlov: "Sequence, sequence, sequence. From the beginning of your work, get used to strict sequence in the gathering of knowledge."[8]

22. Twenty-three examples of a new type of film series, involving thematic exercises with various running times, under the general title KINOPRAVDA. (The increasing political content of the journal is paralleled by the steady development of an alphabet, grammar and syntax of cinematic language, from one edition to the next. People emerge who later become prize-winning cinematographers and directors.)

8) Pavlov, I.P., "Obraščenie k molodeži", in: *Polnoe sobranie sočinenij*, izd. 2-e, dop. T.1., Moskva 1951, p. 22.

tra][10] – Erster Versuch eines filmischen Journals in drei Teilen[11].

25. *Zwei Welten [Dva mira]*[12] – Erstes Lenin gewidmetes Filmjournal.

26. *Frühlingspravda [Vesennjaja Pravda]*[13] – Erster Versuch eines Ansichts-Kinojournals in drei Teilen. Wiedergabe der Ereignisse durch das Prisma der Frühlingsstimmung. Versuch einer lyrischen Wochenschau.

27. Projekt zur Organisation einer Werkstatt. Erster Versuch einer Kinostation, zu deren Aufgaben gehören: a) *Kinopravda*, b) Blitzchronik, c) Komische Chronik, d) Studien zur Chronik, e) Kinoreklame, f) Experimente.

28. Erste Filmskizzen. Filmtagebücher. Filmstudien. Leitartikel. Filmfeuilletons. Filmgedichte – eine visuell gereimte Chronik.

10) = *Kinopravda Nr. 13*, auch als *Oktober-Kinopravda [Oktjabr'skaja kino-pravda]* bekannt.

11) Das russ. Wort *čast'* ließe auch die Bezeichnung „Akt" oder „Rolle" zu, gemeint sind aber weder streng theatralische Einheiten, noch die technische Notwendigkeit, die sich aus genormten 35mm-Filmrollen (à 300 m) ergibt. Daher wird hier das neutrale „Teil" verwendet.

12) = *Kinopravda Nr. 14*.

13) = *Kinopravda Nr. 16*, die heute nur noch fragmentarisch überliefert ist. Sie enthält u. a. das *Tagebuch Glumovs [Dnevnik Glumova]*, ein Fragment aus dem von Sergej Eisenstein für das Moskauer Proletkul't-Theater inszenierten Stück *Der Weise [Mudrec]*. In die *Kinopravda Nr. 16* ging das *Dnevnik Glumova* als *Frühlingslächeln des Proletkul't [Vesennie ulybki Proletkul'ta]* ein.

23. First experiments with expressive intertitles: a) slogan titles, b) constructive[9] titles, c) moving titles, d) titles that don't name but rather render their subject, e) titles of light, f) superimposed titles, g) no titles.

24. *Yesterday, Today, Tomorrow [Včera, segodnja, zavtra]*[10]—First attempt at a film journal in three parts[11].

25. *Two Worlds [Dva mira]*[12]—The first film journal dedicated to Lenin.

26. *Spring Pravda [Vesennjaja Pravda]*[13]—First attempt at a scenic film journal in three parts. Events are seen through the prism of a

9) Presumably the Russian *konstruktivnyj* should here read 'constructivist' – For example, the constructivist Aleksandr Rodčenko was responsible for the creation of the intertitles for *Kinopravda Nr. 13* (cf. illustrations in the article "Trinadcatyj opyt" ["The 13th Experiment"] by Aleksej Gan in *Kino-fot* Nr. 5, 1923, p. 6-7 – cf. Pr USS 4, in this book cf. p. 264).

10) = *Kinopravda Nr. 13*, also known as *October-Kinopravda [Oktjabr'skaja kino-pravda]*.

11) The Russian word *čast'* can also be translated as "act" or "reel", but since neither a strict theatrical nor technical connotation specific to standard 35mm reels (of 300 meters) is appropriate, the neutral "part" is used.

12) = *Kinopravda Nr. 14*.

13) = *Kinopravda Nr. 16*, today only available in fragments. It includes *Glumov's Diary [Dnevnik Glumova]*, a fragment from *The Wise One [Mudrec]* directed by Sergej Eisenstein for the Moscow Proletkul't-Theater. *Dnevnik Glumova* became part of *Kinopravda Nr. 16* as *Spring Smile of the Proletkul't [Vesennie ulybki Proletkul'ta]*.

29. 50 Ereignischronik-Muster (*Filmkalender* [*Kino-kalendar'*])[14], *Blitz-Chronik* [*Chronika-molnija*][15]).

30. Erste Trickfilme in der Sowjetunion (*Heute* [*Segodnja*], *Die Grimassen von Paris* [*Grimasy Pariža*], *Der Zehnrubelschein* [*Červonec*], *Sowjetisches Spielzeug* [*Sovetskie igruški*] usw.). Die Presse[16] teilte mit, dass schon der erste dieser Filme, die Filmkarikatur *Segodnja*, die Aufmerksamkeit Vladimir Il'ič Lenins auf sich gelenkt hatte.

31. Erste Kinoreklamen. Lebende Karten. Animierte Bulletins. Lebende Skizzen und Zeichnungen.

32. Erste Humoresken – Karikaturen auf Film (*Humoresken* [*Jumoreski*], *Poincaré* [*Puankare*] u. a., 1924).[17]

33. Auftritt der Kinoki am 25. Februar 1924 im Ersten Staatlichen Kinotheater mit der Vorführung der *Filmkalender* [*kinokalendari*], der

14) Im Russischen Staatsarchiv für Film- und Fotodokumente (RGAKFD) in Krasnogorsk bei Moskau sind 57 Ausgaben des *Goskinokalendar'* erhalten.

15) Die Blitz-Chronik bringt die Ereignisse an dem Tag auf die Leinwand, an dem sie sich ereignet haben. Sie ist reserviert für außergewöhnliche Aktionen und Feierlichkeiten.

16) Vgl. *Novyj zritel'* Nr. 5, Februar 1924.

17) Der Film *Jumoreski* besteht aus drei Teilen mit den bereits in § 30 erwähnten Titeln *Červonec*, *Grimasy Pariža* sowie dem hier erwähnten *Puankare*. Insgesamt drehte Vertov drei Trickfilme: *Segodnja*, *Sovetskie igruški* und *Jumoreski*.

springtime atmosphere. Attempt at a lyrical film weekly.

27. Project to organize a workshop. First attempt at a Kino-station whose tasks include: a) *Kino-pravda*, b) Flash Chronicle, c) Humorous Chronicle, d) Studies for the Chronicle, e) Kino-Advertisements, f) Experiments.

28. First film sketches. Film diaries. Film studies. Leading articles. Film feuilletons. Film poems—a visually rhyming chronicle.

29. 50 examples of event-related journals[14] (*Film Calendar* [*Kinokalendar'*], *Flash-Chronicle* [*Chronika-molnija*][15]).

30. First animated films in the Soviet Union (*Today* [*Segodnja*], *Grimaces of Paris* [*Grimasy Pariža*], *The Ten-Rouble Note* [*Červonec*], *Soviet Toys* [*Sovetskie igruški*], etc.). The press[16] reported that the first of these films, the film caricature *Segodnja*, had already caught Vladimir Lenin's attention.

31. First movie advertisements. Animated maps. Animated bulletins. Animated sketches and drawings.

14) There are 57 editions of *Goskinokalendar'* in the Russian State Archive for Film- and Photo Documents (RGAKFD) in Krasnogorsk near Moscow.

15) The Flash-Chronicle presents the day's events on the very day they transpire. It is reserved for unusual events and festivities.

16) Cf. *Novyj zritel'* Nr. 5, February 1924.

Filmkarikaturen [kinošarži] und der *Kinopravda.*

34. Vorschlag zur regelmäßigen Ausstrahlung einer Rundfunkchronik (eines Montage-„Ich-Höre")

35. Versuchsserie von Sonderausgaben: *Erobert die Lüfte! [Daeš' vozduch!]* [18]

36. *Malaja Dmitrovka 6* [19] – Versuch, eine große Diskussion verschiedener am Film interessierter Gruppen zu veranstalten, mit Auftritten Dziga Vertovs für die Kinoki. Kampf für den Nicht-Spielfilm (26. September 1924).

37. Diskussion im Kino *Mozaika*, bei der auch die Gegner (Vortrag von Judin) zugeben mussten, dass die *Kinopravda* großen Erfolg hat. Und zwar nicht nur bei uns, sondern auch in Amerika (*Zrelišča* Nr. 57).

38. Vortrag Dziga Vertovs auf der Versammlung der Kinoki über die höchste Technik der Montage.

39. Versuch eines Informationsaustauschs mit Spezialisten anderer Wissensgebiete. Gemeinsame Tagung. Mitteilung Dziga Vertovs über die Absicht, ein experimentelles Laboratorium organisieren zu wollen. „Zur Mecha-

18) Der Film ist in vier verschiedenen Versionen erhalten.

19) Zur damaligen Zeit bekanntes Premieren-Kino, vgl. Pr USS 36, 37 und 40, die Einladungskarten für den Film *Šestaja čast' mira* im genannten Kino zeigen.

32. First Humoresques—film caricatures (*Humoresques [Jumoreski]*), *Poincaré [Puankare]* among others, 1924). [17]

33. Appearance of the Kinoks on February 25, 1924 at the First State Movie Theater, with the presentation of *Film Calendars [kinokalendari]*, *Film Caricatures [kinošarži]*, and the *Kinopravda.*

34. Proposal for a regular broadcast of a radio chronicle (an "I-Hear" montage).

35. Trial series of special editions: *Conquer the Air! [Daeš' vozduch!]*. [18]

36. *Malaja Dmitrovka 6* [19]—Attempt to organize a large film discussion among various groups interested in film, including the appearance of Dziga Verov on behalf of the Kinoks. Struggle for the non-theatrical film (September 26, 1924).

37. Discussion at movie house *Mozaika*, where opponents themselves (lecture by Judin) had to concede that *Kinopravda* was a great success—and not only here, but in America as well (*Zrelišča* Nr. 57).

17) The film *Jumoreski* consists of three parts entitled as mentioned in § 30 *Červonec, Grimasy Pariža* as well as *Puankare*. Vertov shot a total of three animated films: *Segodnja, Sovetskie igruški* and *Jumoreski*.

18) Four different versions of the film still exist.

19) Cf. Pr USS 36, 37 and 40—invitations to the film *Šestaja čast' mira* at this then well-known Premier Theater.

„КОЕ КТО ЕЩЕ БУДЕТ ПРИЩУРИВАТЬСЯ ОТ ЭТОГО БЛЕСКА ФАКТОВ"…..

Без права передачи

ПРИГЛАСИТЕЛЬНЫЙ БИЛЕТ

Тов.

ряд 45
место 13

Кино „Мал. Дмитровка"

Издание „Совкино"
Малая Дмитровка, 6.

§ 36: Einladungskarte ins Kino *Malaja Dmitrovka* (zur Vorführung des Films *Šestaja čast mira*) / Invitation card to *Malaja Dmitrovka* for a screening of *Šestaja čast mira* (Pr USS 40)

nik des räumlichen Sehens" (Vortrag von Rapoport), „Über die Technik der filmischen Aufnahme" (Ingenieur Štegel'man), „Über experimentelle Arbeiten zur Beleuchtung" (Barancevič)[20]. Von den heute bekannten Filmleuten waren anwesend: der Kameramann M. Kaufman, die Schnittmeisterin E. Svilova, I. Beljakov und P. Zotov.[21]

40. *Oktobertaufe* [*Oktjabriny*][22] – Versuch einer intimen Alltagschronik. Teilweise übernommen in die *Erste Kamera-Fahrt* [*Pervyj probeg kinoapparata*] (*Kinopravda Nr. 18*). Sie enthält auch den schwierigen Versuch einer „Ton"-Aufnahme im Stummfilm – das Singen der Internationale.

41. Neuer Versuch einer dokumentarischen Dramaturgie, gewidmet der Arbeiterin-und-Bäuerin (*Kinopravda Nr. 19*). Versuch, einen riesigen Inhalt in die engen Rahmen eines Kurzfilms zu pressen. Neben Alltagsdetails erfolgt

20) Gemeint ist der Elektrotechniker und Kameramann E. Barancevič, der zu den Kinoki gehörte und bei einigen Ausgaben der *Kinopravda* sowie bei *Odinnadcatyj* mitgewirkt hat.

21) Es handelt sich um die Mitglieder der Kinoki – Michail Kaufman, Elizaveta Svilova, Ivan Beljakov und Petr Zotov.

22) Die „Oktobertaufe" war einer der Versuche, christliche Rituale durch kommunistische zu ersetzen. Die Dreher einer Fabrik taufen in dieser Szene das Neugeborene – und zwar auf den Namen Vladimir, der silbenweise in den Zwischentiteln auftaucht: VLA-DI-MIR (vgl. § 89).

38. Dziga Vertov's lecture at a gathering of the Kinoks about the highest art of montage.

39. Attempt to exchange information with specialists from other fields of knowledge. General meeting. Dziga Vertov reports his desired intention to organize an experimental laboratory. "On the Mechanics of Spatial Perception" (lecture by Rapoport), "On the Technique of Filming" (Engineer Štegel'man), "About Experimental Works on Lighting" (Barancevič)[20]. Currently well-known people from the film world included the cameraman M. Kaufman, master editor E. Svilova, I. Beljakov and P. Zotov.[21]

40. *October Baptism* [*Oktjabriny*][22]—Attempt at an intimate chronicle of everyday life. Partially intact in the film *First Camera-race* [*Pervyj probeg kinoapparata*] (*Kinopravda Nr. 18*). Also includes the difficult attempt to place a

20) The electrical engineer and cameraman E. Barancevič was a member of the Kinoks and collaborated on several editions of *Kinopravda* as well as on *Odinnadcatyj*.

21) Members of the Kinoks—Michail Kaufman, Elizaveta Svilova, Ivan Beljakov and Petr Zotov.

22) The "October Baptism" was an attempt to substitute Christian rituals with communist ones. The lathe operators of a factory in this scene baptize the baby 'Vladimir'. The intertitles accentuate the syllables VLA-DI-MIR (cf. § 89).

die Veranschaulichung der vier Jahreszeiten durch Montage. Der Versuch, Dramatik und Humor, Malerei und stumme Musik zu vereinen (*Izvestija*). Dieser „Sprung" in einer bestimmten Phase der Entwicklung, die Komplizierung, die Modifizierung der dokumentarischen Kinematografie, hatte nach Meinung von Historikern (Prof. Iezuitov) weitreichende Folgen nicht nur für den Dokumentarfilm, sondern für alle Formen der Kinematografie. Nach diesem und einer Reihe analoger Versuche Vertovs erfolgten nunmehr die Abläufe der Organisation von dokumentarischem Material nach anderen, höheren Gesetzmäßigkeiten. Die internationale Kritik schrieb schon damals, wie unsere Presse mit großer Verspätung mitteilte, von einer „neuen Stufe der sowjetischen Filmkunst" und erkannte Dziga Vertov als den „Begründer der internationalen, experimentellen Kinematografie an" (*Kino i kul'tura* Nr. 7–8).

42. *Filmbilanz* [*Kino-itogi*]. Eine Anzahl von Zeitungen, die eine Bilanz der Filmsaison 1924 bringen, erkennen der *Kinopravda* die führende Rolle zu. Darunter ein großer Artikel in der *Izvestija* (29.6.1924, Nr. 146), nach dem man die Bedeutung der *Kinopravda* vom Standpunkt der damaligen offiziellen Kritik aus beurteilen kann.

sound recording in a silent film—the singing of the Internationale.

41. New experiment with documentary dramaturgy, dedicated to women workers and farmers (*Kinopravda Nr. 19*). Attempt to compress a huge content to fit the narrow confines of a short film. Details of every day life are accompanied by the illustration of the four seasons via montage. An attempt to combine drama and humor, painting and silent music (*Izvestija*). According to film historians (Prof. Iezuitov), this leap in a particular phase of development, with its complexity and modification of documentary cinema, had far reaching consequences—not only for the documentary film, but also for the art of film in general. After this and a series of analogous attempts, Vertov began the process of organizing documentary materials according to other, higher principles. Our press was belated in reporting the international recognition among critics of "a new level of Soviet film art" and acknowledgment of Vertov as the "founder of an international, experimental cinema."(*Kino i kul'tura* Nr. 7–8).

42. *Film Accounting* [*Kino-itogi*]. Several newspapers taking stock of the films of 1924 distinguish *Kinopravda* as playing the leading role. A big article published in *Izvestija* (6.29.24,

43. *Die Zeit ist stehen geblieben* [*Vremja ostanovilos'*]. Erste Variante von *Das überrumpelte Leben* [*Žizn' vrasploch*]. Das Leben Moskaus im Schnitt der plötzlich stehen gebliebenen Zeit. Schöpferischer Entwurf und Drehbuchplan von Dziga Vertov. Der ungewöhnliche Vorschlag missfällt der Filmleitung. Der Film wurde nicht zur Produktion zugelassen. Einige Jahre später rief das Erscheinen des französischen Films *Paris qui dort* [*Pariž uznul*][23] nicht nur Zustimmung, sondern auch große Betrübnis beim übergangenen Gründer des Dokumentarfilms hervor. Es ging weniger um persönliche Beleidigung, als vielmehr um den Verlust des Primats in der dokumentarischen und der sowjetischen Kinematografie.

44. „Theorie und Praxis des Genossen Vertov" [„*Teorija i praktika tov. Vertova*"] – Artikel in der *Pravda* (Nr. 162, 1924) über die Arbeiten D. Vertovs mit folgenden Schlussworten: „Diese experimentelle Arbeit, die aus der proletarischen Revolution heraus entstanden ist, ist ein großer Schritt auf dem Weg zur wirklich proletarischen Kinematografie". In der gleichen Nummer der *Pravda* sind noch zwei weitere Artikel zu diesem Thema veröffent-

Nr. 146) shows the relevance of *Kinopravda* from the standpoint of the official criticism of the day.

43. *Time Stood Still* [*Vremja ostanovilos'*]. First variation of *Life Caught Unawares* [*Žizn' vrasploch*]. Cross sections of life in Moscow suddenly suspended in frozen time. Creative concept and screenplay by Dziga Vertov. The unusual proposal meets with displeasure among film authorities. The film is not allowed into the production stage. Within a few years, the release of *Paris qui dort* [*Pariž uznul*][23] not only meets with the support of the founder of documentary film, but also with great regret at the rejection of his idea. This regret had less to do with personal injury than with forfeiting the primacy of documentary and Soviet cinema.

44. "Theory and Practice of Comrade Vertov" ["*Teorija i praktika tov. Vertova*"]—Article in *Pravda* (Nr. 162, 1924) concerning Dziga Vertov's work and concluding with the following words: "This experimental work arising from the revolution of the proletariat is a giant step on the path towards a truly proletariat cinema." Two further articles along these

23) Film von René Clair, F 1923/24, den Il'ja Érenburg 1926 im Rahmen einer Filmschau zum französischen Avantgardefilm im Moskauer Kinotheater *Ars* zeigte.

23) Film by René Clair, F 1923/24. Il'ja Érenburg presented it in Moscow in 1926 as part of a program of French avant-garde cinema at the *Ars* theatre.

§ 45: „Filmkundschafter" – Vertov bezeichnet sich selbst so im Vorspann zum Film *Kinoglaz* "Film scout" —Vertov's self-assigned function in the credits for *Kinoglaz* (Fi 49)

licht: Ein Artikel von Vertov selbst über den grandiosen Versuch eines „Filmkampfs" [*kinosraženie*] (Filmchronik in 36 Teilen und 6 Serien) mit dem Übertitel KINOGLAZ. Der dritte Artikel „Kinopravda, wo bist du?" [*„Kinopravda – gde ty?"*] behandelt die erzieherische Rolle der *Kinopravda* für den einfachen Zuschauer, den Hilfsarbeiter.

45. Organisationsplan für die Informationsarbeit von Kinoglaz. Filmkundschafter [*kinorazvedčiki*]. Filmbeobachter [*kinonabljudateli*]. Erster Versuch, junge Pioniere zur Erkundung der sichtbaren Welt heranzuziehen. Organisation der ersten Gruppe von jungen Beobachtern innerhalb der Pioniergruppe *Krasnaja Presnja* (Leiter B. Kudinov). Diskussionsabende mit Scheinwerferprojektion für Arbeiterkinder. Verbindung und Briefwechsel der Filmgruppe mit dem Land und mit den Pionieren anderer Städte der Union – mit Rybinsk, Voronež, Barnaul, u. a. Tagebuch über die Filmbeobachtungen.

46. *Fotoglaz* – Erster Versuch, eine wöchentliche Fotozeitung der Pioniere herauszugeben, die sich aus Fotobeobachtungen zusammensetzt, die Pioniere – die Mitglieder des *Freundeskreises der Kinoki* [*kružok druzej kinokov*] – selbst gemacht haben. Zum Jubiläum erhielt die Kinder-Gruppe vom Kinoglaz-Pionier

lines were published in the same edition of *Pravda*. Vertov himself wrote an article about the grandiose attempt of the "film battle" [*kinosraženie*] (Film Chronicle in six series and 36 parts) entitled KINOGLAZ. A third article "Kinopravda, where are you?" [*"Kinopravda— gde ty?"*], is concerned with the educational role *Kinopravda* plays for the ordinary viewer, the worker.

45. Organizational plan for the information gathering work of Kinoglaz. Film scouts [*kinorazvedčiki*]. Film observers [*kinonabjudateli*]. First attempt to attract young pioneers to the investigation of the visible world. The first group of young observers is organized within the pioneer group *Krasnaja Presnja* (leader B. Kudinov). Discussion evenings include outdoor screenings for workers' children. Film group connects to and corresponds with rural folk and with pioneers in other cities of the Union—with Rybinsk, Voronež, Barnaul, among others. Diary about film observations.

46. *Fotoglaz*—First experiment to publish a

Dziga Vertov ein Geschenk: einen Fotoapparat, und zwar nicht einen für Amateure, sondern einen „richtigen" mit allem Zubehör. Das Gelingen dieses Versuches führte dazu, dass sich nun an der *Fotoglaz*-Arbeit nicht nur Pioniere, sondern auch Erwachsene beteiligten. Der Maler El Lissitzky exportierte die Bedeutung von *Fotoglaz* über die Grenzen unseres Landes.

47. *Die Rote Flur [Krasnaja Niva]* – Versuch, einen ersten Filmbeobachter-Zirkel von Dorfpionieren zu organisieren (Gruppenleiter Komarov Viktor, Vorsitzender der Ersten P. Baulin-Versammlung, Sekretär Levin).

48. *Tagebuch Nr. 3 [Dnevnik Nr. 3]* – Vollversammlung der Filmbeobachter-Pioniere der 5. und 34. Abteilung, auf der, nach Verteilung der Themen für die Beobachtungen, beschlossen wurde, Kriterien für die „Vorläufige Instruktion an die Zirkel des Kinoglaz" festzulegen.

49. Idee einer Allunions-Organisation von Filmbeobachtern. An der Spitze der RAT DES KINOGLAZ, der aus je einem Vertreter der Filmbeobachter-Zirkel, einem Vertreter der nichtorganisierten „Anhänger" und drei Vertretern der Filmproduzenten besteht. Übergabe der Autorschaft an das Volk. Eine Goskino-Zelle der Kinoki als Lehr- und Vorführ-

weekly photographic newspaper consisting of photographic observations by the Pioneers—members of the *Kinoks' Circle of Friends [kružok druzej kinokov]*. The children received a gift from Pioneer Vertov on the occasion of the group's anniversary: a real camera, not one for amateurs, but with all the accessories. The success of this experiment subsequently attracted adults, not only Pioneers, to take part in *Fotoglaz* work. The painter El Lissitzky exported the meaning of *Fotoglaz* beyond our country's borders.

47. *The Red Field [Krasnaja Niva]*—Attempt to organize a first film scout group of village pioneers in the countryside. (Group Leader Komarov Viktor, Chairman of the first P. Baulin-gathering, Secretary Levin).

48. *Diary No. 3 [Dnevnik Nr. 3]*—Full assembly of the Film-Scout Pioneers from divisions 5 and 34, which resolved to establish criteria for the "Provisional Instruction of the Kino-Glaz Groups," after having distributed observation themes.

49. Idea of an all-union organization of Film-Scouts. At the head stands the Kinoglaz counsel, which consists of one Film-Scout representative, a representative of Scout-supporters who belong to no organisation, and three film producer representatives. Transfer of au-

werkstatt, durch die Pionier- und Komsomol-Filmzirkel in die Produktionsarbeit eingeführt werden. Die Welt mit den Augen von Millionen.

50. Der Welt erstes Projekt einer organisierten dokumentarischen Langzeit-Filmbeobachtung zur Aufnahme von sechs Serien von KINOGLAZ. Es werden Amateur-Filmkundschafter zur Durchführung von Beobachtungen hinzugezogen. Popularisierung des Projekts in einer Sonderinstruktion an die Zirkel der jugendlichen Filmbeobachter. Drei Kategorien von Trainingsbeobachtungen für den Anfang: a) Beobachtung des Ortes, b) Beobachtung der handelnden Personen, c) Beobachtung des Themas. Schrittweiser Übergang zu komplizierteren, assoziativen Beobachtungen, zum Studium mittels der Waffe der Wissenschaft (Verschmelzung von Wissenschaft und Filmchronik), zur Beobachtung in Verbindung mit dem Experiment.

51. Erster Versuch eines sowjetischen Pionierprogramms [*Pionerija*] (*Kinopravda Nr. 20*). Der Film wurde auf der Grundlage von Beobachtungen junger Kundschafter hergestellt. Er besteht aus drei Berichten von Filmbeobachtern. Er bestätigt die Möglichkeit, ähnliche Versuche in großem Umfang durchzuführen (1924).

thorship to the people. A Goskino-cell of the Kinoks as a teaching and demonstration workshop which introduces the Pioneer- and Komsomol film groups to production work. The world with the eyes of millions.

50. The world's first project to organize a documentary, real-time, film observation for the shooting of six KINOGLAZ series. Amateur Film-Scouts are engaged to undertake the observations. The project is popularized through the special instruction of young Film-Scout groups. Three categories of training-observations to begin with: a) observation of location, b) observation of acting characters, c) observation of theme. Gradual transition to complex, more associative observations, to education by means of the weapon of science (fusion of science and film chronicle), to observation in connection with the experiment.

51. First experiment at a Soviet Pioneer program [*Pionerija*] (*Kinopravda Nr. 20*). The film was based on observations by young Film-Scouts. It consists of three reports by Film-Scouts. It confirms that it is possible to complete similar experiments on a larger scale (1924).

52. First plan for a technical re-mobilization of documentary cinema. Rejection of set decoration, studio and unwieldy equipment. We

52. Erster Plan zur technischen Umrüstung der dokumentarischen Kinematografie. Ablehnung von Dekoration, Atelier und schwerfälliger Apparatur. Wir zitieren: „Wir brauchen:
1. Schnelle Fortbewegungsmittel
2. Hochempfindliche Filme
3. Leichte Handkameras
4. Ebenso leichte Beleuchtungsgeräte
5. Einen Stab von Blitzreportern
6. Eine Armee von Beobachter-Kinoki
Man muss diesem Plan Weitblick zugestehen. Vieles davon ist realisiert worden und bis heute aktuell.

53. Versuch einer Originalkonstruktion – einer Filmapparatur für versteckte Beobachtung und versteckte Aufnahme (dieses „Aggregat" wurde zum ersten Mal bei der ersten Serie von *Kinoglaz* verwendet).

54. Die *Erste Hilfe* [*Skoraja pomošč'*] – ein Auto mit installierter Kamera und einem diensthabenden Kameramann – fuhr auf Abruf der Filmbeobachter an den Drehort. Diese Anlage hat Vertov für die ÜBERRUMPELUNGs-Aufnahme [*s"emka VRASPLOCH*] vorgeschlagen. Als Beispiel für die Blitzgeschwindigkeit dieses Arbeitsgangs mag die Aufnahme eines Unfalls für die erste Serie von *Kinoglaz* dienen. Dziga Vertov und der Kameramann

quote: "We need:
1. Rapid means of transportation.
2. Highly sensitive film stock.
3. Lightweight, handheld cameras
4. Equally portable lighting equipment
5. A staff of Flash reporters
6. An army of observer-Kinoks.
The plan's far-sightedness must be acknowledged. Much of it was realized and remains current today.

53. Attempt to construct a unique camera for discreet observation and hidden recording (this "aggregate" was first used in the first *Kinoglaz* series).

54. *First Aid* [*Skoraja pomošč'*]—a car equipped with a camera and a cameraman on duty drove to a shooting location at the command of a Film-Scout. Vertov proposed this to facilitate surprise documentation [*s"emka VRAS-PLOCH*]. The first *Kinoglaz* series serves as an example of the lightning-quick speed of this working method. Dziga Vertov and cameraman Kaufman arrived at the scene of an accident 14 minutes before the ambulance and were able to film 10 unrepeatable surprise shots including the arrival of the ambulance itself.

55. Many special devices for shooting according to the method of "Distracting Attention" find

Kaufman trafen am Unfallort 14 Minuten vor dem Rettungswagen ein und konnten 10 unwiederholbare Überrumpelungseinstellungen drehen, darunter auch die Ankunft des Rettungswagens selbst.

55. Mehrere Spezialvorrichtungen für Aufnahmen nach der Methode der „Aufmerksamkeitsablenkung" werden in Filmen wie *Šagaj, Sovet!* und in den Arbeiten der späteren Periode erarbeitet. Später wurde auch seitens des Spielfilms versucht, diese Methode zu übernehmen, allerdings wohl ohne besonders deutliche Ergebnisse.

56. Versuch, eine Galerie von emotional ausdrucksvollen Porträts für den Nicht-Spielfilmbereich zu schaffen. Das „Schwarzlöckchen" [*Kopčuška*], Das „Zigeunerchen" [*Cyganenok*], Der „Lette" [*Latyš*]. Der Pionierleiter. Die Mutter. Der Händler. Die Frau des Wächters. Der Straßenjunge. Die Betrunkenen. Die Diebin. Der Sterbende. Die „Größenwahnsinnige" [*Manija veličija*]. Der Zauberer.[24] Dieser Porträtgalerie aus der ersten Serie von *Kinoglaz* gehen ein Selbstporträt von 1918 (in Zeitlupe) und eine Reihe von Porträts aus der *Kinopravda* voraus. In späteren Arbeiten Dziga Vertovs wurde die Gale-

their application in such films as *Šagaj, Sovet!* as well as works of a subsequent period. Later this method was adopted for use in feature films, albeit without notable success.

56. Attempt to create a gallery of emotionally expressive portraits for the realm of non-theatrical film. "Smoked Curls" [*Kopčuška*], "Gypsy Child" [*Cyganenok*], the "Latvian" [*Latyš*]. The leader of the pioneers. The mother. The merchant. The guard's wife. The street urchin. The drunken ones. The female thief. The dying man. The "megalomaniac" [*manija veličija*]. The magician.[24] This portrait gallery from the first series of *Kinoglaz* precedes a self-portrait of 1918 (in slow motion) and a series of portraits from *Kinopravda*. The gallery is broadened in later works by Dziga Vertov, especially via the portraits of convicts working on the construction of the White Sea canals, the women workers and the Kolchos chairmen from the film *Tri pesni o Lenine*, the woman parachutist from *Kolybel'naja*, the portraits of women pilots from the film *Tri geroini*, Saule from *Tebe, front!* and many others. Vertov's repeated proposal to direct his own film *Portrait Gallery* [*Gallereja portretov*] was never approved; one had to make

---

24) Die Genannten sind alle Figuren aus dem Film *Kinoglaz*.

24) Characters from the film *Kinoglaz*.

rie erweitert; insbesondere durch die Porträts der Sträflinge vom Bau des Weißmeerkanals, der Betonarbeiterin und des Kolchosvorsitzenden aus dem Film *Tri pesni o Lenine*, der Fallschirmspringerin aus *Kolybel'naja*, der Fliegerinnen aus dem Film *Tri geroini*, der Saule aus *Tebe, front!* und vielen anderen. Der wiederholte Vorschlag Vertovs, einen eigenen Film *Potraitgalerie* [*Gallereja portretov*] zu drehen, wurde nie gebilligt; dringenden, ereignisgebundenen Filmen musste Platz gemacht werden.

57. *Was von der alten Welt blieb* [*To, čto ostalos' ot starogo mira*]. – Erster Versuch der Demonstration negativer Tatsachen, Versuch einer kritischen Chronik. Eines der Themen der ersten Serie von *Kinoglaz* (eine dunkle Sache – Kokain – die *Ermakovka*[25] – Alkoholismus – Privathandel – Straßenkinder – Diebstahl, usw.), die Prostitution aus dem Film *Šagaj, Sovet!* etc.

58. *Leninsche Proportion*[26] *für die Kinoprogramme* [*Leninskaja proporcija dlja programm kinoteatrov*] – Vorschlag für eine grundlegende Reor-

---

way for urgent films involving current events.

57. *What Remains of the Old World* [*To, čto ostalos' ot starogo mira*].– First attempt to demonstrate negative facts, attempt at a critical chronicle. One of the themes from the first *Kinoglaz* series (A dark subject—cocaine—*Ermakovka*[25]—alcoholism—private enterprise—street children—theft—etc.), prostitution in the film *Šagaj, Sovet!* etc.

58. *Leninist Proportion*[26] *for Film Programs* [*Leninskaja proporcija dlja programm kinoteatrov*]— Proposal for a fundamental reorganization of Cinema according to a principle of "Leninist Proportion," as put forward by Vertov and the Kinoglaz counsel. At the same time it was meant to abolish obstacles that film "distribution" posed to the development of documentary film. Vertov writes that *"the fusion of science and the film chronicle* and Leninist proportions for the Film Program: these are the guiding principles that the Revolution has inscribed upon our flags." Dziga Vertov demands and defends the reorganization of film production along the lines of Leninist proportions and stands against the film distributors,

---

25) Gemeint ist die Gesellschaft der Halbwelt aus dem Film *Kinoglaz*.

26) Gemeint ist Lenins Vorschlag, dass ein ideales Filmprogramm zu 70 Prozent aus Wochenschauen und zu 30 Prozent aus einem populär-wissenschaftlichen und einem Spielfilm bestehen sollte.

25) The underworld society in *Kinoglaz*.

26) Lenin's recommendation that an ideal film program is proportioned like this: 70 percent newsreel and 30 percent a popular-scientific and a fiction film.

ganisation der Kinematografie auf der Grundlage der „Leninschen Proportion", vorgebracht von Vertov und dem Rat von Kinoglaz. Gleichzeitig sollten damit auch die „Verleih"-Hindernisse für die Entwicklung der dokumentarischen Kinematografie abgeschafft werden. *„Die Verschmelzung von Wissenschaft und Filmchronik"* schreibt Dziga Vertov, „die Leninsche Proportion für das Programm der Kinos, das sind die Leitsätze, die die Revolution uns auf die Fahnen geschrieben hat." Dziga Vertov fördert und verteidigt eine auf der Grundlage der Leninschen Proportion basierende Reorganisation der Filmproduktion gegen die Filmverleiher und erreicht schließlich, dass sein Projekt in gekürzter Form im Zentralorgan der Partei, in der *Pravda* veröffentlicht wird. (vgl. „‚Kinopravda' und ‚Radiopravda'" [„‚Kinopravda' i ‚Radiopravda'"] Nr. 160, 1925).

59. „Die Kinoki – Kinder der Revolution". Kinoglaz als „Leuchtturm[27] vor den Schablonen der Filmproduktion der übrigen Welt", „Kinoglaz – das Mittel, Kinopravda – das Ziel", „Die Wahrheit mit den Mitteln des Kinoglaz", „Nicht Kinoglaz um des Kinoglaz'

and has an abridged version of his project published in *Pravda*, the party's central organ (cf. "'Kinopravda' and 'Radiopravda'" ["'Kinopravda' i 'Radiopravda'"] Nr. 160, 1925).

59. "The Kinoks—Children of the Revolution". Kinoglaz as "a shining beacon[27] to the routine film production of the rest of the world." "Kinoglaz—the means, Kinopravda—the goal." "The truth by means of Kinoglaz." "Kinoglaz not for the sake of Kinoglaz, but rather for the sake of truth by means of the fully-equipped eye." "World without mask," "World of non-acting," "The world of visible, audible, palpable, smellable, tastable, unmasked truth of life" were themes of the various presentations and counter-presentations.

60. *Time Turns Back* [*Vremja vozvraščaetsja nazad*]—Attempt to decipher certain appearances using "the negative of time" (first *Kinoglaz* series). "It somehow alters our usual imagination of movement" according to the writing of critic V. Bljum in a review (*Žizn' iskusstva*), "and prepares the average viewer to understand the theory of relativity."

61. *The Twelve* by A. Blok—The periodical *Žizn' iskusstva* compares a trial episode from *Life*

---

27) Russ. *majak*. Aus den Tagebucheintragungen geht hervor, dass Vertov diese Formulierung gegenüber (und in Anspielung auf) Vladimir Majakovskij äußerte.

27) In Russian *majak*. Vertov's diaries substantiate that this term alludes to his friend Vladimir Majakovskij.

willen, sondern um der Wahrheit mit allen Mitteln des bewaffneten Auges willen", „Welt ohne Maske", „Welt des Nicht-Spielens", „Welt der sichtbaren, hörbaren, fühlbaren, riechbaren, schmeckbaren, nicht maskierten Lebenswahrheit" – das waren Themen einzelner Auftritte und Gegenauftritte.

60. *Die Zeit kehrt zurück* [*Vremja vozvraščaetsja nazad*] – Versuch, einige Erscheinungen mit dem „Negativ der Zeit" zu dechiffrieren (1. Serie von *Kinoglaz*). „Das wirft irgendwie unsere gewöhnliche Vorstellung von Bewegung um", schreibt der Kritiker V. Bljum (*Žizn' iskusstva*), „und bereitet den Durchschnittszuschauer auf das Verständnis der Relativitätstheorie vor."

61. *Die Zwölf* von A. Blok – so adressiert die Zeitschrift *Žizn' iskusstva* eine Versuchsepisode aus *Das überrumpelte Leben* [*Žizn' vrasploch*][28]. „Man muss wirklich das Tempo und den Rhythmus der Revolution spüren, um z. B. jugendliche Pioniere auf dem Lande einzufangen und sie dann zu zeigen, wie sie auf einem Markt eine Streife durchführen, und dabei ihre Gruppe durch das Gedränge geht wie *Die Zwölf* im Versgedicht von A. Blok (das ist

Caught Unawares [*Žizn' vrasploch*][28] with *The Twelve:* "One really has to grasp the tempo and the rhythm of the Revolution to, for instance capture youthful Pioneers in the countryside and to show how they roam the marketplace and how they move through the crowd like *The Twelve* in the poem by A. Blok (this is an episode of tremendous ARTISTIC significance." (*Žizn' iskusstva* Nr. 44 und 45, "Against the 'Theater of Fools', for Film" [*"Protiv 'teatra durakov' za kino"*]).

62. The Film *KINOGLAZ* necessarily evoked heated discussion both at home and abroad, by overturning all rules of filmic construction in terms of screenplay, cinematography, and editing technique, and because it is truly unusual not only visually but also in terms of plot. The influence of the film grew even stronger after it was awarded a prize at an international competition in Paris.[29] It gave rise to a series of movements, schools and groups, forced its way into neighboring art trends and exercised a strong influence especially upon American literature. *The 42nd Par-*

---

28) Untertitel des Films *Kinoglaz*. Später ebenso wie Kinoglaz nicht nur als Filmtitel, sondern auch zur Beschreibung der Methode verwendet.

28) Sub-heading of the film *Kinoglaz*. Like Kinoglaz it later is used not only as a film title, but as a description of his method.

29) In September 1925 Vertov received an award at the *Exposition internationale des Arts Décoratifs*.

eine Episode von ungeheurem KÜNSTLE-
RISCHEN Gewicht)." (*Žizn' iskusstva* Nr. 44
und 45, „Gegen das ‚Theater der Narren', für
den Film" [*„Protiv ‚teatra durakov' za kino"*]).
62. Der Film *KINOGLAZ*, der gegen alle Dreh-
buch-, Aufnahme- und Montage-Gesetze des
filmischen Aufbaus verstößt und nicht nur
vom Visuellen, sondern auch von der Handlung her ungewöhnlich ist, musste bei uns
und im Ausland eine breite Diskussion her-
vorrufen. Als der Film bei einem internationalen Wettbewerb in Paris preisgekrönt
wurde[29], wurde sein Einfluss noch stärker. Er
rief eine Reihe von Strömungen, Schulen und
Gruppierungen ins Leben, drang in benach-
barte Kunstrichtungen ein und übte starken
Einfluss insbesondere auf die amerikanische
Literatur aus. Der einige Jahre später erschie-
nene Roman *The 42nd Parallel* von John Dos
Passos ist eines von vielen Beispielen für diesen Einfluss. Ebenso sein darauffolgendes
Buch *1919*.
63. Zugleich mit der Ausbreitung der Kinoglaz-
Bewegung wächst auch die Popularität des
Namens selbst. *Kinoglaz*-Zirkel, *Kinoglaz*-Ar-
beiterkorrespondenten, *Kinoglaz*-Karikatu-
ren, *Kinoglaz*-Filmtheater, *Kinoglaz*-Feuille-

allel by John Dos Passos, published a few
years later, is one of many examples—likewise the subsequent *1919*.
63. As the Kinoglaz movement spreads, the popularity of its name grows. *Kinoglaz* Circle,
Kinoglaz worker correspondents, *Kinoglaz* caricatures, *Kinoglaz* moviehouses, *Kinoglaz* feuilletons, humorous journals like "Kinoglaz
Jesus", "Kinoglaz of the Bourgeoisie", and
even an operetta, "Kinoglaz of the Peacock's
Tail" … The dust is settling, slowly but surely,
and Kinoglaz is succeeding in rescuing its rigorous demeanor of truth from the turmoil.
64. Second attempt of the Kinoglaz series about
Lenin—(the first was *Leninskij kinokalendar'*)—a film in three parts entitled *LENIN-
SKAJA PRAVDA*. Part 1: *Head Office of Proletariat Intellect, Will and Emotion* [*Central'naja
stancija proletarskogo uma, voli i čuvstva*]. Part
2: *Lenin No More* [*Lenina net*]. Part 3: *His
Strength Is With Us* [*Sila ego s nami*]. "The film
makes an exceedingly strong impression
upon viewers and is the most valuable and
necessary of all our films." (*Izvestija* Nr. 2353).
65. *Lenin is Alive in the Heart of the Peasants* [*V
serdce krest'janina Lenin živ*][30]—*Pravda* writes
the following about this experiment: "This

---

29) Vertov erhielt eine Auszeichnung auf der *Exposition
internationale des Arts Décoratifs* im September 1925.

30) = *Kinopravda Nr. 22*.

tons, humoristische Blätter wie „Das Kino-glaz Jesu", „Das Kinoglaz der Bourgeoisie" und sogar eine Art Operette „Das Kinoglaz des Pfauenschweifs" … Nach und nach ver-zieht sich aber der Rauch und dem Kinoglaz gelingt es, sein strenges Gesicht der Wahr-heit aus dem Wirbel zu retten.

64. Zweiter Versuch der Kinoglaz-Filmserie über Lenin (der erste war der *Leninskij kinokalen-dar'*) – ein Film in drei Teilen, die *LENINS-KAJA PRAVDA*. Erster Teil: *Zentrale des proleta-rischen Verstandes, Willens und Gefühls* [*Central-'naja stancija proletarskogo uma, voli i čuvstva*]. Zweiter Teil: *Ohne Lenin* [*Lenina net*]. Dritter Teil: *Seine Kraft ist mit uns* [*Sila ego s nami*]. „Der Film beeindruckt die Zuschauer über-aus stark und ist der wertvollste und notwen-digste von allen Filmen, die wir haben" (*Izves-tija* Nr. 2353).

65. *Im Herzen des Bauern ist Lenin lebendig* [*V serdce krest'janina Lenin živ*][30] – über diesen Versuch schreibt die *Pravda* folgendes: „Diese Arbeit des Genossen Vertov stellt eine Weiterent-wicklung des Lenin-Themas dar, das mit den vorangegangenen und folgenden Arbeiten einen großen Film *Lenin* bilden wird. … Der Film zeigt Bilder, die in den Herzen der Arbei-

30) = *Kinopravda Nr. 22.*

work by comrade Vertov presents a further development of the Lenin theme, and will combine with previous and forthcoming works to constitute a grand film called *Lenin* … The film shows images that live on as memories of Lenin in the hearts of workers and peasants. An interesting attempt was un-dertaken to animate a speech given at a meet-ing by weaving numerous episodes together, including a short scene from the life of both colonial and semi-colonial peasants. (*Pravda* Nr. 76, 1925).

This experiment to visually decode a speech was unprecedented and constituted an important discovery whose relevance has yet to be exhausted. The "visible word" and the "visible sentence" that later developed into the "word themes" of *Šagaj, Sovet!* and *Šestaja čast' mira*, became a symphony of thoughts in the film *Tri pesni o Lenine*, an ex-periment to synthesize folk art images. *Koly-bel'naja* is the elucidation of a short lullaby within a long film. And the first, uncorrected version of *Tebe, front!* attempts an unprece-dented and, for some people, incomprehen-sible foray into an entirely untrodden terri-tory—the visually acoustic deciphering of a monologue. Vertov organized the documen-tary material of all his later experiments and

ter und Bauern als Erinnerung an Lenin weiterleben. Es wird der interessante Versuch unternommen, eine Rede auf einem Meeting dadurch zu beleben, dass eine ganze Anzahl an Episoden eingeflochten wird, darunter eine kurze Szene aus dem Leben von Kolonial- und Halbkolonial-Bauern." (*Pravda* Nr. 76, 1925).

Dieser Versuch, eine Rede visuell aufzuschlüsseln, der damals zum ersten Mal angewandt wurde, war eine wichtige Entdeckung, deren Bedeutung bis heute nicht voll ausgeschöpft ist. Dieser Versuch des „sichtbaren Wortes", der „sichtbaren Phrase", der sich später zu den „Wortthemen" der Filme *Šagaj, Sovet!* und *Šestaja čast' mira* entwickelte, wurde im Film *Tri pesni o Lenine* zu einer Symphonie der Gedanken, zu einem Versuch der Synthese von Bildern aus der Volkskunst. Der Film *Kolybel'naja* ist die Langfilm-Aufschlüsselung eines kleinen Wiegenlieds. Und die erste, unkorrigierte Fassung von *Tebe, front!* macht einen ganz neuen, nicht allen verständlichen Schritt auf einem noch völlig unbegangenen Terrain – die visuell-akustische Dechiffrierung eines Monologs in ungewohnter Weise. Alle späten Versuche und Filme Vertovs verfuhren bei der Organisation des dokumentarischen Materials so, dass ein sich kontinuierlich durchziehender Leit-

films in such a way as to make explanatory titles no longer necessary. The text is virtually embodied by the synthetic exegesis of the content. Some say this is premature. *The Battle of Russia* [*Bitva za Rossiju*][31] is taken as an example, where Vertov is practically reimported, albeit in a popularized form as a result of the continuous subtitles. The extremely complex montage in *The Trial of Nations* [*Sud narodov*][32] by E.I. Svilova (Dziga Vertov's student and comrade-in-arms) is a fabulous response to this reproach. There was so much talent and strength in the multifaceted portrayal of the hearing and the entire trial, that even the most prejudiced critics had to admit that the American and English followers of Vertov's school had been thrown back to the drawing board.

At the conclusion of most books about early discoverers it reads: He died as one betrayed, without experiencing the triumph of his discoveries. It is evident that Vertov is in no sense threatened with such a fate. What he initiated is being further developed and is gaining ground. Many of his discoveries are already being applied. Many are just being

31) Film by Frank Capra and Anatole Litvak, USA 1943.
32) Film by Elizaveta Svilova and Roman Karmen, SU 1946.

ЦИФРОВАЯ ЗАПИСЬ

§ 67: „Versuch der grafischen Aufzeichnung einer montierten Episode" / "Experiment to graphically chart a montage episode" (V 39)

text nicht mehr notwendig war. Der Text ist gleichsam in der synthetischen Auslegung des Inhalts enthalten. Stimmen werden laut, dass das verfrüht sei. Als Beweis wird *The Battle of Russia [Bitva za Rossiju]*[31] angeführt, wo wir Vertov quasi zurückimportieren, doch wegen des sich kontinuierlich durchziehenden Textes in einer populäreren Form. Eine fabelhafte Antwort auf diesen Vorwurf war die äußerst komplizierte Montage des Films *Gericht der Völker [Sud narodov]*[32] von E.I. Svilova (Schülerin und Mitkämpferin von Dziga Vertov). In der vielseitigen Darstellung der Gerichtssitzung und des ganzen Prozesses waren so viel Talent und eine solche Stärke, dass selbst die voreingenommensten Kritiker zugeben mussten, dass die amerikanischen und englischen Anhänger der Schule Vertovs aufs Neue zurückgeworfen worden waren.

Am Schluss der meisten Bücher über frühere Erfinder heißt es: Er starb als ein Verrätener, ohne den Triumph seiner Entdeckungen erlebt zu haben. Ein solches Ende droht Vertov, wie wir sehen, keineswegs. Die von ihm begonnene Sache vertieft und verbreitet sich. Viele der Erfindungen werden bereits

introduced. The blood that was spilled to develop the first news screen journal, *Kino-Nedelja*, into great Soviet documentary cinema was not in vain.

66. *Radio-Pravda*[33], *Radioki*, *Radioglaz* predict and prepare for sound's invasion of film. Preliminary experiments with sound montage of silent material. Call for a deciphering of the audible world. For a documentary "Radio-Newspaper". For Tele- and Radio-films. For the organization of a visual and radio broadcasting station, a visual-acoustic central station. A series of publications: "'Kinopravda' and 'Radiopravda'" ["'Kinopravda' i 'Radiopravda'"] (*Pravda* Nr. 40, 1925). "The Future Radio" ["*Buduščee radio*"],, "Radio-Eye" ["*Radioglaz*"], "On the Question of the 'Radio-Ear' and the 'Radio-Eye'" ["*K voprosu o 'Radiouche' i 'Radioglaze'*"(Special edition *Ukrepim sovetskoe radio* ["We strengthen the Soviet Radio"]). "The Tendency of Art and 'Radioglaz'" ["*Tendencija iskusstva i 'Radioglaz'*"] (*Molodaja gvardija*, July 1925).

67. *Experiment to graphically chart a montage*

---

31) Film von Frank Capra und Anatole Litvak, USA 1943.

32) Film von Elizaveta Svilova und Roman Karmen, SU 1946.

33) = *Kinopravda Nr. 23*, exists in fragments only.

angewandt. Vieles eignet man sich gerade an. Das Blut, das für die Entwicklung vom ersten Leinwandjournal *Kino-Nedelja* zur großen sowjetischen Dokumentar-Kinematografie floss, war also nicht umsonst vergossen worden.

66. *Radio-Pravda*[33], *Radioki*, *Radioglaz* sind Vorahnung des und Vorbereitung auf das Eindringen des Tons in den Film. Vorausgehende Versuche einer „Ton"-Montage von stummem Material. Aufruf zur Dechiffrierung der hörbaren Welt. Zu einer dokumentarischen „Radiozeitung". Zu Tele- und Radiofilmen. Zur Organisation einer visuellen und Radiofunk-Station, einer visuell-akustischen Zentralstation. Eine Reihe von Publikationen: „‚Kinopravda' und ‚Radiopravda'" [*„„Kinopravda' i ‚Radiopravda'"*] (*Pravda* Nr. 40, 1925). „Das zukünftige Radio" [*„Buduščee radio"*], „Radioauge" [*„Radioglaz"*], „Zur Frage des ‚Radioohrs' und ‚Radioauges'" [*„K voprosu o ‚Radiouche' i ‚Radioglaze'"*] (Sonderausgabe der Zeitung *Ukrepim sovetskoe radio* [„Wir stärken das sowjetische Radio"]). „Die Tendenz der Kunst und ‚Radioglaz'" [*„Tendencija iskusstva i ‚Radioglaz'"*] (*Molodaja gvardija*, Juli 1925).

67. *Versuch der grafischen Aufzeichnung einer montierten Episode* [*Opyt grafičeskoj zapisi smontiro-* *episode* [*Opyt grafičeskoj zapisi smontirovannogo epizoda*] (reproduced in the book "Film Today", dedicated to Kulešov, Vertov and Eisenstein) 1925.[34]

68. *2000 Meters in the Land of the Bol'ševiki* [*2000 metrov v strane bol'ševikov*]—A Kinoglaz effort about the work of Mossoviet; matured into one of the great documentary works, *Šagaj, Sovet!* over the course of the experiment. The central press unanimously hailed its release. *Pravda* wrote that *"Šagaj, Sovet!* is the model of a dialectically constructed film." (12.3.1926).

69. *Project to organize a factory for the non-theatrical film* (1926) [*Proekt organizacii fabriki neigrovogo dokumental'nogo fil'ma*].

70. Project of a USSR-tour by Kinoglaz through the net of the state trade apparatus. The realization of this project gave rise to a "Poem of Facts", the film *ŠESTAJA ČAST' MIRA* and a series of smaller documentary films.[35]

34) Reference to the diagram of the sequence showing the raising of the Pioneer's flag in *Kinoglaz* (reproduced for the first time in: Aleksandr Belenson, *Kino—segodnja. Očerki sovetskogo kinoiskusstva*, Moskva 1925)—cf. V 39.

35) Since only 4% of the material shot for *Šestaja čast' mira* was used In the final film, the rest was put to use in a series of Kinok-works, among them *The Life of the National Minorities* [*Žizn' nacmen'šinstv*] (1926), *Buchara* (1927), *Dagestan* (1927), *Tungusy* (1927), *Kalmyki* (1927). Cf. V 40.

33) = *Kinopravda Nr. 23*, die heute nur in Fragmenten überliefert ist.

vannogo épizoda] (Abgedruckt im Buch *Kino segodnja*, das Kulešov, Vertov und Eisenstein gewidmet ist), 1925.[34]

68. *2000 Meter im Lande der Bol'ševiki* [*2000 metrov v strane bol'ševikov*] – Versuch eines Kinoglaz-Berichts über die Arbeit des Mossowjet; reifte während des Experiments zum großen dokumentarischen Werk *Šagaj, Sovet!* heran. Sein Erscheinen wurde von der zentralen Presse einstimmig begrüßt. „*Šagaj, Sovet!*", schrieb die *Pravda*, „ist das Muster für einen dialektisch aufgebauten Film." (12.3.1926)

69. *Projekt zur Organisation einer Fabrik des Nicht-Spielfilms* (1926). [*Proekt organizacii fabriki neigrovogo dokumental'nogo fil'ma*]

70. Projekt einer UdSSR-Reise des Kinoglaz durch das Netz des staatlichen Handelsapparats. Bei der Realisierung dieses Projektes entstand ein „Versgedicht der Fakten", der Film *ŠESTAJA ČAST' MIRA* und eine Reihe kleinerer Dokumentarfilme.[35]

71. *Creation of a montage diagram according to a model by D. Vertov*—proposed by S. A. Timošenko in the brochure *Iskusstvo kino i montaž fil'ma* (p. 65)[36].

72. *Where are you hurrying to?, Meeting of Automobiles, The Night Is Full of Contrasts, Memories,* among others, are experiments from the film *Šagaj, Sovet!* concerned with creative comprehension of great content. "Only the truth and only nature. Yet they are brimming with meaning." (*Izvestija*, 4.6.1926). "The spirited film *Šagaj, Sovet!* succeeds in combing the official and the factual with art. Its range of representation is extremely broad, from the pathos of the Revolution (intercut with shots of Lenin, deceased and living) to tender smiles (shots from a children's home) and eccentric grimaces (*Where are you hurrying to?* (ibid.).

73. "For Kinoglaz" ["*Za Kinoglaz*"] (as the formulation of a problem)—see *Pravda* 15.6.1926. Project of a Center for Film Chronicles according to union standards. A *Kinoglaz* production company on the same basis as Goskino, Leningradkino, or the Allunion-Cinema Department. A network of film correspondents spread across the entire Soviet

---

34) Gemeint ist die grafische Aufschlüsselung des Hissens der Pionierfahne aus dem Film *Kinoglaz* (abgedruckt erstmals in: Aleksandr Belenson, *Kino – segodnja. Očerki sovetskogo kinoiskusstva*, Moskva 1925) – vgl. V 39.

35) Da nur ca. ¹/₂₅ des gedrehten Materials in *Šestaja čast' mira* verwendet wurde, konnte der Rest in einer Reihe von Kinoki-Arbeiten zur Anwendung kommen, u. a. in *Leben der Minderheiten* [*Žizn' nacmen'šinstv*] (1926), *Buchara* (1927), *Dagestan* (1927), *Die Tungusen* [*Tungusy*] (1927), *Die Kalmücken* [*Kalmyki*] (1927) u. a. Vgl. dazu auch V 40.

36) See: S. Timošenko, *Iskusstvo kino*, Leningrad 1926.

71. *Schaffung einer Montageaufzeichnung nach dem Vorbild von D. Vertov* – ein Vorschlag von S.A. Timošenko in der Broschüre *Iskusstvo kino i montaž fil'ma* (S. 65)[36].

72. *Wohin eilt ihr?*, *Meeting der Autos*, *Die Nacht ist voller Kontraste*, *Erinnerungen* u. a. sind Versuche aus dem Film *Šagaj, Sovet!*, die alle auf das schöpferische Erfassen eines ungeheuren Inhalts gerichtet sind. „Nur die Wahrheit und nur die Natur. Doch sind die übervoll mit Inhalt" (*Izvestija*, 6.4.1926). „Im temperamentvollen Film *Šagaj, Sovet!* gelingt es, Behördliches und Sachliches mit der Kunst zu vereinen. Sein Darstellungsbereich ist überaus weit, vom Pathos der Revolution (hineinmontierte Aufnahmen Lenins als Toter und Lebender) bis zum zarten Lächeln (die Aufnahmen im Kinderheim) und exzentrischen Grimassen (*Wohin eilt ihr?*) (Ebd.).

73. „Für Kinoglaz" [„*Za Kinoglaz*"] (als Problemstellung) – vgl. *Pravda*, 15.6.1926. Projekt eines Zentrums für Chronik-Filme im Unionsmaßstab. Eine Produktionsgesellschaft *Kinoglaz* auf den gleichen Grundlagen wie Goskino, Leningradkino, oder der Allunions-Kinoredaktion. Ein Netz von Filmkorrespondenten über die ganze Sowjetunion. Ein zweites Union. A second network of voluntary film correspondents (*Kinoglaz* Circle, *Kinoki*-observers, ODSK Circle[37]). A continually growing film archive on the theme of Revolution and reconstruction in the USSR. A film laboratory (custom made). Balanced distribution of staged and documentary films.

74. "FILM FACTORY OF FACTS" ["*KINOFABRIKA FAKTOV*"]—Project to centralize all types of documentary film (*Pravda* Nr. 3397, July 1926).

75. Poem dedicated to the film *Šagaj, Sovet!* (*Sovetskij ékran* Nr. 36, 1926).

76. *Šestaja čast' mira*—First attempt in history to show a "day in the life of a country"[38] on film. Simultaneously, an attempt to solve the most difficult problem, to tear down the boundaries between the film and its audience. According to Vertov's definition, this is "the next stage, after the concept of cinema itself". According to a statement by the news-

---

36) Vgl.: S. Timošenko, *Iskusstvo kino*, Leningrad 1926.

37) ODSK: *Obščestvo druzej sovetskoj kinematografii* [Society of the Friends of Soviet Cinema]. The society was founded in 1925 to arbitrate (in the spirit of education and agit-prop) between the film industry and the general public.

38) Allusion to several films with similar titles, e.g. *Day of a New World [Den' novogo mira]* by Roman Karmen and Michail Sluckij (1940). Vertov emphasizes that he had developed these themes far earlier than his contemporaries.

Netz von freiwilligen Filmkorrespondenten (*Kinoglaz*-Zirkel, Beobachter-Kinoki, ODSK-Zirkel[37]). Ein ständig wachsendes Filmarchiv zum Thema Revolution und Aufbau in der UdSSR. Ein Filmlaboratorium (speziell ausgestattet). Beim Filmverleih Gleichgewicht zwischen inszenierten und Chronikfilmen.

74. „FILMFABRIK DER FAKTEN" [„*KINOFA-BRIKA FAKTOV*"] – Projekt, alle Arten von Dokumentarfilm zu zentralisieren (*Pravda* Nr. 3397, Juli 1926).

75. Gedicht, dem Film *Šagaj, Sovet!* gewidmet (*Sovetskij ėkran* Nr. 36, 1926).

76. *Šestaja čast' mira* – Erster Versuch in der Geschichte, einen „Tag in einem Land"[38] in einem Film zu zeigen. Gleichzeitig Versuch zur Lösung des schwierigsten Problems – die Grenzen zwischen Publikum und Vorführung niederzureißen. Nach der Definition Vertovs „die nächste Stufe nach dem Begriff des ‚Kinematografen' selbst". Nach Definition der Zeitung *Pravda* „ein Umsturz in der internationa-

paper *Pravda*: "A revolution in the international art of film". *Pravda* writes that *Šestaja čast' mira* "defines a revolution in the international art of film which had been announced in previous works by comrade Vertov. He opens up colossal possibilities for films which capture real life." (*Pravda* Nr. 3464).

77. Attempt to employ the Kinoglaz alphabet in theatrical films (*Stačka, Bronenosec Potemkin*). A. Room expresses that this is an "amalgam" consisting of two elements. "One element is Kinoglaz and the other is the cinema of the so-called theatrical film." "Eisenstein reaped a bountiful harvest from seeds sown by Vertov". (*Žurnal ARK*, Ch. Chersonskij). "The increasing appropriation of Kinoglaz's outward style on the part of theatrical films (*Stačka, Bronenosec Potemkin*) is a minor detail, a coincidental inkling of the growing Kinoglaz movement." (Vertov's "The Factory of Facts" [*Fabrika faktov*]).

78. "The battle continues" ["*Sraženie prodolžaetsja*"]—about five directions to be developed in the experimental and production work of the Kinoglaz group. (*Kino*, 30.10.1926)—Announcement by Dziga Vertov.

79. "Podolsk Kinoglaz" ["*Podol'skij kinoglaz*"]—First attempt to shoot and produce a film journal in the province using local means.

---

37) ODSK: *Obščestvo druzej sovetskoj kinematografii* [Gesellschaft der Freunde der Sowjetischen Kinematografie], 1925 gegründete Organisation, die im Sinne der Aufklärung und des Agitprop zwischen Filmproduktion (Professionellen) und Öffentlichkeit (Laien) vermittelte.

38) Anspielung auf mehrere Filme mit ähnlichem Titel, u. a. *Ein Tag der neuen Welt [Den' novogo mira]* von Roman Karmen und Michail Sluckij (1940). Vertov unterstreicht damit, dass er diese Idee schon früher entwickelt hat.

len Filmkunst". *„Šestaja čast' mira"*, schreibt die *Pravda*, „definiert den Umsturz in der internationalen Filmkunst, der durch die vorangegangenen Arbeiten des Genossen Vertov angekündigt worden war. Er eröffnet für Filme, die das wirkliche Leben festhalten, kolossale Möglichkeiten" (*Pravda* Nr. 3464).

77. Versuch, das Alphabet des Kinoglaz in Spielfilmen anzuwenden (*Stačka, Bronenosec Potemkin*). Das ist ein „Amalgam", wie sich A. Room ausdrückt, aus zwei Elementen: „Ein Element ist ‚Kinoglaz', das andere die sogenannte Spielfilmkinematografie." „Eisenstein hat gute Ernte aus Vertovs Saat gehalten." (Ch. Chersonskij im *Žurnal ARK*). „Die wachsende Übernahme der äußerlichen Manier des Kinoglaz in Spielfilmen (*Stačka, Bronenosec Potemkin*) ist nur ein Detail, ein zufälliger Schimmer der ständig wachsenden Kinoglaz-Bewegung." (Vertov: „Fabrik der Fakten" [*„Fabrika faktov"*]).

78. „Der Kampf geht weiter" [*„Sraženie prodolžaetsja"*] – über fünf Richtungen, in die sich die experimentelle und die Produktions-Arbeit der Kinoglaz-Gruppe entwickeln wird. (*Kino*, 30.10.1926) – Mitteilung Dziga Vertovs.

79. „Podol'sker Kinoglaz" [*„Podol'skij kinoglaz"*] – erster Versuch, in der Provinz mit dortigen Mitteln ein Filmjournal aufzunehmen und First, as a photo journal, then as a slide chronicle and finally as a film chronicle. The footage was shot by photo reporter I. Igaret, with an ancient "Pathé" that was specifically procured for the task. *Rabočaja Moskva* Nr. 1312 writes: "The first 5 episodes on film reproduced the entire life of the region over the course of half a year."

80. "The Fotoglaz of Komsomol" [*"Komsomol'skij foto-glaz"*] (see *Komsomol'skaja Pravda* Nr. 32, 1927). Announcement by Kinok Boris Kudinov about the founding of a Komsomol *Fotoglaz* group, a photographic newspaper called *Fotoglaz* which was to appear every two weeks, work according to the Kinoglaz method, and the organization of a network of "Fotoglaz correspondents and Foto-observers."

81. "Fotoglaz of the Godless" [*"Fotoglaz bezbožnika"*]—Page in the journal *Bezbožnik* Nr. 22 (as an illustration of the popularity of the Fotoglaz enterprise).

82. "On a Regional Scale" [*"V uezdnom masštabe"*] (cf. *Kino-gazeta* Nr. 47, 1927). Report from Podols'k that "the local *Kinoglaz* film production unit, subordinate to Politprosvet, has commenced with the shooting of a film on the *History of the October Revolution in the Region [of Podol'sk]* [*Istorija Oktjabr'skogo perevorota v uezde*].

herauszubringen (zuerst ein Fotojournal, dann eine Dia-Chronik und schließlich eine Filmchronik). Die Aufnahmen stammen vom Fotoreporter I. Igaret, mit einer für diesen Zweck eigens angeschafften uralten „Pathé". Die ersten fünf Nummern spiegelten, wie die *Rabočaja Moskva* Nr. 1312 schrieb, „das gesamte Leben des Kreises im Verlauf eines halben Jahres auf dem Filmstreifen wider".

80. „Das Fotoglaz des Komsomol" [„*Komsomol'-skij foto-glaz*"] (vgl. *Komsomol'skaja Pravda* Nr. 32, 1927). Eine Mitteilung des Kinoks Boris Kudinov über die Gründung einer Komsomolzengruppe *Fotoglaz*, einer zwei-wöchentlich erscheinenden Fotozeitung *Fotoglaz*, über die Arbeit nach der Kinoglaz-Methode und über die Organisation eines Netzes von „Fotoglaz-Korrespondenten und Fotobeobachtern".

81. „Das Fotoglaz der Gottlosen" [„*Fotoglaz bezbožnika*"] – Seite in der Zeitschrift *Bezbožnik* Nr. 22 (als Beispiel für die Popularität des Fotoglaz-Unternehmens).

82. „In Kreismaßstäben" [„*V uezdnom masštabe*"] (vgl. *Kino-gazeta* Nr. 47, 1927). Mitteilung aus Podol'sk, dass die „dortige Filmproduktions-Gruppe *Kinoglaz*, die dem Politprosvet untersteht, die Dreharbeiten für den Film *Die Geschichte des Oktoberumsturzes im [Podolsker]*

83. Camera KINOGLAZ (Newspaper clipping, possibly from the newspaper *Kino* 11.12.1926, not conclusively identified). Headline: "Our Inventions" [*Naši izobretenija*]. Subtitle: "A new camera" [*Novyj apparat*]. Content of report: "At the last Kinok meeting, cameraman and Kinok member M. Kaufman held a lecture about the first Soviet film camera with a motor drive designed along entirely new lines, which he constructed together with film technician Userdov. The camera can be used for single frame animation, normal and slow motion shooting. The design of the camera is so simple that it presents no obstacles to the commencement of mass production. The camera is equipped with technically superior shooting devices, and will be distinguished by its comparative light weight. The first Soviet film camera will carry the name of *Kinoglaz*. The camera was not mass reproduction but its technical advances benefited the experimental work of the *Kinoglaz* group more than once.

84. The complexities of the thematic and creative tasks undertaken by the group around Vertov in its fight to advance documentary film, continually raised new challenges to the most important Kinoglaz cameraman. One device after another is invented and con-

Kreis [*Istorija Oktjabr'skogo perevorota v uezde*]
beginnt.

83. Kamera KINOGLAZ (Zeitungsausschnitt,
möglicherweise aus der Zeitung *Kino*,
11.12.1926, jedoch nicht eindeutig identifiziert).
Überschrift: „Unsere Erfindungen" [*Naši izobretenija*]. Untertitel: „Eine neue Kamera"
[*Novyj apparat*]. Inhalt der Notiz: „Auf der
letzten Sitzung der Kinoki hielt Kameramann
und Mitglied der Kinoki M. Kaufman einen
Vortrag über die von ihm und dem Filmtechniker Userdov gemeinsam konstruierte erste
sowjetische Filmkamera mit einem Führungsmechanismus, der nach einem völlig neuen
System entworfen wurde. Mit dem Apparat
können Trickaufnahmen, Normal- und Zeitlupenaufnahmen gemacht werden. Die Konstruktion des Apparats ist so einfach, dass es
keine Schwierigkeiten bereitet, eine Massenproduktion anlaufen zu lassen. Der Apparat ist
mit technisch hervorragend ausgefeilten Aufnahmevorrichtungen ausgestattet und wird
sich durch sein relativ geringes Gewicht auszeichnen. Diese erste sowjetische Filmkamera
wird den Namen *Kinoglaz* tragen." Die Massenproduktion der Kamera blieb aus, doch
kamen die neuen technischen Vorteile des
Apparats der Gruppe *Kinoglaz* bei ihrer experimentellen Arbeit mehr als einmal zugute.

structed for the group's experimental and research work. Cameraman Kaufman never refuses one of Vertov's proposals. Nothing was
impossible for him. A film portrait of Lenin
was to be copied out of a wide-angle shot. He
constructed an optical printer, which not only
enlarges the image but also addresses other
Kinoglaz demands, including: a) potential to
manipulate and improve composition, b) manipulate the dynamic within the frame, c)
manipulate direction of movement, d) double and triple exposure, etc.

A "Universal Compendium" (a universal
matte-box to block, shade and filter light, and
used for more complicated compositions). A
"rotating drum to control the camera from a
distance"[39], the "first mount for aerial shooting", the "first universally mountable tripod",
the "first mini-tripod", a "rotating mount"
(for reverse camera motion and to enable the
camera to shoot from various angles), a variable "speed motor" (for accelerated, slow motion and time-lapse shooting), an apparatus
for "dissolves within a single shot", a "tablemontage-projector".—These are examples of
the inventive enthusiasm that graced the
Kinoglaz laboratory in its effort to clear the

39) Presumably does not refer to a remote control for the
camera motor.

84. Die Komplizierung der thematischen und schöpferischen Aufgaben, die sich der Gruppe um Vertov im Kampf um die Weiterentwicklung des Dokumentarfilms stellten, brachten immer neue Anforderungen an den wichtigsten Kameramann von Kinoglaz. Gerät um Gerät wird für die experimentelle und die Forschungs-Arbeit der Gruppe erfunden und konstruiert. Niemals antwortet der Kameramann Kaufman auf einen Vorschlag Vertovs mit „Nein". Für ihn war nichts unmöglich. Es sollte ein Filmporträt Lenins aus einem Weitwinkel-Gruppenbild herauskopiert werden. Und schon konstruiert er eine optische Kopiermaschine, mit deren Hilfe es nicht nur möglich ist, das Bild zu vergrößern, sondern die auch anderen Anforderungen des Kinoglaz entspricht, wie: a) Veränderungs- und Verbesserungsmöglichkeit der Komposition, b) Veränderung der Dynamik der Einstellung, c) Veränderung der Bewegungsrichtung, d) Doppel- oder Dreifach-Belichtung usw.

Das „Universalkompendium" (Universal-Schiebeblende zur Ausblendung, Schattierung, Abtönung und für komplizierte Kompositionen), die „elastische Walze zum Drehen der Kamera aus der Ferne"[39], der „erste

39) Vermutlich ist hier die Drehmöglichkeit der Kamera selbst gemeint, nicht eine Art Fernbedienung der Kurbel.

way of "insoluble" technical difficulties and fulfill its creative mission. Kinok Konstaninov grew up in this laboratory and constructed a series of cameras (the first camera he built was for the film *Šestaja čast' mira*), as well as Leontovič with his concept of an "underwater camera" which he's working on to this day, as well as many others whose inventive spirit found food for thought to last a lifetime.

85. *EARTH [ZEMLJA]* (1927). A film project about people, about "living people". Dziga Vertov's screenplay (he was the author of all his films). The film is dedicated to the settling down of the Jewish people in the Crimea. Part one *Two times Crimea [Dva Kryma]*, part two *Settler X [Poselenec X]*, part three *A small village [Mestečko]*, part four *Earth [Zemlja]*, part five *New People [Novye ljudi]*. The film was not realized due to Vertov's departure for the Ukraine and the filming of *Odinnadcatyj*.

86. "1917–1927". The newspaper *Kino* on the occasion of the tenth year anniversary of the October Revolution. "Who established October" ["*Kto sozdal Oktjabr'*"], "People and Tendencies" ["*Ljudi i tendencii*"]. Excerpt from article: "Dziga Vertov was the first among us who marked the division between the 'film studio of grimaces' and the 'film studio of

Luftaufnahmen-Aufsatz", das „erste universale Klemmstativ", das „erste Liliput-Stativ", das „Drehgestell" (für Rückwärtsbewegungen und um der Kamera jedweden Blickpunkt bei der Aufnahme zu ermöglichen), das „Schaltgetriebe" (für beschleunigte, verlangsamte und Zeitraffer-Aufnahmen), die Vorrichtung zur „Überblendung innerhalb einer Einstellung", der „Tisch-Montage-Projektor", – dies alles sind Beispiele für den erfinderischen Enthusiasmus, von dem das Laboratorium des Kinoglaz beseelt war, um die „unlösbaren" technischen Schwierigkeiten zu beseitigen, die sich der Erfüllung ihrer schöpferischen Aufgaben in den Weg stellten. Hier wurde auch der Kinok Konstantinov groß, der eine Reihe von Kameras konstruiert hat (die erste Kamera baute er für den Film *Šestaja čast' mira*) und Leontovič mit seiner Idee einer „Unterwasserkamera", an der er noch immer arbeitet, sowie viele andere Leute, deren Erfindungsgeist hier für ihr ganzes Leben Nahrung gefunden hat.

85. *ERDE [ZEMLJA]* (1927). Filmprojekt über die Menschen, über den „lebendigen Menschen". Drehbuchplan Dziga Vertovs (er war Autor all seiner Filme). Der Film ist dem Thema der Sesshaftwerdung der Juden – auf der Krim – gewidmet. Teil eins *Zweimal Krim [Dva*

facts'; he thereby developed out of the commercial documentary. His *Kinopravda* is a warning to *European and American screens*. Further stations of his artistic growth were *Šagaj, Sovet!* and *Šestaja čast' mira*—prodigious montage constructions.[40]

87. *THE BIG FOUR [BOL'ŠAJA ČETVERKA]*. The four most important Russian film directors are so named. Their most recent works are: *Šestaja čast' mira* (Vertov), *General'naja linija* (Eisenstein), *Po zakonu* (Kulešov) and *Mat'* (Pudovkin). This is as evidence of the effectiveness of Vertov's experiments—quoted from *Kinokalendar'* of 1927 (*Kinopečat'*). The distinguished film critic L. Moussinac comments on the actual effetc of these experiments: "I've seen the films of Dziga Vertov and the *Kinoglaz* Group, which are considered to be extremely leftist. This does not apply to pure cinema or cinema in an abstract or absolute sense, but rather to cinema in itself." (*Sovetskij ėkran*, 21.2.1928).

A confirmation of Vertov's observation that "Kinoglaz is not an art trend (leftist or rightist) but rather an ever expanding movement with the goal of influencing by way of facts". On the other hand, these are not the

---

40) See the text collage (assembled either by Vertov or Svilova) in Pr USS 52.

Kryma], Teil zwei *Der Siedler X* [*Poselenec X*], Teil drei *Ein kleiner Ort* [*Mestečko*], Teil vier *Erde* [*Zemlja*], Teil fünf *Neue Menschen* [*Novye ljudi*]. Der Film wurde wegen Vertovs Abreise in die Ukraine zu den Aufnahmen für *Odinnadcatyj* nicht realisiert.

86. „1917–1927". Die Zeitung *Kino* zum zehnjährigen Jubiläum der Oktoberrevolution. „Wer begründete den Oktober" [„*Kto sozdal Oktjabr'*"], „Menschen und Tendenzen" [„*Ljudi i tendencii*"]. Auszug aus dem Artikel: „Dziga Vertov hat bei uns als Erster eine Trennlinie zwischen dem ‚Filmstudio für Grimassen' und dem ‚Filmstudio für Fakten' gezogen; ausgegangen ist er dabei von Produktions-Filmchroniken. Seine *Kinopravda* ist eine Warnung für *die europäischen und amerikanischen Leinwände*. Die weiteren Knotenpunkte seines künstlerischen Werdegangs waren *Šagaj, Sovet!* und *Šestaja čast' mira* – gewaltige Montage-Bauwerke."[40]

87. *DIE GROSSEN VIER* [*BOL'ŠAJA ČETVERKA*]. So nennt man die vier bedeutendsten russischen Regisseure. Ihre jüngsten Werke sind: *Šestaja čast' mira* (Vertov), *General'naja linija* (Eisenstein), *Po zakonu* (Kulešov) und *Mat'* (Pudovkin). Dies als Zeugnis für die Nütz-

efforts of an "archivist of facts". *One Year After Lenin's Death* [*God posle smerti Lenina*][41] and *Šestaja čast' mira* are two films by Vertov that exclusively utilize fragments of contemporary material and film chronicles. They were made. Their unity is admirable. *Kinopravda* also consists of extraordinary quality and precision of montage. The rapid exchange of impressions is undoubtedly justified. I main-

40) Vgl. die von Vertov oder Svilova selbstgebastelte Textcollage in Pr USS 52.

41) Film by Vertov from 1925. Not identical to *Kinopravda Nr. 21* as was claimed by critics including Leon Moussinac. The film is also known under the title *The First October Without Il'ič* [*Pervyj oktjabr' bez Il'iča*], *An October Without Il'ič* [*Oktjabr' bez Il'iča*] or *A Year Without Il'ič* [*God bez Il'iča*]. This mix-up is probably due to the *Kinopravda*'s byline—*For the Anniversary of the Death of V.I. Lenin* [*K godovščine smerti V.I. Lenina*].

lichkeit der Experimente Vertovs – zitiert aus dem *Kinokalendar'* von 1927 (*Kinopečat'*-Verlag). Die tatsächliche Wirkung dieser Versuche bezeugt der bedeutende Filmkritiker L. Moussinac: „Ich habe die Filme Dziga Vertovs und der Gruppe *Kinoglaz* gesehen, die als äußerst links gilt. Das bezieht sich nicht auf die reine Kinematografie, die abstrakte, absolute Kinematografie, sondern auf die Kinematografie an sich." (*Sovetskij ėkran*, 21.2.1928).

Eine Bestätigung für die Feststellung Vertovs, dass „Kinoglaz nicht eine Strömung der Kunst (eine linke oder rechte), sondern eine sich ständig ausweitende Bewegung mit dem Ziel der Beeinflussung durch Fakten" ist. Anderseits handelt es sich aber nicht um Versuche eines „Fakten-Archivars". *Ein Jahr nach Lenins Tod* [*God posle smerti Lenina*][41] und *Šestaja čast' mira* sind zwei Filme, die ausschließlich aus Fragmenten der Gegenwart und aus

41) Eigenständiger Film Vertovs aus dem Jahr 1925, der nicht identisch ist mit der *Kinopravda Nr. 21*, wie hier Leon Moussinac und in der Folge andere Kritiker irrtümlicherweise behaupteten. Der Film ist auch als *Der erste Oktober ohne Il'ič* [*Pervyj Oktjabr' bez Il'iča*], *Ein Oktober ohne Il'ič* [*Oktjabr' bez Il'iča*] oder *Ein Jahr ohne Il'ič* [*God bez Il'iča*] bekannt. Zu dieser Verwechslung kam es wohl, da die *Kinopravda Nr. 21* im Untertitel ähnlich heißt – *Zum Jahrestag des Todes von V.I. Lenin* [*K godovščine smerti V.I. Lenina*].

tain that Vertov does his work splendidly and is quite apparently exerting influence upon the artistic life of most Russian filmmakers." (ibid.). Leon Moussinac.

88. IL'JA ĖRENBURG'S PROPHECY (in the brochure *Materialization of the Fantastic* [*Materializacija fantastiki*]): "It is clear that Vertov will be rejected and that he will be robbed thereby."

89. TOWARDS THE SOUND FILM. These not only include the "prophetic" lectures (the montage I-Hear, the Radio Chronicle, the Radio-I-See, Radioglaz, etc.), but also a se-

Chronikmaterial gebaut sind. Gemacht wurden sie von Vertov. Ihre Geschlossenheit ist bewundernswert. Auch die *Kinopravda* ist von erstaunlicher Qualität und Exaktheit der Montage. Zweifellos hat die Methode des raschen Wechsels der Eindrücke ihre Berechtigung. Ich behaupte, dass Vertov seine Arbeit großartig macht und ganz offensichtlich auf das künstlerische Wesen der meisten russischen Filmschaffenden Einfluss nimmt." (ebd.). Leon Moussinac.

88. IL'JA ÈRENBURGS PROPHEZEIUNG (in der Broschüre *Materialisierung der Fantastik* [*Materializacija fantastiki*]): „Es ist klar, dass man Vertov ablehnen und ihn durch diese Ablehnung beklauen wird."

89. DEM TONFILM ENTGEGEN. Hierher gehören nicht nur die „prophetischen" Vorträge (das Montage-„Ich-Höre", die Radiochronik, das Radio-Ich-Sehe, Radioglaz usw.), sondern auch eine Reihe praktischer Experimente. Z. B. der schreiende Mund in der *Kinopravda Nr. 13*, der die ganze Leinwand ausfüllt, in eine hurra-rufende Volksmasse übergeht und so die Empfindung eines kollektiven Schreis hervorruft. Dies ist jene Darstellungsweise durch Montage, die die Zeitung *Pravda* in einer Rezension mit folgendem Satz definierte: „Bei der Aufführung des Films gibt es keine

ries of practical experiments. For example, the yelling mouth which fills the entire screen in *Kinopravda Nr. 13* and transforms the crowd of people into a single hurrahing mass, rendering the sense of a collective cry. A review in the newpaper *Pravda* defined this mode of portrayal using montage: "There is no music at the presentation of the film, but music pours off the screen." (*Pravda*, 28.2.1922). Or the cry of "VLA-DI-MIR" in *Kinopravda Nr. 18*, where the word escapes the mouth in single syllables using an animation technique. Here we also have a sound montage of machine noises intercutting with close-ups of singing faces, the first sound episodes. Monologue in *Life Caught Unawares*. Montage of silence in *Leninskaja Kinopravda*[42], where the silence is suddenly interrupted by the cry of a fainting woman. But then she's already being carried away. And again: Montage of silence. Or the meeting of buses in *Šagaj, Sovet!*, where the speaker becomes the loudspeaker, and the applause becomes the cars honking, where the very content of the speech is conveyed by a sound and picture montage of newly constructed buildings. That's where the speaker concludes. Silence envelopes the location.

42) = *Kinopravda Nr. 21.*

Musik, doch Musik strömt von der Leinwand." (*Pravda*, 28.2.1922). Oder – der Ruf „VLA-DI-MIR" in der *Kinopravda Nr. 18*, wo das Wort durch Animationstechnik silbenweise aus dem Mund kommt. Oder ebendort die Geräuschmontage der Maschinen, durchkreuzt mit Großaufnahmen singender Gesichter, wie eine erste Schwalbe von Tonepisoden. Monologe in *Das überrumpelte Leben*. Montage der Stille in der *Leninskaja Kinopravda*[42], wo die Stille plötzlich vom Schrei einer in Ohnmacht fallenden Frau unterbrochen wird. Aber da wird sie schon weggetragen. Und wieder: Montage der Stille. Oder das Bus-Meeting in *Šagaj, Sovet!*, wo aus dem Redner der Lautsprecher und aus dem Beifall Autohupen werden, wo selbst der Inhalt der Rede durch die audio-visuelle Montage von Neubauten erzeugt wird. Da endet der Sprecher. Auf dem Platz herrscht Stille. „Und nur die Herzen der Automobile pochen" (vgl. *Izvestija*, 6.4.1926). Oder das Wort-Radiothema aus *Šestaja čast' mira*, wo „die Titel nicht geschrieben, sondern gesprochen zu sein scheinen" (*Trud* Nr. 209, 1926). Die Titel werden quasi vor die Klammern des Dargestellten gesetzt und vom Kontra-

"And only the hearts of the automobiles are pounding" (cf. *Izvestija* 6.4.1926). Or the word-radio-theme in *Šestaja čast' mira*, where "the titles aren't written but appear to be spoken" (*Trud* Nr. 209, 1926). The titles are as if set before the parenthesis of the image, and replaced by the counterpoint of the radio theme. The review speaks of this particular interpretation of montage: "Vertov directs 'slowly', playing with dissonances, almost like a composer working with the inner structure of a musical note." (*Večernjaja Moskva*, 9.10. 1926).

"In the film *Šestaja čast' mira*, the TRADITIONAL FRAMEWORK OF FILMIC CONSTRUCTION IS SHATTERED THROUGH THE INTRODUCTION OF OTHER ART FORMS, SUCH AS MUSIC AND POETRY. It's not enough that the filmic montage as well as single images are based upon rhythm. The entire work is like a piece of music (contrapunctal structure, repeating themes, accentuating, diminishing, accelerating and decelerating, etc.) A genuine FILM SYMPHONY." (*Pravda* 10.12.1926)

This is the "ECHO" or the "NENASYTEC[43] RUSHES" from the film *Odinnadcatyj*,

---

42) = *Kinopravda Nr. 21.*

43) Cataract of the Dnepr.

punkt des Radiothemas abgelöst. Das ist eine besondere Montageauslegung, von der die Kritik schreibt: „Vertov dirigiert ‚langsam', mit Dissonanzen spielend, fast wie ein Komponist mit der Faktur des Tones." (*Večernjaja Moskva*, 9.10.1926).

„Im Film *Šestaja čast' mira* wurde DER TRADITIONELLE RAHMEN DES FILMS DURCH DIE EINFÜHRUNG VON VERFAHREN ANDERER KUNSTARTEN – MUSIK, POESIE – IN DIE BILDKONSTRUKTION GESPRENGT. Nicht genug, dass die filmische Montage, ebenso wie die einzelnen Einstellungen, auf dem Rhythmus basiert. Die ganze Arbeit ist wie ein Musikstück (eine kontrapunktische Struktur, sich wiederholende Themen, Akzentuierung und Abschwächung, Beschleunigung und Retardierung usw.). Eine echte FILMSYMPHONIE." (*Pravda*, 12.10.1926)

Das sind das „ECHO" oder „DER NENASYTEC[43] RAUSCHT" aus dem Film *Odinnadcatyj*, wo die visuelle Montage mit der Tonmontage bald „synchron" ist, bald mit ihr verwoben. Der Film war so gemacht, dass seine Übersetzung in die Tonfilmsprache keine Veränderungen erforderlich machen würde.

43) Stromschnelle des Dnepr.

where the visual montage is sometimes in "synch" with the sound montage, and sometimes interwoven. The film was made in a way that would require no changes if a sound version was undertaken.

Eisenstein writes that *Odinnadcatyj* "proceeds from a poem of facts to a series of fragments to a symphony of facts" (*Kino*, 13.3. 1928). "The most recent works by Vertov", É. Vilenskij writes in the paper *Kino*, "can be translated into sound films without requiring re-editing. It is only a question of technical apparatus" (*Kino*, 8.1.1929).

90. THE INFLUENCE OF EXPERIMENTS BY DZIGA VERTOV and his group is not limited to its effect upon Soviet cinema. It would also be inadequate solely to mention its effect on American art (John Dos Passos, among others). In the article "Acknowledgements from Abroad" ["*Priznanija iz-za rubeža*"] (*Sovetskij ékran* Nr. 5, 1929) we read that: "Vertov's influence on the art of film in the West is indisputable. It is palpable in the so called 'Avantgarde' films of France, in the work of director Cavalcanti; in Germany it is reflected in the work of Ruttman, director of *Die Sinfonie der Großstadt* [*Simfonija bol'šogo goroda*], in England, with a series of directors who have organized a collective based on non-theatrical

„*Odinnadcatyj*", schreibt Eisenstein, „geht von einem Versgedicht der Fakten in eine Reihe von Fragmenten und zu einer ‚Symphonie der Fakten' über." (*Kino*, 13.3.1928). „Die letzten Arbeiten Vertovs", schreibt Ė. Vilenskij in der Zeitung *Kino*, „kann man ohne Umschnitt in die Tonfilmsprache übersetzen. Es ist nur eine Frage der technischen Apparatur." (*Kino*, 8.1.1929)

90. DER EINFLUSS DER EXPERIMENTE DZIGA VERTOVS und seiner Gruppe ist nicht nur auf die sowjetische Kinematografie beschränkt. Es wäre auch zu wenig, nur die Auswirkungen auf die amerikanische Kunst zu erwähnen (John Dos Passos u. a.). Im Artikel „Anerkennungen aus dem Ausland" [„*Priznanija iz-za rubeža*"] (*Sovetskij ėkran* Nr. 5, 1929) lesen wir: „Der Einfluss Vertovs auf die westliche Filmkunst ist unbestreitbar. In Frankreich ist er in den Arbeiten der sogenannten ‚Avantgarde' spürbar, beim Regisseur Cavalcanti, in Deutschland hat er seinen Niederschlag in der Arbeit des Regisseurs Ruttmann, des Regisseurs von *Die Sinfonie der Großstadt* [*Simfonija bol'šogo goroda*], in England bei einer Reihe von Regisseuren, die eine Vereinigung des Nicht-Spielfilms organisiert haben." (Übrigens haben diese Vereinigungen rund um den Nicht-Spielfilm wäh-

film. (In fact, these non-fiction collectives produced works during the Second World War that weren't bad. We've seen their works). We read further, in the writing of French film theorist Jean Tedesco, that "Vertov and his group *Kinoglaz* have made an enormous and perhaps the greatest contribution to the creation of the new film" (*Sovestkoe kino* Nr. 2–3, 1928).

Yet it has to do with more than influence. Il'ja Ėrenburgs prediction begins to come true. One increasingly comes upon films that contain entire fragments lifted from Vertov's work. And in Germany it even came to a scandal. A complete segment of *Odinnadcatyj* was shown as a film ascribed to a different maker and enjoyed great success. Some kind of sordid "business" prevented the international release of *Odinnadcatyj*. Vertov finally found the author of the "counterfeit"[44] after a long and uncomfortable search. This individual wrote a repentant letter to the editor. Vertov is rehabilitated. But film distribution arrangements failed.

91. *FILM WITHOUT WORDS* [*FIL'M BEZ SLOV*]—Attempt to create a documentary

44) Albrecht Viktor Blum, whose compilation film *Im Schatten der Maschine* (D 1928) incorporates sequences lifted straight out of *Odinnadcatyj*.

rend des 2. Weltkriegs keine schlechte Arbeit geleistet. Wir haben ihre Arbeiten gesehen.) Wir lesen weiter: „Zur Schaffung des neuen Films", sagt der französische Theoretiker der Filmkunst Jean Tedesco (*Sovestkoe kino* Nr. 2–3, 1928) – haben Vertov und seine Gruppe *Kinoglaz* einen riesigen, vielleicht den größten Teil beigetragen.

Aber es geht um mehr als nur den Einfluss. Die Prophezeiung von Il'ja Èrenburg beginnt sich zu bewahrheiten. Immer öfter trifft man nämlich in verschiedenen Filmen auf Fragmente, die zur Gänze den Filmen Dziga Vertovs entnommen sind. Und in Deutschland kommt es sogar zu einem Skandal. Ein ganzer Teil des Films *Odinnadcatyj* wird als eigener Film mit fremder Autorschaft gezeigt und hat großen Erfolg. Irgendein schmutziges „Kommerz"-Geschäft verhindert so das Erscheinen des Films *Odinnadcatyj* auf der internationalen Leinwand. Nach langen und unangenehmen Nachforschungen findet Vertov endlich den Autor der „Fälschung"[44]. Dieser schreibt einen reumütigen Brief an die Redaktion. Vertov ist rehabili-

44) Es handelt sich um Albrecht Viktor Blum, der seinen Kompilationsfilm *Im Schatten der Maschine* (D 1928) u. a. aus unveränderten Passagen aus Vertovs *Odinnadcatyj* zusammengestellt hatte.

film without the help of intertitles, words, or literary explanation, that provides for a satisfying evening of viewing. Attempt to enrich filmic language—striving towards an international film language that does not require translation in order to be understood. Experimental work to develop the "stereoscopic" possibilities of cinema (in a metaphorical rather than technical sense). Attempt to liberate art from the canon of plot, time and space.

Explanatory quote: "Vertov's *Čelovek s kinoapparatom* presents a series of extraordinarily convincing experiences along these lines. A multitude of thematic principles is expressed which are viewed from a variety of temporal and spatial perspectives.

Čelovek s kinoapparatom undertakes an observation of life and presents the results of its efforts on the film screen. We see events with the naked eye of the viewer, and simultaneously from the perspective of the man with the camera, from the vantage point of the artist.

The observation of the audience reaction in the viewing room is the third thematic principle.

Vertov's editor sights life as captured on film, a fourth view of the world.

tiert. Aber der Verleih des Films ist geschei-
tert.

91. *FILM OHNE WORTE* [*FIL'M BEZ SLOV*] –
Versuch, einen abendfüllenden Dokumentarfilm ohne Hilfe von Zwischentiteln, Wörtern und literarischen Erklärungen zu schaffen. Versuch, die Filmsprache zu bereichern
– angestrebt wird eine internationale Filmsprache, die ohne Übersetzung verständlich
ist. Experimentelle Arbeit zur Erforschung
der „stereoskopischen" Möglichkeiten der Kinematografie (nicht im technischen, sondern
im übertragenen Sinn). Versuch in Richtung
Befreiung der Kunst von den Handlungs-,
Zeit- und Raum-Kanons.

Ein Zitat zur Erläuterung: „Vertovs Film
Čelovek s kinoapparatom weist eine Reihe
außerordentlich überzeugender Experimente
in dieser Richtung auf. Es kommt eine Vielzahl thematischer Linien zum Ausdruck, die
auf verschiedenen Ebenen der Zeit und des
Raums betrachtet werden.

Der *Čelovek s kinoapparatom* führt Beobachtungen des Lebens durch und zeigt auf
der Leinwand die Ergebnisse seiner Beobachtungen. Wir sehen die Ereignisse gleichzeitig
mit bloßem, unbewaffnetem Auge und vom
Gesichtspunkt des Mannes mit der Kamera,
d.h. des Künstlers.

The unseen camerman observes the man
with the camera. This is the fifth perspective.

All these themes are interwoven, harmo-
niously flowing together without interrup-
tion or friction, proving that a film can be
built upon a multitude of thematically parallel planes. Vertov disregards all spatial rules of
art with the same ease. He commences a
montage sequence in Moscow, continues it in
Kiev, concludes it in Odessa, and the viewer
is meanwhile unaware of the transitions. Vertov goes into shafts, climbs on skyscrapers,
hurries from the beauty salon to the factory,
from the pub to the club, and these transitions have semantic relevance. We witness
the emergence of a liberated artform, no
longer tied to structuring principals of plot,
time and space. It becomes evident, that the
despotism of these rules opressed the artist
from time immemorial, when we consider
how the liberation of cinema presents incred-
ible possibilities to artistically perceive the
world, providing the art of mankind with an
ideal means of expression." (*Kino i kul'tura*
Nr. 5–6, 1929, "In the dispute over Vertov"
[*"V sporach o Vertove"*]) [45].

Ibid. a response to one of the critics: "Even

45) The article was written by K. Fel'dman (cf. Pr USS 61).

Die Beobachtung der Reaktion des Zuschauers, der sich im Zuschauerraum befindet, ist die dritte thematische Linie.

Die Schnittmeisterin Vertovs sichtet das auf den Film gebannte Leben – die vierte Blickrichtung auf die Welt.

Der unsichtbare Kameramann beobachtet den Mann mit der Kamera. Das ist der fünfte Blickpunkt.

Und all diese Themen werden so miteinander verflochten, gehen fließend, nicht ruckartig und nicht unterbrochen ineinander über, sie fließen harmonisch ineinander, was beweist, dass ein Film aus einer Vielzahl paralleler thematischer Ebenen aufgebaut sein kann. Mit derselben Leichtigkeit verletzt Vertov alle räumlichen Gesetze der Kunst. Er beginnt eine Montagephrase in Moskau, setzt sie in Kiev fort, beendet sie in Odessa, und der Zuschauer merkt diese Übergänge nicht. Vertov geht in Schächte, steigt auf Wolkenkratzer, eilt vom Friseursalon in die Fabrik, von der Bierstube in den Klub, und all diese Übergänge haben semantische Bedeutung. Vor uns entsteht eine befreite Kunst, die nicht an die Gesetze der Handlungs-, Zeit- und Raum-Struktur gebunden ist. Und es genügt der Hinweis, wie despotisch diese Gesetze von jeher den Künstler unterdrückt haben, um

if one blindly agreed with one critic's opinion that *Čelovek s kinoapparatom* is merely a technically experimental film, it is nonetheless difficult to refute its 'social' relevance ..." Čuchnovskij's flight is only a flight record and the Matrosov brake is a technical invention. But if one acknowledges the context in which we are living, then the flight of a Soviet pilot takes on a political character and an invention by a Soviet worker becomes a phenomenon of great social relevance. In this sense, Vertov's latest work has effected an enrichment of Soviet film language and is of great social value to us.

The relevance of Vertov's work in the overall scheme of cinema lies in his preparing the way for the art of cinema. Vertov is organizing a new, monolithic, cinematic 'Weltanschauung'. In this sense, Vertov has already made a contribution to the development of Soviet cinema, whose relevance has yet to be understood in terms of a critical judgment.

A cynical observation by a contemporary film distributor: The import of what Vertov is doing will only be understood fifty years from now. So he should undertake his experiments in fifty years.

Vertov's response: We don't only need

zu verstehen, welch ungeheure Möglichkeiten der künstlerischen Wahrnehmung der Welt und welche ideellen Ausdrucksmittel ein befreites Kino der menschlichen Kunst in die Hand gibt." (*Kino i kul'tura* Nr. 5–6, 1929, „Im Streit über Vertov" [*„V sporach o Vertove"*])[45].

Eben dort eine Antwort an einen der Kritiker: „Selbst angenommen, man schlösse sich der Behauptung des Kritikers blindlings an, dass *Čelovek s kinoapparatom* nur ein technisch-experimenteller Film ist, so ist es auch in diesem Fall schwer, seine ‚soziale' Bedeutsamkeit zu widerlegen ..." Der Flug von Čuchnovskij ist nur ein Flugrekord und die Matrosov-Bremse eine technische Erfindung. Zieht man jedoch die Situation in Betracht, in der wir leben, dann erhält der Flug eines sowjetischen Fliegers politischen Charakter und die Erfindung eines sowjetischen Arbeiters den Charakter einer sozialen Erscheinung von großer Bedeutsamkeit. Ebenso besitzt auch die letzte Arbeit Vertovs, die eine Bereicherung der sowjetischen Filmsprache bewirkt hat, für uns großen sozialen Wert.

Die Bedeutung der Arbeiten Vertovs im allgemeinen System des Kinos besteht darin,

films, we need films that beget films. Why shouldn't I have a documentary apple tree growing in my "Mičurin garden"[46].

92. *Life Stands Still* [*Ostanovka žizni*], *Film Gulliver* [*Kino-Gulliver*], *Tom Thumb* [*Mal'čik-s-pal'čik*], *Explosion of Time* [*Vzryv vremeni*], *15 Minutes in a Minute* [*15 minut v minutu*], dialogues involving various perspectives, between close-ups and long-shots, light-shadow, motion within the frame and variable speed filming, attempts concerning the "theory of relativity", confronted with experiments undertaken by Swift and Cervantes—all of this is united in an attempt to realize an international film language. According to Vertov's interpretation at the time: a linguistic attempt "to unite science and the film chronicle" [*smyčka nauki i kinochroniki*], an attempt whose artistic synthesis of the component parts results in the achievement of an artistic niveau—a SCIENTIFIC-ARTISTIC EXPERIMENT. Yet again, this is a one-sided understanding of *Čelovek s kinoapparatom*. It is therefore supplemented by a second explanation given by Vertov. *Čelovek s kinoapparatom* is the attempt (the sum of attempts) to liberate the internal energy of the single film frame, of a single

---

45) Der Artikel ist von K. Fel'dman verfasst und liegt im Archiv als Fotokopie vor – vgl. Pr USS 61.

46) Ivan Mičurin's prospering garden. Mičurin was a renowned biologist and breeder of new varieties of fruit.

dass Vertov einer kinematografischen Kunst den Weg bereitet. Vertov organisiert eine neue, monolithische kinematografische Weltanschauung. In diesem Sinn hat Vertov schon jetzt einen Beitrag zur Entwicklung der sowjetischen Kinematografie geleistet, dessen Bedeutung sich einer kritischen Beurteilung noch nicht unterziehen lässt.

Die zynische Bemerkung eines Filmverleihers aus jener Zeit: Was Vertov macht, wird erst in fünfzig Jahren ganz verstanden werden. Soll er also auch seine Experimente erst in fünfzig Jahren machen.

Die Antwort Vertovs: Wir brauchen nicht nur Filme. Wir brauchen auch Filme produzierende Filme. Warum soll nicht auch dieser dokumentarische Apfelbaum in meinem „Mičuringarten"[46] wachsen?

92. *Das Leben bleibt stehen* [*Ostanovka žizni*], *Der Film-Gulliver* [*Kino-Gulliver*], *Der Däumling* [*Mal'čik-s-pal'čik*], *Explosion der Zeit* [*Vzryv vremeni*], *15 Minuten in der Minute* [*15 minut v minutu*], Dialoge zwischen unterschiedlichen Perspektiven, zwischen Großaufnahme und Totale, Lichtschatten, Bewegungen innerhalb der Einstellung und bei veränderter Aufnahmegeschwindigkeit, Versuche der „Relativi-

atom of the visible world. The ocean within a droplet. The world in an atom. If this experiment had not been undertaken with film, but rather as a scientific endeavor, the liberation of the atom would be described as a great discovery.

93. Lectures and presentations concerning Dziga Vertov's experiments in Europe and America. Excerpts from the reactions: a) *"Kinoglaz* is the point of departure for all German and French avant-garde film projects, without which[47] experiments by René Clair as well as Man Ray are unthinkable …" (*Tempo*, 3.7.), b) "Hollywood's bright lights pale in the natural light of these images" (*Frankfurter Zeitung* 6–25)[48], c) "When one summarizes the 200 opinions to be found in the French, German and English press, one can say that European criticism views Vertov as having attained a new level in Soviet filmmaking and is recognized as the founder of the new, international, experimental film" (*Kino i kul'tura* Nr. 7–8).

94. Works by students and followers of Dziga

47) "… without which" is ambiguous in the German version, but should probably refer to *Kinoglaz,* since the Western avantgarde's dependency on Vertov's film experiments should be stressed.

46) Prosperierender Garten von Ivan Mičurin, bekannter Biologe und Züchter neuer Obstsorten.

48) The German quote uses the highly unusual verb "verfaden", similar to the English "fading".

tätstheorie", konfrontiert mit von Swift und Cervantes übernommenen Experimenten – all das vereinigt sich im Versuch einer internationalen Filmschrift. In Vertovs damaliger Interpretation: ein sprachwissenschaftlicher Versuch, „Wissenschaft und Filmchronik zu vereinen" [*smyčka nauki i kinochroniki*], ein Versuch, der infolge der künstlerischen Synthese der Bestandselemente auf Kunst-Niveau gehoben wird – ein WISSENSCHAFTLICH-KÜNSTLERISCHES EXPERIMENT. Jedoch ist das ein einseitiges Verständnis von *Čelovek s kinoapparatom*. Es wird quasi von einer zweiten Erklärung Vertovs ergänzt. *Čelovek s kinoapparatom* ist der Versuch (die Summe von Versuchen), die interne Energie eines einzelnen Kaders, eines einzelnen Atoms der sichtbaren Welt, zu befreien. Der Ozean in einem Tropfen. Die Welt im Atom. Wäre dieser Versuch nicht im Film, sondern in irgendeinem wissenschaftlich-physikalischen Labor durchgeführt worden, würde man die Befreiung des Atoms als große Entdeckung bezeichnen.

93. Vorträge und Präsentationen von Dziga Vertovs Experiment in Europa und Amerika. Auszüge aus den Reaktionen: a) „*Kinoglaz* ist der Ausgangspunkt für alle deutschen und französischen Avantgarde-Filmprojekte, ohne

Vertov: Kaufman, Mich., I. Kopalin, E. Svilova, I. Cetkina, M. Sluckij, Boris Kaufman and Jean Lods (in France), Ivens (in Holland), cinematographers Beljakov, Pumpjanskij, Konstantinov, Francisson, Bykov, Nebylickij, Stradin and many others. Kinoglaz circles of the non-theatrical film, arising one after another in countries all over the world. Works by imitators (*The Glass Eye* [*Stekljannyj glaz*][49]), copy-cats (Ruttmann), popularizing forces (English amateur filmmakers) and plagiarists (*The Way West* [*Doroga na Zapad*][50], *im Schatten der Maschinen* [*Teni mašin*][51], *Five-Year Plan* [*Pjatiletka*][52], *Exhibit from the Panopticum* [*Eksponat iz panoptikuma*][53] and so on and so forth.—These are all signs of the steadily growing influence of D. Vertov's experiments, signs of a sometimes candid but more often hidden acknowledgement.

One discusses Vertov from London to New York, from Paris to Tokyo. And even

49) Film by Lilja Brik and Vitalij Žemčužnyj (1928). The film is an idiosyncratic mix of documentary, popular-scientific material and satire on the theatrical film.

50) Film by Vladimir Vajnštok (SU 1928).

51) Albrecht Blum's *Im Schatten der Maschine* (D 1928).

52) *Plan for Great Works* [*Plan velikich rabot (Pjatiletka)*]— sound film by Abram Room (SU 1930).

53) Film by Georgij Stabovoj (SU 1929).

die[47] die Experimente sowohl René Clairs, als auch Man Rays undenkbar sind ...." (*Tempo*, 3.7.), b) „Vor dem natürlichen Licht dieser Bilder verblassen und verschwinden die Glanzlichter Hollywoods." (*Frankfurter Zeitung*, 25.6.)[48], c) „Wenn man die 200 französischen, deutschen und englischen Pressestimmen zusammennimmt, kann man sagen, dass die europäische Kritik Vertov als neue Stufe im sowjetischen Filmschaffen, als den Begründer des neuen internationalen experimentellen Films anerkannt hat ..." (*Kino i kul'tura* Nr. 7–8)

94. Arbeiten der Schüler und Nachfolger Dziga Vertovs: Kaufman, Mich., I. Kopalin, E. Svilova, I. Cetkina, M. Sluckij, Boris Kaufman und Jean Lods (in Frankreich), Ivens (in Holland), der Kameraleute Beljakov, Pumpjanskij, Konstantinov, Francisson, Bykov, Nebylickij, Stradin und vieler anderer. Kinoglaz-Zirkel des Nicht-Spielfilms, die sich nacheinander in allen Ländern bilden. Arbeiten von Nachahmern (*Das Glasauge* [*Stekljannyj*

Buenos Aires published a comprehensive article in the newspaper *Kritika* (1.4.1929): "The Art of Film Has Found Its True Mission" [*"Kinematografičeskoe iskusstvo našlo svoju nastojaščuju missiju"*].[54]

95. EXPERIMENT OF THE OPPOSITION— Experiment of opponents who are against the development of non-theatrical cinema (naturally not without the participation of plagiarists and the envious) exist in the following: a) to use the heated discussion about *Čelovek s kinoapparatom* in order to declare it a conclusive, programmatic document; b) to accordingly veil the prior 150 experiments[55] by Vertov with their strongly marked political goals; c) to change Vertov's guiding principle—"Kinoglaz is the means, Kinopravda is the goal" and to explain that Vertov's goal is his means (one only needs look at *Čelovek s kinoapparatom*). The accusation of formalism is thereby accomplished.

No matter how often Vertov explained that the "film follows certain principles", that it is a "linguistic" film rather than a program-

---

47) Eigentlich müsste es heißen: „ohne den", da es hier ja um die Abhängigkeit der westlichen Avantgarde von Vertovs Filmexperimenten geht.

48) Im deutschen Original eigentlich: „Vor dem natürlichen Licht dieser Filmstreifen verfaden die verrotteten Glanzlichter Hollywoods." („Für wen steht das ‚Kino-Auge'?", in: *Frankfurter Zeitung*, 25.6.1929, S. 3–4, hier: S. 4).

54) The German translation (Pr A[rgentinien] 1) of this article is in the Vertov Collection under the title "Der grosse Regisseur der russischen Kinematographie D. Wertoff".

55) Approximate number of Vertov's films (including newsreels) up to the time. Vertov often published this figure.

glaz][49]), Imitatoren (Ruttmann), Popularisierern (englische Amateurfilmer) und Plagiatoren (*Der Weg nach Westen* [*Doroga na Zapad*][50], *Schatten der Maschinen* [*Teni mašin*][51], *Fünfjahresplan* [*Pjatiletka*][52], *Exponat aus dem Panoptikum* [*Ėksponat iz panoptikuma*][53] usw. usf. – es gibt ihrer viel zu viele. Das alles sind Anzeichen für den stets wachsenden Einfluss der Versuche D. Vertovs, Anzeichen einer manchmal offenen, meist aber verborgenen Anerkennung.

Man diskutiert über Vertov von London bis New York, von Paris bis Tokio. Und sogar Buenos Aires kommt in der Zeitung *Kritika* (1.4.1929) mit dem umfangreichen Artikel „Die Filmkunst hat ihre wahre Mission gefunden" [„*Kinematografičeskoe iskusstvo našlo svoju nastojaščuju missiju*"] heraus.[54]

49) Film von Lilja Brik und Vitalij Žemčužnyj (1928), der eine eigenwillige Genremischung aus dokumentarischem bzw. populärwissenschaftlichem Material und Spielfilm-Satire darstellt.

50) Film von Vladimir Vajnštok (SU 1928).

51) Gemeint ist Viktor Albrecht Blums Film *Im Schatten der Maschine* (D 1928).

52) *Plan großer Arbeiten (Fünfjahresplan) [Plan velikich rabot (Pjatiletka)]* – Tonfilm von Abram Room (SU 1930).

53) Film von Georgij Stabovoj (SU 1929).

54) Die vierseitige deutsche Übersetzung dieses Artikels liegt unter dem Titel „Der grosse Regisseur der russischen Kinematographie D. Wertoff" im Archiv als Fotokopie vor (vgl. Pr A[rgentinien] 1).

matic experiment, that such a linguistic work cannot be construed as a direction or movement within the art world, that it's an experiment a la Newton, Pavlov, Mičurin,[56] that it will not end in a cul-de-sac—the criticism left an indelible injury. Only *Tri pesni o Lenine*, which integrated the discoveries of *Čelovek s kinoapparatom*, shed light on the fact of this "film begetting film." We saw more than one feature or documentary film during the war, at the *Dom kino*, that imported Vertov's linguistic discoveries.

96. "The intertitle and its developement with the Kinoks" [*"Nadpis' i ee razvitie u kinokov"*] (*Sovetskij ėkran* Nr. 7, 1929).

About numerous experiments to develop, complicate, analyze, compositionally reduce and finally entirely abolish the intertitle. About the attempt to use contrapunctal intertitles from *Leninskaja kinopravda* in the film *Bronenosec Potemkin*.

97. "Who whom?" [*"Kto kogo?"*] (*Večernjaja Moskva*, 26.3.1929)—about an "obscene" letter to the editor by worker Kapustin from Sverdlovsk. "Comrade Editor, support Dziga Vertov and enable us to see his most recent

56) The major natural scientists are systematically mentioned throughout the text. Vertov clearly emphasizes his place in the tradition of their experimental work.

95. EXPERIMENT DER GEGNER – Das Experiment der Gegner der Entwicklung in der Nicht-Spielfilmkinematografie (natürlich nicht ohne die Teilnahme von Plagiatoren und Neidern) bestand darin: a) den Lärm der Diskussion über *Čelovek s kinoapparatom* zu nützen und den Film zu einem endgültigen programmatischen Dokument zu erklären; b) auf diese Weise die vorausgegangenen 150 Versuche[55] Vertovs mit ihrer stark ausgeprägten politischen Zielsetzung zu verschleiern; c) den Leitsatz Vertovs – „Kinoglaz ist das Mittel, Kinopravda der Zweck" – umzudrehen und zu erklären, Vertovs Zweck sei das Mittel (man sehe sich doch nur *Čelovek s kinoapparatom* an). Und schon ist der Formalismus-Vorwurf fertig.

Wie sehr Vertov auch erklären mochte, dass es ein „Film mit besonderer Bestimmung", ein „linguistischer" Film und kein programmatischer Versuch sei, dass eine solche sprachwissenschaftliche Arbeit nicht als eine Richtung oder Strömung innerhalb der Kunst angesehen werden dürfe, dass es ein Newton-, ein Pavlov-, ein Mičurin-Experi-

work, organize a campaign to mobilize public opinion regarding Dziga Vertov. Otherwise these … will murder a talent and Vertov will not be able bear it and capitulate." The article "Who whom?" concludes with the question: "Do we really want to sacrifice Vertov as well to the taste of our distributors?"

98. *The Knight of the Non-theatrical Film [Rycar' neigrovoj]*[57], *The Pig under the Oak Tree [Svin'ja pod dubom]*, *Behind Cloister Walls [Za monastyrskoj stenoj]*[58], *Project of a Memorial [Proekt pamjatnika]* by the painter Lavinskij (?)[59], photographic caricatures by Sluckij—a series of caricatures according to which one can measure the heat of the debate surrounding the above mentioned experiments.

99. "Myopic Enyclopedists" [*"Blizorukie énciklopedisty"*] (*Kino* Nr. 28, 1930). Comment by Prof. F. Šipulinskij regarding a mistake in the Great Soviet Encyclopedia [*Bol'šaja sovetskaja énciklopedija*]: "Soviet readers who want to

55) Ungefähre Anzahl aller Filme Vertovs (inklusive der Wochenschauen) bis zu diesem Zeitpunkt. Vertov publiziert diese Zahl des Öfteren.

57) Vertov refers to the eponymous caricature which depicts him standing at the border between the Russian and the Ukrainian republics, after being dismissed from Sovkino, Moscow (cf. Pr USS 68).

58) Cf. Pr USS 66. The caricature shows Vertov, dressed up as the "Man with a Movie Camera" in front of a locked cinema entrance. One can see the titles of popular contemporary fiction films behind the film distributor's "cloistral walls".

59) Cf. Pr USS 49.

§ 98: *„Projekt eines Denkmals des Künstlers Lavinskij"* /*"Project of a Memorial* by the painter Lavinskij" (Pr USS 49)

ment[56] sei, nicht eines, das in der Sackgasse endet,– es blieb doch die unauslöschliche Spur des erhaltenen Schlages zurück. Und nur *Tri pesni o Lenine*, wo die Entdeckungen von *Čelovek s kinoapparatom* verwendet wurden, warfen ein Licht auf die Rolle dieses „Filme produzierenden Films". Im *Dom kino* haben wir während des Kriegs gar nicht wenige Dokumentar- und Spielfilme gesehen, in denen die sprachwissenschaftlichen Entdeckungen Dziga Vertovs reimportiert wurden.

96. „Der Zwischentitel und seine Entwicklung bei den Kinoki" [*„Nadpis' i ee razvitie u kinokov"*] (*Sovetskij ėkran* Nr. 7, 1929).

Über zahlreiche Versuche der Entwicklung, Komplizierung, Analyse, kompositionellen Reduktion und schließlich vollständigen Abschaffung von Zwischentiteln. Über den Versuch der Anwendung kontrapunktischer Zwischentitel aus der *Leninskaja kinopravda* im Film *Bronenosec Potemkin*.

97. „Wer wen?" [*„Kto kogo?"*] (*Večernjaja Moskva*, 26.3.1929) – über einen „unflätigen" Brief des Arbeiters Kapustin aus Sverdlovsk an die Redaktion. „Gen. Redakteur, unterstützen Sie

---

56) Die großen Naturwissenschaftler tauchen immer wieder leitmotivisch in diesem Text auf. Vertov lässt keine Möglichkeit aus, sich in eine Reihe mit den Entwicklern experimenteller Verfahren zu stellen.

---

know who Vertov, Pudovkin and Eisenstein are, will presumably have to learn English and not have to wait for the publication of the great Soviet Encyclopedia. They will only learn who they are in American reference books". About Vertov it says: We speak, argue and fight about him here. One knows of him in Western Europe and in America. One refers to him. One imitates him. Yet not a word is mentioned of him in the Soviet Encyclopedia." Quotation from *The History of Cinematography* [*Istorija kinematografii*], published in the USA: "Dziga Vertov in fact

§ 98: „Hinter Klostermauern" /
"Behind Cloister Walls" (Pr USS 66)
„Ritter des Nicht-Spielfilms" / "The Knight of the
Non-theatrical Film" (Pr USS 68)

Dz. Vertov und ermöglichen Sie, dass wir
sein letztes Werk sehen können, organisieren Sie eine Kampagne zur Mobilisierung der
öffentlichen Meinung um den Gen. Vertov.
Sonst werden diese … ein Talent umbringen
und Vertov wird das nicht ertragen und kapi-
tulieren." Der Artikel „Wer wen?" schließt
mit der Frage: „Wollen wir wirklich auch D.
Vertov dem Geschmack unserer Verleiher
opfern?"

98. *Ritter des Nicht-Spielfilms* [*Rycar' neigrovoj*][57],
Das Schwein unter der Eiche [*Svin'ja pod dubom*],
Hinter Klostermauern [*Za monastyrskoj stenoj*][58],
Projekt eines Denkmals [*Proekt pamjatnika*] des
Künstlers Lavinskij (?)[59], Fotokarikaturen von
Sluckij – eine Reihe von Karikaturen, anhand
derer sich die Hitze der Diskussion um die
oben erwähnten Experimente ermessen lässt.

99. „Kurzsichtige Enzyklopädisten" [„*Blizorukie
énciklopedisty*"] (*Kino* Nr. 28, 1930). Hinweis
von Prof. F. Šipulinskij in Zusammenhang

57) Gemeint ist eine gleichnamige Karikatur, die Vertov
nach seiner Entlassung beim Moskauer Sovkino Ende
1926 an der Grenze der russischen zur ukrainischen
Republik zeigt – Pr USS 68.

58) Vgl. die Karikatur Pr USS 66, die Vertov, verkleidet
als *Mann mit der Kamera,* vor dem (für diesen)
verschlossenen Kinoeingang zeigt. Hinter der „Kloster-
mauer" des Filmverleihers finden sich Titel damals
populärer Spielfilme.

59) Vgl. Pr USS 49.

Шарж худ. Э. Мордмиловича.

РЫЦАРЬ «НЕИГРОВОЙ».
ДЗИГА ВЕРТОВ.

§ 100: „Broschüre zu *Odinnacatyj*" /
"Brochure of the film *Odinnacatyj*" (Pr USS 55)

mit einem Fehler in der Großen Sowjetischen Enzyklopädie [*Bol'šaja sovetskaja ènciklopedija*]: „Die sowjetischen Leser, die wissen wollen, wer Vertov, Pudovkin und Eisenstein sind, müssen offensichtlich Englisch lernen, wollen sie das Erscheinen der Großen Sowjetischen Enzyklopädie nicht abwarten. Erst in amerikanischen Nachschlagewerken werden sie erfahren, wer das ist." Über Vertov steht hier: „Bei uns redet, schreibt, streitet und prügelt man sich seinetwegen. Man kennt ihn in Westeuropa und Amerika. Man bezieht sich auf ihn. Man ahmt ihn nach. In der Sowjetischen Enzyklopädie aber ist er mit keinem Sterbenswörtchen erwähnt."

Zitat aus dem in den USA erschienenen Buch *The History of Cinematography* [*Istorija kinematografii*]: „Dziga Vertov spielte tatsächlich die Rolle eines Theoretikers, Experimentators und Vorreiters …"

100. *LABORATORIUM DES GEHÖRS* [*LABORATORIJA SLUCHA*]. Über die vor-kinematografischen Versuche Vertovs. „Außerschulische Arbeit Vertovs, das sogenannte ‚Laboratorium des Gehörs', wo er eine ganze Reihe von Versuchen der Montage von Lauten, Wörtern, einzelnen Fragmenten und Stenogrammen zu einem hörbaren Ganzen durchgeführt hat. Von hier geht auch die weitere

played the role of theorist, experimenter, forerunner …"

100. *THE LABORATORY OF HEARING* [*LABORATORIJA SLUCHA*]. On Vertov's pre-cinematic experiments. "Vertov's work undertaken outside of school, the so-called 'Laboratory of Hearing', where he experimented with a montage of sounds, words, solitary fragments and stenographs, executing an audible unity. Vertov's work developed from here, namely in the direction of radio recordings of the audible world and 'Radio-Ear' [*radio-ucho*]" (from the brochure *Odin-*

Entwicklung Vertovs aus, in Richtung Radioaufnahme der hörbaren Welt und ‚Radio-Ohr' [radio-ucho]" (aus der Broschüre *Odinnadcatyj*. Verlag *Teakinopečat*).[60] „Über seinen Ausdruck ‚Montage-Ich-höre' haben sich nicht wenige hausbackene Filmregisseure lustig gemacht. Dieser ‚Unsinn' hat sich in unseren Tagen des realisierten Tonfilms als Prophezeiung erwiesen ... In diesem Vermögen, Phänomene wahrzunehmen, die erst nach Jahren eintreten, liegt eine wertvolle Eigenschaft Vertovs." (*Sovetskij ėkran* Nr. 4, 1929)
101. START DES TON-DOKUMENTARFILMS. Widerlegung der Behauptung unserer und ausländischer Spezialisten und „Theoretiker", dass ein Ton-Dokumentar-Film nicht verwirklichbar sei, dass der Vorstoß des Tons in den Film das Ende Dziga Vertovs und der Dokumentar-Kinematografie bedeute. (Heute ist es lächerlich, daran zu erinnern, aber damals wurde die Möglichkeit einer Ton-Dokumentaraufnahme außerhalb eines völlig schallisolierten Ateliers nicht nur von Filmspezialisten[61], sondern auch von den Tonfilm-Erfindern selbst für ausgeschlossen gehalten.)

nadcatyj, publisher *Teakinopečat'*).[60] "Many a home-baked film director mocked his term of 'Montage-I-Hear'. This 'nonsense' proved to be prophetic in the age of the sound film ... The ability to perceive phenomena years before their time is a valuable quality belonging to Vertov" (*Sovetskij ėkran* Nr. 4, 1929).
101. BEGINNING OF THE SOUND-DOCUMENTARY FILM. Refutation of the assertion made by specialists and "theorists" at home and abroad, that it is impossible to realize a documentary film with sound, and that the advance of sound means the end of documentary cinema. (Today it seems ridiculous, but at the time, film specialists[61] and even sound film inventors considered it impossible to shoot a sound documentary outside of a fully soundproof studio.)

"Vertov started this. He fought dozens of bureaucratic hurdles in order to get at a sound recording device. When a stationary device built for the first studio and theatrical filmmaking fell into his hands, he was also able to use it for documentary film chronicles.

60) Vgl. Pr USS 55 – eine Fotokopie der gesamten Broschüre.

61) Der Filmemacher Abram Room vertrat z. B. diese Meinung und drehte seinen Film *Pjatiletka* vollständig im Studio.

60) See: Pr USS 55 – a photocopy of the brochure.

61) The Filmmaker Abram Room (among others) voiced this opinion and shot his film *Pjatiletka* entirely in the studio.

„Vertov hat dies begonnen. Er hat Dutzende bürokratischer Hindernisse überwunden und sich zu einem Tonaufnahmeapparat ‚durchgeschlagen'. Und erst seit jener stationäre Apparat, der für Atelier und Spielfilm geschaffen wurde, in seine Hände geriet, konnte er auch für Filmchroniken eingesetzt werden."

Die *Krasnaja gazeta* beschreibt die erste Vorführung von Aufnahmen Vertovs folgendermaßen:

„Die Vorführung war etwas ungewöhnlich. Im Dunkel des Zuschauerraums leuchtete das Quadrat der Leinwand in unberührter Weiße. Aber an der Leinwand war überhaupt niemand interessiert. Melodisch und träge läuteten Glocken, feierlich klang ein Kirchenchor, in einer Bierstube klirrte etwas, jemand wurde geschlagen, und dann hörte man schließlich inmitten der Symphonie des Saufskandals deutlich ein traditionelles russisches Schimpfwort, das sich nicht zitieren lässt, und es bestand kein Zweifel mehr, dass das aufgenommene Material dokumentarischen Charakter hatte. MAN HATTE UNS EINE DOKUMENTARISCHE AUFNAHME GEZEIGT.

Darin bestand die grundlegende Bedeutung der Experimente Dziga Vertovs." (vgl.

The *Krasnaja gazeta* describes the first presentation of Vertov's recordings as follows: "The show was somewhat unusual. The untouched whiteness of the square film screen glowed in the darkness of the auditorium. But the screen interested absolutely no one. Melodious bells rang lethargically, a church choir sounded festively, something clattered in a pub, somebody was slapped, and then one distinctly heard a traditional Russian swear word, one which does not bear repeating, in the middle of the drunken orgy of a Symphony—there was no longer any doubt that the recorded material was of a documentary character. WE HAD BEEN PRESENTED WITH A DOCUMENTARY SOUND RECORDING. Therein lay the fundamental relevance of Vertov's experiments". (cf. *Krasnaja gazeta*, 26.4.1930) "The New Victory of the Sound Film"[*"Novaja pobeda ton-fil'ma"*] and the article "Sound Documentary Film" [*"Zvukovaja dokumental'naja"*] in *Kino i žizn'* Nr. 18.

102. RECORD from April 5, 1930 with dozens of signatures belonging to coworkers in the laboratory of inventor A. Šorin and the representatives of the VUFKU: "The final results of the completed experiments (industry, everyday life, train station recordings and

Krasnaja gazeta, 26.4.1930, „Der neue Sieg des Tonfilms" [„*Novaja pobeda tonfil'ma*"] und den Artikel „Ton-Dokumentarfilm" [„*Zvukovaja dokumental'naja*"] in: *Kino i žizn'* Nr. 18).

102. AKTE vom 5. April 1930 mit Dutzenden Unterschriften von Mitarbeitern im Labor des Erfinders A. Šorin und von Vertretern der VUFKU darüber, dass „die abschließenden Ergebnisse der durchgeführten Experimente (Industrie-, Alltags-, Bahnhofsaufnahmen und Aufnahmen einzelner Momente aus laufenden Chronikaufnahmen) nicht nur theoretisch (Radioglaz), sondern auch praktisch endgültig und vollständig die Streitfrage über die Ton-Dokumentaraufnahme lösen." (vgl. „AKTE" [„*AKT*"], *Za industrializaciju* Nr. 95, 1930).

103. Aus dem Artikel A. Šorins „Über die technische Grundlage des sowjetischen Films" [„*O tehničeskoj baze Sovetskogo kino*"]: „*Praxis ist eine große Sache* ... das war das Vorurteil gegen Naturaufnahmen. Die Gruppe des Gen. Vertov mit den Gen. Timarcev und Čibisov[62] machte so gute Aufnahmen, dass man manchmal meinte, man befände sich nicht

recordings from individual moments from weekly chronicles) solve the debate about sound-documentary shooting, not only theoretically (Radioglaz), but also practically and conclusively (see "RECORD" ["*AKT*"], *Za industrializaciju* Nr. 95, 1930).

103. From the article by A. Šorins—"On the technical foundation of the Soviet film" ["*O tehničeskoj baze Sovetskogo kino*"]: "*Practice is a great matter* ... this was a prejudice against shooting reality. Comrade Vertov's group with Comrades Timarcev and Čibisov[62] shot such good material that one sometimes felt that one wasn't in a movie house, but rather on the street, in a factory, at the train station, etc. One even felt the air, the depth of space ...

The eye opening works of director Vertov have revealed that studio sound is dry and lifeless, and that it is impossible to imitate the natural noise and sound that can be recorded in the field. One used to think differently. How much one can learn from the experience of experimenting!" (*Kino i žizn'* Nr. 14, 11.5.1930).

62) Nikolaj Timarcev und K. Čibisov, zwei Mitarbeiter des sowjetischen Tonfilmerfinders Aleksandr Šorin, die Vertov bei seinen Filmaufnahmen begleiteten und die Apparatur während der Erprobung verbesserten.

62) Nikolaj Timarcev and K. Čibisov, two collaborators of sound inventor Aleksandr Šorin who accompanied Vertov during field recordings while still making improvements to the device.

im Kino, sondern auf der Straße, in einer Fabrik, auf dem Bahnhof, usw. Man spürt sogar die Luft, die Tiefe …

Die Arbeiten des Regisseurs Vertov haben sofort die Augen dafür geöffnet, dass Studiogeräusche trocken sind, leblos, und dass die natürlichen Geräusche und Laute ganz unmöglich so nachzuahmen sind, wie sie in der Natur aufgenommen werden können.

Früher dachte man darüber anders. Was man alles durch experimentelle Erfahrung lernt!" (*Kino i žizn'* Nr. 14; 11.5.1930).

104[63]. Von den Schulexperimenten (*Das Geräusch des Wasserfalls* [*Šum vodopada*], *Holzsägewerk* [*Lesopil'nyj zavod*]) zum *Laboratorium des Gehörs* der studentischen Jahre und schließlich zum erwachsenen Vordringen in die hörbare Welt, zur Realisierung der eigenen, lange bis in die Kindheit zurückreichenden Idee – das ist einer der am wenigsten analysierten internen Wege D. Vertovs. Dennoch gilt, dass a) das Gekrächze der „Theoretiker", wonach „die Natur nicht phonogen" sei, dementiert wurde und b) die Überzeugung der „Praktiker", wonach „an eine Naturaufnahme über-

104[63]. From the School Experiments (*The Sound of the Waterfall* [*Šum vodopada*], *Wood Sawing Work* [*Lesopil'nyj zavod*]) to the *Laboratory of Hearing* during student years, and finally the mature advance into the audible world—to the realization of the own idea that reaches back to childhood.—This is one of the least analyzed aspects of Vertov's inner path. Nevertheless: a) the squawking of "theorists" according to whom "nature is not phonogenic" is denied, and b) the conviction of "practitioners" according to whom "field" recordings are entirely unthinkable and from the outset condemned to 100 percent failure" is disproved.

105. The first practical experiments in the realm of synchronous filmmaking. First experiments in the realm of the remote control of cameras. Sound recording using the telephone. Image-Sound-recording using the telephone (Film camera on location, sound recording device at a significant distance, synchronization by means of a direct line). Experimental attempt to record using the radio. "Surprise" sound recording. Hidden "sound recording". Initial experiments with the hearing of tones. Experiment over two days of aural observation.

---

63) Dieser Paragraf ist in der dieser Übersetzung zugrunde liegenden Originalfassung nicht vorhanden, weshalb auf die in Anm. 1 genannte publizierte Fassung zurückgegriffen wurde.

63) This paragraph doesn't exist in the original version on which this translation is based. We thus refer to the edition mentioned in footnote 1.

haupt nicht zu denken sei" und „ein solcher Versuch von vornherein hundertprozentig zum Scheitern verurteilt sei", ebenfalls widerlegt wurde.

105. Erste handwerkliche Versuche im Bereich der Synchronaufnahme. Erste Versuche im Bereich der Fernsteuerung von Apparaten. Tonaufnahme über Telefon. Bild-Ton-Aufnahme über Telefon (die Kamera am Ort der Handlung, der Tonapparat in beliebiger Entfernung, Synchronisierung mittels direkter Leitung). Experimenteller Versuch einer Aufnahme über Radio. „Überrumpelungs"-Tonaufnahme. „Versteckte" Tonaufnahme. Erste Versuche im Hören von Tönen. Experiment einer zwei Tage dauernden Tonbeobachtung.

106. *MÄRZ DES RADIOGLAZ [MART RADIOGLAZA]*. Vortrag Dziga Vertovs. Nach einer kurzen Information über die Ergebnisse der durchgeführten Versuche erklärte er, dass Kinoglaz in das Stadium des Radioglaz übergehe (vom stummen Nicht-Spielfilmstadium in das Nicht-Spielfilmstadium mit Ton). Hier auch: Über den Zusammenfall oder Nichtzusammenfall des Sichtbaren und des Hörbaren. Über die Tonmontage. Vorschlag zur Aufhebung der Einteilung von Filmen in Gesprächs-, Ton- und Geräuschfilme. Strenge Grenzziehung zwischen Ton-Dokumentar-

106. *MARCH OF RADIOGLAZ [MART RADIOGLAZA]*—Dziga Vertov's lecture. After a brief announcement about the results of completed experiments, Vertov explained that Kinoglaz is proceeding to the Radioglaz phase (from a silent non-theatrical phase to a non-theatrical phase with sound). Also about the coinciding and non-coinciding of the visible and the audible. About sound montage. Proposal to re-classify films in terms of conversation, sound and noise films. Marked distinction between documentaries with sound and feature films with sound. On spreading the Kinoglaz word: LENINIST PROPORTION" (for production work as well as for film programs) also for the sound film.

107. *MARCH OF RADIOGLAZ [MART RADIOGLAZA]*. To be understood as the Spring of the documentary sound film, not only in a metaphorical sense, but also literally. A majority of the experiments finally solved the argument as to the possibility or impossibility of documentary sound recording outside the studio, executed by Vertov in March of 1930.[64]

A series of experiments that based not

64) In march 1930 a commission of engineers and film professionals reviewed the first audio recordings Vertov and his group had accomplished and sanctioned the production of *Entuziazm*.

§ 107: „... wo wir die Kamera und das Mikrofon zum ‚Gehen‘ und ‚Laufen‘ zwangen“ / "... we went out on the street with the camera and microphone, driving them to ‘walk’ and ‘run’ ..." (Ar 56)

filmen und Ton-Spielfilmen. Über die Verbreitung der Kinoglaz-Losung: „LENINSCHE MASZSTÄBE" (sowohl für die Produktion, wie für die Kinoprogramme) auch für den Tonfilm.

107. *MÄRZ DES RADIOGLAZ [MART RADIOGLAZA]*. Soll nicht nur im übertragenen Sinn als Frühling des Tondokumentarfilms, sondern auch buchstäblich verstanden werden. Ein Großteil jener Versuche, die die Streitfrage der Möglichkeit oder Unmöglichkeit von Außen- und Tondokumentaraufnahmen endgültig entschieden haben, wurden von Vertov im März 1930 durchgeführt.[64]

Eine Gruppe von Versuchen zur *nicht auf Worten, sondern auf Taten* beruhenden Widerlegung „theoretischer" Hindernisse. Widerlegung von Experten-Behauptungen, wonach die Tonaufnahme nur in einem speziell abgedämpften und isolierten Atelier erfolgen solle und dürfe, dass nur künstlich reproduzierte Töne aufzunehmen seien und dass die Möglichkeit einer dokumentarischen Außentonaufnahme nicht einmal in Betracht komme. Versuchsserie Vertovs zur Überwindung

64) Im März 1930 prüfte eine Kommission aus Fachleuten, Ingenieuren und Mitgliedern der Filmgesellschaften die ersten Tonaufnahmen der Vertovschen Arbeitsgruppe und genehmigte den Produktionsbeginn von *Entuziazm*.

upon *words but rather on deeds* as to the refutation of "theoretical" obstacles. Refutation of assertions made by specialists that sound can and must only be recorded in a specially sound-proofed and isolated studio, that only artificially reproduced sound is to be recorded, that the possibility of documentary field recording cannot even be considered.

A series of experiments by Vertov to surmount certain scientific-technical obstacles. (Destruction of the "Group of Immoveables"). Complete immobility of sound recording device "walled" inside of a closed room. Immobility of the silent film camera, tied to the sound recording equipment by a "short chain". Immobility of the microphone which is not allowed to be moved during shooting in the studio.

"We have not only overcome these obstacles, not only disturbed this "Group of Immoveables", we not only went out on the street with the camera and microphone, driving them to "walk" and "run", but we also ap-

spezifischer wissenschaftlich-technischer Hindernisse. (Sprengung der „Gruppe der Unbeweglichkeiten"). Völlige Unbeweglichkeit des Tonapparats, der in einem geschlossenen Raum „eingemauert" ist. Unbeweglichkeit der stummen Kamera, die mit einer „kurzen Kette" an die Tonaufnahme-Anlage gebunden ist. Unbeweglichkeit des Mikrofons, das während der Aufnahme im Käfig des Ateliers nicht bewegt werden durfte.

„Wir haben", schreibt Dziga Vertov, „nicht nur diese Gruppe an Hindernissen überwunden, nicht nur diese Gruppe der Unbeweglichkeiten aufgestört, wir sind nicht nur mit der Kamera auf die Straße gegangen, wo wir die Kamera und das Mikrofon zum „Gehen" und „Laufen" zwangen, sondern sind auch nach den Versuchen von Fernton- und Bildtonaufnahme dicht an das Problem einer über Radio aufnehmenden Bild-Ton-Station herangekommen." (Sovetskoe iskusstvo, Nr. 10, 27.2.1931)

108. Die vor-kinematografischen Versuche des Laboratoriums des Gehörs, denen Vertov im Jahre 1917 im Zuge des Übergangs zum dokumentarischen „Ich-Sehe" „untreu" geworden war, wurden während der Entwicklung des stummen Dokumentarfilms nicht ganz unterbrochen. Von Zeit zu Zeit traten sie in

proached the challenge of remote sound and picture recording and a radio recording station for image and sound." (Sovetskoe iskusstvo, Nr. 10, 27.2.1931).

108. The pre-cinematic experiments of the Laboratory of Hearing, which Vertov "betrayed" in 1917 with a shift to the documentary "I see", were not entirely discontinued with the development of the silent documentary film. They appear, time and again, in "eruptions" of musical montage, as rhythmical word themes, or in the form of a "song without words", as a visual projection of a poetic idea, as an announcement in the realm of Radioglaz. It is hence no coincidence that Vertov was the first to storm the stronghold of documentary "I-Hear". His ideas are, even now, in advance of technical limitations. He is undertaking a series of experiments to liberate the sound recording device from the cage of the studio. "Welcome to life!" The old solution from the non-theatrical film manifesto survives and has lived to see the day of the long promised Radio-Chronicle.

109. April. The question as to a mobile sound recording unit is added to the day's agenda, in connection with Dziga Vertov's absolute resolution to leave the "harbor" of the static sound recording studio and sail into the Don-

den Filmen Vertovs bald als die heißen „Geysire" der musikalischen Montage, als rhythmisches Wortthema oder in Form eines „Liedes ohne Worte", als bildliche Projektion einer poetischen Idee, bald als Erkundungen im Bereich des *Radioglaz* auf. Es ist daher kein Zufall, dass Vertov als erster die Festung des dokumentarischen „Ich-höre" gestürmt hat. Aber auch jetzt sind seine Ideen den unvollkommenen technischen Möglichkeiten voraus. Er führt eine Reihe energischer Versuche durch, um den Tonapparat aus dem Kasten des Ateliers zu befreien. „Willkommen im Leben!" Die alte Losung aus dem Nicht-Spielfilm-Manifest hat überlebt und erlebt nun die langversprochene Radio-Chronik.

109. April. Die Frage einer fahrbaren Tonaufnahmeanlage wird auf die Tagesordnung gesetzt, im Zusammenhang mit dem festen Entschluss Dziga Vertovs, das „Ufer" der unbeweglichen Tonaufnahmestation zu verlassen und in den Donbass zu fahren. Erste Probeversuche mit einer fahrbaren Tonfilm-Kamera. Synchronaufnahmen der Maifeierlichkeiten (in Leningrad). Probeaufnahmen im Leningrader Hafen. Umbau der fahrbaren Filmkamera. Ton-Aufnahme des 11. Ukrainischen Parteitags (in der Stadt Char'kov). Die fahrbare Filmkamera wird wieder umgebaut.

bass. First experiments with a portable sound recording film camera. Synchronous recording of May Day festivities (in Leningrad). Screen tests in the harbor at Leningrad. Alterations made in the construction of the portable camera. Sound recording of the eleventh gathering of the Ukrainian Party Convention Day (in the city of Char'kov). The portable camera is once again rebuilt. New trials. Finally, departure for Donbass. New obstacles are overcome. The group is the pioneer for sound documentary cinema.

110. ABOUT "UTOPIA" AND "THE FANTASTIC". (Dziga Vertov's appearance at the technical production All-Union Conference about sound film.) About *Radioglaz*. About experiments to remotely control the sound recording device. About television and *radio-film*. About a radio recording and broadcasting station for image and sound [*radiozapisyvajuščaja i radioveščatel'naja zritel'no-zvukovaja stancija*].

"Participants in the discussion did not treat the question posed by Comrade Vertov with adequate consideration and gravity.

Professor A.F. Šorin paid very close attention to Vertov's discourse in contrast to the speakers who attacked him. These problems are relevant and entirely solvable in his opinion. (*Večernjaja Moskva*, 29.8.1930, "About

Wieder Versuche. Endlich Abfahrt in den Donbass. Neuerliche Schwierigkeiten werden überwunden. Die Gruppe ist der Bahnbrecher für die Tondokumentar-Kinematografie.

110. ÜBER „UTOPIE" UND „FANTASTIK". (Über Dziga Vertovs Auftritt bei der produktionstechnischen Allunionskonferenz zum Tonfilm). Über *Radioglaz*. Über Versuche zur Fernsteuerung des Aufnahmeapparats. Über Fernsehen und *Radio-Kino*. Über eine Bild-Ton-Station zur Funk-Aufnahme und Funk-Wiedergabe [*radiozapisyvajuščaja i radiovešča-tel'naja zritel'no-zvukovaja stancija*].

„Die Diskussionsteilnehmer behandelten die von Genossen Vertov angeschnittene Frage nicht hinreichend überlegt und ernst genug.

Im Gegensatz zu den Rednern, die Vertov angriffen, folgte Prof. A.F. Šorin den Ausführungen Vertovs mit größter Aufmerksamkeit. Seiner Meinung nach sind diese Probleme aktuell und durchaus lösbar. (*Večernjaja Moskva*, 29.8.1930, „Über ‚Utopie' und ‚Fantastik'" [„*Ob ‚utopii' i ‚fantastike'*"]).

111. *ERSTMALS IN DER WELT* [*VPERVYE V MIRE*]. Wir haben die Laute des Donbass unter den Bedingungen eines begrenzten Zeitraums von einem Monat gestürmt. Gänzlich ohne Transportmittel. Wir gingen und schleppten 75 Pud[65] Gepäck mit uns. Völlig

'Utopia' and the 'Fantastic' [*"Ob 'utopii' i 'fantastike'"*]).

111. *FOR THE FIRST TIME IN THE WORLD* [*VPERVYE V MIRE*]. We have stormed the sound of the Donbass within the limits of a one-month time frame. Entirely without means of transportation. We set forth, dragging 75 Pud[65] of luggage with us. Totally cut off from the film lab and production facilities. Without the ability to listen to the recordings, to control the equipment or ourselves. Accompanied by conditions of nervous tension of the members of the group arising from mental work as well as the heavy physical labor of moving from one sound recording location to another.

"This last decisive month of sound recording work transpired in midst of the clatter and rumble, of fire and iron, in factory halls trembling with noise. We crawled into the depths of mining pit and filmed from the tops of train cars that rushed to their destination. We took final leave of the immobility of the sound recording device and, 'for the first time in the world', captured the actual sounds of the industrial landscape …" (from Dz. Vertov's lecture in: *Sovetskoe iskusstvo*, 27.2.1931).

65) Approx. 1200 kilograms.

§ 112: „Ich betrachte den Film *Enthusiasmus* als eine der erhabensten Symphonien, die ich je gehört habe."
Charlie Chaplin (Pr E 22)

abgeschnitten von Labor und Produktionsanlage. Ohne die Möglichkeit, das Aufgenommene abzuhören, die Apparatur und uns selbst zu kontrollieren. Unter Bedingungen, wo die nervliche Anspannung der Gruppenmitarbeiter nicht nur von Hirnarbeit, sondern auch von schwerer Muskelarbeit beim dauernden Gepäckstransport von einem Aufnahmeort zum anderen begleitet war.

„Dieser letzte entscheidende Monat unserer Tonaufnahmearbeit verlief unter Geklirr und Gepolter, inmitten von Feuer und Eisen, in vom Lärm erzitternden Werkshallen. Wir haben uns tief in Bergwerksschächte verkrochen und von den Dächern dahinjagender Züge gefilmt, wir haben endgültig mit der Unbeweglichkeit des Tonaufnahme-Apparats Schluss gemacht und ‚ERSTMALS IN DER WELT' die echten Geräusche eines Industriegebiets fixiert …" (Aus einem Vortrag Dz. Vertovs in: *Sovetskoe iskusstvo*, 27.2.1931).

112. CHARLIE CHAPLIN. „Ich habe niemals gewusst, dass industrielle Filme so organisiert werden, dass sie so wunderbar erscheinen können. Ich betrachte den Film *Enthusiasmus* als eine der erhabensten Symphonien, die ich je gehört habe. Dsiga Werthoff ist ein

112. Charlie Chaplin. "Never had I known that these mechanical sounds could be arranged to sound so beautiful. I regard it as one of the most exhilerating [sic!] symphonies I have heard. Mr. Dziga Vertov is a musician. The professors should learn from him not quarrel with him. Congratulations, Charlie Chaplin."[66] (The *Film-Kurier* pub-

66) In the original Vertov quotes a German translation of Chaplin's famous tribute, published in *Film-Kurier*, 23.11.1931. See the photocopy of Chaplin's handwritten letter in the collection (Pr E 22).

65) Entspricht etwa 1200 kg.

Musiker. Die Professoren sollten von ihm lernen, nicht mit ihm streiten. Ich gratuliere."[66] Charlie Chaplin (Der *Film-Kurier* veröffentlicht diese Erklärung Chaplins unter dem Titel: „Chaplins Enthusiasmus über Werthoff[67]", 23.11.1931).

113. *NOTVERORDNUNG [NOTFERORDNUNG]*. Außerordentliches Dekret Hindenburgs. Mitteilung in der *Welt am Abend*, dass die erste praktische Anwendung dieses Notstanddekrets das Vorführverbot für den sowjetischen Film *Ėntuziazm* sei („Das erste Opfer der Notverordnung", *Welt am Abend*, 9.10.1931)[68].

114. VERSUCHE AUF DEM GEBIET DER WIEDERGABE. Man musste sich damit auseinandersetzen, da bei Standardtonprojek-

66) Vertov verwendet hier die deutsche Übersetzung von Chaplins Ausspruch – vgl. „Chaplins Enthusiasmus über Werthoff", in: *Film-Kurier*, 23.11.1931. Das englische Original lautet: „Never had I known that these mechanical sounds could be arranged to sound so beautiful. I regard it as one of the most exhilerating [sic!] symphonies I have heard. Mr. Dziga Vertov is a musician. The professors should learn from him not quarrel with him. Congratulations, Charlie Chaplin" (vgl. den handschriftlichen Brief Chaplins, den dieser Vertov persönlich übergeben hat; im Archiv als Fotokopie vorhanden: Pr E 22).

67) Die Namensschreibung bezieht sich hier auf den deutschen Originaltitel. Der Artikel liegt als Fotokopie im Archiv vor (Pr De 182).

68) Der deutsche Original-Artikel liegt unter dem Titel „Enthusiasmus verboten. Das erste Opfer der Notverordnung" als Fotokopie im Archiv vor (Pr De 180).

lished Chaplin's declaration under the title: "Chaplin's Enthusiasm for Werthoff[67]", 23.11.1931).

113. *EMERGENCY LEGISLATION [NOTFERORD-NUNG]*. Extraordinary decree by Hindenburg. Announcement in *Welt am Abend*, that the first practical application of the emergency decree forbids the presentation of the Soviet film *Ėntuziazm* ("The first victim of the emergency decree", *Welt am Abend*, 9.10.1931)[68].

114. EXPERIMENTS WITH SOUND REPRODUCTION. One had to grapple with the fact that the replication of sounds in *Ėntuziazm* was fragmented and distorted under standard projection conditions. The waveband from very high tones to very deep tones, from very quiet sounds to very loud sounds, was extraordinarily broad. The sound content of the most complex film sequences was lost when projected according to the imperfect and incomplete 'golden mean' of average conditions, merged in an undifferentiated clatter of noise. Quiet passages, in contrast to the loud, were entirely inaudible. Critics and

67) The article is in the collection as a photocopy (Pr De 182).

68) "Enthusiasmus verboten. Das erste Opfer der Notverordnung" (Pr De 180)

143

§ 114: „Antwort an Dr. Wirth" in *Berlin am Morgen*,
10.10.1931 (Pr De 173)

tion der Geräuschfilm *Éntuziazm* fragmentarisch und verzerrt wiedergegeben wurde. Der
Wellenbereich zwischen sehr hohen und
ganz tiefen Tönen, zwischen sehr leisen und
enorm lauten, war außerordentlich groß. Bei
unvollkommener, gewöhnlicher und auf die
‚goldene Mitte' angelegter Projektion ging
der Ton-Inhalt der kompliziertesten Stellen
des Films verloren, vieles mündete in einem
großen Krachen. Leise Passagen (als Kontrast
zu lauten) waren überhaupt nicht hörbar. All
das wurde von Kritikern und Musikern nicht
als Mangel der Projektion, sondern der Tonaufnahme, als Mangel eines unverständlichen
Films wahrgenommen. Die Schwierigkeit der
Wiedergabe erwies sich als direkt proportional zur Schwierigkeit des Versuchs als solchem. Und erst in London (schon während
seiner Europareise) konnte Vertov endlich
die Techniker davon überzeugen, den Tonprojektionsapparat speziell an den Filmvortrag anzupassen (ausnahmsweise). Der Effekt war überwältigend. Nicht nur die Zuschauer-Zuhörer, auch Vertov selbst hörte
seinen Film zum ersten Mal.[69]

Für widersprüchliche Kritik – einerseits

musicians attributed this to a defect in the
sound recording, as the defect of an incomprehensible film, and not to defective projection. The complexity of the sound reproduction proved itself to be in direct relation to

---

69) Bei der Londoner Aufführung kämpfte Vertov regelrecht um die Kontrolle zur Tonregulierung und
vergrößerte die Lautstärke in den Höhepunkten auf
ein ohrenbetäubendes Ausmaß.

Antwort an Dr. Wirth

**Künstler und Schriftsteller protestieren
gegen das Verbot von „Enthusiasmus"**

Ueber das Verbot des Dokumentarfilms „Enthusiasmus" von Wertoff haben
wir bereits gestern kurz berichtet. Wertoff
ist das erste Opfer der neuen Notverordnung
geworden, die ja bekanntlich also juristischen
Möglichkeiten für eine vollständige Unterdrückung der geistigen Freiheit in sich birgt.
Das Verbot des filmischen Tatsachenberichts
vom sozialistischen Aufbau hat bei allen fortschrittlichen Geistesarbeitern, die von Wertoffs
Arbeit wichtige und interessante Anregungen
empfangen haben, schärfsten Protest hervorgerufen. Einige der bekanntesten Schriftsteller und Künstler haben uns ihre Meinung
über das Filmverbot mitgeteilt.

Bert Brecht sagte uns: „Es ist nicht ganz
überraschend, daß in einer Zeit, wo das kapitalistische System absolut bankrott ist, die
Darstellung der organisierten Arbeit auf
breitester Grundlage in der UdSSR, der
deutschen Arbeiterschaft nicht mehr gezeigt
werden darf."

Der Komponist Hanns Eisler meint, es
sei eine Schande, daß man diesen Film verbietet, während z. B. die Ufa mit ihren Erzeugnissen, die in einer Zeit der Massenerwerbslosigkeit das Hetzerischste sind, was
man sich denken kann, die Massen provozieren
darf.

Herbert Jhering war erstaunt und
entrüstet, als wir ihm von dem Verbot berichteten. Selbst wenn er versuche, sich auf
den Standpunkt der Verbietenden zu stellen,
könne er nichts Gefährliches oder Schädliches
an dem interessanten künstlerischen Experiment Wertoffs entdecken.

Professor Moholy-Nagy erklärte uns,
daß er „Enthusiasmus" für den besten von
allen existierenden Tonfilmen halte. Er
findet, daß es sehr betrüblich wäre, wenn
dieser wichtige und wertvolle Film nicht allen
Interessierten zugänglich gemacht werden
könnte.

Dsiga Wertoff, der Autor des Filmes,
meinte: „Ich habe in dem Zentrumsblatt
„Der Deutsche" gelesen, daß die künstlerische
Komposition meines Films ganz großartig
sei. Aehnlich schreibt die gesamte Presse von
„rechts" bis „links". Alle Kritiker waren
sich über die „epochemachende Bedeutung"
des Films einig. Die letzte und originellste Kritik aber habe ich von Herrn
Dr. Wirth erhalten, der sich ganz kurz gefaßt
hat: Verboten! — Warum? Aus „grundsätzlichen Erwägungen". — Ich denke mir, daß
das Verbot vielleicht erfolgte, weil das Publikum, sowohl Arbeiter als auch Künstler und
Schriftsteller und Wissenschaftler, nicht nur in
Berlin, sondern auch in Hamburg, in Breslau
und Frankfurt a. M. bei den Vorführungen
meines Films zu viel geklatscht hat." L. H.

144

„Kakofonie", andererseits „die beste Symphonie der Welt" – war nun kein Platz mehr. Bei einer perfekten Wiedergabe des Films neigte sich die Waagschale auf die positive Seite. Weg von Behauptungen wie „musikalischer Wirrwarr" hin zu Lobeshymnen wie „geniale Wechselwirkung von Ton und Bild", „das Genialste, was uns der Tonfilm gegeben hat", „eine ganze Generation von Regisseuren kann noch lange davon lernen" usw. usf. (vgl. *Proletarskoe kino* Nr. 3, 1932, „Charlie Chaplin, die Hamburger Arbeiter und die Verordnung des Dr. Wirth" [„*Čarli Čaplin, gamburgskie rabočie i prikaz doktora Virta*"]).[70]

115. Über die ersten Versuche einer Zusammenstellung von Bild-Tondokumenten, über das komplizierte Zusammenwirken von Ton und Bild, über den perspektivischen Versuch einer Bild-Tonkomposition (Versuch einer Doppelbelichtung) – Festgeräusche plus bildlicher Darstellung von Arbeit: umgekehrter Versuch – das Bild eines Fests mit Arbeitsgeräuschen, über die Bild-Ton-Einheit von Gegensätzen (vgl. *Sovetskoe iskusstvo* Nr. 10, 1931 und Vorträge).

116. Über das Nicht-Spielfilm- und Spielfilm-

the complexity of the experiment. And it was finally in London, during the European tour, that Vertov succeeded in convincing the technicians to make an exception and adjust the sound projection device specifically to his film lecture (as a special exception). The effect was overwhelming. The audience as well as Vertov himself heard the film for the first time.[69]

Contradictory criticism ranging from "cacophony" on the one hand to "the best symphony in the world" on the other, disappeared. The balance scale shifted to the positive end once the film's projection was perfected. Away from opinions like "musical mess" to songs of praise like "a brilliant collaboration of sound and image", "the most brilliant contribution of a sound film", "a whole generation of directors will be able to learn from its example", etc. (see *Proletarskoe kino* Nr. 3, 1932, "Charlie Chaplin, die Hamburger Arbeiter und die Verordnung des Dr. Wirth" ["*Čarli Čaplin, gamburgskie rabočie i prikaz doktora Virta*"]).[70]

69) At the London screening Vertov was fighting for control over the soundboard. In climactic passages he increased the volume to ear-splitting levels.

70) See V 103 (the article quoted); furthermore "Antwort an Dr. Wirth", in: *Berlin am Morgen*, 10.10.1931 (Pr De 173).

70) Vgl. V 103 (Vertovs zitierter Artikel) sowie u. a. einen Artikel aus der deutschen Presse zu dieser Affaire: L.H.: „Antwort an Dr. Wirth", in: *Berlin am Morgen*, 10.10.1931 (Pr De 173).

§ 121: „Fil'm, ponjatnyj vsem" [Ein Film, den jeder
versteht], H. G. Wells über *Tri pesni o Lenine* /
[A film understood by everybody], H. G. Wells on
Tri pesni o Lenine (Pr USS 116)

drehbuch (Brief an die Redaktion), über die
Einteilung von Filmen nach ökonomisch-
technischen Charakteristika ihrer Herstellung
– vgl. zwei Artikel D. Vertovs in der Zeitung
Kino vom 8.3.1931.

117. Über die Schülerin und Mitkämpferin D.
Vertovs E.I. Svilova in *Sovetskoe iskusstvo* vom
7.3.1931. Über die Kritik der Kritik (D. Vertov
„Die ersten Schritte" [„*Pervye šagi*"], *Kino* Nr.
21/422).

118. Versuch eines Ton-Librettos für den Dokumentarfilm (von D. Vertov für einen Komponisten verfasst, um die gegenseitige Auslö-
schung von „Geräuschen" und Musik zu ver-
hindern).[71]

119. Eine Vortragsreihe D. Vertovs (in Deutschland, Frankreich, England, der Schweiz, in
Holland u. a. Ländern) über die Dokumen-
tarkinematografie. Rundfunkvorträge. Bildung neuer Produktionsvereinigungen für
Dokumentarfilm im Ausland. Proteste gegen
das Vorführverbot von *Entuziazm* in Deutschland. Vertov muss binnen 24 Stunden das Ter-

71) Bei dem Komponisten handelt es sich um Nikolaj
Timofeev. Vertov hatte ihm eine schriftliche Projektbe-
schreibung übersandt, zu der Timofeev eine Musik-
Geräusch-Komposition erarbeitete, die dann im Radio
übertragen wurde. Dies wiederum filmte Vertov für
Entuziazm: Immer wenn die Radiohörerin zu sehen ist,
hören wir Timofeevs Komposition.

115. About the first experiments to compose
image-sound documents concerning the
complex collaboration of sound and image,
about a perspectival experiment involving an
image-sound composition (experimenting
with a twofold exposition)—the sound of a
party combined with the representation of a
labor: inverted experiment—the image of a
party combined with the sounds of labor,
about the sound-image unity of opposites
(see *Sovetskoe iskusstvo* Nr. 10, 1931 and lectures).

ritorium der Schweiz verlassen. Boykott seitens der Kinobesitzer in Paris. Streit der Studenten mit der Professorenschaft in Cambridge. Zeitungsverkäufer schreien „Chaplin
äußert sich zugunsten des Tonfilms" nach
der Vorführung des Films *Éntuziazm* in London. Stürmische Diskussionen. Neuer, begei-
sterter Sympathieaufschwung für die Bemü-
hungen um den Aufbau der Sowjetunion.
Einstellung zu Vertovs Versuchen: „eine neue
Ära der Filmkunst", „eine neue Epoche in
der Wissenschaft vom Tonfilm" und andere
ähnlich „schwindelerregende" Stimmen.

120. *LENIN*. Mit dem Namen Lenin ist vieles im
Leben D. Vertovs verbunden. Sowohl der Beginn seiner praktischen Filmtätigkeit. Als
auch der kritische Ansporn durch die *Pravda*
bei seinen Erneuerungsversuchen. Serie von
Lenin und dem Werk Lenins gewidmeten
Journalen und Filmen. *Leninskij Kinokalendar'*
und „Die Leninsche Proportion für die Kinoprogramme" (das Banner der Vertov-
Gruppe). Der erste handwerkliche, von Lenin
gutgeheißene Trickfilmversuch, die Filmgro-
teske *Segodnja*. Erster Orden – in Form einer
Tafel Schokolade – von der Schwester Lenins, Marija Il'inišna Ul'janova, für den Film
Leninskaja kinopravda. Und (auf privater
Ebene) das unerwartete Auftauchen des

116. About the non-theatrical and theatrical
screenplay (letter to the editors), about the
sorting of films according to the economical
and technical characteristics of their production—see two articles by D. Vertov in the
newspaper *Kino*—8.3.1931.

117. About the student and D. Vertov's comrade-
in-arms E.I. Svilova in *Sovetskoe iskusstvo* from
7.3.1931. On the critique of criticism (D. Vertov "First Steps" ["*Pervye šagi*"], *Kino* Nr.
21 / 422.).

118. Experiment of a sound libretto for a documentary film (written by Vertov for the composer, in order to prevent the mutual annihilation of "sounds" and music).[71]

119. Dziga Vertov's lecture series about documentary cinematography (in Germany,
France, England, Switzerland, and Holland
among other countries). Radio lectures.
Formation of new production unions for
documentary film abroad. Protests against
the prohibition of *Éntuziazm* in Germany.
Vertov has to leave the territory of Switzerland within 24 hours. Boycott by the owners

71) The composer is Nikolaj Timofeev. Vertov had sent him
a written description of the film which Timofeev turned
into a sound-music-composition broadcast on radio.
Vertov recorded the broadcast on film—every time
we see the woman with the headphones Timofeev's
composition is heard.

Automobils von Vladimir Il'ič im Hof des Suščev-Krankenhauses in einer schweren Stunde, als man für die Genesung des kranken Vertov keine Hoffnung mehr hatte. Ganz besondere Maßnahmen zur Lebensrettung eines – wie es schien – unbedeutenden Menschen. Überführung in ein Krankenhaus, das über geeignete medizinische Möglichkeiten verfügte. Eine unauslöschliche Erinnerung – die entkorkte Rotweinflasche, die zur Genesung Vertovs geschickt wurde, mit der Erklärung, die Flasche sei brüderlich geteilt – die andere Hälfte sei für den kranken Il'ič. *Im Herzen des Bauern ist Lenin lebendig* [*V serdce krest'janina Lenin živ*], *Ein Jahr ohne Il'ič* [*God bez Il'iča*] – alles Versuche aus der Lenin-Serie.

Vertov ist vom Bild LENINS als von einem Bild des größten und gleichzeitig „menschlichsten Menschen" hingerissen. Zu welchen Extremen seine Einbildungskraft ihn auch führen mochte, in welche verwegenen Versuche sich Vertov mit der Kraft seiner jungen Energie auch stürzte – er kehrte unvermeidlich zum Gedanken an Lenin als Führer und Mensch zurück.

Mit den Resultaten der Stummfilm- und der ersten großen Tonversuche ausgerüstet, entscheidet er sich zu einem mutigen Schritt – zu einem Dokumentarfilm über den Freund

of movie houses in Paris. Students fight with the professorship in Cambridge. Newspaper sellers report—"Chaplin speaks in praise of the sound film"—after the presentation of *Ėntuziazm* in London. Heated discussions. A new and enthusiastic swell of sympathy for reconstruction efforts in the Soviet Union. Attitudes to Vertov's experiments—"A new kind of film art", "epochal in the science of sound" and other such "dizzying" opinions.

120. *LENIN*. Much of D. Vertov's life is connected with the name of Lenin. The beginning of his filmmaking practice as well as the critical incentive for his innovative experiments in the *Pravda*. Series of weekly newsreels and films dedicated to Lenin and his work. *Leninskij Kinokalendar'* and "Leninist Proportion for Film Programs" (the banner of Vertov's group). The first handmade animation project, the film grotesque *Segodnja*, praised by Lenin. First medal of distinction for *Leninskaja kinopravda*, in the form of a chocolate bar awarded by Lenin's sister Maria Il'inišna Ul'janova. And, on a personal level, the unexpected appearance of Vladimir Il'ič's automobile in the courtyard of the Suščev-Hospital at a critical time, when one had lost all hope of Vertov's recovery from illness. Ex-

und Erlöser der unterdrückten Menschen.

Die Lösung dieser komplizierten Aufgabe verlangt die Konzentration all seiner Kräfte.

Vertov macht sich energisch an die Arbeit, als Drehbuchverfasser und Regisseur. Immer wieder hindert man ihn am „unablässigen Denken". Das Hinterland ist nicht gesichert. Vertov wird ein Vernichtungskrieg seitens der RAPP[72] erklärt. Der ungelegenste Moment. Vertov versucht, die Sache mit historischen Dokumenten abzutun, um sich von der Arbeit am Lenin-Film nicht abhalten zu lassen. Indes die RAPP, die bereits alle leitenden und hohen, gesellschaftlichen Funktionen im Film besetzt und die Filmpresse an sich gerissen hat, die Bußen und heuchlerischen Berichte der „ergebenen und reumütigen" Regisseure (auch Dokumentarfilm-Regisseure) entgegen nimmt und die Vernichtung der „nichtergebenen" (in erster Linie des Stammvaters des Dokumentarfilms – D. Vertov) fordert.

Ganz gewiss wäre *Tri pesni o Lenine* nicht zur Produktion zugelassen worden, wäre der

72) Abkürzung für die Russische Assoziation Proletarischer Schriftsteller. Führende kommunistische Organisation, die von 1928 bis 1932, zunächst unterstützt von der Partei, eine einheitliche ideologische Ausrichtung der Literatur, mehr noch, der Kunst allgemein zu erreichen suchte. 1932 wurde die RAPP selbst aufgelöst und ihre führenden Funktionäre zu Opfern der Repressionen.

traordinary measures to save a seemingly inconspicuous man. Transfer to a hospital that was equipped with better facilities. An unforgettable memory—the uncorked bottle of red wine sent with the explanation that it should be shared in brotherhood with the ailing Il'ič who should get half of it. *Lenin is Alive in the Heart of the Peasant* [*V serdce krest'-janina Lenin živ*], *A Year Without Lenin* [*God bez Il'iča*]—all experiments from the Lenin Series.

Vertov is enraptured by Lenin's image, one of the greatest and at the same time "the most human of men". Vertov always returns to the idea of Lenin as a leader and as a man, no matter to what extremes his power of imagination lead or which bold experiments his youthful energy drove him to. Equipped with the results of his experiments involving silent films and the first big sound experiments, Vertov decides on a bold step: to make a film about the friend and liberator of the oppressed masses.

The solution of this complex task requires the concentration of all his abilities.

Vertov throws himself energetically into the project, as screenplay writer and director. But his "steady concentration is repeatedly hindered". The rear flank is not secure.

RAPP auf administrativem Weg die „endgültige Vernichtung" der dokumentarischen Kinematografie in Person ihrer prinzipiellen Anhänger gelungen. Aus dem Beschluss des ZK der Allunionskommunistischen Partei (Bolschewiken) vom 23. April 1932 ging hervor, dass die RAPP-Leute „EINEN ERNSTZUNEHMENDEN AUFSCHWUNG DES KÜNSTLERISCHEN SCHAFFENS BREMSEN".

Die Liquidation der RAPP gibt Vertov die Möglichkeit, seine Aufmerksamkeit wieder auf die schöpferische Arbeit zu konzentrieren. „Jetzt wird es nicht mehr möglich sein", schreibt Vertov, „unter Vorgabe des Kampfes gegen den sogenannten ‚Dokumentarismus' die allseitige Entwicklung des Dokumentarfilms hin zu einer neuen sozialistischen Filmproduktion zu behindern …

Wir müssen aufhören, uns in Zirkeln zusammenzuschließen, keiner von uns soll danach streben, „sich besser dünken zu wollen", und auch nicht danach, „den Rang des Proletariers wie Epauletten zu tragen", sondern danach, alle Fähigkeiten, alle Fertigkeiten und alle Kräfte zur Liquidierung der Überbleibsel des Kapitalismus in unserem Lande für den Aufbau einer klassenlosen Gesellschaft zu opfern." (D. Vertov: „Schöpferi-

RAPP[72] declares a war of extermination upon Vertov. It is the most inopportune moment. Vertov tries to settle the matter with historical evidence so that he won't be deterred from working on the film about Lenin. Simultaneously, RAPP—which in the meantime occupies all leading and socially eminent functions in the film industry and has gained control of the film press—accepts the repentance and hypocritical reports of "subordinate and contrite" directors (including documentary film directors), and demands the annihilation of the "insubordinate" (first and foremost, that of the father of the documentary film—D. Vertov).

Tri pesni o Lenine would most assuredly not have been admitted to production, if RAPP had succeeded in causing the "final destruction" of documentary cinema in the person of its principle adherent by administrative means. According to what emerged from decisions made at the meeting of the Central Committee of the Allunion-Communist Party (Bol'ševiki) of April 23, 1932 RAPP

72) Acronym for the Russian Association of Proletarian Writers, a communist, party-supported organization leading the field in centralizing the ideological directions of first literature, then all of the arts. Active from 1928, it was disbanded in 1932, and its leading functionaries became victims of the repression.

scher Aufschwung" [„*Tvorčeskij pod″em*"], *Kino* Nr. 24, 24.5.1932).

121. *DAS EXPERIMENT DER EXPERIMENTE [OPYT OPYTOV]*. Beschluss des ZK vom 23. April. Befreiung von den RAPP-lern. Schöpferischer Aufschwung. Hunderte Versuche, die Produktion der herkömmlichen Journale in eine gewaltige dokumentarische Kinematografie zu verwandeln. Auf der Basis tausender organisatorischer, technischer, sprachwissenschaftlicher, poetischer und wissenschaftlich-didaktischer Experimente. Auf der Basis des visuellen Durchbruchs (*Čelovek s kinoapparatom*) und des akustischen Durchbruchs (*Ėntuziazm*) der Front standardisierter und eingeschränkter Möglichkeiten hin zum „Versuch der Versuche".

Zu einem „Film der Gedanken" (mit einer geheimen „Küche" bestimmter Produktionsverfahren). Zum Film *Tri pesni o Lenine*.

Vertov wird sich von den von ihm verfassten (bereits bewährten) Drehbuchvarianten abwenden. Er wird von neuem beginnen. Er wird auf seine frühesten Versuche des *Laboratorium des Gehörs*, auf die Aufnahme von Volksliedern [*častuški*], Redeweisen und Sprichwörtern zurückkommen. Er wird sich in die Suche nach den Schätzen des künstlerischen Volksschaffens vertiefen.

"PUT THE BRAKES ON THE SERIOUS RISE OF ARTISTIC CREATIVITY".

The liquidation of RAPP afforded Vertov the ability to once again concentrate on creative work. Vertov writes: "Now it will no longer be possible to prevent the comprehensive development of the documentary film toward a new socialist film production, in the name of the fight against so called 'Documentarism'…We must stop forming cliques, no one should fancy himself better than another and wear the status of the Proletariat like a fancy uniform.—Instead, all abilities, all accomplishments, to sacrifice all our strength in order to liquidate the remnants of Capitalism and create a classless society." (D. Vertov: "Creative Upturn" ["*Tvorčeskij pod″em*"] *Kino* Nr. 24, 24.5.1932).

121. *EXPERIMENT OF EXPERIMENTS [OPYT OPYTOV]*. Resolution of the Central Committee from April 23. Liberation from RAPP. Creative surge. Hundreds of attempts to transform the production of the ordinary Weekly Film Journal into a tremendously powerful documentary form. Based on thousands of organizational, technical, philological, poetic, and scientific-didactic experiments. Based on a visual break-through (*Čelovek s kinoapparatom*) and an acoustic

Die Expedition wird an eine wissenschaftliche Forschungsreise erinnern. Von einem Aul zum andern. Von einem Kišlak[73] zum andern. Von einem Dorf zum andern. Suche nach Sängern. Gespräche mit Bachši. Bekanntschaft mit Akynen[74] Wettbewerbe unbekannter Dichter. Tonaufnahmen. Synchronaufnahmen. Wörtliche Übersetzungen. Sinngemäße Übersetzungen. Rhythmische Skizzen. Bildberichte. Gedanken von Gedanken. Im Lärm der Čajchana[75]. In der absoluten Stille der Karakum-Wüste. Der Raum ersetzt die Zeit („Die Jahrhunderte werden gewiss das unvollendete Porträt vollenden" – Poletaev)[76]. Und die Einstellung der Einstellungen – „Die Bank in Gorki"[77]. Das Geheimnis einer Einstellung durch Hunderte von Wortaufnahmen, Melodien, Ausdrücken, Lächeln,

73) Aul und Kišlak – Mittelasiatische Bezeichnungen für ein Dorf.

74) Bachši und Akynen – Mittelasiatische Bezeichnungen für Barden – volkstümliche Erzähler, Sänger, Poeten.

75) Mittelasiatische Bezeichnung für ein Teehaus.

76) Vertov zitiert hier aus einem Gedicht (N. Poletaev, *Stichotvorenija*, Moskva 1957, S. 63).

77) Die Parkbank, auf der Lenin während der letzten Monate seiner Krankheit häufig saß, und die im Film *Tri pesni o Lenine* eine zentrale Rolle spielt. Die gleiche Bank wird in Michail Čiaurelis *Der Schwur [Kljatva]* (SU 1946) ebenfalls zitiert und damit zu einem populären Motiv der sowjetischen Filmgeschichte.

breakthrough (*Ėntuziazm*) towards the "experiment of experiments".

To a "film of ideas" (with a hidden "kitchen" of production technique).

To the film *Tri pesni o Lenine*.

Vertov turns away from the screenplay variations that he formulated and are already valued. He will begin anew. He will return to his earliest experiments—the *Laboratory of Hearing*—to return to the recordings of folk songs [*častuški*], sayings. He will become absorbed by a search for treasures in the artistic folk traditions.

The expedition will be reminiscent of a scientific voyage of discovery. From one Aul to another. From one Kišlak to another.[73] From one village to another. Search for singers. Conversations with Bachši. Acquaintances with Akyns.[74] Competitions of unknown poets. Sound recordings, synchronous recordings. Literal translations. Translations according to meaning. Rhythmical sketches. Composition of images. Thoughts of thoughts. In midst of the noise of a Čajchana[75]. In the absolute calm of the Karakum Desert. Space in

73) Aul and Kišlak—Central-Asian term for village.

74) Bachši and Akyn—Central-Asian term for bards— lyrical poets and singers.

75) Central-Asian term for a teahouse.

Bewegungen, Handlungen, Tätigkeiten, Gedanken zu lüften. Durch Hunderte von Versuchen, unveröffentlichte Filmdokumente über den lebenden Lenin auszugraben. Experimente zur Wiederherstellung der Stimme des lebenden Lenin durch Tonüberspielungen. Durch Versuche, die Gedanken des Volkes über Lenin zu kristallisieren. Durch einen visuellen Appell Hunderter von Dokumenten des sozialistischen Aufbaus.

In Bildern der Volksweisheit das lebensbejahende Panorama des Sowjetlandes zeigen, das einer lichten Zukunft entgegenschreitet. Als die Kraft der Einstellung der „Bank in Gorki" ausgelöst war, vor den Zuschauern-Zuhörern das „Lied der Lieder" entstehen lassen, das von Herbert Wells ein „großer Film" genannt wird, und das von der *Pravda* und der ganzen sowjetischen Presse als „das Lied des ganzen Landes" anerkannt wird. Sein Einfluss wird immer größer werden. Andere Länder werden über dieses Beispiel nachdenken müssen. Es wird ein Lied sein, das alle Völker verstehen werden. Nicht nur unsere, sondern auch die ausländische Presse wird darüber schreiben,

– dass „die Hollywoodfilme im Vergleich dazu als blasse Theaterversuche erscheinen", dass es „ein Leuchtfeuer in die Zukunft ent-

place of time ("The centuries will assuredly perfect the imperfect portrait"—Poletaev)[76]. And the recording of recordings—"The bench in Gorki"[77]. The secret of a shot revealed through hundreds of recordings of words, melodies, expressions, smiles, movements, plots, activities. Hundreds of attempts to find unreleased film documents about Lenin's life. Experiments in the field of sound reproduction to re-animate Lenin's voice. Attempts to crystallize the thoughts of the masses about Lenin. A visual appeal of hundreds of documents of socialist construction.

To show a panorama of the bright future of the Soviet Union in images of folk wisdom. When the power of the "bench in Gorki" was unleashed, it gave birth to the "song of songs" in the audience of viewers/listeners, was proclaimed a "great film" by Herbert Wells, recognized as the "The Song of the Entire Nation" by *Pravda* and the rest of the Soviet press. Its influence will keep growing. Other countries will have to take its example into consideration. It will be a song

76) Vertov here quotes from a poem (N. Poletaev, *Stichotvorenija*, Moskva 1957, p. 63).

77) The bench Lenin often sat on during the last months of his illness, prominently featured in *Tri pesni o Lenine*. It also shows up in Michail Čiaurelis The Oath [*Kljatva*] (SU 1946) and became a popular motif in soviet culture.

facht, dessen Licht uns die Kraft und bisher noch unerforschte Möglichkeiten der Filmkunst eröffnet" (New York, *Herald Tribune*).

– dass „man hier auf so viel Neues in der Kunst stößt, dass man gegen eine ergreifende mächtige, emotionale Erschütterung ankämpfen muss", dass „wir hier eine echte Revolution, künstlerische Formen einer revolutionären Kinematografie vor uns haben" (*Daily Worker*).

– dass „die großen, überzeugenden Traditionen, die solche Höhen wie die Filme *Potemkin, Mat', Zemlja* erreicht haben, vom diesem neuen Film siegreich überholt wurden" (New York, *New Theatre*).

– dass man „dem neuen Christoph[78] Erfolg und einen langen Weg wünschen müsse" (Jean Richard Bloch), usw., usf. – alle in demselben bewegten Stil, in allen Ländern, in denen der Film vorgeführt wurde.

– „Dieser Film", schreibt die Zeitung *Za Kommunističeskoe prosveščenie*, „brachte uns den verdienten ersten Preis auf der internationalen Ausstellung in Venedig[79]" (*Za Kommunističeskoe prosveščenie*, 6.1.1935).

122. „Lenin im Film" [„*Lenin v kino*"] (*Sovetskoe iskusstvo*, 22.1.1936). „Die Stimme Lenins auf

that all the people of the world will understand. Even the foreign press, not only our own, will write about

– how "Hollywood films appear as pale theatrical experiments in comparison", that it is a "beacon for the future of film, giving strength and shedding light on the untapped possibilities of the art of film." (New York, *Herald Tribune*).

– that "here one encounters so much that is new in Art, that one has to contend with a gripping, powerful, emotional upheaval", that "we here have a genuine revolution, artistic forms of a revolutionary form of cinema" (*Daily Worker*)

– that "the great, compelling traditions which reached heights such as the films *Potemkin, Mat', Zemlja* have been victoriously overtaken." (New York, *New Theater*)

– that "one must wish the new Christopher[78] a long and successful journey" (Jean Richard Bloch), etc., etc., all in the same enthusiastic spirit, in all countries where the film was presented.

– "This film", writes the newspaper *Za kommunističeskoe prosveščenie*, "won us a well-deserved first prize at the international exhibi-

78) Gemeint ist Christoph Kolumbus.

79) Gemeint sind die 2. Filmfestspiele von Venedig, wo der Film im August 1934 gezeigt und ausgezeichnet wurde.

78) Christopher Columbus.

dem Filmstreifen" [„*Golos Lenina na kino-plenke*"] (ebd.). Artikel D. Vertovs.

123. „Die Wahrheit über den Kampf der Helden" [„*Pravda o bor'be geroev*"] (*Kino*, 7.11.1936).

124. „Die Frau" [„*Ženščina*"] (*Kino*, 4.3.1937). Über ein Drehbuch D. Vertovs.

125. „Lied über die Frau" [„*Pesnja o ženščine*"] (*Krest'janskaja gazeta* Nr. 88, 1936). Interview mit D. Vertov.

126. *Zum Gedenken an Sergo Ordžonikidze* [*Pamjati Sergo Ordžonikidze*] – Kurzfilm in zwei Teilen.

127. *SERGO ORDŽONIKIDZE* – Langer Tonfilm (Produktion des Moskauer Studios des Trusts *Sojuzkinochronika*).

128. Verordnung Nr. 50 des Leiters des Filmstudios *Sojuzdetfil'm* mit einer Dankesrede für den Regisseur D. Vertov und seine Gruppe für die kurzfristige Produktion einer neuen Fassung des Films *Tri pesni o Lenine* in 7 Teilen (1938).[80]

129. *KOLYBEL'NAJA* – Langer Tonfilm, der (nach *Tri pesni*) zweite Versuch einer Synthese der

tion in Venice"[79] (*Za kommunističeskoe prosveščenie* 6.1.1935).

122. "Lenin in film" ["*Lenin v kino*"] (*Sovetskoe iskusstvo* 22.1.1936). "Lenin's voice on film stock" ["*Golos Lenina na kinoplenke*"] (ibidem). An Artikel by D. Vertov.

123. "The Truth about the Battle of Heroes" ["*Pravda o bor'be geroev*"] (*Kino* 7.11.1936).

124. "The Woman" ["*Ženščina*"] (*Kino* 4.3.1937). About D. Vertov's screenplay.

125. "Song about the Woman" ["*Pesnja o ženščine*"] (*Krest'janskaja gazeta* Nr. 88, 1936). Interview with D. Vertov.

126. *In Memory of Sergo Ordžonikidze* [*Pamjati Sergo Ordžonikidze*]—A short film in two parts.

127. SERGO ORDŽONIKIDZE—Feature-length film with sound (from the Moscow Studio of the trusts *Sojuzkinochronika*)

128. Decree Nr. 50 by the head of the film studio *Sojuzdetfil'm* with a speech addressed to D. Vertov and his group in recognition of the swift production of a new variation of the film *Tri pesni o Lenine* in seven parts (1938).[80]

80) Zum 21.1.1938 stellte Vertov eine neu montierte Fassung von *Tri pesni o Lenine* her, in der mittlerweile verurteilte „Volksfeinde" aus dem Film entfernt und andererseits neue Bilder sowjetischer Errungenschaften (Zelt auf dem Nordpol, Moskva-Volga-Kanal, Flug Moskau-Nordpol-USA) und eine längere Rede Stalins eingebaut wurden.

79) The 2nd Venice Film Festival where the film was shown and awarded a prize in August 1934.

80) On 21.1.1938 Vertov completed a new version of *Tri pesni o Lenine* which excluded former party members who had become "public enemies". Added were new shots of Soviet achievements (polar expeditions, the Moskva-Volga-Canal, an intercontinental flight Moscow-Arctic Circle-USA) and a quite long speech by Stalin.

Volksweisheit. Verfasser und Regisseur D. Vertov, produziert vom Studio *Sojuzkinochronika*, 1937.

Der Film wird bei uns und im Ausland als „Poem des Glücks", als eine Antwort auf *Intolerance* [*Neterpimost'*] von D. Griffith gesehen. „Wieder wiegt eine junge und bildschöne Mutter während des ganzen Films ein Kind. Aber der Inhalt ihres Liedes ist ein anderer. Die Mutter selbst ist auch ganz anders als die demütige Dulderin in dem Film von Griffith. Griffith spricht von einer dumpfen und blutigen Wiederholung der Geschichte, Vertov zeigt einen nie gesehenen Umschwung, eine neue Seite der Menschheitsgeschichte. Die Filme von Griffith und Vertov haben nichts gemeinsam. (*Iskusstvo kino* Nr. 12, „Kolybel'naja", 1937).

130. *Mädchen zweier Welten* [*Devuški dvuch mirov*], *Wenn du kämpfen gehst* [*Kogda ty pojdeš' voevat'*] – zwei poetische Langfilm-Drehbücher (1937 und 1938).

131. *Tri geroini* (Langfilm über den heldenhaften Flug von Grizodubova, Osipenko und Raskova, Verfasser-Regisseur D. Vertov).

132. „Leninthema und Leninbildnis" [*„Leninskaja tema i Leninskij obraz"*] (*Kino*, 21.1.1940, Artikel mit Überblick über die Leninfilme D. Vertovs).

129. *KOLYBEL'NAJA*—Second feature length film with sound (after *Tri pesni*). Attempt at a synthesis of folk wisdom. Author and director D. Vertov, produced by the studio *Sojuzkinochronika*, 1937.

The film is seen at home and abroad as a "Poem of Joy", as an answer to D. Griffith's *Intolerance* [*Neterpimost'*]. "Similarly, a young and beautiful mother cradles a child over the course of the entire film. But the content of her song is different. The mother herself is also very different from the meek and long-suffering character in Griffith's film. Griffith expresses an oppressive and bloody repetition of history, Vertov shows an unprecedented revolution, a new page in the history of mankind. The films of Griffith and Vertov have nothing in common." (*Iskusstvo Kino* Nr. 12, "Kolybel'naja", 1937).

130. *Girls of Two Worlds* [*Devuški dvuch mirov*], *When you go to battle* [*Kogda ty pojdeš' voevat'*]—two poetic feature length screenplays (1937 and 1938).

131. *Tri geroini* (Feature length film about the heroic flight of Grizodubova, Osipenko and Raskova, Author-Director: D. Vertov).

132. "Lenin theme and Lenin portrait" [*Leninskaja tema i Leninskij obraz*] (*Kino* 21.1.1940, an article with an overview of D. Vertov's Lenin films).

133. Arbeit an dem Drehbuch *An Stalins Stätten* [*Po stalinskim mestam*] (gemeinsam mit Genossen Vladimirskij und anderen Autoren – 1939).

134. „Aus der Geschichte der Filmchronik" [*„Iz istorii kinochroniki"*] (D. Vertov, *Kino*, 5.5.1940).

135. *MÄRCHEN ÜBER DEN RIESEN* [*SKAZKA O VELIKANE*] – ein wissenschaftlich-fantastisches, künstlerisches Dokumentarfilm-Drehbuch (verfasst von D. Vertov gemeinsam mit V. Il'in und E. Segal) (Detfil'm 1940).

136. *DER FLIEGENDE MENSCH* [*LETAJUŠČIJ ČELOVEK*] – ein wissenschaftlich-fantastisches, künstlerisches Dokumentarfilm-Drehbuch (gemeinsam mit den selben Ko-Autoren. Detfil'm 1941).

137. Film-Journale. Kriegsnotizen. *In der Feuerlinie* [*Na linii ognja*], *Die Höhe N* [*Vysota N*], *Blut für Blut* [*Krov' za krov'*] (1941, Zentrales Studio für Filmchronik).

138. Allunions- und Kasachische Wochenschauen. Notizen. Drehbuch und Regie des Langfilms *Tebe, front!* (in zwei Varianten). *In den Ala-Tau-Bergen* [*V gorach Ala-Tau*] (2 Teile). Zusammenstellung eines Jahresplans von Sujets (für Kasachstan). Teilnahme an der Arbeit der Prüfungskommission des Staatlichen Instituts für Kinematografie [*GIK*] (1942–1944)

139. Arbeit an einem Buch. Reguläre Ausgabe von *Novosti dnja* (1945–1947).

133. Work on the screenplay for "Stalin's Places" (in collaboration with Comrade Vladimirskij and other authors—1939.)

134. "From the History of the Film Chronicle" (D. Vertov "Kino" 5.5.1940).

135. *FAIRYTALE ABOUT THE GIANT* [*SKAZKA O VELIKANE*]—A scientific-fantastic, artistic documentary screenplay (written by D. Vertov in collaboration with V. Il'in und E. Segal, Detfil'm 1940).

136. *THE FLYING MAN* [*LETAJUŠČIJ ČELOVEK*]— a scientific-fantastic, artistic documentary screenplay (in collaboration with the same as the above, Detfil'm 1941).

137. Film Weekly Journals, notes on war. *In the Line of Fire* [*Na linii ognja*], *The High Zone N* [*Vysota N*], *Blood for Blood* [*Krov' za krov'*] (1941, Central Studio for Chronicles).

138. All-Union and Kazach Weekly Film Journals. Sketch. Screenplay and Direction of a feature length film *Tebe, front!* in two variations. *In Ala-Tau Mountains* [*V gorach Ala-Tau*] (two parts). Composition of a one year plan of subjects (for Kasachstan). Participation in the work of the Evaluative Commission of the National Institute for Cinema [*GIK*] (1942–1944)

139. Work on a book. Regular edition of *Novosti dnja* (1945–1947).

157

Insgesamt (inkl. Wochenschauen) an die dreihundert Filmtitel, ungefähr die doppelte Anzahl Drehbücher und mehr als tausend wissenschaftliche Studien und organisatorisch-technische Versuche in der Funktion als Begründer der dokumentarischen Kinematografie.

Übersetzung aus dem Russischen: Barbara Wurm
Redaktion: Barbara Wurm
Kommentar: Aleksandr Derjabin,
Thomas Tode, Barbara Wurm

Total of approximately 300 film titles, approximately double the number of screenplays, and more than one thousand scientific studies and instructional, organizational and technical experiments undertaken as the founder of documentary cinema.

Translation from Russian: Barbara Wurm
Translation from German: Eve Heller
Edited by Barbara Wurm
Commentaries: Aleksandr Derjabin,
Thomas Tode, Barbara Wurm

Der folgende Katalogteil ist in Rubriken unterteilt, die bereits in den 1970er Jahren für die Vertov-Sammlung im ÖFM erstellt wurden. Bezeichnung, Kürzel und Umfang der einzelnen Kategorien seien hier im Überblick aufgeführt; eine genauere Beschreibung erfolgt jeweils zu Beginn einer neuen Rubrik. Die Signaturen entsprechen einer groben chronologischen Nummerierung der Objekte innerhalb einer Kategorie, weshalb später zugeordnete Objekte mit römisch „I" versehen sind z. B. V 104.I). Einige Objekte bestehen aus mehreren Teilen – diese sind mit Schrägstrich (/) gekennzeichnet, z. B. V 6/3.

1. Vertov-Schriften (V): 191
2. Dokumente (D): 25
3. Briefe (B): 18
4. Plakate (P): 33
5. Persönliche Fotos (Pe): 97
6. Arbeitsfotos (Ar): 91
7. Kadervergrößerungen (Fi): 528
8. Presse (Pr): 592
9. Übersetzungen von Vertov-Schriften (Ü): 63
10. Zeitgenossen (Z): 40
11. Ankündigungen (A): 46

Die Rubrik T – Titel und Texte für die Wiener Vertov-Ausstellung 1974 – umfasst 26 Objekte. Sie wird hier nicht gesondert präsentiert. Im Zuge der Aufarbeitung der Sammlung kommt mit der Kategorie „Vertov und das ÖFM" (V ÖFM) eine neue, umfangreiche Rubrik, nämlich die Dokumentation der Vertov-Aktivitäten des ÖFM hinzu. Beschlossen wird der Katalogteil mit einer Auflistung der im ÖFM vorhandenen Kopien von Filmen von und über Dziga Vertov. [BW/ML]

ABKÜRZUNGEN IM TEXT

D Datierung M Trägermaterial F Format (Höhe mal Breite in mm) U Umfang S Sprache A Autor – Schöpfer E Auflagezahl

BW Barbara Wurm TT Thomas Tode
ML Michael Loebenstein RFB Roland Fischer-Briand

The following catalogue is divided into sections that were established in the 1970s for the Vertov Collection at the Austrian Film Museum. An overview of the appellation, identification code and scope of single categories is itemized below; a more precise description accompanies the beginning of each new category. The signature marks correspond roughly to the chronological numbering of items within a single category, wherefore items that were subsequently assigned are indicated by a Roman numeral "I" (i.e. V 104.I). A few items that consist of several parts are identified with a forward slash (/), i.e. V 6/3.

1. Vertov Writings (V): 191
2. Documents (D): 25
3. Letters (B): 18
4. Posters and promotional materials (P): 33
5. Personal photos (Pe): 97
6. Work photos (Ar): 91
7. Film stills (Fi): 528
8. Press (Pr): 592
9. Translations of Vertov's writings (Ü): 63
10. Contemporaries (Z): 40
11. Announcements (A): 46

The category 'T' — titles and texts for the 1974 Vertov Exhibition—comprises 26 items. These are not separately presented here. During the course of refurbishing the collection, a new and comprehensive category of documentation as to the ÖFM's Vertov activities will be added (V ÖFM). The catalogue section closes with a register of the ÖFM's holdings of films by and about Dziga Vertov. [BW/ML]

LIST OF ABBREVIATIONS

D Date of origin M Carrier material F Dimensions (width by length in mm) U Number of items and pages S Language A Author—creator E Edition of

BW Barbara Wurm TT Thomas Tode
ML Michael Loebenstein RFB Roland Fischer-Briand

Vertov-Schriften / Vertov Writings [V]

Die Rubrik „Vertov-Schriften" stellt ein Prunkstück der Sammlung dar. Sie enthält zahlreiche Originalschriften Vertovs, darunter etliche Autografen. Insgesamt umfasst das Konvolut 191 Objekte, entstanden im Zeitraum 1917–1954 – Artikel und Textentwürfe Vertovs, aber auch Skizzen, Grafiken, Montagelisten zu Vertovs Filmen sowie Treatments zu realisierten wie nicht realisierten Projekten. Wie auch innerhalb der anderen Rubriken erfolgt die Aufzählung gemäß der Entstehungschronologie, wobei wir in einigen Fällen Umdatierungen vorgenommen haben. Alle Autografen der Sammlung werden abgebildet, aus Platzgründen werden jedoch nur einige der Dokumente komplett übersetzt. Fragezeichen in eckigen Klammern markieren Stellen, an denen einzelne Wörter oder Passagen unleserlich sind, bzw. ihre Bedeutung vorerst unklar bleibt. [TT/BW]

The section V (Vertov Writings) represents a showpiece of the collection. It contains numerous original writings by Vertov, including several autographed manuscripts. The bundle comprises a total of 191 items dated to the years between 1917–1954 — Vertov's articles and text drafts, but also sketches, graphic works, editing lists for Vertov's films, as well as treatments of implemented but also unrealised projects. As in the case of the other sections, the enumeration follows the developmental chronology, although in some cases we have undertaken redatings. All the autographed manuscripts in the collection have been reproduced, yet for reasons of space only a few of them have been completely translated. Question marks in square brackets mark the places where individual words or passages are unreadable or where the meaning at present remains unclear. [TT/BW]

V 1
Start

D 1917 (?) F 285 x 206 M Typoskript U 1 Blatt

Dreistrophiges programmatisches Gedicht Vertovs, in dem der Abschied von der traditionellen Wochenschau der französischen Firmen Pathé und Gaumont euphorisch verkündet wird. Das herkömmliche Kino müsse gewaltsam gesprengt werden, um einem neuen Kino und einem neuen Sehen Platz zu machen, das mit der wissenschaftlichen Revolution eines Newton und Pavlov verglichen wird. Auch die typografische Gestaltung der Verszeilen markiert den Umsturz: Sie erfolgt in jener Treppenform, die Vladimir Majakovskij für die russische Revolutionslyrik geprägt hat. Eine weitere Besonderheit des Gedichts liegt darin, dass es das Pseudonym Dziga Vertov vielleicht zum ersten Mal nachweist, ebenso wie das „Laboratorium des Gehörs"; und dass beides auf 1917 datiert wird (handschriftlich durch Svilova in der Rechten oberen Ecke bestätigt). In diesem Fall wäre das Gedicht noch vor den berühmten Manifesten Vertovs *My. Variant manifesta* [*Wir. Variante eines Manifests*] (1922) und *Kinoki. perevorot* [*Kinoki. Umsturz*] (1923) entstanden. Yuri Tsivian hält das unterhalb der Überschrift angebrachte „1917" für einen Teil des Titels und plädiert aufgrund der Programmatik für eine Datierung nach 1922.

Die deutsche Übersetzung findet sich am Beginn der „Künstlerischen Visitenkarte" in diesem Band.

V 1
Start

D 1917 (?) F 285 x 206 M Typography U 1 page

Three-verse programmatic poem by Vertov, in which his departure from the traditional newsreel approach of the French companies Pathé and Gaumont is euphorically proclaimed. Conventional cinema had to be violently blown up, in order to make room for a new cinema and a new vision, comparable to the scientific revolution of a Newton or a Pavlov. Even the typographical arrangement of the lines of verse intimates an overthrow: it is the same stepped form which Vladimir Majakovskij had adopted in his Russian revolutionary poetry. Further particularities of the poem include the fact that this is perhaps the first time that the pseudonym 'Dziga Vertov' appears, likewise the phrase "laboratory of hearing" and that the poem is dated 1917 (confirmed in Svilova's handwriting in the top right-hand corner). It thus may be assumed that the poem was written before Vertov's famous manifestos *My. Variant manifesta* [*We. Variation on a Manifesto*] (1922) and *Kinoki. perevorot* [*Kinoki. A Revolution*] (1923). Yuri Tsivian regards the date '1917', which appears beneath the title, as being part of the title itself and on the basis of the programmatic nature of the poem argues that it should be dated to post-1922.

The English translation is to be found at the start of the 'Artistic Calling Card' in the present volume.

Из архива
Д Вертовой

С Т А Р Т

/ 1 9 1 7 /

" Не Патэ,

      не Гомон.

Не то,

     Не о том.

Ньютоном

     яблоко

        видеть.

    Миру— глаза,

    Чтоб обычного пса

    Павловским

        оком

          видеть

КИНО ли кино?

В з р ы в а е м   кино,

чтобы

    КИНО

      увидеть".

       /Дзига Вертов."Лаборатория слуха"/.

V 2
Iz predislovija k poème „Vižu"
Aus dem Vorwort zum Poem „Ich sehe"
D 1917 (?), Niederschrift frühestens 1926 **F** 290 x 205
M Typoskript, roter Buntstift, Tinte **U** 4 Blatt
Die Dialoge dieses Vorworts sind wie in einem Theaterstück auf mehrere Rollen verteilt, darunter Vertov selbst und ein „ironischer Chor". Wie bei V 1 existiert auch hier eine Zuschreibung: „Dziga Vertov: Laboratorium des Gehörs, 1917". Die Herstellung des Transkripts ist jedoch nach 1926 anzusetzen, da am Ende des Texts ein Verweis auf die Filme *Kinoglaz* (1924) und *Šestaja čast' mira* (1926) hinzugefügt wurde. Das „Ich-Sehe" wird zum ostentativen Meta-Zwischentitel in *Šestaja čast' mira*; die Form der ersten Person singular – gemeint ist das Ich des Kino-Auges – behält Vertov auch in seiner nach 1947 verfassten „Künstlerischen Visitenkarte" bei (vgl. hier in diesem Band).

ÜBERSETZUNG
Dziga Vertov, Laboratorium des Gehörs, 1917
Aus dem Vorwort zum Poem „Ich sehe"
Ironischer Chor:
„Das Kino
   ersteht
      von den Toten.
Mit dem Tod
   den Tod
      korrigiert,
und den Rittern der Wahrheit
im Spiel
das Kinoauge
   geschenkt".
Vertov (geht nachdenklich, verlangsamt den Schritt, bleibt stehen.)
„Der Milchigkeit
   Atem.
Der Kosmos.
Die Kinofinsternis.
Im Labor
   ein Gedanke
      entsprang …"
Ironischer Chor (unterbricht Vertov):

V 2
Iz predislovija k poème „Vižu"
From the preface to the poem "I see"
D 1917 (?), written at the earliest in 1926 **F** 290 x 205
M Typography, red crayon, ink **U** 4 pages
Like a theatre play, the dialogues in this preface are divided up into several roles, which include Vertov himself and an "ironic choir". As in V 1, here too there is an attribution: "Dziga Vertov: Laboratory of Hearing, 1917". The production of the transcript can nevertheless be dated to 1926, since a reference to the films *Kinoglaz* (1924) and *Šestaja čast' mira* (1926) has been added at the end of the text. The "I see" becomes an ostentatious meta-intertitle in *Šestaja čast' mira*; the form of the first person singular—intended is the 'I' of the Kino-Eye—was retained by Vertov even in the 'Artistic Calling Card' which he wrote in 1947 (cf. the publication in this volume).

TRANSLATION
Dziga Vertov, Laboratory of Hearing, 1917
From the preface to the poem "I see"
Ironic Choir:
"Cinema
   arises
      from the dead.
With death
   Death
      is corrected,
and the Truthful
in play
receive the Kino-Eye
   as a gift".
Vertov (walks rapt in contemplation, his step slows, comes to a stop.)
"The milkiness
      Breath.
The cosmos.
Kino darkness.
In the laboratory
   a thought
      arose …"
Ironic Choir (interrupts Vertov):

„Das Kino
      ersteht
            von den Toten"
                usw.
Vertov (erregt):
„Wahrheit.
Kinowahrheit.
Atom.
Der Buchstabe „A"
Das Kinoauge der Erkenntnis
        des Guten
        und Bösen"
Ironischer Chor (beschwichtigend):
„Das Kino
      ersteht
          von den Toten"
             usw.
(Die Bühne betreten streitend und gestikulierend Skeptiker und Geschäftsleute)
Erster Skeptiker:
„Eine Wahnsinnsaufgabe.
Auch die Hymne
stellt man nicht in Frage.
Was brauchen wir
diesen Versager –
diese Plage
in unserm Lager?"
Ironischer Chor (leiser):
„Das Kino
      ersteht
          von den Toten"
             usw.
Vertov (überzeugt):
„Wie ein Kolumbus
      ein eingemauerter

"Cinema
      arises
            from the dead"
                etc.
Vertov (excited):
"Truth.
Kino truth.
Atom.
The letter 'A'
The Kino-Eye of the knowledge
        of Good
        and Evil"
Ironic Choir (soothingly):
"Cinema
      arises
          from the dead"
             etc.
(Arguing and gesticulating sceptics and business people enter the stage)
First Sceptic:
"A mad task.
Even the hymn
is not called into question.
What need have we
of this failure –
this plague
in our camp?"
Ironic Choir (softly):
"Cinema
      arises
          from the dead"
             etc.
Vertov (with conviction):
"Like a Columbus
      one who is walled-in

163

schau ich
        den Ozean
Führe
        durch neue Meere
der Unbegriffe
        die Leinwand ..."
Ironischer Chor (lauter):
„Das Kino
        ersteht
                von den Toten"
                        usw.
Zweiter Skeptiker:
„Sich mit Christophen
        abzugeben
da hätten wir
        echte Bedenken
Nach dem Getöse
        der Diskurse eben
ihn auf dem Grund
        zu versenken! ..."
Ironischer Chor (beschleunigt):
„Das Kino
        ersteht
                von den Toten"
                        etc.

Vertov (erfreut):
„Ich schwimm
ich schwimm vom Ufer ab
In die Welt der WAHRHEIT
Auf
das Fenster
Allen
eröffne ich
das Amerika
des Nicht-Spiel-
Films! ...
Ironischer Chor (verlangsamt):
„Das Kino
        ersteht
                von den Toten.
Mit dem Tod
        den Tod

I view
        the ocean
Captain
        the screen
over new seas
        of non-notions..."
Ironic Choir (louder):
"Cinema
        arises
                from the dead"
                        etc.
Second Sceptic:
"To associate
        with Christophers
how strange
        that seems to us
After all the racket
        after the discussions
to sink him
        to the depths!..."
Ironic Choir (accelerating):
"Cinema
        arises
                from the dead"
                        etc.

Vertov (happy):
"I swim
I swim away from the bank
Into the world of TRUTH
At
the window
I open up
to all
        an America
of non-feature
films! ...
Ironic Choir (slowing down):
"Cinema
        arises
                from the dead.
With death
        Death

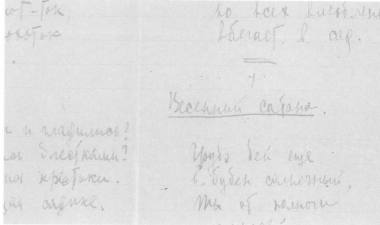

V 3 Vorderseite / face　　　　V 3 Vorderseite (Ausschnitt) / face (detail)

　　　　　korrigiert,
und den Rittern der Wahrheit
　　　　　im Spiel
Stimme
und Auge
spendiert"
Anmerkung: Die Idee des Poems „Ich sehe" wurde in
der Folge in den Filmen *Kinoglaz, Šestaja čast' mira* u. a.
realisiert.　　　　　　　　　[Nachdichtung: Felix Eder]

V 3
Mag izyskannyj ...
Auserlesener Magier
D 1917 (?) **F** 357 x 222 **M** Autograf, rote Tinte auf liniertem
Papier **U** 1 Blatt, 2 S.
Zyklus von sechs durchnummerierten persönlich gehalte-
nen, streng metrischen und gereimten sowie zwei unnum-
merierten Gedichten Vertovs, darunter „Mag izyskannyj"
[„Auserlesener Magier"], „Vesna nerovnaja" [„Unregelmäßi-
ger Frühling"] und „Vesennij satana" [„Frühjahrs-Satan"].
Der lyrische Ton und der oftmalige Verweis auf den Frühling lässt an Vertovs *Kinopravda Nr. 16* denken, die *Vesenn-*
jaja Kinopravda [*Frühlings-Kinopravda*], die nur noch fragmentarisch überliefert ist. Die Verse sind nicht in Vertovs
eigener, sondern in Svilovas Handschrift verfasst und an
mehreren Stellen mit 1917 datiert.

　　　　　　　　　　is corrected,
and the Truthful
　　　　in play
receive voice
and eye
as a gift"
Note: The idea of the poem 'I see' was subsequently used
in the films *Kinoglaz, Šestaja čast' mira* and others.

V 3
Mag izyskannyj ...
Exquisite Magician
D 1917 (?) **F** 357 x 222 **M** Autograph, red ink on lined paper **U**
1 sheet, 2 sides
Cycle of six consecutively numbered, personal poems,
strictly metrical and rhymed, as well as two unnumbered
poems by Vertov, including 'Mag izyskannyj' ['Exquisite
Magician'], 'Vesna nerovnaja' ['Irregular Spring'] and
'Vesennij satana' ['Spring Satan']. The lyrical tone and the
frequent reference to spring reminds one of Vertov's *Kino-*
pravda No. 16—Vesennjaja Kinopravda [*Spring Kinopravda*],
which has only come down to us in fragments. The verses
were not written in Vertov's own hand, but in Svilova's.
Several passages are dated 1917.

V 4

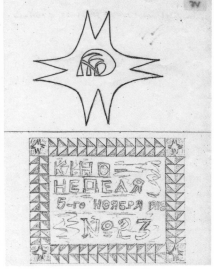

V 5

V 4
Tema
Thema

D 1917 (?), eher 1930er Jahre **F** 220 x 155
M Autograf, rote Tinte und grüner Buntstift auf nicht
liniertem Papier **U** 1 Blatt, 2 S.
Von Vertov selbst handschriftlich verfasstes Gedicht mit
vier durchnummerierten Strophen und einer zusätzlichen
Strophe ohne Nummer auf der Rückseite; undatiert. Einige
Zeilen sind durchgestrichen, einige Stellen von großen
Tintenflecken überdeckt. Die dritte Strophe ist um 90 Grad
versetzt rechts oben hinzugefügt. Auf der Rückseite ist zusätzlich und in entgegengesetzter Richtung, d. h. von unten
nach oben, ein zweiter Text (in grünem Buntstift und ebenfalls handschriftlich) aufgezeichnet, allerdings in Druck-
buchstaben. Dabei handelt es sich um ein Zwiegespräch
zwischen „P" und „V" (Vertov), das inhaltlich Ähnlichkeiten
mit dem ersten Gedicht „Tema" aufweist: „P" wirft „V" u. a.
vor, kein Auto und keine Datscha zu haben – ein klarer
Hinweis darauf, dass es sich um ein Gedicht aus den 1930er
Jahren handelt, als Vertov seine mangelnde Anerkennung
intensiv beschäftigte. Typisch für Vertov ist, dass die
Niederschrift auf diversen losen Papieren und unter Aus-
nützung jeder nur denkbaren Ecke auf dem Blatt erfolgt.

V 5
Kino-nedelja 5-go nojabrja 1918, No. 23
Kino-nedelja vom 5. November 1918, Nr. 23
D 1918/1970er **F** 280 x 210 **M** Fotokopie **U** 1 Blatt
Auf dem oberen Teil des Blattes befindet sich eine gezeich-
nete Vorlage für das Logo des Moskauer Filmkomitees des
Narkompros der RSFSR: drei stilisierte rauchende Fabrik-
schornsteine im Inneren eines Malteserkreuzes (dem

V 4
Tema
Theme

D 1917 (?), probably 1930s **F** 220 x 155 **M** Autograph, red ink
and green crayon on unlined paper **U** 1 sheet, 2 sides
A poem composed and handwritten by Vertov himself,
containing four consecutively numbered verses and an additional unnumbered verse on the back. Undated. Some
lines have been crossed out and some parts have been
blotted out by large ink stains. The third verse has been
added top right, transposed by 90 degrees. Moreover, a
second text (in green crayon and likewise handwritten) has
been added on the back in the opposite direction, i.e.
from below to above, this time in block letters. It is a dialogue between 'P' and 'V' (Vertov), thus displaying similarities with the first poem 'Tema': "P" accuses "V" of various
things, including not having a car and not having a
dacha—a clear indication that it is a poem from the 1930s,
when Vertov was intensely preoccupied with being under-
privileged himself. Typically for Vertov, it is written on a
loose piece of paper and makes use of every imaginable
corner of the sheet.

V 5
Kino-nedelja 5-go nojabrja 1918, No. 23
Kino-nedelja of 5 November 1918, No. 23
D 1918 / 1970s **F** 280 x 210 **M** Photocopy **U** 1 sheet

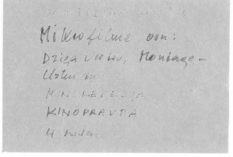

V 6/3

Mechanismus, auf dem der stroboskopische Effekt der Kinoprojektion beruht). Im unteren Teil befindet sich eine Titelgrafik der *Kinonedelja Nr. 23*. Das „i" in „Kino-nedelja" entspricht nicht der heutigen Schreibweise kyrillischer Buchstaben, es bezieht sich als ‚lateinisches' „i" auf die Orthografie vor der Rechtschreibreform im Jahr 1917.

V 6/3

Mikrofilme von: Dziga Vertov, Montagelisten zu KINONEDELJA, KINOPRAVDA, 4 Rollen

D 1970er **F** 162 x 228 **M** Filzstift und Kugelschreiber auf orangem Kuvert **U** 1 Kuvert

In diesem von der ÖFM-Mitarbeiterin Rosemarie Ziegler beschrifteten Kuvert befanden sich 4 Rollen Foto-Negative. Die Fotos beziehen sich auf V 6 und V 42. Das Besondere an diesem Objekt ist, dass es Zeugnis ablegt von den damaligen Geheimhaltungsstrategien rund um die Sammlung – von anderer Hand wurde hier nämlich die Aufschrift „OFFIZIELL NICHT VORHANDEN" hinzugefügt.

V 6

Kino-nedelja No. 1–37, 40, 43 [1918–1919]

D 1918–1919 (Abzug: 1970er) **F** 178 x 126 **M** Fotografie sw auf Agfa-Papier **U** 52 Fotos

52 Fotos von zum Großteil gut leserlichen Montagelisten (Typoskripten) der genannten Ausgaben der *Kinonedelja*. Einzelne Montagelisten sind dabei in zweifacher Ausführung vorhanden: Einmal mit, einmal ohne Abdeckung einzelner „kritischer" Filmsujets wie beispielsweise der von Stalin verfolgten Politiker Trotzki (vgl. *Kinonedelja Nr. 1, 17, 18, 21, 22*), Kamenev, einst Russischer Botschafter in Wien (vgl. *Kinonedelja Nr. 12, 37*) oder Zinov'ev (vgl. *Kinonedelja Nr. 29, 37*). Rosemarie Ziegler fotografierte – nach eigener Auskunft auf ausdrücklichen Wunsch Svilovas – in der Moskauer Wohnung Svilovas jeweils beide Fassungen ab. Unabhängig davon liegt der Wert der Fotos aber auch in der ausführlichen Beschreibung der Ausgaben der *Kino-nedelja*, die jede einzelne Einstellung, das genaue Erscheinungsdatum sowie die Gesamtmeterzahl umfasst.

On the upper part of the sheet is a hand-drawn model for the logo of the Moscow Film Committee of Narkompros of the RSFSR: three stylised smoking factory chimneys within a Maltese cross (the mechanism which forms the basis of the stroboscopic effect in cinema projection). In the lower part is a title design for *Kinonedelja No. 23*. The "i" in "Kino-nedelja" (a 'Latin' "i") does not correspond to the way in which Cyrillic letters are written today—it derives from the orthography that was current before the spelling reform of 1917.

V 6/3

Microfilms: Dziga Vertov, editing lists for KINO-NEDELJA, KINOPRAVDA, 4 Reels

D 1970s **F** 162 x 228 **M** Felt-tip pen and ball-point pen on an orange envelope **U** 1 envelope

In this envelope, written upon by ÖFM employee Rosemarie Ziegler, were 4 rolls of photographic negatives. The photos relate to V 6 and V 42. What is special about this item is that it indicates the strategies for keeping collection matters secret at that time—namely, written here in another hand are the words "OFFIZIELL NICHT VORHANDEN" ('officially non-existent').

V 6

Kino-nedelja No. 1–37, 40, 43 [1918–1919]

D 1918–1919 (print: 1970s) **F** 178 x 126 **M** B&w photograph on Agfa paper **U** 52 photos

52 photographic reproductions of editing lists (typescripts) of the already mentioned editions of *Kinonedelja*. Some of the individual editing lists exist in a twofold execution: one without blanked-out lines and one with them, e.g. when they presented 'critical' film subjects such as the politician Trotski, who was being pursed by Stalin (cf. *Kinonedelja No. 1, 17, 18, 21, 22*), Kamenev, once the Russian ambassador in Vienna (cf. *Kinonedelja No. 12, 37*), or Zinov'ev (cf. *Kinonedelja No. 29, 37*). Rosemarie Ziegler photographed–in accordance with the express wishes of Svilova—both versions in Svilova's Moscow apartment. Independently of that, the value of the photographs lies in the extensive description of the editions of *Kinonedelja*, which records every single take, the exact date of each issue and the total metrage.

167

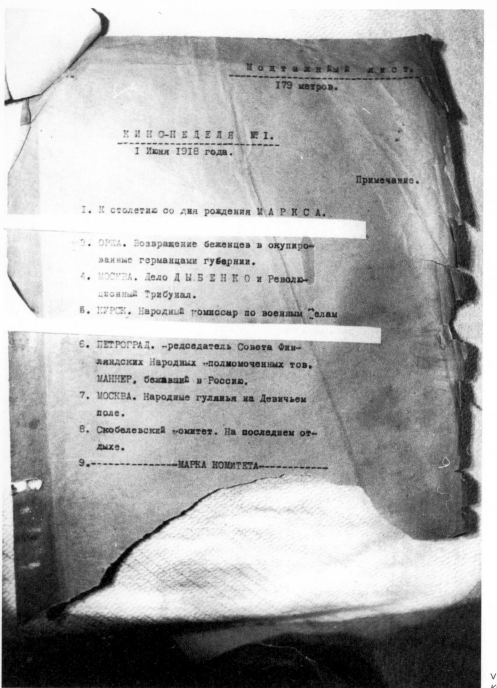

Монтажный лист.
179 метров.

КИНО-НЕДЕЛЯ № I.
I Июня 1918 года.

Примечание.

I. К столетию со дня рождения МАРКСА.

3. ОРША. Возвращение беженцев в окупированные германцами губернии.

4. МОСКВА. Дело ДЫБЕНКО и Революционный Трибунал.

5. КУРСК. Народный комиссар по военным делам

6. ПЕТРОГРАД. Председатель Совета Финляндских Народных Уполномоченных тов. МАННЕР, бежавший в Россию.

7. МОСКВА. Народные гулянья на Девичьем поле.

8. Скобелевский комитет. На последнем отдыхе.

9. ----------МАРКА КОМИТЕТА----------

КИНО - НЕДЕЛЯ № 21.

22 Октября 1918 года.

1. МОСКВА. Открытие рабочего клуба имени В.И.
   ЛЕНИНА.

2. "Я Р" Дворец рабочих.

3. Испытание авто-дрезины на Курском вокзале в
   присутствии Начальника Высшей Военной Инспек-
   ции тов. ПОДВОЙСКОГО.

4. БОРИСОГЛЕБСК. Советская мельница смалывающая
   ежедневно до 500.000 пудов зерна.

5. САРАТОВ. На пути на фронт тов. ТРОЦКИЙ по-
   сетил Саратов.

6. Митинг во дворце народа.

7. Из Саратова Наркомвоен выехал на пароходе
   в Хвалынск под охраной парохода "САРАТОВЕЦ"
   и военного катера.

8. ВИТЕБСК. Областной Военный Комиссар Н.И.
   МУРАЛОВ наблюдает за ходом маневров.

9. Атака кавалерии.

10. ГЖАТСК. Окружная инспекция во главе с тов.
    МУРАЛОВЫМ.

V 10
Tik-Tak
D 08/1920 **F** 307 x 190 **M** Autograf, rote Tinte und Bleistift **U** 1 Blatt
Handgeschriebenes Gedicht, links unten datiert mit „VIII, 20g" (August 1920). 17 Zeilen, keine Strophen-Gliederung, *vers libre*. Das Gedicht setzt inhaltlich und formal einen avantgardistischen, von Synkopen geprägten Rhythmus um. Ähnlich wie in den futuristischen Versen eines Velimir Chlebnikov werden hier die Dinge des Alltags lebendig. Der Tanz und die Metamorphosen des Mobiliars bleiben logisch unmotiviert; sie sind das Produkt einer neuen, sprunghaften Wahrnehmung.

ÜBERSETZUNG
Tik-Tak
Verfeinert
der Tisch auf Hinterbeinen
die Kunst der Reverenz.
Die Stühle wie
Welpen im Wasser.
Strohsack, Teppiche, Kissen
– Lumpen halt –
als nasenlose Zeppeline
aus Kin-aug geschlüpft
He, auf zum Billard!
Lachen die Hauptwörter
– ein Nasen-Spaß!
Nase zu kaufen für Milliard
Sogar der Uhr blieb wenig zu ticken
das Gebell ist einfach nicht weg zu schicken
Schaukeln die Lampe – ein Pendel mit einem Aug.
Tik tak!   [Nachdichtung: FE]

V 11
Dziga Vertov / „Zdes' ni zgi ..."
Dziga Vertov / „Hier kein zgi ..."
D 09/1920 **F** 293 x 190 **M** Autograf, rote Tinte und Bleistift **U** 1 Blatt
Autograf eines Gedichts, links unten datiert mit „IX/20g." (September 1920). 13 Zeilen, keine Gliederung nach Strophen. Das Gedicht spielt onomatopoetisch mit dem

V 10
Tik-Tak
D 08/1920 **F** 307 x 190 **M** Autograph, red ink and pencil **U** 1 sheet
Handwritten poem, below left dated "VIII, 20g" (August 1920). 17 lines, no arrangement into verses, *vers libre*. Both formally and as far as the contents are concerned, this poem presents an avantgarde, syncoptic rhythm. As in the Futuristic verses of Velimir Chlebnikov, here everyday things become alive. The dance and the metamorphoses of the furniture remain logically unmotivated; they are the product of a new, volatile perception.

TRANSLATION
Tick-Tock
The table
begins dancing on its hind legs
making curtseys
Chairs like puppies
– their legs in the water.
The mattress, the carpets, the pillows
– the shabby stuff –
are like noseless Zeppelins.
A cue has protruded from the eye.
HEY, ANYONE CARE FOR A GAME OF BILLIARDS?
Nouns to laugh:
– What a nose.
On sale for a billion.
And even the clock is not content with tick-tocking anymore.
– It does its best to emit a bark.
The lamp swings its one-eyed pendulum
Tick-tock.   [Translation: Julian Graffy]

V 11
Dziga Vertov / "Zdes' ni zgi ..."
Dziga Vertov / "Here no zgi ..."
D 09/1920 **F** 293 x 190 **M** Autograph, red ink and pencil **U** 1 sheet
Autograph of a poem, below left dated "IX/20g." (September 1920). 13 lines, no arrangement into verses. The poem plays onomatopoetically with the pseudonym Dziga Vertov

V 10   V 11

Pseudonym Dziga Vertov – die Lautfolge *ver* ist u. a. in den Wörtern „ver'te" [glaubt ihr], „vetrov" [der Winde] oder auch „dver'" [Tür] enthalten. Die nicht-logische, „transrationale" semantische Herleitung von Namen (russ. *zaum'*) steht ganz im Zeichen der mythopoetischen Avantgarde-Lyrik.

V 13

ÜBERSETZUNG
Dziga Vertov
niemals nie
glaubt ihr Lider
idem I.
Birken her ich
wie der Winde
Knibel.
Diski
Gong
Leer&Wort
i-a-go-go
Automieder
Härtestoff
Dziga Vertoff   [Nachdichtung: FE]

V 13
Drug bodryj …
Freund, fröhlicher
D 09/1921 F 403 × 216 M Autograf, rote Tinte U 1 Blatt
Autograf eines Gedichts, links unten datiert „IX/21g." (September 1921). Wem dieses Gedicht gewidmet war, bleibt ungeklärt: Vertov war 1921 mit Ol'ga Toom liiert, danach mit Svilova. Toom war Pianistin, Svilova Schnittmeisterin. In beiden Fällen wäre der Reim im russischen Original – das Leiden („muk") mit den Händen („ruk") – plausibel.

—the series of sounds in the word *ver* is contained in the words 'ver'te' [you (pl.) believe], 'vetrov' [the wind] or even 'dver' [door], among others. The illogical, 'trans-rational' semantic derivation of names (Russ. *zaum'*) is fully in line with mythopoetic avant-garde poetry.

TRANSLATION
Dziga Vertov
dazzling dark here
here the wind
is dead
but hear:
spits spin
years of yoke jigger
tombs topple
jingle – a veer!
spin the top
wehee! Wheels whiz
jigging vortex
dizzy vertex
Dziga Vertov   [Translation: Julian Graffy]

V 13
Drug bodryj...
Good friend
D 09/1921 F 403 × 216 M Autograph, red ink U 1 sheet
Autographed manuscript of a poem, dated below left

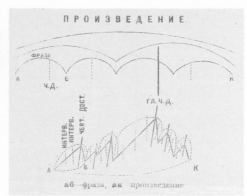

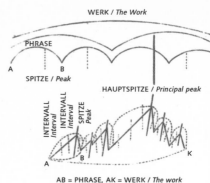

V 14 Vorderseite und Diagramm (Ausschnitte)/face and diagram (details)

V 14 Übersetzung/translation

ÜBERSETZUNG

Guter Freund
Freund guter
Bis zuletzt
damals
und jetzt
zaghaft
zur Hand
Mann gegen Mann
— —
Ist es wahr
dass einer wie ich
gequält wie ein Tier
hier
in dein Revier
eindringen darf! [Nachdichtung: FE]

V 14
„My. Variant manifesta",
in: Kino-fot, Nr. 1, (25.–31. August) 1922, S. 11–12.
„Wir. Variante eines Manifests"
D 1922 F 294 x 220 M Offsetdruck auf Zeitungspapier, gelocht
U 1 Blatt, 2 S.
Das berühmte erste Manifest, veröffentlicht in der kon-
struktivistischen Filmavantgarde-Zeitschrift Aleksej Gans,
Kino-fot, erstreckt sich über zwei Seiten mit jeweils einer
Abbildung. Auf der ersten Seite befindet sich als Illustration
eine „bespredmetnaja grafika" (gegenstandslose Grafik) von
Aleksandr Rodčenko von 1915, auf der zweiten das hier ab-
gebildete und übersetzte Diagramm, das Vertovs Konzept
des Intervalls illustrieren soll. Bei dem Sammlungsobjekt
handelt es sich um ein Original mit Lochungen,
eine aus der Zeitschrift herausgerissene Seite. Vertov
behauptet, das Manifest bereits 1919 konzipiert zu haben,
weshalb er es im Untertitel als „Variante eines Manifests"

"IX/21g." (September 1921). It remains unclear to whom this
poem was dedicated. In 1921 Vertov did have a liaison with
Ol'ga Toom, after that with Svilova. Since the Russian word
for torment ("muk") does here rhyme with the word for
hand ("ruk") reference to both Toom (a pianist) and to
Svilova (an editor) is plausible.

TRANSLATION

Good friend
friend so kind
To the end
then
as now
shyly
on hand
Man against man
— —
Can it be true
that one such as me
tormented like a beast
has been thus allowed
to make my way here
into your preserve!

V 14
„My. Variant manifesta",
in: Kino-fot, Nr. 1, (25.–31. August) 1922, S. 11–12.
"We. Variant of a Manifesto"
D 1922 F 294 x 220 M Offset print on newspaper, perforated
U 1 sheet, 2 sides
The famous first manifesto, published in Aleksej Gan's
Constructivist avantgarde film journal Kino-fot, covers two
pages, each complete with an illustration. On the first page
is the illustration of a "bespredmetnaja grafika" (abstract
drawing) by Aleksandr Rodčenko, dating from 1915, on the

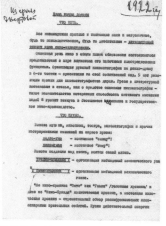

V 16 Seite 1 / page 1

bezeichnet. Wir reproduzieren die Grafik zur Intervall-theorie, da sie in vorhandenen deutschen Übersetzungen bisher keine Beachtung fand.

V 16
„Naša točka zrenija. Čto est'"
„Unser Blickpunkt. Was es gibt"
D 11. 7. 1922 **F** 288 x 200 **M** Typoskript, Durchschlag mit hand-schriftlichen Korrekturen **U** 3 Blatt
Typoskript Vertovs über den neuen filmischen Ansatz der Kinoki, über „kino-glaz" (Filmauge) und „radio-ucho" (Radioohr), unterzeichnet mit „Predsedatel' associacii kinokov Dziga Vertov" (Vorsitzender der Assoziation der Kinoki Dziga Vertov), datiert. Es handelt sich um frühe Erwähnungen der von Vertov geprägten Begriffe und Konzepte. Gefordert wird die radikale Ablöse einer ausschließlich literarische Vorgaben „illustrierenden", psychologisierenden Filmkunst durch die Kinoki und ihre Mittel des mechanischen „Ich-höre" (radio-ucho) und „Ich-sehe" (kino-glaz). In dieser Version bisher unübersetzt, einzelne Formulierungen finden sich aber im Manifest Kinoki. Perevorot [Kinoki. Umsturz] vom Juni/Juli 1923 wieder. Vertovs eigene Datierung liegt etwa ein Jahr vor der Veröffentlichung in der Pravda vom 15.7.1923 (vgl. V 25, hier nicht abgedruckt).

V 40
Razrabotka doklada v Gostorge, tov. Belen'komu
Entwurf für einen Vortrag im Gostorg, an Gen. Belen'kij
D 1924 (–1926) **F** 182 x 240 **M** Fotografie sw **U** 1 Blatt
Handschriftliches Diagramm Vertovs. Im Zentrum steht das Programm: „Kino-glaz", in der oberen Reihe die Namen mehrerer Filmstudios („Kul'tkino", „Sevzapkino", „Juvkino-

second is the diagram that is reproduced and translated here, intended to illustrate Vertov's concept of the interval. The item in the collection is an original with perforations, a page torn out of the magazine. Vertov claimed to have already conceived the manifesto in 1919, which is why in the subtitle he describes it as a "Variant of a Manifesto". We reproduce here the diagram of the theory of intervals, since it has so far not received much attention in German translations.

V 16
„Naša točka zrenija. Čto est'"
"Our Point of View. What there is"
D 1922 **F** 288 x 200 **M** Typescript, carbon-copy with hand-written corrections **U** 3 sheets
Vertov's typescript on the new cinematic initiative of Kinoki, on "kino-glaz" (film-eye) and "radio-ucho" (radio-ear), signed "Predsedatel' associacii kinokov Dziga Vertov" (Chairman of the Association of Kinoki, Dziga Vertov), dated. It is an early mention of the terms and concepts invented by Vertov. What it demands is the radical supercession of a psychologising cinematic art which "illustrates" exclusively literary models by Kinoki and its methods of mechanical "I hear" (radio-ucho) and "I see" (kino-glaz). Previously untranslated, though individual formulations can also be found in the manifesto Kinoki Perevorot [Kinoki. A Revolution] dated June/July 1923. Vertov's own dating was about one year before it was published in the Pravda of 15.7.1923 (cf. V 25, not printed here).

V 40
Razrabotka doklada v Gostorge, tov. Belen'komu
Draft for a lecture in Gostorg, sent to Comrade Belenk'ij
D 1924 (–1926) **F** 182 x 240 **M** B&w photograph **U** 1 sheet
A hand-drawn diagram by Vertov. In the centre is the 'Kino-glaz' programme, in the upper row the names of several film studios ('Kul'tkino', 'Sevzapkino' and 'Juvkinokomsomol'), in the lower row, forming a connecting line between the programmatic centre and the various shooting locations (the Crimea and the Caucasus, Mongolia and Turkestan, Siberia, Dagestan, Chechnya and others), the names of Vertov's colleagues (Kaufman, Lemberg, Zotov,

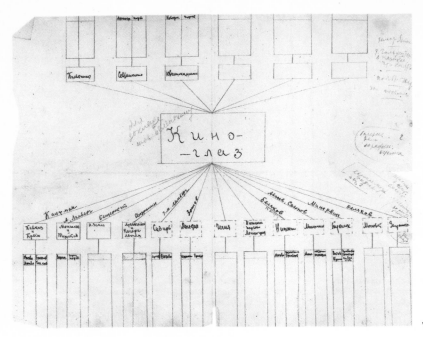

komsomol"), in der unteren Reihe, als Verbindungslinien zwischen dem programmatischen Zentrum und den verschiedenen Dreh-Orten (Krim und Kaukasus, Mongolien und Turkestan, Sibirien, Dagestan, Tschetschenien u. a.), stehen die Namen von Vertovs Mitarbeitern (Kaufman, Lemberg, Zotov, Beljakov u. a.); darunter folgt eine Angabe der Drehmotive (Moskau, Verkehrsmittel, Leningrad, Stadt, Hafen …). Mehrere Hinzufügungen, darunter in der Mitte des Blattes die Notiz „für einen Vortrag, an Gen. Belen'kij". Es handelt sich um einen Organisationsplan für Dreharbeiten zu einem Filmprojekt, das später als *Šestaja čast' mira* im Auftrag des *Gostorg* (Staatshandel der UdSSR) realisiert wurde. Moisej [?] Belen'kij hatte Vertov den Auftrag verschafft und war 1926 stellvertretender Leiter der sowjetischen Handelsvertretung in Berlin. Dies deutet darauf hin, dass es sich eher um einen Entwurf von 1925 oder Anfang 1926 handelt.

V 42 Kino-Pravda Nr. 9, 10, 11, 13, 17, 18, 20, 23. [1922–1925]
Montage- und Titellisten der *Kinopravda*
D 1922–1925 (Abzug: 1970er) F 180 x 127 M Fotografie sw
U 48 Fotografien
Abfotografierte Typo- und Manuskripte der Montage- und Zwischentitellisten zu den genannten Nummern der Kino-

Belkjakov etc.); beneath is detailed information about the motifs for shooting (Moscow, means of transport, Leningrad, city, port,…). Several additions, including in the centre of the sheet the note "For a lecture, sent to Comrade Belenk'ij". It is an organisational plan for shooting a film project, which became later as *Šestaja čast' mira*—commissioned by *Gostorg* (State Commerce of the USSR). Moisej [?] Belenk'ij had obtained the commission for Vertov and was in 1926 deputy director of the Soviet Trade Delegation in Berlin. This indicates that the sketch dates from either 1925 or the beginning of 1926.

V 42
Kino-Pravda Nr. 9, 10, 11, 13, 17, 18, 20, 23. [1922–1925]
Editing lists and title lists of *Kinopravda*
D 1922–1925 (print: 1970s) F 180 x 127 M B&w photographs
U 48 photographs
Photographs of the typescripts and manuscripts of the editing and intertitle lists for the above editions of *Kinopravda*. Photographed by Rosemarie Ziegler in Svilova's Moscow apartment. Reproduced here are a handwritten and a typewritten subject list for *Kinopravda No. 13*.

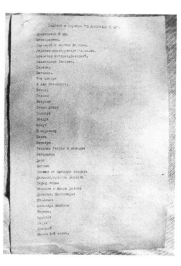

V 42

V 49 Seite 1 / page 1

Pravda. Abfotografiert durch Rosemarie Ziegler in der Moskauer Wohnung Svilovas. Abgebildet sind eine handschriftliche sowie eine maschinenschriftliche Sujetliste zur *Kinopravda Nr. 13*.

V 49
Kino-Pravda No. 13 Oktjabr'skaja. Scenarij i montaž D. Vertova

Kino-Pravda Nr. 13 Oktober-Pravda. Drehbuch und Schnitt D. Vertov

D 1922 F 288 x 206 M Typoskript, Durchschlag mit handschriftlichen Anmerkungen U 3 Blatt
Durchschlag eines Typoskripts der Montageliste. Aufgeführt sind die einzelnen Einstellungen bzw. Szenen (insgesamt 151) und die jeweilige Länge in Metern. Am Ende jeder Seite befindet sich eine Angabe über die Länge der Akte (250 m; 312,4 m; 380 m). Am Ende des Dokuments befindet sich eine Gesamtmeterangabe (Negativ: 880,55 m; Positiv: 972 m) Eine nachträglich eingefügte handschriftliche Dreiteilung gliedert den Film in drei inhaltliche Teile, wohl nach der Rede Trotzkis, die der Film nachbildet. Trotzki ist erwähnt, es handelt sich also um eine nicht-zensierte Liste.

ÜBERSETZUNG
KINO-PRAVDA Nr. 13 Oktjabr'skaja
Drehbuch und Schnitt D. Vertov
Erster Teil
1. 5 Jahre Revolution – 5,2 m
2. Straßen – 3,3 m
3. Zeitungen – 20,9 m
4.–5. Vitrinen – 20,35 m

V 49
Kino-Pravda No. 13 Oktjabr'skaja. Scenarij i montaž D. Vertova

Kino-Pravda Nr. 13 October. Script and montage D. Vertov

D 1922 F 288 x 206 M Typescript, carbon copy with handwritten notes U 3 sheets
Carbon copy of a typescript of the editing list. It lists the individual takes or scenes (a total of 151) and the respective length in metres. At the end of each page there is information about the length of the three acts (250 m; 312,4 m; 380 m). At the end of the document there is information about the total metrage (negative: 880,55 m; positive: 972 m). A later hand-drawn tripartite division separates the film into three parts as far as the content is concerned, probably following Trotzki's speech, which the film reproduces. Trotzki is mentioned, which means it is an uncensored list.

ÜBERSETZUNG
KINO-PRAVDA Nr. 13 Oktjabr'skaja
Script and montage D. Vertov
Part One
1. 5 years of the Revolution – 5.2 m
2. Streets – 3.3 m
3. Newspapers – 20.9 m
4.–5. Showcases – 20.35 m
6. House walls – 3 m
7.–9. Squares – 7 m
10. Air – 16.2 m
11. Cross 16.2 m
Lenin is called to the worldwide

6. Hauswände – 3 m
7.–9. Plätze – 7 m
10. Luft – 16,2 m
11. Kreuz 16,2 m
Man ruft Lenin zur weltweiten
12. Oktoberrevolution – 4,7
13. Die Arbeiter von Fabriken und Werken – 2,5 m
14–16. Arbeiterinnen – 20,3 m
17.–18. Kinder – 15,7 m
19. Truppen – 6,3 m
20. Alle eilen auf den Roten Platz – 6 m
21.–22. Freude zeigen
23. Vor dem Gesicht
24. Kamenev und Clara Zetkin – 6,7 m
        Delegierte der Komintern
        Zinov'ev
25. Bela Kun/Ungarn/ – 8,5 m
26. Karachan – 4 m
        Muralov
27. Radek – 4,25 m
28. – 4 m
27.–29. Trotzki – 3,2 m
Ende des ersten Teils
Neg. 183,2 m, Dupneg. 42,35 m
Länge des Neg. insg.: 250 m

KINO-PRAVDA Nr. 13 Oktjabr'skaja
Zweiter Teil
34. Lenin – 6 m
5 Jahre
35–40. Kolčak – 12,2 m
41–42. Wir schwören, für die Republik zu sterben
43–44. Budennyj – 21,4 m
45–52. Schützengraben – 28,9 m
53–55. Hunger – 14,8 m
56–60. Neue Wirtschaftspolitik (NEP) – 29,85 m
61. 5 Jahre des Kampfes 4,9 m
62–70. Trotzki – 33,25 m
71–74. Anstrengungen – 16,75 m
74–82. Opfer 47,6 m
83–84. Und heute
        Nur wir sind mit Deutschland

12. October Revolution—4.7
13. The workers in factories and works—2.5 m
14–16. Women workers—20.3 m
17.–18. Children—15.7 m
19. Troops—6.3 m
20. Everyone hurries to Red Square—6 m
21.–22. Show joy
23. In front of the face
24. Kamenev and Clara Zetkin—6.7 m
        Delegates of the Komintern
        Zinov'ev
25. Bela Kun/Hungary/—8.5 m
26. Karachan—4 m
        Muralov
27. Radek—4.25 m
28. —4 m
27.–29. Trotzki —3.2 m
End of Part One
neg. 183.2 m dupneg. 42.35 m
length of the total neg.: 250 m

KINO-PRAVDA Nr. 13 Oktjabr'skaja
Part Two
34. Lenin—6 m
5 years
35–40. Kolčak—12.2 m
41–42. We swear to die for the Republic
43–44. Budennyj—21.4 m
45–52. Trenches—28.9 m
53–55. Hunger—14.8 m
56–60. New Economic Policy (NEP)—29.85 m
61. 5 years of fighting 4.9 m
62–70. Trotzki—33.25 m
71–74. Efforts—16.75 m
74–82. Victims 47.6 m
83–84. And today
        Only we are with Germany
        German ambassador
85. Čičerin
89. [?] And today—8m + 18.85
        Greetings from the Komintern
90. Andrieu [?]—France

Deutscher Botschafter
85. Čičerin
89. [?] und heute – 8 m + 18,85
          Grußbotschaft der Komintern
90. Andrieu [?] – Frankreich
Gen. Kolarov – Bulgarien
Gen. Karayama – Japan – 29,1 m

Ende des zweiten Teils
Neg. 271,95 m
Dupneg. 40,45 m
Gesamtlänge des Neg. 312,4 m
Pos. 342 m
Stücke insgesamt 52

KINO-PRAVDA, Nr. 13 Oktjabr'skaja
Dritter Teil
93. Die Herren Politiker aus dem anderen Lager 9,8 m
94. 2 ¹/₂ Internationale
          Vandervelde und Lloyd-George 2,1 m
95–96. Gerümpel – 2,8 m
97–98. Überprüft heute die Rote 2,8 m
99–104. Seht genau auf die Vorbeigehenden – 29,05 m
105–106. Wir suchten einen Weg zum Herzen – 39,7 m
107–113. Wir erhoben unsere – 35,5 m
114–115. Wenigstens etwas erreichten wir 18 m
          Radio-Station
116–117. Kaširsker Elektrizitätswerk 11,8 m
118–120. Unsere Wunden heilen – 6,25 m
121–123. Vielleicht nur unsere Arbeit 10,25
124–128. Genau berechnet und richtig 16,6 m
129–130. Kurs auf die Trainage [?] – 6,3 m
131–137. Kurs auf die Maschine – 46 m
138–151. – 98 m

Neg. 79,9
Dupneg. 262 m
Pos. 380 m

Gesamtlänge des Neg. der *Kinopravda Nr. 13* vom 1.–3. Teil:
880,55 m
Pos. 972 m   [Übersetzung: Isolde Schmitt]

Com. Kolarov — Bulgaria
Com. Karayama — Japan — 29.1 m

End of Part Two
neg. 271.95 m
dupneg. 40.45 m
total length of neg. 312.4 m
pos. 342 m
total no. of pieces 52

KINO-PRAVDA, No. 13 Oktjabr'skaja
Part Three
93. The politicians from the other camp 9.8 m
94. 2 ¹/₂ Internationals
          Vandervelde and Lloyd-George 2.1 m
95–96. Junk — 2.8 m
97–98. Check the red today 2.8 m
99–104. Watch the passers-by closely — 29.05 m
105–106. We sought a way to the heart — 39.7 m
107–113. We raised our — 35.5 m
114–115. At least we achieved something 18 m
          Radio station
116–117. Kaširsk power station 11.8 m
118–120. Our wounds are healing — 6.25 m
121–123. Perhaps only our work 10.25
124–128. Precisely calculated and correct 16.6 m
129–130. Course onto training [?] — 6.3 m
131–137. Course on the machine — 46 m
138–151. — 98 m

neg. 79,9
dupneg. 262 m
pos. 380 m

total length of neg. *Kinopravda No. 13* parts 1–3:
880,55 m
pos. 972 m

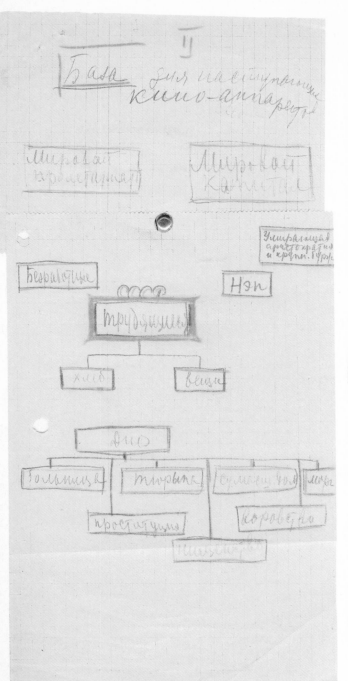

V 63
Baza dlja nastupajuščich kino-apparatov
Basis für zukünftige Filmkameras
D 1924 (?) F 284 x 132 M Bleistift und roter Buntstift auf
kariertem Papier, gelocht U 3-teilig
Handschriftliche Skizze und Aufzählungen, von II bis IV
durchnummeriert. I fehlt offensichtlich. II setzt ein mit
einem Schema (siehe Übersetzung). III beschreibt fünf
Themenblöcke: 1) Thema Brot, 2) Thema Ding, 3) Thema
Sichtbare Verschmelzung [Tema nagljadnoj smyčki], 4)
Thema Gesundheit und Wohlergehen, 5) Thema Kamera
(als „Mittel der Umsetzung der Ideen des Leninismus").
IV betrifft das visuelle Schema [zritel'naja schema] und
beschreibt 20 Szenen (u. a. Sonnenaufgang; Menschen,
Tiere, Dinge; Eindrücke des gewöhnlichen Auges; Eindrücke der Kamera; Zeitstillstand). Hier sind Vertovs
Gedanken zur Bedeutung der Kamera („Decodierung der
sichtbaren Welt") und zur Physiologie der Wahrnehmung
hervorzuheben. Sehr interessantes Dokument, das sich
offensichtlich auf den Film *Kinoglaz* (1924) bezieht (dort
geht es u. a. um die Themen Brot und Gesundheit). Die
handschriftlich hinzugefügte Datierung auf 1926 wäre
demnach nicht korrekt.

ÜBERSETZUNG DES SCHEMAS
Basis für zukünftige Filmkameras

Weltproletariat		Weltkapital
		Aussterbende
		Aristokratie und
		Großbürgertum
Arbeitslose	NEP	
	Arbeiter	
Brot		Dinge
Boden		
Krankenhaus Gefängnis	Irrenhaus	Leichenhalle
Prostitution		Diebstahl
	Bettelei	

[Übersetzung: BW]

V 63
Baza dlja nastupajuščich kino-apparatov
Basis for future movie cameras
D 1924 (?) F 284 x 132 M Pencil and red crayon on squared
paper, perforated U 3 parts
Hand-drawn sketch and lists, consecutively numbered
from II to IV. I is evidently missing. II begins with a sketch
(see translation). III describes five subjects: 1) The subject
of bread, 2) The subject of things, 3) The subject of visible
fusion [Tema nagljadnoj smyčki], 4) The subject of health
and well-being, 5) The subject of the camera (as a "means
of implementing the ideas of Leninism"). IV concerns the
visual plan [zritel'naja schema] and describes 20 scenes
(incl. sunrise; people, animals, things; impressions of the
ordinary eye; impressions of the camera; time at a stand-
still. In this part Vertov's ideas on the significance of the
camera ("Decoding of the visible world") and on the physiology of perception should be emphasised. A very interesting document, which is evidently related to the film
Kinoglaz (1924) which is about the subjects of bread and
health, among other things. Accordingly, the handwritten
dating of the year to 1926 would not be correct.

TRANSLATION [EXCERPT]
Basis for future film cameras

World proletariat		World capital
		Aristocracy and
		upper-middle-class
		becoming extinct
Unemployed	NEP	
	Workers	
Bread		Things
Land		
Hospital Prison	Mental hospital	Mortuary
Prostitution		Theft
	Begging	

V 67 Seite 1 / page 1

V 65 Vorderseite / face

V 65
Muzykal'nyj scenarij [Šestaja čast' mira].
Sostavil Berezovskij.

Musikalisches Drehbuch (*Ein Sechstel der Erde*).
Autor: Berezovskij

D 1926 **F** 350 x 220 **M** Typoskript, Durchschlag **U** 1 Blatt, 2 S.
Entwurf für die musikalische Begleitung wesentlicher Teile des Films. Zwei Spalten: links Zwischentitel (die von den im Film befindlichen teilweise abweichen), rechts die dazugehörigen Geräusche und Musikstücke sowie Angaben zur Orchesterleitung. Sehr interessantes Dokument, da es einen der wenigen musikalischen Entwürfe zu Vertovs Filmen überliefert. Es handelt sich nicht um eine eigene Musikkomposition, sondern um Katalogmusik, d. h. ausgewählte Passagen bekannter klassischer Stücke (z. B. Richard Wagners *Fliegender Holländer*), mit Anteilen experimenteller Geräuscherzeugung. Teilweise eher konventionelle Zuordnungen zu den Einstellungen, etwa die Dixie-Musik zu den afro-amerikanischen Tänzern oder die „Japanische Suite" zum asiatischen Volksstamm der Samojeden.
ÜBERSETZUNG SIEHE FOLGENDE DOPPELSEITE

V 67
V pravlenie Sovkino, t. Trajninu. Posledovatel'nyj plan dejstvij po kartine „Čelovek s kinoapparatom". Moj otvet na otnošenie t. Trajnina za No. 1640 ot 24/XII s.g.

An die Leitung von Sovkino, Gen. Trajnin. Abfolgeplan der Arbeitsschritte zum Film *Der Mann mit der Kamera*. Meine Antwort auf das Schreiben von Gen.[ossen] Trajnin mit Nr. 1640 vom 24.12. diesen Jahres

V 65
Muzykal'nyj scenarij [Šestaja čast' mira].
Sostavil Berezovskij.

Musical scenario (*A Sixth of the Earth*). Author: Berezovskij
D 1926 **F** 350 x 220 **M** Typescript, carbon copy
U 1 sheet, 2 sides
Sketch for the musical accompaniment to key sequences of the film. Two columns: left the intertitles, right the sounds and the musical pieces which belong with them, as well as the instructions for the conductor of the orchestra. A very interesting document, since it is one of the few surviving musical sketches for a Vertov film. It is not a matter of a special musical composition, but rather of catalogue music, i.e. selected passages of well-known classical pieces (e.g. Richard Wagner's *Flying Dutchman*), with some experimental sound production. In some cases rather conventional allocations to the takes, for example Dixieland jazz for the Afro-American dancers, or the 'Japanese Suite' for the Asiatic tribe, the Samoyeds.
FOR TRANSLATION SEE PP. 182–183

V 67
V pravlenie Sovkino, t. Trajninu. Posledovatel'nyj plan dejstvij po kartine "Čelovek s kinoapparatom". Moj otvet na otnošenie t. Trajnina za No. 1640 ot 24/XII s.g.

To the director of Sovkino, Comrade Trajnin. Timetable for the work phases for the film *Čelovek s kinoapparatom*. My reply to the letter from Com.[rade] Trajnin Ref. No. 1640 of 24.12. of this year
D End of 1926, start of 1927 (?) **F** 330 x 204 **M** Typescript on

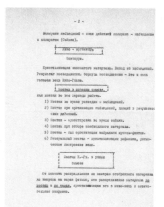

V 69

D Ende 1926, Anfang 1927 (?) **F** 330 x 204 **M** Typoskript auf Transparentpapier, Durchschlag in violetten Lettern **U** 4 Blatt Schreiben Vertovs, gerichtet an den stv. Leiter von Sovkino, Il'ja Trajnin (in Kopie an die Genossen Bljachin und Avdeev). Vertov rechtfertigt hier ausführlich, warum er das angeforderte Drehbuch zum Filmprojekt *Čelovek s kinoapparatom* nicht vorlegt. Auch die angeblich zu hohen Kosten bei der Produktion von *Šestaja čast' mira* – kolportiert durch den Filmpublizisten Ippolit Sokolov – dementiert Vertov hier heftig. Hintergrund für das Schreiben war ein Streit mit Il'ja Trajnin, der Vertov ein dreitägiges Ultimatum für die Drehbuch-Abgabe gestellt hatte. Am 31.12.1926 wird Vertov seine Kündigung bei Sovkino mitgeteilt, vermutlich ist das vorliegende Dokument daher zwischen dem 24. und dem 31.12.1926 verfasst.

V 69
Konspekt lekcii o montažnych metodach Kino-Glaza
Konzept einer Vorlesung über Montagemethoden des Film-Auges
D 24.5.1927, Kiev **F** 285 x 204 **M** Typoskript **U** 3 Blatt
Dreiseitiges Konzept für einen Vortrag mit Unterstreichungen und typografischen Hervorhebungen, in dem Vertov die wesentlichen Punkte des Kinoglaz-Konzepts noch einmal zusammenfasst, Überlegungen zur Wahrnehmungsphysiologie anstellt und eine detaillierte Montage-Typologie erarbeitet. Bisher vermutlich unübersetzt und unpubliziert. Vertov befand sich bei der Niederschrift des Textes bereits in Kiev, wo er nach der Trennung von Sovkino eine Anstellung fand und mit den Dreharbeiten zu *Odinnadcatyj* begann.

transparent paper, carbon copy in violet letters **U** 4 sheets A letter written by Vertov to the dep. director of Sovkino, Il'ja Trajnin (with copies sent to Comrades Bljachin und Avdeev). In it, Vertov extensively justifies why he has not submitted the script of his film project *Čelovek s kinoapparatom* as had been requested. Vertov also denies that the production costs for *Šestaja čast' mira* would be too high— a rumour circulated by the film journalist Ippolit Sokolov. The background to this letter was an argument with Il'ja Trajnin, who had given Vertov a three-day ultimatum for submission of the script. On 31.12.1926 Vertov was given his notice by Sovkino, so that the present document was presumably written between 24 and 31 of December 1926.

V 69
Konspekt lekcii o montažnych metodach Kino-Glaza
Concept for a lecture on the editing methods of the Kino-Eye
D 24.5.1927, Kiev **F** 285 x 204 **M** Typography **U** 3 sheets
Three-page concept for a lecture with underlining and typographical marking, in which Vertov once again summarises the essential points of his Kinoglaz concept, reflects upon the physiology of perception and elaborates a detailed typology of editing. As yet presumably untranslated and unpublished. At the time when he wrote the text, Vertov was already in Kiev, where after leaving Sovkino he found a job and began to work on *Odinnadcatyj*.

Šestaja čast' mira [Ein Sechstel der Erde], Musikalisches Drehbuch, 1926, Autor Berezovskij

Ich sehe	Flüstern der Blumen von Blok
Das goldene Kettchen des Kapitals Foxtrott	Rov, Rov, Rov, Dixie
Maschinen; und ihr, ich sehe euch an dem goldenen Kettchen	Musik Mokako Beim Auftauchen der Maschinen Schlagzeug stärker hervorheben.
Popen, Faschisten, Könige Euch und euch und euch sehe ich im Dienst	
am Kapital. Noch mehr Maschinen	Musik Buran
Und für den Arbeiter ist es immer noch genauso schwer. Ich sehe Kolonien, Kapital. Kolonien. Aus Negersklaven werden für sie zum Spaß „Schokoladenkinder"	Gau Dixie Rov. Rov. Rov.
Spielzeuge	Orchester piano
Kanonen	Forte mit dem Schlagzeug
Hass. Kapital	das Orchester spielt piano
Zuckungen	fortissimo spielen
Am Rande des Untergangs vergnügt sich das Kapital.	bis zum Ende des Teils
I. Halt	
II. Teil	Das Pianino begleitet den ganzen Teil
III. und IV. Teil	Moments, aber auch Schlagzeug
V. Teil In der Ferne am Polarkreis, wo die Sonne ein halbes Jahr nicht untergeht und die Nacht ein halbes Jahr dauert. Die Samojeden sitzen unbeweglich und schauen angestrengt auf das Meer. Ein Mal im Jahr kommt ein Schiff der staatlichen Handelsorganisation Gostorg zu ihnen und bringt ihnen Waren. Die Samojeden kommen zu den Matrosen auf Besuch und hören dem Grammophon zu.	Japanische Suite Musik IOXOTIMO Nr. 2 Hier hört das Orchester zu spielen auf.
Nach 24 Stunden fährt das Schiff ab	Pianino
Jene, die noch in der patriarchalischen Struktur leben, helfen beim Aufbau des Sozialismus mit.	Orchester vorbereiten
Egal wie weit weg sie wohnen Sozialismus	Fliegender Holländer Musik Wagners
Zusammen mit den Bauern, die ihr Getreide abliefern	Das letzte vivace spielen. 10 Takte vor dem Ende zum Spielen aufhören.
Zusammen mit den Arbeitern in einem sozialistischen Werk	Noch zwei Mal wiederholen, Trompeten hervorheben, Ende.
6. Teil Ich sehe dich, schwarzes Meer und dich, Meer, eingefroren an den baltischen Ufern. Im Eis festgefrorene Schiffe. Jemand geht mit unbekanntem Ziel in die Ferne auf das Eis hinaus.	Pianino
Irgendwo gräbt man die Erde noch mit Stöcken um … … Oder wie die Tungusen an ihre Götzen glauben.	Fliegender Holländer 16 Takte bis zum Buchstaben Z Aussetzen von F bis D und spielen bis vivace
Ich sehe, wie eine Frau ihren Schleier wegwirft	Pianino
Ein Samojede, Mitglied der Jugendorganisation Komsomol', liest eine Zeitung Burjaten und Mongolen lesen die mongolische *Pravda*	Orchester vorbereiten
Ich sehe	Fliegender Holländer
Stalin. Wir wollen selbst nicht nur Kattun erzeugen, sondern auch Maschinen und Traktoren. Wir wollen ökonomisch stark werden zum Wohl der Unterdrückten	Vom Buchstaben L an fünf Mal spielen, die Trompeten bis zum Schluss besonders hervorheben
Maschinen. Nochmals Maschinen. Ein Traktor. Eine Volkswelle. Feierlichkeit. Das ist die Linie unserer sozialistischen Volkswirtschaft.	

[Übersetzung: IS]

Šestaja čast' mira Musical scenario, 1926, author Berezovskij

I see	Whispering of the flowers by Blok
The little golden chain of capital Foxtrot	Rov, Rov, Rov, Dixie
Machines; and you, I see you on the little golden chain	Mokako music When the machines appear bring out the drums more.
Popes, Fascists, kings You and you and you I see in the service	
of capital. Still more machines	Buran music
And for the worker it is always just as difficult. I see colonies, capital. Colonies. Negro slaves become 'Chocolate Kids', for them to play around with	Gau Dixie Rov. Rov. Rov.
Toys	Orchestra piano
Canons	Forte on the drums
Hate. Capital	the orchestra plays piano
Convulsions	play *fortissimo*
On the verge of destruction, capital is enjoying itself.	to the end of this part
I. Stop	
Part II	The pianino accompanies the whole part
Parts III and IV	Moments, but also drums
Part V Far away in the Polar circle, where the sun doesn't go down for half a year and the night lasts for half a year. The Samoyeds sit immobile and gaze hard at the sea. Once a year a ship from the state trade organisation Gostorg comes to visit them and brings them goods. The Samoyeds come to visit the sailors and listen to the gramophone.	'Japanese Suite' Music IOXOTIMO No. 2 Here the orchestra stops playing
After 24 hours the ship sails away	Pianino
Those who still live within the patriarchal structure help the development of Socialism.	Prepare the orchestra
Regardless of how far away they live Socialism	*The Flying Dutchman* Music by Wagner
Together with the farmers who deliver their grain	Play the last *vivace*. Stop playing 10 bars before the end.
Together with the workers in a Socialist factory	Repeat again twice, emphasise the trumpets, end.
Part 6 I see you, Black Sea and you, sea, frozen in on the shores of the Baltic. Ships frozen in the ice. Someone walks out into the distance on the ice towards an unknown destination.	Pianino
Somewhere someone is still digging in the earth with sticks in order to … …Or the way the Tungus believe in their idols.	*Flying Dutchman* 16 bars up to the letter Z Stop between F and D and play until *vivace*
I see a woman throw away her veil	Pianino
A Samoyed, a member of the youth organisation Komsomol, reads a newspaper Buryats and Mongols read the Mongolian *Pravda*	Prepare the orchestra
I see	*Flying Dutchman*
Stalin. We do not want to only produce cotton, but also machines and tractors. We want to be strong economically. To become economically strong for the benefit of the oppressed	From the letter L onwards play five times, particularly emphasise the trumpets until the end
Machines. More machines. A tractor. A surge of people. Festivities. That is the line of our Socialist national economy.	

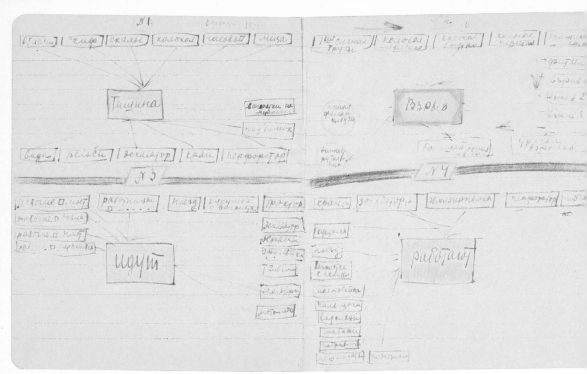

V 72 Vorderseite / face

V 72
Odinnadcatyj
D 1928 **F** 210 x 336 **M** Autograf, Tinte und Buntstift auf linierter Doppelseite **U** 2 Blatt, 3 S.
Handschriftliches Diagramm einzelner Szenen aus dem Film. Vier mit rosa Buntstift hervorgehobene Grafiken zu folgenden Themen: 1) Stille (links oben), 2) Explosion (rechts oben), 3) Sie gehen (links unten), 4) Sie arbeiten (rechts unten). Um diese zentralen Themen sind einzelne Drehmotive oder filmische Einstellungen gruppiert, wie z. B. Wolken, Skythe, Felsen, Glocke usw. Es ist unklar, ob es sich um eine Arbeitsskizze vor Drehbeginn handelt oder um eine Skizze für die Montage bereits gedrehter Einstellungen.

V 78
D 1.9.1928, Kiew **F** 210 x 158 **M** Autograf, rote Tinte auf graukariertem Papier **U** 1 Blatt, 2 S.
Siehe die ausführliche Kommentierung auf Seite 72ff.

V 72
Odinnadcatyj
D 1928 **F** 210 x 336 **M** Autograph, ink and pencil on a lined double page **U** 2 sheets, 3 sides
Hand-drawn diagram of individual scenes from the film. Four diagrams, marked with pink crayon, on the following subjects: 1) Silence (above left), 2) Explosion (above right), 3) They walk (below left), 4) They work (below right). Around these central subjects are grouped individual motifs or shots, such as clouds, Scythian, rocks, bells etc. It is unclear whether this is a working sketch made before shooting had begun, or a sketch for editing footage already shot.

V 78
D 1.9.1928, Kiew **F** 210 x 158 **M** Autograph, red ink on grey squared paper **U** 1 sheet, 2 sides
See the extensive commentary on pp. 72.

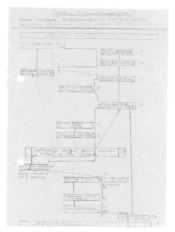

V 79

V 79
„Čelovek s kinoapparatom", schema ėpizoda,
postroennogo na associacijach schodnych dviženij
(č.[ast'] IV kadry 39–126).
Čelovek s kinoapparatom Schema einer Episode, aufgebaut
auf der Assoziation ähnlicher Bewegungen
(T[eil] 4, Kader 39–126)
D 1928 (?) F 208 x 146 M Autograf, violette und rote Tinte
auf kariertem Papier, gelocht U 1 Blatt
Diagramm für die Auflösung einer Szene (betitelt: „Friseursalon"). In den länglichen Kästchen werden die einzelnen
Einstellungen beschrieben; eine daneben stehende Ziffer
gibt die Reihenfolge der Einstellungen wieder. Die einzelnen Kästchen sind miteinander durch Linien verbunden, so
dass sich im Prinzip drei Säulen ergeben. Als Einstellungen
sind u. a. erwähnt: „Frau an der Nähmaschine"; „Schneidetisch"; „Telefonistinnen"; „Kinok an der Kurbel". Sehr
interessantes Objekt, das vielleicht erst nach der Fertig-
stellung des Films angefertigt wurde, da die Sujets der
Einstellungen exakt der Szene in *Čelovek s kinoapparatom*
entsprechen.

V 80
Otryvok montažnoj frazy iz 4-j časti fil'ma
„Čelovek s kinoapparatom" (D. Vertov)
Auszug einer Montagephrase aus dem 4. Teil des Films
Čelovek s kinoapparatom
D 1928 (?) F 324 x 428 M Autograf, schwarze Tinte und rosa
sowie blauer Buntstift auf karierter Doppelseite, mit
Klebestreifen verbunden, gelocht U 1 Doppelblatt, 2 S.
Diagramm, das eine sogenannte „Montagephrase" in
quantitative Einheiten (de)chiffriert. Auf der vertikalen
Achse werden von 1–9 die Motive (bezeichnet als: „teil-
nehmende Personen, Dinge") aufgeführt, wie z. B. 1. „Ob-
jektiv", 2. „Mann mit der Kamera", 3. „Bewegungen heller
Maschinen". Auf der horizontalen Achse ist von 1–31 die
Einstellungsfolge vermerkt. Die sich daraus im Raster erge-
benden Felder sind mit Zahlen von 0–2 bezeichnet. Für die
Motive 5–7 ist großflächig das Wort „pauza" [Pause] eingetragen. Sehr interessantes Objekt, das einen der zahlreichen Versuche Vertovs zeigt, Film als zählbare, formalisierte
Größe zu behandeln. Unklar ist, ob das Diagramm vor den

V 79
„Čelovek s kinoapparatom", schema ėpizoda,
postroennogo na associacijach schodnych dviženij
(č.[ast'] IV kadry 39–126).
Čelovek s kinoapparatom, plan of an episode, structured by
association of similar movements (P[art] 4, frames 39–126)
D 1928 (?) F 208 x 146 M Autograph, violet and red ink on
squared paper, perforated U 1 sheet
Diagram for the decoupage of a scene ("hairdresser's
salon"). The individual takes are described in the elongated
boxes; a number next to them indicates the sequence of
the takes. The individual boxes are connected to one
another by lines so that, in principle, three columns arise.
Takes that are mentioned include: 'Women at a sewing
machine'; 'Editing table'; 'Telephonists'; 'Kinok to the
crank'. A very interesting item, which was perhaps drawn
up only after the film had been completed, since the
description of the takes corresponds perfectly to the scene
in *Čelovek s kinoapparatom.*

V 80
Otryvok montažnoj frazy iz 4-j časti fil'ma
„Čelovek s kinoapparatom" (D. Vertov)
Excerpt from a montage phrase from Part 4 of the film
Čelovek s kinoapparatom
D 1928 (?) F 324 x 428 M Autograph, black ink, pink and
blue crayon on squared double page, connected by
adhesive strips, perforated U 1 double sheet, 2 sides
Diagram decoding a so-called 'montage phrase' into quan-
titative units. On the vertical axis the motifs (described as:
"participating people and things") are listed from 1–9, e.g.
1. "Lens", 2. "Man with the Movie Camera", 3. "Movements

185

NN	Участвующие лица, вещи	1	2	3	4	5	6	7	8	9	10	11	12	13
1.	Об'ектив	0		0		0		0		0		0		0
2.	Человек с кино-аппаратом (разные положения)	1		1		1		1		1		1		1
3.	Движения светлых машин		2		2		2							
4.	Движения отдельных станков кабельного завода											1		
5.	Эксцентрики													
6.	доменные печи													
7.	труба "джентельмен"													
8.	движения темных машин									1		1		
9.	милиционер у семафора													

18	19	20	21	22	23	24	25	26	27	28	29	30	31		
										1					
	1	1	1		1	1									
1		1	1	1	1		1								
		𝒶													
1															
									130						

V 88 Seite 1 / page 1

Dreharbeiten erstellt wurde, oder – worauf die im Titel angegebene Zuordnung zum vierten Teil deuten könnte – erst nachträglich.

ÜBERSETZUNG

Auszug aus einer Montage-Phrase des 4. Teils des Films „Čelovek s kinoapparatom" (D. Vertov)
NN Handelnde Personen, Dinge
1. Objektiv
2. Der Mann mit der Kamera (unterschiedliche Positionen)
3. Bewegungen heller Maschinen
4. Bewegungen einzelner Anlagen eines Kabelwerks
5. Exzenter
6. Hochöfen
7. Trompete „Gentleman"
8. Bewegungen dunkler Maschinen
9. Milizionär an der Ampel
[Quer über die Grafik steht das Wort „PAUSE"]

[Übersetzung: BW]

V 88
„Čelovek s kinoapparatom". „Absolutnaja kinopis'"
i „Radio-Glaz" (zajavka avtora)
Čelovek s kinoapparatom. „Absolute Filmschrift" und „Radio-Glaz" (Entwurf des Autors)
D 1929 **F** 290 x 202, 84 x 202 **M** Typoskript mit handschriftlichen Korrekturen **U** 2 Blatt und 1 Streifen
Zweieinhalbseitiges Typoskript Vertovs zum Film *Čelovek s kinoapparatom* und zu seiner Methode. Vertov geht näher auf die Bedeutung von Radio-Glaz ein und erwähnt kurz das Fernsehen. Im Typoskript stand maschinschriftlich „193…", dies wurde handschriftlich mit „1929" überschrieben – ein weiteres Beispiel also für die heikle Frage der nachträglichen Datierung von Objekten.

ÜBERSETZUNG

Jahr 1929

Čelovek s kinoapparatom
„Absolute Filmschrift" und „Radio-Glaz" …
(Erklärung des Autors)

of bright machines". On the horizontal axis the sequence of shots from 1–31 are noted. The fields that result in the grid are designated with numbers from 0-2. For the motifs 5–7 the word "pauza" [pause] is entered over a large area. A very interesting item, showing one of Vertov's numerous attempts to treat film as a countable, formalised entity. It remains unclear whether or not the diagram was made before shooting, or only after completion—which might be indicated by its allocation to Part 4 of the film as stated in the title.

TRANSLATION

Excerpt from an montage phrase in part 4 of the film "Čelovek s kinoapparatom" (D. Vertov)
NN Acting persons and things
1. Lens
2. The Man with the Movie Camera (various positions)
3. Movements of bright machines
4. Movements of the individual facilities of a cable factory
5. Eccentrics
6. Blast-furnace
7. Trumpet 'Gentleman'
8. Movements of dark machines
8. Militiaman at the traffic light
[To the right across the diagram is the word "PAUSE"]

V 88
„Čelovek s kinoapparatom". „Absolutnaja kinopis'"
i „Radio-Glaz" (zajavka avtora)
Čelovek s kinoapparatom. "The Absolute cinematic écriture and 'Radio-Glaz'" (author's explanatory notes)
D 1929 **F** 290 x 202, 84 x 202 **M** Typescript with handwritten corrections **U** 2 sheets and 1 strip

... Der Film *Čelovek s kinoapparatom* stellt das
        Experiment einer Kino-Übertragung
von visuellen Erscheinungen dar,
ohne Hilfe von Zwischentiteln (Film ohne Titel),
ohne Hilfe eines Drehbuches
        (Film ohne Drehbuch)
ohne Hilfsmittel aus dem Theater
        (Film ohne Schauspieler, Dekoration, etc.)

Diese neue experimentelle Arbeit des Kino-Glaz zielt auf die
Schaffung einer echten internationalen Filmsprache, einer
absoluten Filmschrift sowie einer vollkommenen Emanzi-
pation von der Sprache des Theaters und der Literatur ab.

   Auf der anderen Seite steht der Film *Čelovek s kinoapparatom* ebenso wie *Odinnadcatyj* der Epoche des „Radio-
Glaz" bereits ganz nahe, welche von den Kinoglaz-Leuten
als nächste Entwicklungsetappe des kinematografischen
Schaffens von Nicht-Spielfilmen bezeichnet wird. Schon in
ihren ersten Erklärungen in Bezug auf den zukünftigen,
noch nicht erfundenen Tonfilm bezeichneten die damaligen
Kinoki (heute: Radioki) ihren Weg als den Weg von „Kino-
Glaz" zu „Radio-Glaz", das heißt, in Richtung eines hörbaren und per Funk übertragbaren „Kino-Glaz".

   Einige Jahre zuvor wurde in der Moskauer *Pravda* Vertovs Artikel „Radio-Glaz" unter dem Titel „Kino-Pravda und
Radio-Pravda" veröffentlicht. Darin wird Radio-Glaz als die
Beseitigung der Entfernung zwischen den Menschen der
ganzen Welt beschrieben, die einander nicht nur sehen,
sondern auch hören können.

   Die Erklärungen der Kinoki über Radio-Glaz wurden
damals in der Presse heftig diskutiert. Ich erinnere mich an
einen großen Artikel von Genossen Fevral'skij mit dem Titel
„Tendenzen der Kunst und ‚Radio-Glaz'". Ich erinnere mich
an die eintägige Zeitung *Radio,* die eigens dem Radio-Glaz
gewidmet war. Nach einiger Zeit widmete man den Fragen
nach Radio-Glaz als Fragen der fernen Zukunft keine Aufmerksamkeit mehr.

   Allerdings begnügten sich die Kinoglaz-Leute nicht mit
dem Kampf um das Nicht-Spielfilm-Kino, sondern bereite-
ten sich gleichzeitig, um für alles gewappnet zu sein, auf
den zu erwartenden Übergang auf Radio-Glaz im Bereich
des Nicht-Spiel-Tonfilms vor.

Two-and-a-half page typescript by Vertov about the film
Čelovek s kinoapparatom and his method. Vertov discusses
in more detail the significance of Radio-Glaz and briefly
mentions television. In the typescript is written: "193...",
which was changed by hand to: "1929" by writing over
it—a further example of the delicate question of the
subsequent dating of items.

TRANSLATION

                              1929

Čelovek s kinoapparatom
"The Absolute cinematic écriture" and "Radio-Glaz"
(author's explanatory notes)

... The film *Čelovek s kinoapparatom* constitutes an
        experiment of a cinematic translation
of visual phenomena
without the help of intertitles (film without titles),
without the help of a screenplay
        (film without a screenplay)
without the help of the theater
        (film without actors, set, etc.)

This new, experimental work by Kino-Glaz was intended to
create a genuine international film language, an absolute
cinematic écriture, as well as to achieve complete emanci-
pation from the language of the theater and literature.

   On the other hand, the film *Čelovek s kinoapparatom,*
as well as *Odinnadcatyj,* are both already very close to the
"Radio-Glaz" era, which is designated by the Kinoglaz
people [*kinoglazovcy*] as the next developmental stage
in the production of non-fiction films. In their first statements made regarding the future of sound cinema,
which had not yet been invented, the kinoki (now called
"radioki") already claimed that their path led from "Kino-
Glaz" to "Radio-Glaz", that is, towards an audible and
radio-transmitted "Kino-Glaz".

   Vertov's article "Radio-Glaz" (published several years
earlier in the Moscow *Pravda* under the title of "Kino-
Pravda and Radio-Pravda") also describes Radio-Glaz as the
elimination of the distance between people around the

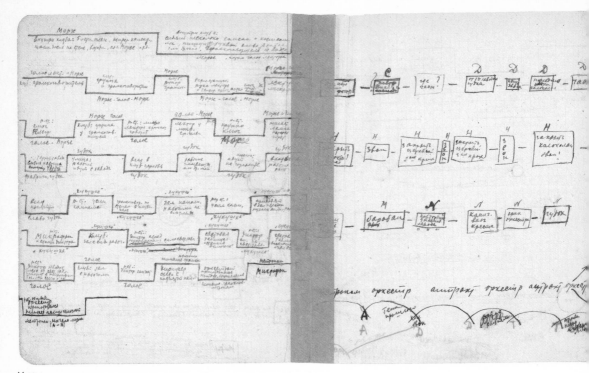

V 92

Schon in *Šestaja čast' mira* werden die Titel durch das kontrapunktisch aufgebaute Wort-Radio-Thema ersetzt. *Odinnadcatyj* ist bereits als eine Bild-Ton-Einheit konstruiert, das heißt, er ist nicht nur in Bezug auf die visuelle Ebene geschnitten, sondern auch unter Berücksichtigung von Geräuschen und Tönen, ebenso wie *Čelovek s kinoapparatom* als ein Übergang der Ausrichtung von „Kino-Glaz" zu „Radio-Glaz" aufgebaut ist.

Auf diese Weise waren die theoretischen und praktischen Arbeiten der Kinoki-Radioki, die der völlig überrumpelten Spielfilmkultur in keiner Weise als Beispiel dienten, ihren technischen Möglichkeiten weit voraus und warten schon lange auf ihre, in Bezug auf Kino-Glaz später entwickelte technische Grundlage aus dem Tonfilm und dem Fernsehen.

Die letzten technischen Erfindungen auf diesem Gebiet geben den Anhängern und Mitarbeitern von „Radio-Glaz", also den Anhängern und Mitarbeitern an einer Dokumentarfilmschrift mit Ton, höchst effiziente Waffen im Kampf um die Verwirklichung der Oktoberrevolution im Doku-

world, who are not only able to see each other, but also able to hear each other.

The statements made by the kinoki on Radio-Glaz were heavily discussed in the press at the time. I remember a long article by Comrade Fevral'skij entitled "Tendencies of Art and 'Radio-Glaz'". I remember the single-issue newspaper *Radio,* which was dedicated to Radio-Glaz. After a while, the question of Radio-Glaz, as an issue pertaining to the distant future, received no further notice.

However, the Kinoglaz people were not satisfied with the struggle regarding non-fiction film. At the same time they prepared themselves to be armed for the expected transition to "Radio-Glaz" and the non-fiction sound.

In *Šestaja čast' mira* the intertitles are already replaced by the contrapuntally structured "word-radio-theme". *Odinnadcatyj* was already conceived in the form of a sound-and-image entity *[kino-vešč'],* that is, it was not only edited with reference to its visual impact, rather, it was also made under due consideration of noise and sounds. Likewise *Šestaja čast' mira* was also structured as the

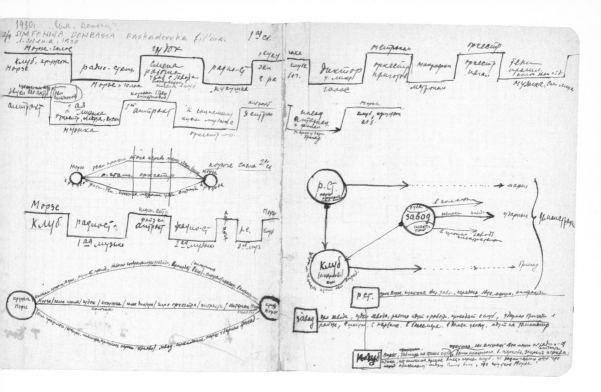

mentarfilmbereich in die Hand, im Kampf um die „Lenin-sche Proportion" in den Programmen von Radio-Kino-Sendungen in Bild und Ton.

[Übersetzung: IS]

V 92
Simfonija Donbassa. Raskadrovka fil'ma. 1. Schema 1930
Donbass-Symphonie. Aufschlüsselung / Auflösung des Films
D 1930 **F** 210 × 336 **M** Autograf, violette und blaue Tinte auf karierter Doppelseite, mit Papierstreifen verbunden
U 2 Blatt, 4 S.
Diagramme zum Film *Entuziazm*. Vermutlich während der Dreharbeiten entstandene Arbeitsskizze, die aber in dieser Form nicht realisiert wurde. Auf einer Doppelseite werden bestimmte Elemente, darunter „Morsezeichen", „Radio-Station" und „Klub" miteinander in Beziehung gesetzt, z. B. einmal stufenartig, einmal ellipsenförmig, einmal durch Pfeile miteinander verbunden. Als weiteres Element tritt beispielsweise die „Werkfabrik" hinzu. Unterschiedliche Töne bzw. musikalische Angaben sind verzeichnet, darunter

transition from "Kino-Glaz" to "Radio-Glaz".

Thus, the theoretical and practical work done by the "kinoki-radioki"—which didn't serve as an example for a fiction film culture caught unaware—far surpassed their technical capacity, and long awaited the later development (based upon Kino-Glaz) of the technical basis for sound cinema and television.

The most recent technological inventions in this field gave the followers and collaborators of Radio-Glaz—that is to say the followers and collaborators of a documentary sound film écriture, highly efficient weapons for realizing the October Revolution in the realm of documentary film and in their struggle for the "Leninist Proportion" in radio and film programs transmitting moving pictures and sound.

V 96

V 98

„Kuckuck", „Sirene", „Musik", „Pause", „Orchester",
„Metronom". Auf den anderen beiden Blättern befinden
sich ähnliche Grafiken; über einzelnen Kästchen stehen die
Buchstaben S, D, N oder M. Eine bogenförmige Grafik ist
mit den Buchstaben A, D, T beschriftet. Interessantes
Dokument, bisher unübersetzt und nicht dechiffriert.
In den 1970er Jahren unternahm die ÖFM-Mitarbeiterin
Rosemarie Ziegler den Versuch, dieses komplexe Diagramm
zu übersetzen. Eine Rohübersetzung liegt im Archiv vor
(vgl. Ü D 22.I).

V 96
Ob''emnoe izobraženie
Räumliche Darstellung
D 1938 (frühestens) / nach 02/1941 (?) **F** 196 x 146
M Autograf, blaue Tinte auf liniertem Papier **U** 1 Blatt
Kurze handschriftliche Notiz Vertovs, in der „das zukünftige
synthetische Kino" beschrieben wird, das u. a. die Spren-
gung der Grenze zwischen Zuschauerraum und Leinwand
anstrebt. Vertov hebt drei Namen hervor, denen diese
Erneuerungen zu verdanken sind: Er lobt den Erfinder des
„Stereokinos" Semen Ivanov, den Regisseur Aleksandr
Andrievskij und den Kameramann Dmitrij Surenskij für
ihren Beitrag bei der technischen Entwicklung des
Stereokinos. Diese wurde ab 1938 im Kinderfilmstudio
„Sojuzdetfil'm" durchgeführt, wo Vertov ab September 1939

V 92
Simfonija Donbassa. Raskadrovka fil'ma. 1. Schema 1930
Symphony of the Donbas. Breakdown of the film
D 1930 **F** 210 x 336 **M** Autograph, violet and blue ink on
squared double page, connected with paper strips **U** 2
sheet, 4 sides
Diagram for the film *Éntuziazm*. A work sketch presumably
made during the shooting, yet one which evidently was
not implemented in this form. A double-page shows the
relations between certain elements, including 'Morse code
signs', 'Radio-Station' and 'Club' e.g. in one case connected by steps, in another by ellipses and in yet another
by arrows. The 'factory' was added as a further element.
Various sounds and musical instructions are noted including 'cuckoo', 'siren', 'music', 'pause', 'orchestra' and
'metronome'. The other two sides present similar diagrams; above individual boxes are the letters S, D, N or M.
An arch-shaped diagram is marked with the letters A, D
and T. An interesting document, to date untranslated and
undecoded. In the 1970s Rosemarie Ziegler attempted to
translate this complex diagram. Her rough translation exists
in the archive (cf. Ü D 22.I).

ebenfalls tätig ist. Jay Leyda erwähnt das erste Programm Ivanovs und Andrievskijs in Moskaus erstem stereoskopischen Filmtheater und datiert es auf Februar 1941.

ÜBERSETZUNG

Umfassende Darstellung, Zerstörung der Grenzen zwischen dem Zuschauerraum und der Leinwand, neue Vorstellung von Nah-, Normal- und Total-Einstellungen, neue Möglichkeiten des Drehbuchautors, des Regisseurs, des Kameramannes, des Ausstatters – all das erregt die Vorstellung [*eingefügt:* sehr], wenn man an das zukünftige synthetische Kino denkt. Man muss dem Erfinder, S.I. Ivanov, dem Regisseur A. Andrievskij und dem Kameramann Surenskij dankbar dafür sein, dass sie den ersten schweren Schritt [*gestrichen:* bei der Geburt des nicht-optischen] eines Neugeborenen gemacht haben. Wie jedes Kleinkind wird es am Anfang auf allen Vieren gehen, sich dann aufrichten und schließlich fest und sicher voranschreiten.
Dz. Vertov

[Übersetzung: BW]

V 98
Vy dolžno byt' slyšali ... [Moskva 1 marta 31g.]
Sicher haben Sie gehört ... [Moskau, 1. März 1931]
D 1.3.1931 **F** 208 x 148 **M** Autograf, schwarze Tinte auf kariertem Papier, gelocht **U** 1 Blatt
Handschriftlicher Brief mit Gedichtcharakter, gerichtet an einen Genossen Solev, in dem Vertov die Kakophonie-Vorwürfe gegenüber seinem Film *Entuziazm* zurückweist: Alles, was nicht harmonisch klinge, also nach „do-re-mi-fa-sol" (eine Wendung, die in vielen seiner Stellungnahmen vorkommt), werde von der Kritik als Kakophonie eingestuft. Sehr interessantes Dokument, vermutlich bisher unpubliziert und unübersetzt. Stimmt die Datierung, so handelt es sich um einen Zeitraum, in dem Vertovs Publikationstätigkeit zunimmt, da er lange auf die Moskauer Premiere seines Films warten muss.

V 96
Ob''emnoe izobraženie
Spatial representation
D 1938 (at the earliest)/post- 02/1941 (?) **F** 196 x 146 **M** Autograph, blue ink on lined paper **U** 1 sheet
Short handwritten note by Vertov, in which he describes "the synthetic cinema of the future", which, among other things, strives to transcend the boundary between auditorium and screen. Vertov mentions the names of three innovators: he praises the inventor of the 'stereo cinema', Semen Ivanov, the director Aleksandr Andrievskij and the camera operator Dmitrij Surenskij for their contribution to the technical development of stereo cinema. Experiments with this were carried out in 1938 at the children's film studio 'Sojuzdetfil'm', where Vertov himself started to work in September 1939. Jay Leyda mentions Ivanov's and Andrievskij's first programme in Moscow's first stereoscopic film theatre and dates it to February 1941.

TRANSLATION

Comprehensive representation, destruction of the borders between the auditorium and the screen, a new idea of close-ups, medium long shots and long shots, new possibilities for the scriptwriter, the director, the camera operator, the set designer—all that [*added:* greatly] excites one's imagination, when one thinks about a synthetic cinema of the future. One should be grateful to the inventor, S.I. Ivanov, the director A. Andrievskij and the camera operator Surenskij, for having helped [*crossed-out:* at the birth of the non-optical] a new-born baby take its first difficult steps. Like every infant, it will first crawl on all fours, then try to get up and finally stand steadily and be able to walk ahead.
Dz. Vertov

V 98
Vy dolžno byt' slyšali ... [Moskva 1 marta 31g.]
You have certainly heard ... [Moscow, 1 March 1931]
D 1.3.1931 **F** 208 x 148 **M** Autograph, black ink on squared paper, perforated **U** 1 sheet
Handwritten letter of a poetic nature to a certain Comrade Solev, in which Vertov refutes the addressee's accusations

193

V 104.I

V 104.I

V 122

V 99

Sejčas uže mnogo let … [O radio-glaze]

Es sind jetzt viele Jahre vergangen … [Über Radio-Auge]

D 1930 / 1931 (?) **F** 298 x 205 **M** Typoskript mit handschriftlichen Korrekturen (Kugelschreiber) **U** 5 Blatt

Typoskript eines Vortrags (?) Vertovs über „Radio-Glaz"
(„Radio-Auge"). Offenbar bisher unpublizierter Text über
die Bedeutung des Radio-Glaz und über Vertovs Erfahrun-
gen mit der Tonaufnahme bei *Éntuziazm*. Eine von unbekannter Hand handschriftlich vorgenommene Korrektur der
Datierung von 1930 auf 1931 ist wohl nicht richtig, denn im
Text heißt es, die Ergebnisse seien „bald in dem Film Donbass-Symphonie zu sehen". Der am 1. November 1930 ur-
aufgeführte Film ist also zum Zeitpunkt des Vortrags noch
nicht beendet und trägt hier auch noch nicht den endgültigen Titel *Éntuziazm*.

V 104.I

„Ja choču, čtoby to volnenie …"

„Ich möchte, dass sich die Erregung …"

D 1935 (?) **F** 212 x 144 **M** Autograf, schwarze Tinte auf Papier
U 1 Blatt, 2 S.

Handschriftlicher Entwurf für eine Rede Vertovs, die – wie
aus dem Text hervorgeht – im Bol'šoj-Theater stattfand und
in Anwesenheit Stalins, der als Poet, Künstler und Erbauer
eines neuen Lebens angesprochen wird. Vertov schildert
seine Aufregung im Moment des Auftritts und wünscht sich,
dass sich diese auch für seine Arbeit fruchtbar machen lässt.
Es handelt sich vermutlich um seine Dankesrede anlässlich
der Verleihung des Ordens „Krasnaja Zvezda" („Roter
Stern") im Bol'šoj-Theater am 11. Januar 1935. Zeitgleich
fand die Allunionskonferenz der Filmschaffenden statt,
während der das bekannte Foto entstand, auf dem Stalin
zusammen mit Vertov und vielen anderen Filmschaffenden
abgebildet ist. Das Objekt datiert also vermutlich auf 1935;
das ÖFM datierte es in den 1970er Jahren auf 1932.

of cacophony in his film *Éntuziazm*: everything that does
not sound harmonious, i.e. like 'do-re-mi-fa-sol' (a phrase
that occurs in many of his statements), is judged by the
critics to be cacophonous. A very interesting document,
presumably as yet unpublished and untranslated. If the
date is correct, then it relates to a period when Vertov's
publishing activity was on the increase, because he had to
wait for a long time for the première of his film in
Moscow.

V 99

Sejčas uže mnogo let … [O radio-glaze]

Many years have now passed … [on Radio-Eye]

D 1930 / 1931 (?) **F** 298 x 205 **M** Typography with handwritten corrections (ball-point pen) **U** 5 sheets

Typescript of a lecture (?) given by Vertov on "Radio-Glaz"
("Radio-Eye"). Evidently a previously unpublished text
about the significance of Radio-Glaz and about Vertov's
experience with the sound recording on *Éntuziazm*. A cor-
rection of the date from 1930 to 1931, undertaken by an
unknown hand, is probably incorrect, since in the text it is
written that the results "will soon become apparent in the
film Donbass Symphony". The film, which was premiered
on 1 November 1930, had therefore not yet been completed at the time when the lecture was given and does
not yet bear its final title of *Éntuziazm*.

V 104.I

„Ja choču, čtoby to volnenie …"

"I would like it, if the excitement…"

D 1935 (?) **F** 212 x 144 **M** Autograph, black ink on paper **U** 1
sheet, 2 sides

Handwritten draft for a speech by Vertov, which—it
emerges from the text—took place at the Bol'šoj Theatre
and in the presence of Stalin, who is addressed as poet,
artist and architect of a new life. Vertov describes his ex-

194

V 108
Montažnyj list. K kartine „Tri pesni o Lenine"
zvukovogo varianta
Montageliste. Zum Film *Tri pesni o Lenine*. Tonfassung
D 1934 (?) **F** 298 x 208 **M** Fotokopie **U** 16 Blatt
Montageliste der Tonfassung des Films mit durchnumme-
rierten Einstellungen sowie den (in der Tonfassung erhalten
gebliebenen) Zwischentiteln. Angaben zum Ton (z. B.
„Musik zur Einleitung", „Östliche Musik", Östlicher
Marsch", „Radioübertragung vom Roten Platz", „Hurrah-
Schreie", „Die Internationale", Beethoven, Chopin, Wagner,
Šaporin, Industriegeräusche, Lieder und Reden). Angaben
zur Länge jeder Einstellung in Metern und Kadern sowie
zur Gesamtmeterlänge: 1796 m und 49 Kader. Jay Leyda,
der damals bei Vertov hospitierte, notierte übrigens eine
Gesamtlänge von 1873 m. Meter- und Kaderangaben
werden auch zu den einzelnen sechs Akten bzw. Teilen
gemacht. Unklar ist, ob es sich um die Fassungen von 1934,
1938 oder die Rekonstruktion von 1970 handelt (letzteres
ist wenig wahrscheinlich).

V 122
„Ni žalob, ni stonov ..."
„Weder Klagen, noch Stöhnen ..."
D um 1934 **F** 208 x 160 **M** Autograf, schwarze Tinte auf
kariertem Papier, gelocht, roter Seitenrand **U** 1 Blatt, 2 S.
Im Vergleich zu anderen Vertov-Autografen stellt dieser
Gedichtentwurf ein weniger inhaltlich, als vielmehr emotio-
nal aufschlussreiches Dokument dar. Mit zahlreichen
Durchstreichungen schnell und oft unleserlich geschrieben,
ist diese Notiz Beleg für die immer schwieriger werdende
Arbeitssituation Vertovs Mitte der 30er Jahre. Mit dem Text
muntert sich der Autor selbst immer wieder auf, weiter-
zusuchen, nicht zu jammern und während der bürokratisch
bedingten Wartezeiten – *Tri pesni o Lenine* hatte 1934 in der
Sowjetunion ein knappes Jahr keinen Kinostart – nicht in
Untätigkeit zu verfallen. Neben Michail Kaufman werden
hier auch Il'ja Kopalin und Irina Setkina erwähnt. Der
Film (und schließlich sein Erfolg) wird von Vertov hier als
„Feiertag des Kinoglaz" bejubelt.

citement at the moment of making his appearance and
hopes that this will also prove fruitful for his work. It was
presumably a speech on the occasion of being awarded
the order of "Krasnaja Zvezda" ("Red Star") at the
Bol'šoj Theatre on 11 January 1935. At about the same time
the All-Union Conference of Filmmakers was held, during
which the notorious photo was taken in which Stalin can
be seen together with Vertov and many other film-makers.
The item can therefore presumably be dated to 1935; in
the 1970s the ÖFM dated it to 1932.

V 108
Montažnyj list. K kartine „Tri pesni o Lenine"
zvukovogo varianta
Editing list. For the film *Tri pesni o Lenine*. Sound version
D 1934 **F** 298 x 208 **M** Photocopy **U** 16 sheets
Editing list for the sound version of the film including consecutively numbered takes and the intertitles (retained in
the sound version). Information about the sound (e.g.
"Music for the introduction", "Eastern music", "Eastern
march", "Radio transmission from Red Square", "Shouts of
Hurrah!", "The Internationale", Beethoven, Chopin, Wagner, Šaporin, industrial sounds, songs and speeches). Information on the duration of every take in metres and frames
as well as the total metrage: 1796 m and 49 frames. Jay
Leyda, who was at that time working under Vertov, incidentally noted a total length of 1873 m. Information about
the metrage is also given for each of the individual six
parts. It is unclear whether this refers to the versions from
1934, 1938 or to the reconstruction of 1970 (the last-
mentioned is the least likely).

V 122
„Ni žalob, ni stonov ..."
"Neither complaining, nor moaning…"
D ca. 1934 **F** 208 x 160 **M** Autograph, black ink on squared
paper, perforated, red margin **U** 1 sheet, 2 sides
Compared to other Vertov autographs, this draft of a poem
is less revealing as far as content is concerned than as an
emotional document. Bearing numerous crossings-out and
evidently written quickly and often in unreadable handwriting, this note shows the increasingly difficult work situ-

V 126
„Stenogramma doklada Dzigi Vertova v M.o.r.t., 5. April 1935

„Stenogramm eines Vortrags von Dziga Vertov im M.o.r.t."
D 5.4.1935 **F** 290 x 202 **M** Typoskript mit handschriftlichen Korrekturen (Kugelschreiber) **U** 14 Blatt

Der vor der Moskauer Gesellschaft der Theater-Arbeiter (MORT) gehaltene Vortrag ist einer der aufschlussreichsten unter den bisher unpublizierten Texten Vertovs. Aus Platzgründen und auch aufgrund zahlreicher inhaltlicher Überschneidungen mit der „Künstlerischen Visitenkarte" verzichten wir jedoch auf die Edition. In einer sehr langen autobiografischen Einleitung schildert Vertov seine ‚präkinematografischen' Tätigkeiten: Er schrieb Science-Fiction-Romane und war von Anfang an interessiert, Wissen, Experiment und Kunst zu vereinbaren. Das zentrale Denk- und Operationsprinzip ist der Rhythmus, der von Vertov mnemotechnisch eingesetzt und schließlich zum Wahrnehmungsorganisator wird – sowohl auf auditiver, als auch auf visueller Ebene. Der Fokus des Vortrags liegt auf dem Konzept Kino-glaz, das hier als Arbeits- und Weltanschauungsprinzip entfaltet wird. Die Rhetorik des Textes spiegelt die ideologischen Unsicherheiten des Jahres 1935 wider: Zwischen Glorifizierung und Verdammnis eines Kunstschaffenden lag damals nur ein schmaler Grat. Vertov setzt in diesem Text alles daran, seine Filmarbeit nicht in die Nähe des Formalismus-Vorwurfs geraten zu lassen. Dieser wird bekanntlich etlichen Künstlern, darunter Dmitrij Šostakovič, der mit Vertov zusammengearbeitet hatte, zum Verhängnis.

V 131
K proėktu ob organizacii tvorčeskoj laboratorii I

Entwurf zur Organisation des Schöpferischen Laboratoriums I
D 1936 **F** 196 x 127 **M** Autograf, Bleistift auf Millimeterpapier, gelocht **U** 1 Blatt

Das Schema ergänzt schriftlich niedergelegte Vorschläge Vertovs an die Studioleitung von Mežrabpomfil'm zur Reorganisation der Filmarbeit (vgl. Tagebucheinträge aus dem Jahr 1936). Die Grafik zeigt, wie Vertov sich schematisch das sogenannte „Schöpferische Laboratorium" vor-

ation in which Vertov found himself in the mid-1930s. In the text the author tries to encourage himself to continue his search, not to complain and not to fall into inactivity while waiting for bureaucratic developments—in 1934 *Tri pesni o Lenine* did not open in the cinemas of the Soviet Union for almost a year. Besides Michail Kaufman, the names of Il'ja Kopalin and Irina Setkina are also mentioned here. The film (and finally its success) is here celebrated by Vertov as a "day of celebration for Kinoglaz".

V 126
„Stenogramma doklada Dzigi Vertova v M.o.r.t., 5. April 1935

"Stenography of a lecture by Dziga Vertov at M.o.r.t."
D 5.4.1935 **F** 290 x 202 **M** Typography with handwritten corrections (ball-point pen) **U** 14 sheets

This lecture, which was given at the Moscow Society for Theatre Workers (MORT), is one of the most illuminating of Vertov's previously unpublished texts. For reasons of space and also due to numerous overlaps in content with the 'Artistic Calling Card' (cf. the version in this volume) we forgo its translation in this catalogue. In a very long autobiographical introduction, Vertov describes his 'pre-cinematic' activities: he used to write science-fiction novels and from the beginning was interested in unifying science, experiment and art. The central principle of thought and action becomes rhythm, which Vertov uses mnemo-technically and finally as a perceptual organiser—both on an auditory and on a visual level. The focus of the lecture lies in the concept of Kino-glaz, which is here developed as a principle of work and *Weltanschauung*. The rhetoric of the text reflects the ideological uncertainties of the year 1935: at that time there was only a thin dividing line between the glorification and damnation of an artist. In this text Vertov did everything he could to ensure that his film work would not be accused of formalism. As is well known, this

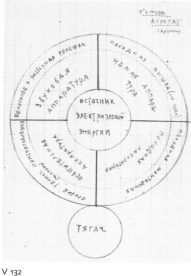

V 132

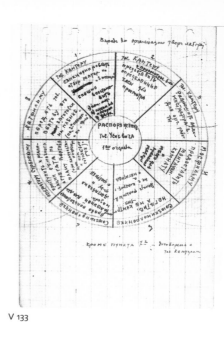

V 133

stellte: Der Kern ist das Kabinett des Regisseurs (oberes Objekt: Mitte – „Situation 1"), der im ihn umgebenden Schneideraum sein Operationsfeld besitzt. Er greift zu auf die Aufnahmeapparatur (oberes Objekt: unten, sowie das gesamte untere Objekt – „Situation 2"), die er sich als mobilen, voll ausgerüsteten Autobus denkt. Direkte Verbindung besteht aber auch zur „Autoren-Filmothek" (links oben) – ein Archiv eigener früherer und aktueller Aufnahmen – sowie drittens auf die „Informationsstation" (rechts oben), eine Art Produktionsbüro, in dem sämtliche Informationen zusammenlaufen. Vertovs Neigung zur Systematisierung der kollektiven Filmarbeit, die kreative Freiräume erzeugen soll, kommt hier in aller Deutlichkeit zum Ausdruck.

V 132
K proėktu ob organizacii tvorčeskoj laboratorii II
Entwurf zur Organisation des Schöpferischen Laboratoriums II
D 1936 [Abzug vor 1970?] F 221 x 159 M Fotografie sw U 1 Abzug
Die Grafik schließt an V 131 an. Was dort als „Aufnahmeapparat" gekennzeichnet ist, wird hier in ‚Nahaufnahme' spezifiziert. In der Mitte befindet sich gewissermaßen die

would prove the undoing of some artists, including Dmitrij Šostakovič, who had worked together with Vertov.

V 131
K proėktu ob organizacii tvorčeskoj laboratorii I
Design for the Organisation of the Creative Laboratory I
D 1936 F 196 x 127 M Autograph, pencil on millimetre paper, perforated U 1 sheet
This scheme supplements proposals that Vertov had already submitted in writing to the studio directors of Mežrabpomfil'm for the reorganisation of film work (cf. diary entries from the year 1936). The diagram shows how Vertov imagined the plan of his so-called "Creative Laboratory": the core is the room of the director, who has his operational headquarters in the editing room. He has access to the 'Recording apparatus', which he imagines as being a mobile, fully equipped bus. A direct connection also exists to the "author's filmotheque"—an archive of historical and up-to-date footage—as well as thirdly to the "information station", a kind of production office, where all the information is pooled. Vertov's inclination towards the systematic organisation of collective film work, intended to produce more scope for creativity, is expressed here with great clarity.

Quelle elektrischer Energie. Links oben die Ton-Apparatur, gekoppelt an ein Fahrrad und einen zerlegbaren Wagen. Rechts oben die Stummfilm-Apparatur, gekoppelt an einen beweglichen Turm bzw. Kran. Links unten die Beleuchtungs-Apparatur, ausgestattet mit besonderen technischen Adaptern. Rechts unten das bewegliche Laboratorium, gekoppelt an einen beweglichen Schneideraum. Der gesamte Aufnahmeapparat wiederum ist unten an eine Zugmaschine gekoppelt. Ein einzigartiges Modell für die mobile und allseitig vernetzte Produktion von Bewegtbildern, entstanden in einer Zeit bürokratischer Hindernisse und durch die Administration herbeigeführter Lähmung.

V 133
K proėktu ob organizacii tvorčeskoj laboratorii III
Entwurf zur Organisation eines künstlerischen Laboratoriums III
D 1936 [Abzug vor 1970?] F 238 x 173 M Fotografie sw
U 1 Abzug
Auch diese Grafik steht im Zusammenhang mit V 131 und V 132. Es handelt sich um notwendige Vorüberlegungen und Vorarbeiten, um das „Schöpferische Laboratorium" realisieren zu können. Vertov skizziert acht zentrale Ansprechpartner für sein Projekt, darunter Instanzen, die bereits für Filme ausgewähltes Material „sanktionieren" und sichten („Genosse Kanter"), Studios, deren Infrastruktur genützt werden soll (u. a. Mosfil'm, Sojuzkinochronika und Detfil'm) sowie den Kameramann Surenskij. Die Skizze liefert dem Verantwortlichen (Genosse Usievič – vgl. den mittleren Kreis) eine Vorlage für dessen operatives Vorgehen.

V 137
Tri geroini
D 1938 F 200 x 285 M Autograf, violette Tinte und blauer Buntstift auf kariertem Papier, roter Seitenrand U 1 Doppelblatt, 4 S.
Montageplan mit der Szenenabfolge des Films Tri geroini. Drei Fliegerinnen, die zum ersten Non-Stop-Überlandflug in den Fernen Osten unterwegs waren, stürzen in der Taiga ab, werden gesucht und schließlich gefunden. Die Montage betont ihre triumphale Heimkehr, zunächst nach Chabarovsk und dann nach Moskau, und macht die Beinahe-

V 132
K proėktu ob organizacii tvorčeskoj laboratorii II
Design for the Organisation of the Creative Laboratory II
D 1936 [print prior to 1970?] F 221 x 159 M B&w photograph
U 1 print
This diagram belongs together with V 131. What is there called a "Recording apparatus", is here specified in a kind of "close-up". In the middle is a source of electrical energy. Above left is the sound equipment, coupled with a bicycle and a trolley that can be dismantled. Above right is the "Silent film apparatus", connected to a mobile tower or crane. Below left is the lighting apparatus, equipped with special technical adaptors. Below right is the mobile laboratory, connected to a mobile editing room. The whole recording apparatus is also coupled with a traction machine below. A unique model for the mobile and universally connected production of moving pictures. Produced at a time of bureaucratic impediments and administrative paralysis.

V 133
K proėktu ob organizacii tvorčeskoj laboratorii III
Design for the Organisation of an Artistic Laboratory III
D 1936 [print prior to 1970?] F 238 x 173 M B&w photograph
U 1 print
This diagram is also connected to V 131 and V 132. It concerns the preliminary work necessary to be able to implement the "Creative Laboratory". Vertov sketched out eight central discussion partners for his project, including people ("Comrade Kanter") who had already "sanctioned" and reviewed material that had been selected for films, studios whose infrastructure could be used (incl. Mosfil'm, Sojuzkinochronika and Detfil'm), as well as the camera operator Surenskij. The sketch provided those responsible (Comrade Usievič, the circle in the centre) a basis for putting things into practice.

V 137
Tri geroini
D 1938 F 200 x 285 M Autograph, violet ink and blue crayon on squared paper, red margin U 1 double sheet, 4 sides
Editing plan with the sequence of scenes for the film Tri geroini. Three women aviators, who are involved in on the

Katastrophe damit vergessen. Vertovs später Film ist ein Meisterwerk filmischer Übersetzung von Kommunikation, Verkehr und Technik.

ÜBERSETZUNG (AUSZUG)

[Die Übersetzung soll die (durchnummeriert angegebenen) großen Handlungsbögen verdeutlichen, die sich so auch in der überlieferten Version des Films finden. Interessant sind darüber hinaus die vielen Detailangaben in den ersten beiden Szenenkästen, die auf eine schnelle Schnittfolge und Auflösung der Einstellungen hinweisen. Die Zeile zu „Flugzeug, Pkt. 5" lautet beispielsweise mit fast avantgardistischer Programmatik: „Vom Flugzeug aus entfernt sich die Erde."]

DREI HELDINNEN
  Einleitung
  1. Start   Flugzeug   [...]
                   Stab   [...]
  2. Unterwegs
  Karte [...]   Flugzeug   [...]
  Stab [...]
  3. Verschwinden des Flugzeugs
  4. Suche
  5. Das Flugzeug wird gefunden
  6. Aus der Tajga über Kerbi nach Komsomol'sk
  7. Radio-Telefongespräch mit den Verwandten
  8. In Chabarovsk
  9. Auf dem Weg nach Moskau
  10. Empfang in Moskau
  11. Im Kreml
  12. Auf dem Roten Platz am Jahrestag der
      Oktoberrevolution

                              [Übersetzung: BW]

first non-stop overland flight to the Far East, crash in the Taiga, a search is undertaken for them and they are finally found. The editing emphasises their triumphant homecoming, firstly in Chabarovsk and then in Moscow, thus making one forget about what had nearly been a catastrophe. The film is a masterpiece of the cinematic translation of communication, transport and technology.

TRANSLATION (EXCERPT)

[The translation is intended to elucidate the broad (consecutively numbered) elements of the plot, which are also to be found in the existing version of the film. Of further interest are the many details in the first two scene boxes, which indicate a rapid editing pace. The line concerning "Aeroplane, Pt. 5" is written as if part of an avantgarde programme: "Seen from the aeroplane, the earth gets further and further away."]

THREE HEROINES
  Introduction
  1. Start   Aeroplane   [...]
                   Staff   [...]
  2. Flight
  Map [...]   Aeroplane   [...]
  Staff [...]
  3. Disappearance of the plane
  4. Search
  5. The plane is found
  6. From Tajga via Kerbi to Komsomol'sk
  7. Radio-telephone conversation with relatives
  8. In Chabarovsk
  9. On the way to Moscow
  10. Reception in Moscow
  11. At the Kremlin
  12. In Red Square on the anniversary of the Revolution

V 138

„Tri geroini", razryvajut na časti
„Drei Heldinnen", in Teile zersprengt
D 1938 **F** 183 x 125 **M** Autograf, violette Tinte, roter Seitenrand **U** 1 Blatt, 2 S.
Siehe auch den Kommentar zu V 137. Im oberen Teil werden (1) die „Drei Heldinnen" zunächst „in Schlagzeilen zerlegt"; (2) „Die ‚Drei Heldinnen' werden von allen Seiten attackiert, kommen aber dennoch ans Ziel"; (3) im Stab wird die „Notlandung" über Funk verfolgt. Im unteren Teil ist eine Kalinin-Rede, vermutlich anlässlich des Empfangs für die drei sowjetischen Heldinnen in der Hauptstadt Moskau, notiert.

V 141
Tri raboty I
Drei Arbeiten I
D Mitte 1930er [Abzug vor 1970] **F** 158 x 230
M Fotografie sw **U** 1 Abzug
Diese Grafik fasst drei Vorschläge an das Studio Detfil'm zusammen: „Ženščina" („Frau", später als *Kolybel'naja* realisiert), die Umarbeitung von *Tri pesni o Lenine* sowie das „Tvorčeskaja laboratorija" (Schöpferische Laboratorium, vgl. V. 131–133). Es geht um die Organisation von drei Parallelprojekten, zu einer Zeit, in der Vertov immer weniger Gelegenheit bekam, filmisch zu arbeiten. Unter Punkt 7 des Projekts „Ženščina" steht doppelt unterstrichen „Jetzt muss ein Platz für die Arbeit gesucht werden." Auch das „Schöpferische Laboratorium" führt unter Punkt 3 das Problem „Räumlichkeiten" auf.

V 138

V 138

„Tri geroini", razryvajut na časti
"Three heroines", scattered into pieces
D 1938 **F** 183 x 125 **M** Autograph, violet ink, red marin
U 1 sheet, 2 sides
Cf. also the commentary on V 137. In the upper part (1) the "three heroines" are first of all "scattered"; (2) "The 'three heroines' are attacked from all sides, yet still achieve their goal"; (3) the "emergency landing" is followed by the headquarter's staff on the radio. In the lower part there is a note about a speech by Kalinin, presumably on the occasion of the reception of the three Soviet heroines in the capital of Moscow.

V 141
Tri raboty I
Three Works I
D End of the 1930s [print prior to 1970] **F** 158 x 230 **M** B&w photograph **U** 1 print
"Three Works", which was sent as a proposal to the Studio Detfil'm, comprises the projects "Ženščina" ('Woman', later realised as *Kolybel'naja*), the reworking of *Tri pesni o Lenine*, as well as "Tvorčeskaja laboratorija" ('Creative Laboratory') (cf. V. 131–133). It was a matter of organising the work on three parallel projects, at a time when Vertov had less and less opportunity to work on his films. Under point 7 of the project "Ženščina", the following sentence is underlined twice: "Now we must find a place to work." Point 3 of the "Creative Laboratory" project also lists the problem of "premises".

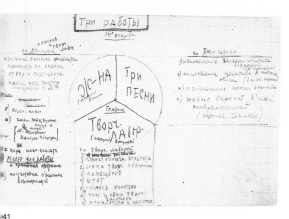

V 142

V 142
Tri raboty II
Drei Arbeiten II
D Mitte 1930er [Abzug vor 1970?] **F** 183 x 240
M Fotografie sw **U** 1 Abzug
Siehe den Kommentar zu V 141.

V 145
Skazka o velikane. Kusok dna na ladoni ruki velinkana
Das Märchen vom Riesen. Ein Stück Boden auf der
Handfläche des Riesen
D 1940 **M** 183 x 240 **M** Fotografie sw **U** 2 Abzüge
Exposé eines nicht verwirklichten Films, den Vertov für das
Kinderfilmstudio Detfil'm drehen wollte. Ende 1939 war er
in dieses Studio versetzt worden, nahm dann aber die neue
Aufgabe mit Elan an, obwohl viele seiner Vorschläge ab-
gelehnt wurden. Für diesen Film durfte er sogar Probeauf-
nahmen unternehmen. Zu diesem Zweck ließ er sich Story-
board-Zeichnungen von Michail Tjunov anfertigen.

ÜBERSETZUNG
Ein Stück Boden auf der Handfläche des Riesen

Wiese unter Wasser
Eine Wiese auf dem Meeresgrund. Tiere, die Blumen und
Bäumen ähneln. Korallensiedlungen, grelle Ansammlungen
von wurm- und röhrenförmigen Gewächsen.

Meer
Wasser rinnt durch die Finger. Auf der Handfläche: ein
Krebs mit einer Seerose auf der Schale (er eroberte die
Behausung einer Schnecke), ein achtarmiger Seepolyp hat
sich auf einen Fisch gestürzt, der Seestern versucht das
Schneckenhaus zu öffnen, ein Seeigel zieht mit Saugfüßen
einen Krebs-Grashüpfer zu sich heran …

V 142
Tri raboty II
Three Works II
D End of the 1930s [print prior to 1970?] **F** 183 x 240 **M** B&w
photograph **U** 1 Print
Cf. the commentary on V 141.

V 145
Skazka o velikane. Kusok dna na ladoni ruki velinkana
The Fairytale of the Giant. A Piece of Land on the Palm of
the Giant
D 1940 **F** 183 x 240 **M** B&w photograph **U** 2 prints
Draft of a film that was never made, but which Vertov
wanted to make for the children's studio Detfil'm. At the
end of 1939 he had been moved to this studio, and took
on the new challenge with élan, although many of his
suggestions were rejected. For this film he could even do
some screen tests. For this purpose he had storyboard
drawings made by Michail Tjunov.

TRANSLATION
A Piece of Land on the Palm of the Giant

Meadow under Water
A meadow at the bottom of the sea. Animals that resemble
flowers and trees. Coral settlements, bright gatherings of
wormlike and tubular growths.

Sea
Water runs through fingers. On the palm of the hand: a
crab with a water rose on its shell (it conquers the shell of
a snail), an eight-armed octopus has pounced on a fish, the
starfish is trying to open the snail's shell, a sea urchin pulls
in a crab-grasshopper with its suction feet …

201

Das Reich der ewigen Nacht

Auf dem Meeresboden in einer Tiefe von 1000 Metern: Finsternis. Leuchtende, geisterhafte Schatten: die einen verharren unbeweglich am Boden, die anderen schleichen langsam heran und verschwinden ebenso langsam, wieder andere, von riesigem Umfang und länglicher, ovaler Form, schwimmen schnell heran (von einem Ausmaß von ungefähr 3 Metern) *[unleserlich]* sie erlöschen schnell und verschwinden.

Im Licht des blitzlichtartigen Aufleuchtens sieht man einen ebenen, schlammigen Boden mit verschiedenen Tierarten in der Größe von 1 bis 3 Metern. Mitten in den Pflanzen liegt, von plötzlichen Blitzlichtern erhellt, ein gesunkenes Schiff.

Der Riese geht in den Tiefen des Ozeans und hält das Schiff in der Hand. Auf ihn bewegen sich leuchtende, geisterhafte Schatten zu, die manchmal die Form von bestimmten, der Wissenschaft bereits bekannten, leuchtenden Fischen annehmen. Rund um die schwarze Kontur des Kopfes des gehenden Riesen sausen leuchtende Tiefwasserfische: eine Stielaugen-Larve der goldfarbigen Flügeleidechse … eine Fisch-Riesenschlange, die gierig einen Lampenfisch verschlingt … ein Dreistern-„Angler" mit Leuchtorganen an den Enden dreier hoher Masten …

In einer Tiefe von 500 Metern

Der Riese kommt aus den Tiefen des Ozeans herauf. Ihm entgegen kommt in einem schwachen gräulich-blauen Licht: … „ein fünfstrahliges Fisch-Sternbild" (ein leuchtendes Wesen, das mit Leuchten bedeckt ist, welche in fünf leuchtenden, gekrümmten Linien über den Körper verteilt sind) …

…Flammenwerfer-Krabben, die Wolken einer leuchtenden Flüssigkeit ausstoßen, um mit Lichtblitzen … [?] … zu blenden … *[2 Zeilen unleserlich]*

In einer Tiefe von 300 Metern

Der Riese kommt aus den Tiefen des Ozeans. Rund um ihn schwimmen Meeres-„Sonnenfische" …

The Realm of Eternal Night

On the bottom of the sea at a depth of 1,000 metres: darkness. Luminous, ghostly shadows: some remain immobile on the floor, others creep slowly forward and vanish just as slowly, still others, of giant proportions, and elongated, oval form, swim quickly forward (about 3 metres in size) they fade fast and vanish.

In the light of the lightning-like flash one sees a flat, muddy floor and various species of a size between 1 and 3 metres. In the middle of the plants lies, suddenly illuminated by flashes, a sunken ship.

The giant walks into the depths of the ocean, grabs and holds the ship in his hand. Luminous ghostly shadows move about upon it, sometimes taking the form of certain luminous fish already well known to science. Shining deep-sea fish race around the black contour of the head of the walking giant: the stalk-eyed larva of the golden winged lizard … a giant fish snake, which greedily devours a lamp-fish … a three-star 'angler' with luminous organs at the ends of three tall masts …

At a depth of 500 metres

The giant comes up from the depths of the ocean. Coming towards him in a faint greyish-blue light: … "a radial five-armed fish-constellation" (a luminous creature, all covered with lights, which spread across its body in five shining broken lines) …

… Flame-thrower crabs, which send out clouds of a shining fluid in order to blind with flashes of light … [*2 lines illegible*].

At a depth of 300 metres

The giant comes out of the depths of the ocean. Around him swim sea-'sunfish' …

At a depth of 50 metres

The giant walks and is illuminated by a golden-green light from above. A shark, a swordfish and a sawfish swim past, a swarm of cuttlefish glide by, followed by a sperm whale.

V 145 Seite 1 / page 1

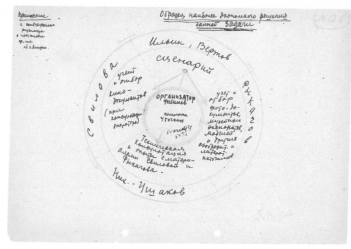

V 147

In einer Tiefe von 50 Metern
Der Riese geht und wird dabei von einem gold-grünen Licht von oben beleuchtet. Es schwimmen ein Haifisch, ein Schwertfisch und ein Sägefisch vorbei, es gleitet ein Schwarm von Tintenfischen vorbei, der von einem Pottwal verfolgt wird.

Meeresoberfläche
Möwen, Delfine, fliegende Fische. Über dem Ozean ist eine schwarze und runde Insel zu sehen, die mit nassen Haaren bedeckt ist. Von der sich bewegenden Insel klettern Leute hastig in ein Boot.

Aus dem Ozean kommt ein Kopf heraus, als ob die Sonne über dem Meer aufgeht. [Übersetzung: IS]

V 147
Letajuščij čelovek
Der fliegende Mensch
D 1941 F 215 x 295 M Autograf, Tinte, Bleistift und Buntstift auf Karton, gelocht U 1 Blatt
Arbeitsschema für den geplanten, aber nicht realisierten gleichnamigen Film zum Thema Luftfahrt. Demnach sind Vertov und Il'in für das Drehbuch zuständig, die Schnittmeisterin Svilova und der Kameramann A. Rykačov für die Auswahl von bereits vorhandenen Filmausschnitten zum Thema, der Trickfilmspezialist Nikolaj Ušakov für die technische Beratung. Diese Schemata sind typisch für Vertov, der so die noch zu erledigenden Arbeitsgänge und deren Aufteilung veranschaulicht.

Surface of the sea
Seagulls, dolphins, flying fish. Above the ocean a round black island can be seen, covered with wet hair. From the moving island people climb hastily into a boat.

A head rises from the ocean, as if the sun were rising above the sea.

V 147
Letajuščij čelovek
The Flying Human
D 1941 F 215 x 295 M Autograph, ink, pencil and crayon on card, perforated U 1 sheet
Work diagram for the planned, but still unmade film on the subject of aviation. Vertov and Il'in are responsible for the script, the editor Svilova and the cameraman A. Rykačov are responsible for selecting already existent footage on the subject, and the animation specialist Nikolaj Ušakov for technical advice. Such a plan is typical for Vertov, who in this way made it possible to look at the work processes that had to be completed, as well the division of labour involved.

TRANSLATION
[above left]
Appendix
On the director's reflections about making a film about aviation.
Pattern for the most economical solution of the tasks we face
[centre]

ÜBERSETZUNG

[links oben]

Beilage

Zu den Überlegungen des Regisseurs, einen Film über die Luftfahrt zu drehen.

Muster für die möglichst ökonomische Lösung der gestellten Aufgabe

[Kreis im Zentrum]

1. Organisator Fabinov
2. Helfer Utočkin
3. Buchhalter 50%

[mittlerer Kreis, von oben im Uhrzeigersinn]

1. Drehbuch
2. Inventur und Auswahl der Foto- u. Filmdokumente, Ausstellungsexponate, Modelle aus anderen visuellen und literarischen Quellen.
3. Technische Konsultationen und Versuche mit den Materialien von Svilova und Rykačov.
4. Inventur und Auswahl der Filmdokumente (in Absprache mit dem Kameramann)

[äußerer Kreis, von oben im Uhrzeigersinn]

1. Il'in, Vertov
2. Rykačov
3. Nik. Ušakov
4. Svilova

[Übersetzung: BW]

V 148

Kino-Korrespondent, 1. Ausgabe

D 11. 7. 1941 **F** 205 x 145 **M** handsigniertes Typoskript mit Korrekturen in blauer und violetter Tinte **U** 5 Blatt
Drehbuch für den gleichnamigen Film, das belegt, wie Vertov dem Thema des „Mannes mit Kamera" auch nach Jahren noch treu bleibt. Er möchte in einem Filmstudio drehen und die Arbeit eines „Kino-Korrespondenten" zeigen, die selbstreflexiven Topoi jedoch mit Szenen von der Kriegsfront koppeln. Prinzipiell sollte der unrealisiert gebliebene Film aus drei verschiedenen Quellmaterialien bestehen: 1) Material aus der „Filmothek", d. h. bereits gedrehtes Material; 2) neue Aufnahmen; 3) einzelne Stücke aus dem Front-Material. Kameramann des Projekts war Surenskij, Schnittmeisterin Svilova. Da es im RGALI auch

1. Organiser Fabinov
2. Assistant Utočkin
3. Accountant 50%

[mid-circle, clockwise from the top]

1. Script
2. Inventory and selection of photographic and cinematic documents, exhibition objects, models from other visual and literary sources.
3. Technical consultation and experiments with the material provided by Svilova and Rykačov.
4. Inventory and selection of film documents (in agreement with the cinematographer)

[outer circle, clockwise from the top]

1. Il'in, Vertov
2. Rykačov
3. Nik. Ušakov
4. Svilova

V 148

Kino-Korrespondent, 1. Ausgabe

D 11. 7. 1941 **F** 205 x 145 **M** hand-signed typescript with corrections in blue and violet ink **U** 5 sheets
Script for the eponymous film, which shows how faithful Vertov still remained to the subject of the 'Man with a Movie Camera' even after many years. He plans to shoot in a film studio and to demonstrate the work of a "cinema correspondent", yet combining the self-reflexive *topoi* with scenes from the war front. In principal, the film (which was never realised) would have drawn on three different material sources: 1) material from the 'Filmotheque', i.e. existent footage; 2) new material; 3) footage shot at the front. The cinematographer for the project was to be Surenskij, the editor Svilova. Since versions of the script in RGALI are dated 11 July 1941, it might be that this is a first version.

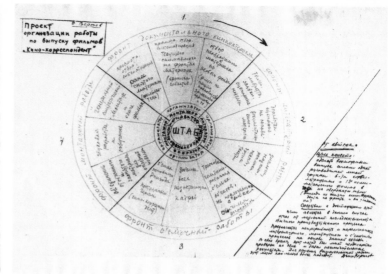

Fassungen des Drehbuchs gibt, die mit 11. Juli 1941 datiert sind, könnte es sich bei dieser Fassung um eine erste Variante handeln.

V 149
Proèkt organizacii raboty po vypusku fil'mov „Kino-korrespondent"
Arbeitsorganisationsprojekt zu den Ausgaben des „Kino-Korrespondent"
D 1942 **F** 180 x 240 **M** fotomechanische (?) Reproduktion auf gewachstem Papier **U** 1 Blatt
Konzentrisch gebautes Organisationsprojekt. In der Mitte der Stab: der Direktor, der Regisseur und der Redakteur; danach Schnittmeister, Kamera und literarisch Zuständiger. Der innere Kreis steht mit insgesamt 12 Abschnitten in Berührung. Jeweils drei davon gehören zur „Front des dokumentarischen Filmmaterials", zur „Front der literarischen Arbeit", zur „Front der Aufnahmearbeit" und zur „Front der Schnittarbeit". Auch hier geht es um die systematische Erarbeitung eines Organisationsplans für dokumentarisches Arbeiten.

V 149
Proèkt organizacii raboty po vypusku fil'mov „Kino-korrespondent"
Organisational chart for editions of *Kino-korrespondent*
D 1942 **F** 180 x 240 **M** photographic (?) reproduction **U** 1 sheet
Chart in concentric lines. At the centre one can find the crew – the director and the executive producer, then the editor-in-chief, the cinematographer and the text editor. This inner circle is connected to 12 sections, each three belonging to the "front of documentary material", to the "front of literary work", the "front for recording work" and the "front for editing work". The document presents an organisational plan for systematic documentary work.

V 151
Tebe, front! Konstruktion Nr. 1
D 1942 **F** 243 x 197 **M** Hand-signed autograph in blue-green ink and pink crayon **U** 1 sheet
One of three diagrams colourfully drawn by Vertov for his wartime film *Tebe, front!* This treatment emphasises the special significance of the image-sound relationship. The image is placed in the left column and the sound in the right one. The film begins with the separation of the two protagonists: Džamil', who has been called up to the army, bids farewell in uniform from his wife Saule, who is staying

"Глоб фронт"
1943

изображение

Дым. завеса	музыка войны
эпиграф дымов. завеса	музыка войны " "
назв. фильма д. завеса	" " "
статуя, как дымовая завеса	звуки войны
наезд на играющ. акына	звуки войны песнь акына (Токен)
Сауле провожает Дусамиля за фронт. или акын	движение в музыке покоцае на домбре
Сауле выходит из шахты	оркест. музыка - тема Сауле.
Радио - сообщение	текст информбюро (музыка?)
наступает вечер	оркест. музыка: наступает вечер, вечерние стихают, Дусамилевы мысли
Сауле пишет Дусам. письмо	Шопот. Тикание часов. (перебой!)
нат. "И долго еще светился огонек в домике, где жена Сауле..."	Шопот. (может тихая музыка)
Сауле перечитывает письмо и заклеив.	шопот. потом песня Сауле
Из 35 м. кусок фронтов. обстановки	Взрыв обрывает песню.
Дусамиль с письмом отправляется, успокоенный	Задыхающаяся перестрелка
фильмов. куски затишья на фронте	Затишье. Очень отдаленная стрельба
Дусамиль идет, читая письмо, останавливается, задумался	Тишина. Может птицы или сверч...
Крупный план задумавшегося Дусам.	Голос: "О чем задумался, Дусамиль?"
СНХР. — Я думаю о роди к нее и думаю о родной Сауле. Думаю о работниках нашей домны, к-рые мысли о фронте вкладывают в свой сверх. стах. труд (пауза) - или - нет.	
Плывущая карта казахст. ина (глуш)	голос: "... Все каз. страна, где я родился и вырос, всегда передо мной, словно на ладони от рук Волги, до Кит. синих гор "От равнин Сибири до Тянь-шанских гор"
лицо	
наплывают сокровища	голос: "Весь ж. такой металл и т.д. И все это было нужно фронту, моим и вашим товарищам, моей Сауле...
Лицо Дусамиля	
Геолог. разведка	голос: "В мусу... разведчики недр "направляют" в..: кудь ле ... гралка... и т.д.
Спуск в рудники	
обогатит. ф-ка	"... в недрах земли продолжается трудовое сражение..."
акын или Дусамиль задумавшийся	"пылает моющее сердце... за фронт..."
	звуки домбры
переход к эпиз. медь	"мчат мою юность моя к берам Балх. озера..."

№ 1

V 151
Tebe, front! Konstruktion Nr. 1
D 1942 **F** 243 × 197 **M** handsignierter Autograf in blau-grüner Tinte und rosa Buntstift **U** 1 Blatt

Eine von drei farbenfroh gezeichneten Grafiken Vertovs zu seinem im Krieg entstandenen Film *Tebe, front!*. Es handelt sich um ein Treatment, in der aber die besondere Bedeutung der Bild-Tonbeziehung unterstrichen wird. In der linken Spalte ist das Bild aufgeführt, in der rechten der Ton. Der Film beginnt mit der Trennung der beiden Protagonisten: Der zur Armee einberufene Džamil' verabschiedet sich in Uniform von seiner zuhause zurückbleibenden Ehefrau Saule, die in einem Bergwerk arbeitet. Das Dokument zeigt offenbar ein vor Beginn der Dreharbeiten angefertigtes Treatment, das allerdings in weiten Passagen auch so realisiert wurde. Leider kennen wir – laut Vertov – heute nur eine verstümmelte Fassung des Films.

ÜBERSETZUNG
[Anm.: Der einfacheren Zuordnung halber sind die Spalten in der Übersetzung durchnummeriert. a) bezeichnet die linke (Bild-)Spalte, b) die rechte (Ton-)Spalte – siehe Abbildung rechts.]

Tebe, front!
1942

[rechts oben:]
Konstruktion Nr. 1
Notizblatt 28
Handschrift links oben/links unten: Bildliche Darstellung
Handschrift rechts oben/rechts unten: Ton

1a: Rauchvorhang	
1b: Kriegsmusik	
2a: Epigraph	
2b: Kriegsmusik	
3a: Rauchvorhang	
3b: Kriegsmusik	
4a: Filmtitel	
4b: Kriegsmusik	
5a: Rauchvorhang	
5b: Kriegsgeräusche	

behind at home and who works in a mine. The document evidently shows a treatment that was finished before shooting began, although many sequences correspond to the film. Unfortunately, today we are familiar – according to Vertov – only with a butchered version of the picture.

TRANSLATION
[Note: for the purposes of simplifying the allocation, the columns have been consecutively numbered in the translation; a) designates the left (image) column, b) the right (sound) column.]

Tebe, front!
1942

[above right:]
Construction No. 1
Notepaper 28
Handwriting above left/below left: visual representation
Handwriting above right/below right: sound

6a: Der Akyne und Station	1a: Smoke curtain
6b: Kriegsgeräusche	1b: War music
7a: Rauchvorhang	2a: Epigraph
7b: Kriegsgeräusche	2b: War music
8a: Kamerabewegung auf den spielenden Akynen	3a: Smoke curtain
8b: Lied des Akynen (Text)	3b: War music
9a: Saule verabschiedet Džamil'	4a: Film title
9b: Bewegung in der Musik ähnlich einer Dombra	4b: War music
10a: Verdunkelung oder Akyne	5a: Smoke curtain
10b: —	5b: War sounds
11a: Saule kommt aus dem Bergwerk	6a: Akyn and station
11b: Spezielle Musik – Thema Saule	6b: War sounds
12a: Radionachricht	7a: Smoke curtain
12b: Text Informbüro (Musik?)	7b: War sounds
13a: Der Abend bricht an	8a: Camera movement towards the Akyn playing
13b: Spezielle Musik: Der Abend bricht an, alles wird still, die Lichter gehen an.	8b: Song of the Akyn (text)
14a: Saule schreibt Džamil' einen Brief.	9a: Saule bids farewell to Džamil'
14b: Flüstern, Ticken einer Uhr, Musik.	9b: Movement in the music similar to a dombra
15a: Zwischentitel: „Und noch lange brannten die Lichter in dem Häuschen, in dem Saule wohnte."	10a: Darkening or the Akyn
15b: Flüstern (evtl. leise Musik)	10b: —
16a: Saule liest immer wieder den Brief und beginnt zu singen.	11a: Saule comes out of the mine
16b: Flüstern, dann Lied der Saule.	11b: Special music – Saule's Theme
17a: Aus der Dunkelheit ein Stück des Kriegsschauplatzes.	12a: Radio news
17b: Eine Explosion unterbricht das Lied.	12b: Text information office (music?)
18a: Džamil', den Brief in der Hand, dreht sich um und beruhigt sich.	13a: Evening falls
18b: Feuerpause: ein leiser werdender Schusswechsel.	13b: Special music: evening falls, everything becomes quiet, the lights go on.
19a: Filmstücke Feuerpause an der Front	14a: Saule writes Džamil' a letter.
19b: Feuerpause: Ein sehr weit entfernter Schuss	14b: Whispering, ticking of a clock, music.
20a: Džamil' geht, liest dabei den Brief, bleibt stehen und beginnt nachzudenken.	15a: Intertitle: "And the lights burned long in the little house where Saule lived."
20b: Stille: eventuell Vogelgezwitscher oder [unleserlich]	15b: Whispering (perh. quiet music)
21a: Großaufnahme: Džamil' in Gedanken versunken	16a: Saule reads the letter again and again and begins to sing.
21b: Stimme: „Woran denkst du, Džamil'?"	16b: Whispering, then a song by Saule.
22a +22b Synchron: Ich denke über meine Heimat Kasachstan und meine geliebte Saule, über die Arbeiter, nach,	17a: From the darkness emerges a piece of the battlefield.
	17b: An explosion interrupts the song.
23a + 23b: die ihre Gedanken an die Front in ihre tägliche Stachanov-Arbeit einbinden. (Pause), Gesicht	18a: Džamil', letter in hand, turns round and calms himself down.
	18b: Break in firing: an exchange of fire that becomes quieter.
24a: Verschwimmende Karte Kasachstans (Gesicht)	19a: Pieces of film: break in the firing on the front

24b (bis in 25b): Stimme: „Und das gesamte Kasachstan, das Land, in dem ich geboren wurde und aufwuchs, steht vor meinem geistigen Auge, fast wie auf einem Globus, von der russischen Wolga bis zum chines. Sin'-Czan', von den Ebenen Sibiriens bis zu den Tjan'-San'ski-Bergen.

25a: Gesicht
25b: siehe oben

26a: Es verschwimmen die Schätze
26b (auch 27b): Stimme: „Gibt es überhaupt so ein Metall etc. Und all das wird für die Front, die Soldaten, meine Kampfgefährten, die Genossen, meine Saule gebraucht."

27a: Gesicht Džamils
27b: siehe oben

28a: Geologische Untersuchung
28b: Stimme: „Ich sehe: Die Erforscher des Erdinneren machen sich in die Tiefe meines Landes auf" etc.

29a: Bleiminen
29b: „Und in den Tiefen der Erde geht der Dienst an der Arbeit weiter."

30a: Anreicherungsfabrik
30b: „Es leuchtet das mächtige Herz des Werkes."

31a: Der Akyne oder der in Gedanken versunkene Džamil'
31b: Klang einer Dombra

32a: -
32b:-

33a: Übergang zur Episode Kupfer
33b: „Meine Gedanken tragen mich zu den Wassern des Balchaš-Sees [?]."

34a: Nr.
34b: 1

[Übersetzung: IS]

19b: Break in firing: a shot very far away
20a: Džamil' walks, reading the letter, stops and begins to ponder.
20b: Quiet: perhaps the chirping of birds or [illegible]

21a: Close-up: Džamil' sunk in thought
21b: Voice: "What are you thinking about, Džamil'?"

22a +22b Synchronous: "I am thinking about my home in Kasachstan, about my beloved Saule, and about the workers,

23a + 23b: who connect their thoughts to the front in their daily Stakhanov work." (Pause), face

24a: Blurred map of Kasachstan (face)
24b (until 25b): voice: "And the whole of Kasachstan, the land where I was born and grew up, lies before my inner eye, almost as if on a globe, from the Russian Volga to the Chinese Sin'-Czan', from plains of Siberia to the mountains of Tjan'-San'ski."

25a: Face
25b: see above

26a: The treasures become blurred
26b (also 27b): voice: "Is there such a metal at all etc. And all that is needed for the front, for the soldiers, our comrades in arms, our comrades, my Saule."

27a: Džamil's face
27b: see above

28a: Geological investigation
28b: Voice: "I see: the explorers of the interior of the earth penetrate far into the depths of my country" etc.

29a: Lead mines
29b: "And in the depths of the earth the duty to work goes on."

30a: Enrichment factory
30b: "The mighty heart of the factory shines."

31a: Akyn, or Džamil' sunk in thought
31b: Sound of a dombra

32a: -
32b:-

33a: Transition to the copper episode
33b: "My thoughts carry me to the waters of Lake Balchaš [?]."

34a: No.
34b: 1

V 152

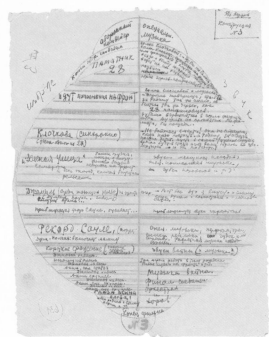

V 153

V 152

Tebe, front! Konstruktion Nr. 2

D 1942 **F** 242 x 192 **M** handsignierter Autograf in blau-grüner Tinte und rosa Buntstift **U** 1 Blatt
Aus der selben Serie wie V 151. Die zweite der Grafiken Vertovs zu *Tebe, front!* Die relativ groß geschriebenen ‚Handlungsträger' auf der linken Seite sind „Kohle", „Fisch", „Erdöl" und ein „Lied".

V 153

Tebe, front! Konstruktion Nr. 3

D 1942 **F** 245 x 184 **M** handsignierter Autograf in blau-grüner Tinte und rosa Buntstift auf transparentem Papier **U** 1 Blatt
Aus der selben Serie wie V 151 und V 152. Dritte und letzte Grafik Vertovs zu *Tebe, front!*

V 154

„Kinoglaz do konca ne ubili …"

„Kinoglaz ist nicht ganz geschlagen …"
D um 1942 (?) **F** 98 x 162 **M** Autograf in schwarzer Tinte auf kariertem Papier, rückseitig Bleistift, gelocht, roter Seitenrand **U** 1 Blattfragment, 2 S.

V 152

Tebe, front! Konstruktion Nr. 2

D 1942 **F** 242 x 192 **M** Hand-signed autograph in blue-green ink and pink crayon **U** 1 sheet
From the same series as V 151. The second of Vertov's diagrams for *Tebe, front!* The elements shown in relatively large writing on the left-hand side are "coal", "fish", "oil" and a "song".

V 153

Tebe, front! Konstruktion Nr. 3

D 1942 **F** 245 x 184 **M** Hand-signed autograph in blue-green ink and pink crayon on transparent paper **U** 1 sheet
In the same series as V 151 and V 152. Vertov's third and last diagram for *Tebe, front!*

V 154

„Kinoglaz do konca ne ubili …"

"Kinoglaz is not totally beaten..."
D ca. 1942 (?) **F** 98 x 162 **M** Autograph in black ink on squared paper, on the back pencil, perforated, red margin **U** 1 sheet fragment, 2 sides

V 154 Vorderseite / face

V 158.I Vorderseite / face

Aufgrund der zahlreichen Durchstreichungen ist dieses Dokument eher als emotionaler Gradmesser zu betrachten, denn als inhaltlich aufschlussreicher Text. Dennoch bleibt die Spur eines bitter-melancholischen Themas lesbar: 25 kinematografische Jahre könne seine Assistentin Svilova vorweisen; auch Kaufman sei noch lebendig – alle einstigen Motoren des großen Kinoglaz-Projekts, Vertov selbst eingeschlossen, seien jedoch ausgezehrt und müde. Die endgültige Vernichtung der Bewegung wird jeden Moment erwartet.

V 158.I
„Dorogoj Serg. Appol ..."
„Lieber Serg. Appol ..."
D ca. 1944 F 214 x 256 M Autograf in blau-grüner Tinte, gefalzt U 1 Blatt, 4 S.
Handschriftlich verfasster, langer Brief an Sergej Apollinarievič Gerasimov, der von 1944 bis 1946 Leiter des Zentralen Dokumentarfilmstudios war. Vertov – wie so oft von sich selbst in der dritten Person schreibend – klagt hier über die ungerechte Behandlung seitens der Auftraggeber. Er „mache" nicht(s) mehr selbst, er „werde nur noch gemacht"; es ginge schon lange nicht mehr um Talent, sondern nur noch darum, wie man sein Talent „organisiere" und mit welchen Etiketten man als Künstler irgendwann einmal versehen worden sei. Am Beispiel von Kljatva molodych (Schwur der Jugend), jenem Film, den Vertov an anderer Stelle als „nicht mit seinen künstlerischen Intentionen übereinstimmend" bezeichnet hat, versucht er zu zeigen, wie sehr ihm bei der kreativen Arbeit bereits die Hände gebunden sind.

Due to the numerous crossings-out, this document may be regarded rather as an emotional barometer than as a text that is illuminating as far as the content is concerned. Nevertheless a trace of bitterness and melancholy can be read into it: his assistant Svilova had been working for 25 "film years"; Kaufman was also still alive—and together with Vertov they had once been the driving force behind the Kinoglaz Project, yet now they were exhausted and spent. The final annihilation of the movement was expected at any moment.

V 158.I
„Dorogoj Serg. Appol ..."
"Dear Serg. Appol ..."
D ca. 1944 F 214 x 256 M Autograph in blue-green ink, folded U 1 sheet, 4 sides
A long hand-written letter to Sergej Apollinarievič Gerasimov, who from 1944 to 1946 had been director of the Central Documentary Film Studio. Vertov—here, as so often, writing about himself in the third person—complains about the unfair treatment he has received at the hands of his employers. He doesn't "do" anything himself any longer, things are "only done unto" him; for a long time now, work has had nothing to do with talent, but only with how one can "organise" one's talent and which labels can be attached to oneself as an artist. Taking as his example Kljatva molodych (The Oath of Youth), the film which elsewhere Vertov had described as "not corresponding to his artistic intentions", he tries to show just how much his hands were already tied in his artistic and creative endeavours.

V 159.1, Deckblatt / front page

V 159.1, Seite 1/page 1

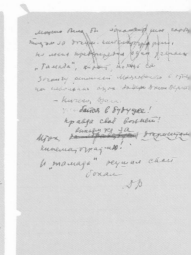

V 159.1, letzte Seite / last page

V 159.1
Materialy k tvorčeskomu puti
Materialien zum Schaffensweg

D 1945 **F** 202 x 142 **M** monogrammierter Autograf in blauer und blau-grüner Tinte, Bleistift und Buntstift (blau, rot) auf liniertem Papier **U** 26 Blatt, lose

Das Deckblatt dieses Heftchens ist überschrieben mit der Zeile „Für ein Buch" – und so setzt dieses nicht-filmische Projekt auch mit Zitaten großer russischer Literaten wie Lev Tolstoj ein. Doch schon an nächster Stelle rückt sich Vertov selbst in der dritten Person in die Nähe von Einstein: Er hätte bereits früh die „Relativitätstheorie auf der Leinwand" vorgeschlagen, leider sei dieses Projekt aber später im Ausland realisiert worden. Wie auch Einstein hätte dieser Vertov eine These nach der anderen vorgebracht, sei aber in den meisten Fällen unverstanden geblieben. In der Folge entfaltet Vertov eine ausführliche Werkbiografie mit den gewohnten Parametern (Experiment, Theorie, Kinoglaz, Kinopravda) und den üblichen Mit- bzw. Gegenspielern (Eisenstein, Ruttmann, Dos Passos). Hier wird jenes Material zusammengetragen – u. a. auch Texte anderer zum eigenen Schaffen –, das später in die „Künstlerische Visitenkarte" einfloss (vgl. die Edition in diesem Band). Am Ende schließt sich die zu Beginn aufgemachte Klammer: Vertov – ein Atom, Vertov – der „Adam des dokumentarischen Stammes".

V 159.1
Materialy k tvorčeskomu puti
Material on his artistic career

D 1945 **F** 202 x 142 **M** Monogrammed autograph in blue and blue-green ink, pencil and crayon (blue, red) on lined paper **U** 26 sheets, loose

Written across the cover of this little notebook is the line "For a book"—that is how this non-cinematic project begins, using quotations from great Russian authors such as Lev Tolstoj. Yet very soon afterwards Vertov places himself, writing in the third person, in the company of Einstein: quite early on he had proposed "the theory of relativity on the screen", though unfortunately this project had then been implemented abroad. Like Einstein himself, Vertov had produced one theory after another, even if in most cases they had been misunderstood. Vertov here develops an extensive biography of work within his familiar parameters (experiment, theory, Kinoglaz, Kino-pravda) and with the usual partners and opponents (Eisenstein, Ruttmann, Dos Passos). Here that material is brought together—including the texts of others on his own work—which later informed his own "Artistic Calling Card" (cf. the edition in this volume). In the end, the bracket which he had opened at the beginning of the text is closed: Vertov—an atom, Vertov—the "Adam of the documentary tribe".

V 160.I Vorderseite / face

V 160.I
„50"

D Januar 1946, Moskau **F** 210 x 162 **M** handsignierter Auto-graf in blauer Tinte auf kariertem Papier **U** 1 Blatt, 2 S.
Ein Gedicht für den Schriftsteller Il'ja Il'in, anlässlich seines 50. Geburtstags. Das Ehepaar Il'in zählt seit den 30er Jahren zu Vertovs und Svilovas engen Freunden. Besonders illuster ist in diesem Zusammenhang, dass auch Vertov im Januar 1946 das Alter von 50 Jahren erreicht hat. Beide sind Jahrgang 1896. Das Gedicht bezieht sich also indirekt auch auf den Autor selbst. Die Chiffren „Wien" und „Berlin" am Anfang des Gedichts beziehen sich auf die zwei großen, von der Sowjetunion Ende des Zweiten Weltkriegs befreiten Städte. Das halbe Jahrhundert markiert hier auch den nun gefeierten Rückzug in die eigene Familie und Heimat.

ÜBERSETZUNG
Moskau, Januar '46
                                    „50"
Nicht mit dem Flugzeug nach Wien.
Nicht mit dem Zug nach Berlin.
    Mit der Metro
in das einzige Familienheim.
            Das Zauberheim.
                        die Wand entlang
            gehen „50"
            ungewöhnliche
            Erwachsene und Kinder.
– Grüß Euch,
            halbes Jahrhundert –
halbes Hundert an Jahrestagen!
            Es erheben sich der Vater und die Kinder,
            die Frau, zwei Töchter, der Sohn.
Das halbe Jahrhundert antwortet:
            – Genosse Bürger,
Wir sagen Ihnen ein Limit von 140 Geburtstagen voraus!
Ein Lebenslimit – ist in all den Jahrhunderten
            das einzige Geschenk.
        Heute ist unser Jubilar
        Il'ja Maršak-Il'in
                        D. Vertov

                        [Übersetzung: BW]

V 160.I
„50"

D January 1946, Moscow **F** 210 x 162 **M** Hand-signed auto-graph in blue ink on squared paper **U** 1 sheet, 2 sides
A poem for the writer Il'in, on the occasion of his 50th birthday. Il'in and his wife had been close friends with Vertov and Svilova ever since the 1930s. It was a particularly illustrious birthday in this case because in January 1946 Vertov too had reached the age of 50. Both had been born in 1896. Therefore the poem refers indirectly also to the author himself. The codes "Vienna" and "Berlin" at the beginning of the poem refer to the two great cities which had been liberated by the Soviet Union at the end of the Second World War. The half-century here also marks the now celebrated return to one's own family and home.

TRANSLATION
Moscow, January '46
                                    "50"
Not by plane to Vienna.
Not by train to Berlin.
    By Metro
to the one and only family home.
            The magic home.
                        all along the wall
            are walking "50"
            unusual
            adults and kids.
– Hello there,
            a half-century—
a half-century of anniversaries!
            The father and the children rise,
            the wife, two daughters and the son.
Half a century answers:

213

1952

V 165 Seite 1 / page 1

V 165 Seite 2 / page 2

V 161
Tvorčeskaja kartočka (1917–1947)
D 1948 [Kopien vor 1970?] F 296 x 202 M Fotokopien mit
Korrekturen (Bleistift) U 37 Blatt, lose
Ein Gesamtabdruck und eine ausführliche Kommentierung
finden sich auf S. 79ff. in diesem Band.

V 165
Vystuplenie na konferencii operatorov periodiki
Rede auf einer Konferenz für Kameraleute der Wochenschau
D März 1952 F 298 x 208 M Typoskript mit handschriftlichen
Korrekturen (Kugelschreiber) U 7 Blatt
Vertovs Vortrag steht im Zusammenhang mit seiner Tätigkeit als Wochenschau-Regisseur für die *Novosti dnja* [Neu-
igkeiten des Tages] in den 1950er Jahren: Allgemein werde
in diesem Arbeitsbereich gefordert, dass die Einzel-Sujets
einer Wochenschau in sich geschlossene Werke sein sollten. Zwar sei es richtig, so Vertov, dass a) eine Fülle an
Material und Information, b) eine ausgeklügelte Technik
und c) eine verbesserte Kommunikation zwischen dem
Zentralen Wochenschaustudio und den Peripherien dazu
beitragen würden, die Sujets „gerecht", „parteiisch" und

– Comrade citizen,
How to prophesy a limit of 140 birthdays for you!
A limit to life—through all the centuries
    that is the only gift.
  But today our jubilee is for
  Il'ja Maršak-Il'in
      D. Vertov

V 161
Tvorčeskaja kartočka (1917–1947)
D 1948 [copies prior to 1970?] F 296 x 202 M Photocopies
with corrections (pencil) U 37 sheets, loose
The complete translation and an extensive commentary
can be found on pp. 79 of this volume.

V 165
Vystuplenie na konferencii operatorov periodiki
Speech at a conference for newsreel cameramen
D March 1952 F 298 x 208 M Typography with hand-written
corrections (ball-point pen) U 7 sheets
Vertov's lecture is connected to his work as newsreel
director for *Novosti dnja* [News of the Day] in the 1950s.
Generally, in this field of work it is required that the

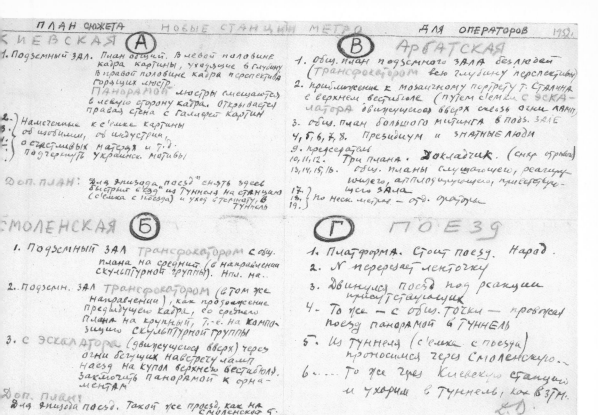

miteinander verbunden erscheinen zu lassen. Jedoch sei das wichtigste Element bei der Konzeption das Drehbuch. Selbst für kurze Szenen, sogenannte „Mikrowelten", empfiehlt Vertov, der in den 1920er Jahren der wohl berühmteste Verfechter eines dokumentarischen Kinos *ohne* Drehbuch war, hier ein „Mikrodrehbuch". Dieses soll dafür sorgen, dass – und hier bleibt sich der Bewegungs-Filmer Vertov doch wieder treu –, nicht statisch und fotografisch, sondern dynamisch und filmisch gearbeitet werden kann.

V 167
Novye stancii metro. Plan sjužeta dlja operatorov
Neue Metrostationen. Sujetplan für Kameraleute
D 1952 F 211 x 300 M monogrammierter Autograf in blauer Tinte, Bleistift und rotem Buntstift, zweifach gefalzt
U 1 Blatt, 2 S.

individual subjects of the newsreel should stand for themselves. Although it is correct, says Vertov, that a) a plethora of material and information, b) clever technique and c) improved communication between the central newsreel studio and the peripheries do contribute to making the subjects seem "fair", "partisan" and connected to one another, nevertheless the most important element in their design is the script. Even for short scenes, so-called "microworlds", Vertov recommends having a 'microscript' (despite the fact that, in the 1920s, he was the most famous proponent of a documentary cinema *without* a script), because it can ensure—and here Vertov does remain true to himself—that one can work dynamically and cinematically rather than statically and photographically.

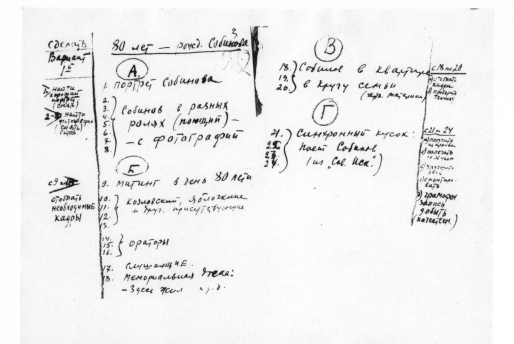

V 168

Sujetplan für eine Ausgabe der *Novosti dnja*. In vier Schritten werden hier drei neue Moskauer U-Bahnstationen sowie die Metro selbst porträtiert – die Kievskaja (**A** links oben), die Smolenskaja (**B** links unten), die Arbatskaja (**V** rechts oben) sowie der „Zug" (**G** rechts unten). Die Auflistung der einzelnen Einstellungen erfolgt äußerst detailliert, jede Kameraposition, jede Einstellungsgröße ist hier vermerkt. Während Abschnitt drei einen Zoom auf ein Stalin-Mosaik vorsieht, legt insbesondere der letzte Abschnitt in seiner Dramaturgie eine durchkomponierte Geschwindigkeitsorgie nahe, in der Züge in Tunnel hinein und wieder heraus rasen.

V 168
80 let – rožd[enie] Sobinova
80. Geburtstag von Sobinov
D 1952 **F** 180 x 240 **M** fotomechanische (?) Reproduktion auf Karton **U** 1 Blatt
Sujetplan für eine Ausgabe der *Novosti dnja,* die dem 80. Geburtstag des berühmten russischen Tenors Leonid Sobinov gewidmet ist. **A** zeichnet ein kurzes Porträt mit

V 167
Novye stancii metro. Plan sjužeta dlja operatorov
New Metro stations. Subject plan for the camera operators
D 1952 **F** 211 x 300 **M** Monogrammed autograph in blue ink, pencil and red crayon, folded double **U** 1 sheet, 2 sides
Subject plan for an edition of *Novosti dnja.* In four steps, three new Moscow underground stations, as well as the Metro itself are portrayed—Kievskaja (**A**, above left), Smolenskaja (**B**, below left), Arbatskaja (**V**, above right) and the "train" (**G**, below right). The list of the individual takes is extremely detailed, with every camera position and every take being recorded here. While section three provides a zoom on the Stalin mosaic, the dramaturgy of the last section in particular creates a minutely composed orgy of speed, in which the trains race into and out of tunnels.

V 168
80 let—rožd[enie] Sobinova
Sobinov's 80th birthday
D 1952 **F** 180 x 240 **M** Photo-mechanical (?) reproduction on card **U** 1 sheet

V 170

Fotografien und einzelnen Rollen des Sängers, **B** Freunde, Redner und Zuhörer bei einer Geburtstagsfeier, **V** zeigt Sobinov anhand von Archivmaterial privat, während **G** – mit Synchronton – den Sänger bei einem Auftritt zeigt. Links und rechts werden die einzelnen Einstellungen flankiert durch einen minutiösen Zeit- bzw. Drehplan.

V 170
„O Svilovoj"
„Über Svilova"

D ? **F** 32 x 89/100 x 208 **M** Autograf, blasse Tinte auf Papier-fragment montiert auf einem Querstreifen **U** 1 Blatt
Visuelle Ergriffenheit vor den Bildern, die man eigenhändig hervorbringt, an Svilovas Arbeitsplatz nämlich: am Monta-getisch. „Glaza puglivy, ruki derznovenny" – Scheue und Kühnheit, Augen und Hände. Wahrnehmung und Tätigkeit, Rezeption und Produktion. Ganz ähnlich wie in diesem minimalistischen liebesbiografischen Vers zeichnet Vertov Svilova auch in *Čelovek s kinoapparatom.*

ÜBERSETZUNG
Über Svilova
Die Augen scheu,
die Hände kühn.

[Übersetzung: BW]

Subject plan for an edition of *Novosti dnja,* which was to be dedicated to the 80th birthday of the famous Russian tenor Leonid Sobinov. **A** provides a short portrait with photographs and some of the singer's roles, **B** friends, speakers and listeners at a birthday party, **V** shows archival footage of Sobinov in private, while **G**—using sync-sound—presents the singer at a live performance. The indi-vidual takes are accompanied to the left and the right by a meticulous timetable and shooting plan.

V 170
„O Svilovoj"
"About Svilova"

D ? **F** 32 x 89 / 100 x 208 **M** Autograph, pale ink on fragment of paper **U** 1 sheet
"Glaza puglivy, ruki derznovenny"—Shyness and boldness, eyes and hands. Perception and activity, reception and production. This minimalist biographical love verse is very similar to the way in which Vertov portrays Svilova in *Čelovek s kinoapparatom.* Visual emotion in front of the im-ages, produced by mean of one's own hands, namely at Svilova's workplace: at the editing table.

TRANSLATION
About Svilova:
so shy her eyes,
but her hands so bold.

Dokumente / Documents [D]

Diese Rubrik umfasst insgesamt 25 Objekte, keine Originale, sondern Fotokopien, teils auch Reprofotografien von amtlichen Bestätigungen über Mitgliedschaften, Drehgenehmigungen oder leitende Funktionen sowie Urkunden und Auszeichnungen. Von Interesse sind, da die Urheberschaft oder Mitwirkung Vertovs umstritten ist, einige Berechtigungsausweise für Filmaufnahmen, z. B. bei der Exhumierung der Reliquien des Hl. Sergius von Radonež im April 1919 (D 3), sowie die Passierscheine und Drehaufträge für das Lenin-Begräbnis im Januar 1924 (D 12, D 13). Erwähnenswert sind auch frühe Dokumente aus der Zeit des Bürgerkriegs, die belegen, dass Vertov beim Dreh des Kommandostabs der Truppen in Kursk 1919 auch zum Waffenbesitz berechtigt war (D 2) oder – im April 1922 – mit einem Wanderkino Werbung für die Aktionen der POMGOL, der „Hilfe für die Hungernden" machte (D 10). Neben diversen Mitgliedsausweisen bilden Auszeichnungen für Filme den letzten Schwerpunkt dieser Rubrik, z. B. die Silbermedaille für *Kinoglaz* in Paris im Jahr 1925 (D 13.1), staatliche Auszeichnungen wie der Orden *Krasnaja zvezda* („Roter Stern") von 1935 (D 20), oder die Medaille „Für hervorragende Verdienste im Großen Vaterländischen Krieg 1941–1945" vom April 1946 (D 22).

Vertovs besondere Aufmerksamkeit für die eigene Biografie spiegelt sich in dieser minutiösen Sammlung der staatlichen und institutionellen „Anerkennung" deutlich wider. [BW]

D 9

Udostoverenie No. 11001

Bestätigung Dziga Vertovs als Leiter der Filmabteilung der Agitzüge des VCIK (Gesamtrussisches Zentrales Exekutivkomitee) vom 3.2.1921
M Foto sw
Zur Zeit des Bürgerkriegs war Vertov Leiter der Filmabteilung der Agitzüge (Agitationszüge) *Oktjabr'skaja revoljucija* („Oktoberrevolution") und *Krasnyj Vostok* („Der Rote Osten") 1920 (D 1, D 5–9). Im vorliegenden Ausweis wird seine Beförderung zum „Leiter der Foto-Kino-Sektion" für die Arbeit der „Literaturinstruktions-Züge" (*literaturno-instruktorskie poezda*) belegt.

This category comprises a total of 25 objects, none of which are originals, but rather photocopies and photographic reproductions of official letters confirming memberships, film-shooting permissions or directorial functions, as well as official documents and awards. Of particular interest, since Vertov's actual authorship or involvement remains a matter of debate, are some of the letters of permission for film shots, e.g. for the exhumation of the remains of St Sergius of Radonež in April 1919 (D 3), as well as the passes and contracts to shoot Lenin's funeral in January 1924 (D 12, D 13). Worth mentioning too are the early documents from the time of the civil war, which show that while filming the command staff of the troops in Kursk in 1919 Vertov was also entitled to carry a weapon (D 2) or—in April 1922—that he organised a mobile cinema unit in order to promote the work of POMGOL, which provided "Help for the Hungry" (D 10). Apart from various membership cards, it is his awards for films that form the final focus of this category, e.g. the silver medal awarded to him for *Kinoglaz* in Paris in 1925 (D 13.1), state awards such as the order of the *Krasnaja zvezda* ("Red Star") in 1935 (D 20), or the medal "For exceptional services during the Great Patriotic War of 1941–1945" in April 1946 (D 22).

Vertov's particular interest in his own biography is clearly reflected in this meticulous collection recording the governmental and institutional "recognition" that he had received. [BW]

D 9

Udostoverenie No. 11001

Confirmation of Dziga Vertov's position as director of the film department of the agit train of the VCIK (All-Russian Central Executive Committee) on 3.2.1921
M Photography b&w
In 1920, at the time of the civil war, Vertov was director of the film department of the so-called agit trains *Oktjabr'skaja revoljucija* ("October Revolution") and *Krasnyj Vostok* ("Red East") (D 1, D 5–9). The identity card presented here testifies to his activity as "Director of the Section for Photography and Film" in the work of the "Literary Instruction Trains" (*literaturno-instruktorskie poezda*).

D 9

D 14

D 14

Associacija revoljucionnoj kinematografii (Moskva). členskij bilet No. 117

Mitgliedsbuch Vertovs bei der Assoziation des Revolutionären Films (ARK), Moskau, Juni 1926
Vertov trat im Juni 1926 der 1925 gegründeten ARK bei – der „Assoziation des Revolutionären Films", einer Vereinigung von Theoretikern, Kritikern und Filmemachern, die sich insbesondere für den Kulturfilm und die auch für Vertov so zentrale Verschmelzung von Wissenschaft und Filmpraxis einsetzte. Die ARK veranstaltete Diskussionen und Workshops. Die Regisseure erhielten die Möglichkeit (bzw. waren in gewisser Weise dazu verpflichtet), ihre Filme zu rechtfertigen. 1928 wurde die ARK in ARRK (Assoziation der Arbeiter des Revolutionären Films) umbenannt. Vertov hatte hier die Mitgliedsnummer 50, eingetragen im Mitgliedsbuch vom Januar 1928 (vgl. D 16) inkl. der Statuten des Vereins sowie der Mitgliedsbeiträge.

D 14

Associacija revoljucionnoj kinematografii (Moskva). členskij bilet No. 117

Vertov's membership book for the Association for Revolutionary Film (ARK), Moscow, June 1926
In June 1926 Vertov joined the ARK, the "Association for Revolutionary Film", which had been founded in 1925 as an association of theorists, critics and film-makers who were especially interested in the *Kulturfilm* genre and who were also in favour of the kind of fusion of science and film practice which was so important to Vertov. ARK organised debates and workshops and the directors had the opportunity to justify their films (in fact, they were obliged to do so). In 1928 the ARK was renamed ARRK ("Association of the Workers for Revolutionary Film"). Vertov's membership number then was 50, which was recorded in the membership book in January 1928 (cf. D 16), together with the statutes of the association and the membership fees.

Briefe / Letters [B]

Diese Rubrik enthält 17 Briefe an oder von Vertov, darunter acht Originale. Sie wurden bis auf eine Ausnahme im Zusammenhang mit Vertovs Europatourneen 1929 und 1931 verfasst. Es handelt sich um Korrespondenz im Zusammenhang mit seinen Vorträgen in Deutschland (15 Briefe) und Großbritannien (ein Brief), verfasst von folgenden Institutionen: Museum Folkwang Essen, Der Bund Das Neue Frankfurt, Urania Hamburg, Deutscher Werkbund Berlin, Fritz Wedekind Verlag, Architekten der Arbeitsgruppe um Ernst May, *Illustrierte Rote Post,* Nordischer Rundfunk Hamburg, Deutsche Liga für den Unabhängigen Film, Planetarium und Kulturfilmbühne Hannover, Schweizerischer Werkbund Zürich, Film Society London. Nur ein Brief (B 17) bezieht sich auf eine andere Zeitepoche: ein Solidaritätsbrief anlässlich von Vertovs Kündigung bei Sovkino Anfang 1927, der erst 40 Jahre später auf Russisch publiziert wurde.

Beispielhaft drucken wir hier Vertovs offenen Brief an die Redaktion der *Frankfurter Zeitung* ab. [TT]

This section contains 17 letters written to or by Vertov, including eight originals. With one single exception, they were all written in connection with Vertov's European tours of 1929 and 1931. Almost all of the correspondence relates to his lectures in Germany (15 letters) or Great Britain (one letter) and involves the following institutions and people: Museum Folkwang Essen, Der Bund Das Neue Frankfurt, Urania Hamburg, Deutscher Werkbund Berlin, Fritz Wedekind Verlag, architects from the working group surrounding Ernst May, *Illustrierte Rote Post,* Nordischer Rundfunk Hamburg, Deutsche Liga für den Unabhängigen Film, Planetarium und Kulturfilmbühne Hannover, Schweizerischer Werkbund Zürich and the London Film Society. Only one letter (B 17) relates to another period: it is a letter of solidarity on the occasion of Vertov's dismissal from Sovkino at the beginning of 1927, which was only published in Russian some 40 years later.

As an example, we print here Vertov's open letter to the editors of the *Frankfurter Zeitung*. [TT]

B 3
Schreiben Vertovs an die Redaktion der
Frankfurter Zeitung
D 9. 7. 1929 **F** 295 x 210 **M** Fotokopie[1] **S** deutsch **U** 3 Blatt

Schreiben an die Redaktion.[2]
Vor einigen Wochen bin ich nach elfjähriger Arbeit an
den dokumentarischen Film zum erstenmal nach Deutschland gekommen und bin hier im gleichen Moment auf eine
seltsame befremdende Tatsache gestoßen:
  Bei der Behandlung der kinomatographischen Errungenschaften, die in den Arbeiten von Kino-Auge enthalten
sind, unterstreicht ein Teil der Berliner Presse zu gleicher
Zeit, daß dem Wesen nach Kino-Auge eine gewissermaßen
„fanatischere" Fortführung der Prinzipien und praktischen
Arbeiten darstellt, die von einem mir unbekannten Blum[3]
(Film *Im Schatten der Maschine*) oder Ruttmann (*Symphonie
der Grosstadt*) ausgeführt worden sind.[4]
  Mag dies nun eine Mutmaßung oder schon eine Behauptung sein sollen, in beiden Fällen ist es absurd:

---

1) Original im RGALI, f. 2091, op. 2, d. 169.
2) Der von Vertov auf Deutsch verfasste Text erschien in
   sprachlich redigierter und erheblich gekürzter Form in
   der *Frankfurter Zeitung* vom 12.7.1929, Abendausgabe.
   Er wurde ins Russische übertragen in Drobašenko
   1966, und von dort rückübertragen ins Deutsche in
   Herlinghaus 1967. Beilenhoff 1973 verzichtete aus
   Platzmangel auf den Text. Er liegt hier erstmals in der
   Originalfassung vor. Wir behalten die Schreibweisen
   und auch orthografische Fehler bei,
   da sie auch über Vertovs Meisterung der deutschen
   Sprache Auskunft geben.
3) Es handelt sich um Albrecht Viktor Blum, der 1928
   zusammen mit einem weiteren Altösterreicher, Leo
   Lania, die Kompilation *Im Schatten der Maschine*
   schuf. Sie integrierten ungeschnittene Passagen aus
   Vertovs *Odinnadcatyj*.
4) Gemeint ist Walter Ruttmanns *Berlin, die Sinfonie der
   Großstadt* (1927).

B 3
Letter written by Vertov to the editors of the
Frankfurter Zeitung, **9 July 1929**
D 9. 7. 1929 **F** 295 x 210 **M** Photocopy[1] **S** German **U** 3 sheets

Letter to the editors.[2]
Several weeks ago I came to Germany for the first time,
having worked for eleven years on documentary films, and
immediately found myself confronted with a strangely
disconcerting fact:
  In reviewing the cinematographic achievements exhib-
ited by the works of Kino-Eye, one segment of the Berlin
press nevertheless emphasises the fact that to some extent
Kino-Eye essentially represents a more 'fanatical' continua-
tion of the principles and practical work that has been
carried on by a certain Blum[3] (in the film *In the Shadow of
the Machine*) and Ruttmann (*Berlin, Symphony of a Big
City*), both of whom are unknown to me.[4]

---

1) Original at RGALI, f. 2091, op. 2, d. 169.
2) The text written by Vertov in German appeared in
   a linguistically edited and considerably abbreviated
   form in the evening edition of the *Frankfurter
   Zeitung* of 12.7.1929. It was translated into Russian for
   Sergej Drobašenko, 1966, and from there re-trans-
   lated back into German for Herlinghaus, 1967. The
   West German edition of Vertov's writings, edited by
   Beilenhoff, 1973, omits the text due to limitations of
   space. The original German version is presented
   here for the first time. The style of writing and even
   the orthographical mistakes have been retained in
   the German version, since this also provides information about Vertov's mastery of the German language.
3) The person in question is Albrecht Viktor Blum, who
   in 1928, together with another Austrian of the Old
   Empire, Leo Lania created the compilation *Im Schatten der Maschine*. They integrated uncut passages
   from Vertov's *Odinnadcatjy*.
4) Walter Ruttmann's *Berlin, die Sinfonie der Großstadt*
   (1927).

Erstens ist es darum absurd, weil die Entstehung von Kino-Auge nicht auf das Jahr 1929, sondern auf das Jahr 1918 zurückgeht (siehe Anlage); zweitens ist es darum absurd, weil weder Ruttmann noch Blum als Theoretiker oder als Praktiker oder auch nur als unbeschränkte Anhänger des dokumentarischen Films angesehen werden können; drittens ist es deshalb absurd, weil der Herrn Blum zugeschriebene Film *Im Schatten der Maschine* als solcher niemals existiert hat und auch heute noch nicht existiert. Unter dieser frei erfundenen Bezeichnung wurde in Deutschland der letzte Teil des von Kino-Auge hergestellten Films *Das 11. Jahr* gezeigt und zwar unter Hinzufügung von Stücken aus einem anderen Sowjetfilm *Swenigora* (siehe hierzu die Erklärungen der *Frankfurter Zeitung* Nr. ...).

Wenn man Sowjetrußland das Primat des Kino-Auges des dokumentarischen Films abstreiten wollte, so müsste man das Rad der Geschichte um 10–11 Jahre zurückdrehen, 100 Kino-Auge-Filme vom Erdboden verschwinden lassen, die Manifeste des Kino-Auge aus dem Jahre 1919 und 1923 verbrennen, tausend von Rezensionen und Artikeln vernichten, die sich mit Kino-Auge und seiner Arbeit beschäftigen, eine Anzahl russischer sowie auch französischer Bücher aus dem Verkehr herausziehen usw. usw.

Nun, es wird wohl niemand eine solche unmögliche Handlung unternehmen. Umso seltsamer muß es erscheinen, wenn trotzdem in der Presse verschiedentliche Versuche zu finden sind, die Frage des Kino-Auge in unrichtiger Weise zu behandeln. Nur durch eine unrichtige und lügnerische Information oder aber durch das vollständige Fehlen irgendwelcher Informationen zu dieser Frage kann die Tatsache Erklärung finden, dass ein Teil der Berliner Presse in seiner Besprechung des Kino-Auge keinerlei Orientierung über die chronologische Entwicklung des Kino-Auge sowie über die Tatsache zehnjähriger Angriffe auf die Festungen des Spielfilmes von Seiten des Kino-Auge besitzt.

Besonders muß unterstrichen werden, dass die Mehrzahl der Kino-Auge-Filme konstruiert wurde als Symphonie der Arbeit, als Symphonie des Sowjet-Staates im ganzen, als Symphonie einer Stadt usw. Dabei erstreckt sich häufig die Handlung in diesem Film auf die Zeit vom frühen Morgen bis zum Abend. So erwacht die Stadt und beginnt zu leben in der ersten Serie der Kino-Auge-Filme (prämiert auf

Regardless of whether this be simply conjecture or is actually an assertion, it is in any case absurd:

In the first place, it is absurd because the emergence of Kino-Eye does not go back to the year 1929, but rather to 1918 (see appendix); secondly, it is absurd because neither Ruttmann nor Blum can be regarded as a theorist or as a practitioner or even as an unreserved supporter of documentary film; thirdly, it is absurd because the film ascribed to Mr Blum, *In the Shadow of the Machine,* never existed as such and still does not exist today. It was under this freely invented designation that the last part of the film *The Eleventh Year,* produced by Kino-Eye, was shown in Germany and namely with the addition of parts from another Soviet film, *Svenigora.* (See, in this connection, the elucidations in the *Frankfurter Zeitung* no. ...).

If one wanted to deny the primacy of Soviet Russia in Kino-Eye documentary films, then one would have to turn the wheel of history back by 10–11 years, make 100 Kino-Eye films disappear from the face of the earth, burn the manifestos of Kino-Eye dating from 1919 and 1923, destroy a thousand reviews and articles which have been written about Kino-Eye and its work and remove a number of Russian and also French books from circulation etc., etc.

Of course, there is probably no-one who would engage in such an impossible undertaking. It therefore seems all the more peculiar when various attempts are made in the press to nevertheless study the question of the Kino-Eye in a mistaken way. Only through mistaken and mendacious information, or alternatively through a complete lack of some piece of relevant information or other, can it be explained that in its review of Kino-Eye one segment of the Berlin press possesses no sense of orientation whatsoever with regard to the chronological development of Kino-Eye, nor in relation to the ten-year assault on the fortress of the fiction film undertaken by Kino-Eye.

In particular it must be emphasised that the majority of the Kino-Eye films were constructed as a symphony of work, as a symphony of the Soviet state as a whole, or as a symphony of a city etc. In the process, the plot of the film frequently extended from early morning until evening time. Thus the city wakes up and begins to live in the first series of Kino-Eye films (which won an award at

der internationalen Ausstellung in Paris); so rollt der Tag allmählich in den Abend ab und endigt in der Nacht in dem Film *Maschiere Sowjet*.[5] So entwickelt sich zwischen Morgendämmerung und tiefer Nacht die Handlung in den Kino-Auge-Filmen *Kinderheim* und *Moskau*.[6] Für die Mitarbeiter des Kino-Auge kann kein Zweifel darüber bestehen, dass die theoretischen und praktischen Arbeiten des Kino-Auge, die zwar noch nicht im genügenden Umfange demonstriert wurden aber doch der Mehrzahl der russischen und ausländischen Spezialisten bekannt sind, unvermeidlich die letzteren zu den ersten Versuchen in dieser heute noch im Ausland zur Diskussion stehenden Richtung treiben müssen. Darum muss man den erst in dem allerletzten Jahr unternommenen Versuch Ruttmanns ebenso wie die neuesten Versuche einiger Vertreter der Avantgard als Folge der lange anhaltenden aktiven Wirkung betrachten, die von den Arbeiten und dem Auftreten des Kino-Auge auf die Ausarbeiter des abstrakten Films ausgeübt wurde (und keinesfalls umgekehrt was chronologisch und dem Wesen der Sache nach absurd wäre). Nicht aus irgendwelchen persönlichen oder „patriotischen" Erwägungen sondern um der historischen Wahrheit die Ehre zu geben, spreche ich die Bitte aus, den bevorstehenden Brief zu veröffentlichen. Aus argumentarischen Gründen füge ich dem Brief eine kurze historische Zusammenfassung der theoretischen und praktischen Arbeiten des Kino-Auge bei.

[handschriftlich] Berlin, 9. 7. 1929
[handschriftlich] Unterschrift Dsiga Wertoff

---

5) *Šagaj, Sovet!* (1926).
6) Filme von Michail Kaufman.

the international exhibition in Paris); thus the day rolls gradually towards evening in the film *Stride, Soviet!* and comes to an end in the night.[5] Thus in the Kino-Eye films *Children's Home* and *Moscow* the plot develops between dawn and the depths of night.[6] For those involved in Kino-Eye there can be no doubt about the fact that the theoretical and practical work of Kino-Eye, which although it has not yet been presented to a sufficient extent is nevertheless familiar to the majority of Russian and foreign specialists, would inevitably drive the last-mentioned to undertake their own first attempts in such a direction as this, since it is today the subject of much discussion abroad. That is why one has to view the attempts of Ruttmann, which were only undertaken last year, and as also the latest attempts made by representatives of the avantgarde, as a consequence of the enduringly active influence that the work and the image of Kino-Eye has exerted upon the composers of abstract film (and by no means the other way round, which would be absurd both chronologically and as far as the nature of the matter is concerned). It is not on account of some personal or 'patriotic' consideration or other, but in order to do justice to historical truth, that I implore you to publish this letter that you hold in your hands. For argument's sake, I enclose with the letter a short historical summary of the theoretical and practical work of Kino-Eye.

[handwritten] Berlin, 9. 7. 1929
[handwritten] Signature of Dsiga Wertoff

---

5) *Šagaj, Sovet!* (1926).
6) Films by Michail Kaufman.

Plakate und Filmauswertungsmaterialien
Posters and Promotional Material [P]

Der Bestand an Archivalien zu Vertovs Filmauswertungs-materialien umfasst 33 Posten. Das Herzstück bilden die elf Vintage-Filmplakate, von denen fünf russischer und drei ukrainischer Provenienz sind (Rodčenko, Brüder Stenberg), eines aus der Usbekischen Republik und eines aus Deutsch-land stammt. Bei einem weiteren deutschsprachigen Plakat handelt es sich um eine Ankündigung des Vortrags „was ist kino-auge?" von Dziga Vertov in München 1929.

Neben diesen Plakaten sind weitere, großteils fotogra-fische Dokumente vorhanden, die sich entweder auf den unrestaurierten Zustand der Originale vor 1974 beziehen oder Plakatmotive zu weiteren Vertov-Filmen dokumen-tieren. Zwei dieser Dokumente belegen die Präsenz der Filmplakate im öffentlichen Raum ihrer Entstehungszeit.

Von besonderem Interesse sind auch zeitgenössische Inserate zur Bewerbung der Filme. Diese faszinieren auf-grund ihres elaborierten Text-Bild-Verhältnisses (z. B. *Tri pesni o Lenine*). Ein Kuriosum stellt dabei die amerika-nische, brancheninternen Werbezwecken zugedachte („Accessories for sale") Broschüre für *Three Songs about Lenin* (*Tri pesni o Lenine*) dar. [RFB]

The archive contains 33 items relating to promotional ma-terial for Vertov's films. The core consists of eleven vintage film posters, of which five are of Russian and three of Ukrainian origin (Rodčenko, Stenberg brothers), while one derives from the Uzbek Republic and one from Germany. A further German-language poster is an announcement for the lecture "was ist kino-auge?" ("What is Kino-Eye?") given by Dziga Vertov in Munich in 1929.

Apart from the posters, there are also other documents, largely photographic ones, which either refer to the state of the originals prior to their restoration in 1974 or else document motifs for posters for other Vertov films. Two of these photos document that the film posters were actually put up in the public space after they were produced.

Of particular interest are also the contemporary adver-tisements for promoting the films. These are fascinating for their elaborate relationship between the text and the image (e.g. *Tri pesni o Lenine*). A curiosity is the brochure ("Accessories for Sale") for *Three Songs about Lenin* (*Tri pesni o Lenine*), which was intended for American adver-tising purposes within the branch. [RFB]

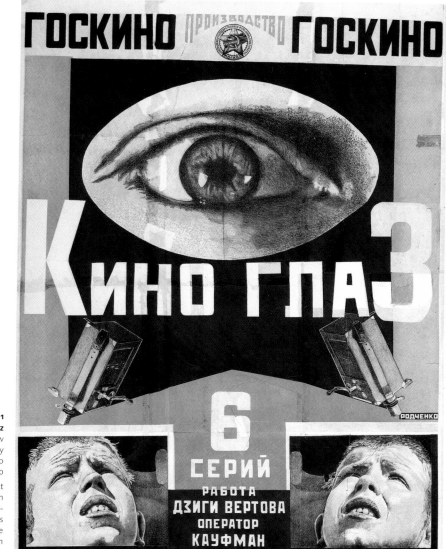

P 1
Kinoglaz
D 1924, Moskau / Moscow
M Lithografie / Lithography
A Aleksandr Rodčenko
...0 x 700 **S** Russisch / Russian **E** 8000

...čenko verewigte in diesem Plakat
...rechte Auge von Vertovs Cutterin
...d Ehefrau Svilova, die damit, stell-
...vertretend, das Neue Sehen des
...Kino-Auges illustriert. Die Pupille
...eht an der Spitze der pyramidalen
...mposition und wirkt dennoch als
...ennpunkt, der in einen schwarzen
...Umraum projiziert scheint.

...his poster Rodčenko immortalised
...he right eye of Vertov's editor and
...wife E. Svilova, who thus by proxy
...trates the new vision of Kino-Eye.
...pupils are seen at the very top of
...pyramidal composition, yet never-
...theless create the effect of a focal
...oint that seems to project out into
...he blackness of the surroundings.

P 5
Sestaja čast' mira
D 1926, Moskau / Moscow
M Lithografie mit Offsetfotografie /
Lithography with offset photograph[
A Aleksandr Rodčenko F 1050 x 700
S Russisch / Russian E 10000

Selten integriert Rodčenko eine Fo
grafie wie hier direkt in ein Plakat.
Durch das Aussparen des zweiten
Auges wird der Akt des Sehens
bewusst thematisiert. Der flächige
Aufbau wird durch das scheinbare
lösen der linken Ecke und der dad[
aufsteigenden Diagonale dynamisi[
Rodčenko spielt auf die Mehrschic[
keit der Bilder an und signiert mit
seinem Monogramm: RA.

Rarely has Rodčenko integrated a
photograph into a poster the way h[
did here. The act of seeing is delibe
ately highlighted by leaving out the
second eye. The two-dimensional
structure becomes more dynamic
through the apparent peeling away
the left corner, which produces the
rising diagonals. Rodčenko here pla[
with the multi-layered nature of the
images and has signed with his
monogram: RA.

P 8
Odinnadcatyj
D 1928, Moskau / Moscow
M Lithografie / Lithography
A Vladimir und Georgij Stenberg
F 1050 x 700 **S** Russisch / Russian
E 10000

Zentrum ein Motiv aus dem Film:
ein Kranmast in Form einer kreis-
unden Fotografie, von dem gelbe,
immer dünner werdende kon-
zentrische Linien wie Funkwellen
ausgehen. Übereinandergereihte
träts von Marineangehörigen und
Arbeitern auf blauem, eines
tellektuellen und eines Kindes auf
rotem Hintergrund. Die Brüder
nberg signieren mit ihrem Kürzel:
2 STENBERG 2.

the centre is a motif from the film:
he mast of a crane in the form of a
cular photograph, from which ever
ner yellow concentric lines radiate
ke radio waves. Ranged one above
other are portraits of members of
navy and workers on a blue back-
round and of an intellectual and a
child on a red background. The
tenberg brothers have signed with
their artistic abbreviation:
2 STENBERG 2.

Уперше! НЕЗАБАРОМ Уперше!

ОДИНАДЦЯТИЙ (ЗОРОВА СИМФОНІЯ)

КІНО-ФІЛЬМ ДЗИГИ ВЕРТОВА.

Київський Окрліт № 0:06г.   4-та друк. мал. № 1147—4000   Міск. вд.дотов О. Ф. В. книг. № 465.

P 10
Odynadcjatyj
D 1928, Kiev M Lithografie auf rosa Papier / Lithography on pink paper
F 280 x 730 S Ukrainisch / Ukrainian E 4000

An den leicht rosa Rändern lässt sich noch die ursprüngliche Farbe dieses rein typografisch gestalteten Plakatstreifens erahnen. In den beiden oberen Ecken wird auf die Neuheit der *visuellen Symphonie* hingewiesen: „Erstmalig!"

The light pink of the edges still suggests the original colour of this poster, which has been designed in a purely typographical manner. In the two upper corners, reference is made to the innovation of the *visual symphony* — "a first!"

Rechte Seite / Right page
P 11
Odynadcjatyj
D 1928, Moskau / Moscow M Lithografie mit Offsetfotografie / Lithography with offset photography A Vladimir und Georgij Stenberg F 1050 x 700
S Ukrainisch / Ukrainian E 10000

In einer leicht anamorphotischen Streckung blickt das bebrillte Gesicht von Michail Kol'cov aus einer roten Fläche. Kol'cov war ein Jugendfreund und Förderer Vertovs, der ihm 1918 über das Moskauer Filmkomitee den Einstieg zum Film ermöglichte. In den Brillengläsern spiegeln sich nicht nur der Film-titel, sondern auch Fotomontagen von Fabriken und der Industrialisierung.

In a slight anamorphotic distortion, the bespectacled face of Michail Kol'cov looks out from a red surface. Kol'cov had been a friend of Vertov's since his youth, later became his patron and in 1918 made it possible for Vertov to get into film through his contacts to the Moscow Film Committee. Reflected in Kol'cov's spectacles one sees not only the film title but also a photo-montage of factories and industrialisation.

P 12
Odinnadcatyj
D 1928, Taschkent / Tashkent
M Lithografie / Lithography
F 1050 x 700 **S** Usbekisch,
Russisch / Uzbek, Russian

Wie effektvoll Ton in ein stumme
Medium übertragen werden kann
zeigt dieses hier erstmals publizie
usbekische Plakat zu *Odinnadcaty*
In dieser Lithografie wird eine
„optisch-akustische" Signalwirkun
durch den Trompeter und die Glo
suggeriert. Über allem ragt die
Zahl 11 – der Filmtitel.

How effectively sound can be
transposed to a silent medium is
demonstrated by this Uzbek poste
Odinnadcatyj, published here for t
first time. This lithography creates
'optical-acoustic' effect through th
trumpeter and the bell. The numb
—the title of the film—towers abc
everything else.

P 13
Čelovek s kinoapparatom
D 1929, Moskau/Moscow

Lithografie/Lithography **A** Vladimir
und Georgij Stenberg **F** 1050 x 700
S Russisch/Russian **E** 12000

s Plakat von Georgij und Vladimir
enberg zählt zu den bekanntesten
ihrer gemeinsamen Entwürfe. Die
amik des Raumes durch die starke
rsicht auf die umliegenden Hoch-
r, welche gleichsam das Kleid der
gmentierten Tänzerin bilden, wird
rch die im Vordergrund liegende
ft kontrapunktiert. Wie von einer
mrolle lässt sich der Titel ablesen;
uchstaben werden zu Kadern und
der Betrachter zum Filmprojektor.

his poster by Georgij and Vladimir
nberg is one of their most famous
designs. The dynamic sense of the
created by the intense low-angle-
view of the surrounding high-rise
uildings, which as it were form the
dress of the fragmented dancer, is
nterpointed by the writing located
e foreground. The title is read as if
ted from a reel of film; the letters
ecome film frames and the viewer
a film projector.

P 16
Der Mann mit der Kamera
D 1929, Berlin M Lithografie / Lithography
A Sachs Kupfer F 1450 x 950 S Deutsch / German

Das großformatige deutsche Verleihplakat zu *Čelov
s kinoapparatom* wurde vom Grafiker Sachs Kupfer
gestaltet. Während der Titelheld auf seinem Motor
fahrend die Kamera bedient, oszilliert die Welt wie
expressionistische Collage um ihn herum. Dieses M
wurde laut Stempel von der Berliner Filmprüfstelle
24. Juni 1929 genehmigt.

This large-scale German distribution poster for *Čelov
s kinoapparatom* was designed by the graphic artist
Kupfer. While the eponymous hero films with a cam
while riding on his motorbike, the world oscillates
around him like an expressionist collage. According
the stamp of the Berlin Film Censor's Board, this m
was approved on 24 June 1929.

dsiga werthoff
einer der bedeutendsten jungen russischen filmgestalter
spricht über das thema

was ist kino-auge?

2 mal in münchen: **samstag**, den **29.** juni 1929, 22⁴⁵ uhr
sonntag, den **30.** juni, 11 uhr vormittags
in den **rathaus-lichtspielen**, weinstr 8, tel 90464

bayerische landes-filmbühne und **rathaus-lichtspiele**

während des vortrags laufen streifen aus folgenden, in westeuropa noch unbekannten **filmen** werthoffs:
lenins wahrheit - der sechste teil der welt - das elfte jahr - kino-auge - der mann mit dem kinoapparat

karten von rm 1,50 bis rm 3,00

entwurf tschichold • druck b. heller, münchen

P 19
was ist kino-auge? [what is kino-eye?]
D 1929, München / Munich M Lithografie / Lithography
A Jan Tschichold F 585 x 825 S Deutsch / German

1929 hielt Dziga Vertov im Rahmen einer Deutschland-Tournee
anlässlich der vom Werkbund initiierten Film und Foto-Ausstellung
auch einen Vortrag in den Rathauslichtspielen in München. Eingeladen
wurde er von Franz Roh. Seine Erläuterungen, zu denen er auch
Filmausschnitte präsentierte, hielt er in deutscher Sprache.

In 1929, as part of a tour of Germany on the occasion of the film and
photography exhibition initiated by the *Werkbund,* Dziga Vertov was
invited by Franz Roh to give a lecture at the *Rathauslichtspiele* in
Munich. His elucidations were presented in German and were
accompanied by excerpts from his films.

P 22
Entuzijazm. Symfonija Donbasu
D 1931, Kiev M Lithografie/Lithography F 650 x 890
S Ukrainisch/Ukrainian

Ganze zwölf Mal steht – in ukrainischer Sprache – *Entuziazm* auf
diesem farbintensiven Schriftplakat. Großbuchstaben werden vom
Leser generell als laut gesprochen empfunden, hier „ertönen" sie
von einer Sirene ausgehend in konzentrischen Wellen.

This colour-intensive lettered poster uses the Ukrainian title of
Entuziazm for a total of twelve times. Capital letters are generally
experienced by readers as if they were being spoken loudly, here
they resound in concentric waves from a siren.

P 33
Čelovek s kinoapparatom
D 1929
M Lithografie/Lithography **A** Vladimir und Georgij Stenberg **F** 1050 x 700
S Russisch/Russian **E** 10000

Das zweite Plakat der Brüder Stenberg zu diesem Film visualisiert die emblematische Verschränkung zwischen Körper und Apparat. Das Gesicht ist zur Hälfte Kamera, aus deren Objektiv ein menschliches Auge herausblickt. Die bewegten Beine werden den Beinen des Stativs gegenübergestellt und selbst der Rock könnte dem Malteserkreuz des Projektors entnommen sein. Der Fluss der Bewegung spiegelt sich auch in der Leserichtung wieder.

This is the second poster by the Stenberg brothers for this film and visualises the emblematic crossover between the body and the camera. The face is half camera, from the lens of which a human eye looks out. The legs in motion are contrasted with the legs of the tripod and even the dress could have been taken from the Maltese cross of the projector. The flow of movement is also reflected in the direction in which it is read.

P 7
Šestaja čast' mira

D 1926 M Fotografie sw / Photography b&w
A Konstantin Vjalov F 180 x 240
S Russisch / Russian

Dieses Titelblatt der Zeitschrift *Sovetskij ékran*
Nr. 1, 1927 verarbeitet in leicht abgewandelter
Form ein Plakatmotiv (vgl. P 7.1) mit einem
Erdglobus. Der sechste Teil der Erde bezeichnet
jenen Anteil, den die Sowjetunion an der Erd-
oberfläche abdeckt. Hier wird dieses Spektrum
durch den Kopf einer Bäuerin, einer Puppe und
eines Eisbären charakterisiert.

This cover for the magazine *Sovetskij ékran*
No. 1, 1927 reuses in a slightly altered form the
motif of a poster (cf. P 7.1) showing the globe of
the world. The sixth part of the earth depicts the
Soviet Union's share of the surface of the earth.
Here the range of that area is characterised by
the head of a peasant, a doll and a polar bear.

P 27
Tri pesni o Lenine

D 1934 M Fotokopie sw / Photocopy b&w
F 205 x 295 S Russisch / Russian
A A.Z. (Monogramm)

Die vorliegende Fotokopie zeigt ein Zeitungs-
inserat zu *Tri pesni o Lenine* aus einer Moskauer
Tageszeitung anno 1934. Eine nächtliche An-
sicht des Roten Platzes mit dem Kreml und der
Basilika, im Zentrum jedoch das stufenförmige
Lenin-Mausoleum, das in einem gleißenden
Stern leuchtet. Aus allen Ecken der Stadt
strömen die Massen herbei. Im weißen Kasten
werden die einzelnen Kinos genannt.

This is a photocopy of a newspaper advertisement for *Tri pesni o Lenine*, published in a
Moscow daily paper in 1934. It presents a
nocturnal view of Red Square, showing the
Kremlin and the Basilica, yet with the stepped
form of the Lenin Mausoleum in the centre,
shining with a glowing star. The masses stream
towards it from every corner of the city. The
names of the individual cinemas are given in
the white box.

P 30
Three Songs About Lenin

D 1934 M Fotografie sw / Photography b&w
F 173 x 112 S Englisch / English

Mit dem Slogan: „Davon spricht die Welt!"
wurde *Tri pesni o Lenine* in den Vereinigter
Staaten vermarktet. Dieses Plakatmotiv w
vierfärbig und den Vertrieb besorgte die ii
New York ansässige Amkino-Verleihgesells

Tri pesni o Lenine was marketed in the Unit
States under the slogan: "The Talk of the
World!". The poster was four-colour and th
distribution was managed by Amkino distri
tion company, which was based in New Yo

Fotos / Photos [Pe, Ar]

Persönliche Fotos [Pe]

In diesem Konvolut befinden sich 97 Fotografien, die
Vertov in privaten Situationen zeigen. Die Bilder stammen
teils direkt von Vertovs Ehefrau Svilova, teils handelt es sich
um Abzüge der Wiener Vertov-Ausstellung 1974, teils um
neuere Abzüge nach vorhandenen Repro-Negativen. In
wenigen Fällen liegen nur Fotokopien vor. Die mit ÖFM
gekennzeichneten Kommentare entstammen dem in den
70er Jahren erstellten Inhaltsverzeichnis der Wiener Vertov-
Sammlung. Die Fotografien sind zum Großteil bisher
unveröffentlicht. [TT]

Personal Photos [Pe]

This bundle contains 97 photographs, showing Vertov in
private situations. Some of the pictures derive directly
from Vertov's wife Svilova, others are prints presented at
the Vertov exhibition in Vienna in 1974, still others are new
prints made from existing repro-negatives. In a few cases
only photocopies now exist. The commentaries that are
designated 'ÖFM' derive from the index of the Vertov
collection in Vienna, which was drawn up in the 1970s.
Most of the photographs have not been published
before. [TT]

Arbeitsfotos [Ar]

In diesem Konvolut befinden sich 91 Fotografien, die
Vertov und seine Mitarbeiter bei der beruflichen Arbeit
zeigen, entstanden während der Dreharbeiten, in Arbeits-
pausen und bei Besprechungen. Die Bilder stammen teils
direkt von Vertovs Ehefrau Svilova, teils handelt es sich um
Abzüge der Wiener Vertov-Ausstellung 1974, teils um
neuere Abzüge nach vorhandenen Repro-Negativen. In
wenigen Fällen liegen nur Fotokopien vor. Die mit ÖFM
gekennzeichneten Kommentare entstammen dem in den
70er Jahren erstellten Inhaltsverzeichnis der Wiener Vertov-
Sammlung. Die Fotografien sind zum Großteil bisher
unveröffentlicht. [TT]

Work Photos [Ar]

This bundle contains 91 photographs showing Vertov and
his colleagues in the course of their professional work,
taken during shooting, working breaks and discussions.
Some of the pictures derive directly from Vertov's wife
Svilova, others are prints shown at the Vertov exhibition
in Vienna in 1974, still others are new prints made from
existing repro-negatives. In a few cases only photocopies
exist. The commentaries that are designated 'ÖFM' derive
from the index of the Vertov Collection in Vienna, which
was drawn up in the 1970s. Most of the photographs have
not been published before. [TT]

Pe 2/2

Vertovs Eltern in Białystok / Vertov's parents in Białystok
F 240 x 181

Vertovs Vater, der Buchhändler Abel' Kučelevič Kaufman, und seine Mutter, Chaja-Esther Rachilevna, geborene Halpern, gehörten zur jüdischen Gemeinde in Białystok, wo Vertov auch aufgewachsen ist.

Vertov's father, the bookseller Abel' Kučelevič Kaufman, and his mother, Chaja-Esther Rachilevna, née Halpern, belonged to the Jewish community in Białystok (now Poland), where Vertov also grew up.

Pe 10

Porträt Vertovs mit weißer Ballonmütze
Portrait of Vertov with white baker's boy cap
F 180 x 130

Das Foto trägt den Stempel des Fotografen im Motiv: W. Wof…

The photo bears the stamp of the photographer – W. Wof…

Pe 15

Vertov und Svilova sitzen seitlich vor dem Plakat ihres Films *Kinoglaz* / Vertov and Svilova sitting beside the poster for their film *Kinoglaz* **F** 239 x 180

Das Plakat gestaltete der mit Vertov befreundete Konstruktivist Aleksandr Rodčenko. Das Foto könnte in einem Kino anlässlich der Premiere des Films am 25.10.1924 entstanden sein.

This poster was designed by the Constructivist Aleksandr Rodčenko, who was a friend of Vertov. The photograph might have been taken in a cinema on the occasion of the film's premiere on 25.10.1924.

Pe 19/2

Vertov mit Jungpionieren auf dem Land, ca. 1924 / Vertov with young pioneers in the country, ca. 1924 **F** 180 x 238

Vermutlich Dreharbeiten zur Badeszene von *Kinoglaz*, Vertov (r.) mit Turban

Presumably taken while shooting the bathing scene for *Kinoglaz*, Vertov is seen here (r.) wearing a turban.

Pe 20/2

Vertov unter Palmen, 30er Jahre / Vertov under palm trees, 1930s **F** 238 x 183

Vertov hat nur wenige Reisen in Regionen mit subtropischem Klima unternommen. Es dürfte sich um die Krim handeln. 1936 war er in Artek auf der Krim in einem Sanatorium. Er hält hier eine Frucht in der Hand, die er kurz darauf verspeist, wie ein weiteres Foto zeigt. Zur Serie gehören auch die Fotos Pe 21, Pe 29 und vermutlich auch Pe 5, der berühmte „Sprung" Vertovs.

Vertov undertook very few journeys in regions with a subtropical climate. This photograph was probably taken in the Crimea. In 1936 he stayed at a sanatorium in Artek. He is here seen holding a fruit in his hand, which was shortly afterwards consumed, as a further photograph shows. This series also includes the photos Pe 21, Pe 29 and presumably also Pe 5, Vertov's famous "Leap".

Pe 22/2

Vertov mit Kind auf der Schulter, 20er/30er Jahre
Vertov with a child on his shoulder, 1920s/1930s **F** 180 x 238

Es könnte sich bei dem Kind um Jen Lissitzky (geboren 12.10.1930), den Sohn von El Lissitzky und Sophie Küppers handeln, dem Vertov sehr zugetan war. Er und Svilova haben nie Kinder gehabt, nachdem eine Schwangerschaft Svilovas 1929 unglücklich ausgegangen war. Er betrachtete seine Filme als seine „Kinder".

The child may have been Jen Lissitzky (born 12.10.1930), the son of El Lissitzky and Sophie Küppers, of whom Vertov was very fond. He and Svilova never had any children. In 1929 Svilova's pregnancy had come to an unhappy end. He regarded his films as his "children".

Pe 24/2
Porträt Vertovs in Sportlerhemd, ca. 20er
Portrait of Vertov in a sports shirt, ca. 192
F 180 x 240

Pe 23/2
Vertov mit Schirmmütze auf Parkbank, ca. 20er
Jahre / Vertov on a park bench wearing a peaked
cap, ca. 1920s **F** 240 x 180

Die nachdenkliche Pose Vertovs könnte für den
Filmtheoretiker wie für seine zunehmenden
Schwierigkeiten mit der Filmadministration
stehen.

Vertov's reflective pose here might suggest either
the film theorist or his increasing difficulties with
the film administration.

Pe 27/2
Brüder! Michael Kaufman gibt Vertov Feuer,
20er Jahre / Brothers! Michael Kaufman giving
Vertov a light, 1920s **F** 180 x 240

Es gibt aus den 20er Jahren eine ganze Reihe
solcher sehr einvernehmlicher Bilder der beiden
Brüder, die sich erst nach der Montage von
Čelovek s kinoapparatom zerstritten haben und
beruflich eigene Wege gingen.

There is a whole series of very consensual
pictures of the two brothers dating from the
1920s. They only fell out with each other after
the editing work on Čelovek s kinoapparatom,
when they went their own separate ways.

Pe 29

Vertov mit Begleitern unter Palmen, 30er Jahre
Vertov and companions under palm trees, 1930s
F 127 x 175

1936 war Vertov (Mitte) in dem Kurort Artek auf der Krim zum Sanatoriumsaufenthalt. Zu seinen dortigen Begleitern zählten – wie er im Tagebuch schrieb – die Regisseure Il'ja Trauberg, Vladimir Nemoljaev und V. Stepanov. Um sie könnte es sich hier auf dem Foto handeln. Zur Serie gehören auch die Fotos Pe 20/2, Pe 21 und vermutlich auch Pe 5, Vertovs Nachstellung des berühmten „Sprungs".

In 1936 Vertov stayed at a sanatorium in Artek in the Crimea. He wrote in his diary that his companions there included the directors Il'ja Trauberg, Vladimir Nemoljaev and V. Stepanov. They may well be the people shown here in the photograph. This series also includes the photos Pe 20/2, Pe 21 and presumably also Pe 5, Vertov's recreation of the famous "Leap".

Pe 30

Vertov mit Turban, Handtuch und weißer Hose in der Hand / Vertov wearing a turban, with a towel and white trousers in his hand F 235 x 180

Vertov bei Freizeitaktivitäten.

Vertov during leisure time activities.

Pe 31

Vertov mit zwei Begleitern, 2. Hälfte 20er Jahre
Vertov with two companions, 2nd half of the 1920s F 127 x 175

Vertov trägt eine zusammengeklappte Messlatte in der linken Hand. Den Ledermantel und die Mütze trägt er um 1926, zur Zeit der Dreharbeiten zu Šestaja čast' mira, eine Datierung, die auch der Topfhut seiner Begleiterin bestätigt.

Vertov is holding a folded measuring stick in his left hand. He often wore this leather coat and cap during the period when he was shooting Šestaja čast' mira, around 1926, a date which is also confirmed by the cloche hat worn by his companion.

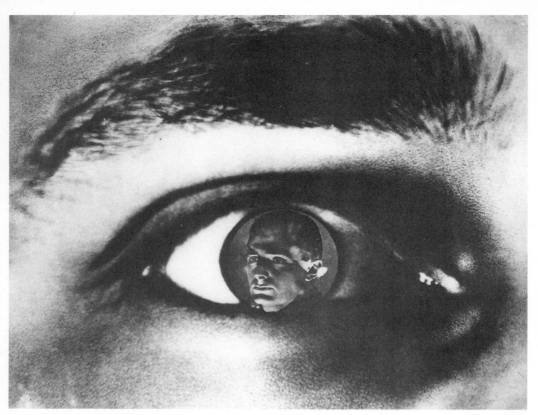

Pe 38/1
Svilovas Auge, in dessen Pupille Vertovs Porträt erscheint
Eye of Svilova, in whose pupils a portrait of Vertov appears
F 177 x 240

Fotomontage, die – laut Svilova – Vertov mit Hilfe von Svilovas rechtem Auge durchgeführt hat. Das Porträt Vertovs mit Unterlicht könnte aus der von Aleksandr Rodčenko gestalteten Fotoserie stammen (vgl. Pe 45 und Pe 46). Daraus ergäbe sich für die Fotomontage eine Datierung frühestens in das Jahr 1931.

Photo-montage which – according to Svilova – Vertov made with the help of Svilova's right eye. The portrait of Vertov using illumination from below may derive from the series of photographs designed by Aleksandr Rodčenko (cf. Pe 45 and Pe 46). That would date the photo-montage to 1931 at the earliest.

Pe 40
Vertov in Schirmmütze und kariertem Mantel, um 1940
Vertov wearing a peaked cap and checkered coat, ca. 1940
F 178 x 127

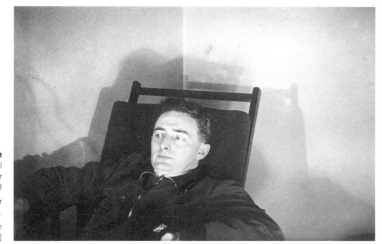

Pe 41
Vertov mit Seemannspullover im Liegestuhl
Vertov wearing a seaman's pullover in a deckchair
F 130 x 178

Vertov in seiner Wohnung in der
Kozickij-Gasse, 1930 [ÖFM].

Vertov in his apartment in
Kozickij Street, 1930. [ÖFM]

Pe 45 (links/left)
Portät Vertovs im Profil, von
Aleksandr Rodčenko, 1931/32
Portrait of Vertov in profile, by
Aleksandr Rodčenko, 1931/32
F 150 x 103

Laut Svilova stammt die Aufnahme
von Aleksandr Rodčenko. Zur Serie
gehört auch Pe 46 [ÖFM].

According to Svilova, this photo
was taken by Aleksandr Rodčenko.
The series also includes Pe 46.
[ÖFM]

Pe 46 (rechts/right)
Portät Vertovs im Profil von
Aleksandr Rodčenko
Portrait of Vertov in profile,
by Aleksandr Rodčenko
F 165 x 110

Siehe Pe 45

See Pe 45

Pe 48
Vertov inmitten ausgelassener Kurgäste, ca. 1936
Vertov in the midst of cheerful spa guests, ca. 1936
F 240 x 183

Vermutlich entstand das Foto 1936 bei Vertovs Aufenthalt in dem Kurort Artek
auf der Krim. Er war dort – laut Tagebuch – ständig mit folgenden Begleitern
aus dem Filmgewerbe zusammen: Il'ja Trauberg und seiner Freundin Tanja vom
Kommunist, Vladimir Nemoljaev und Valentina Nemoljaeva (Nachname
unbekannt), Milicina Nikolaevna (Nachname unbekannt) und V. Stepanov.
Er fühlte sich als fünftes Rad am Wagen.

This photo was presumably taken in 1936 during Vertov's stay at the spa in
Artek in the Crimea. According to his diary, he was constantly together with the
following companions from the film profession while he was there: Il'ja
Trauberg and his girlfriend Tanja from *Kommunist,* Vladimir Nemoljaev and
Valentina Nemoljaeva (surname unknown), Milicina Nikolaevna (surname
unknown) and V. Stepanov. He felt as if he was the fifth wheel.

Pe 49/2 (oben/above)
Vertov mit Skiern auf einem Eisgipfel, 30er Jahre / Vertov with
skis on an ice peak, 1930s **F** 240 x 177

Vertov in einer seltenen Urlaubssituation. Das Foto machte Svilova [ÖFM].

Vertov in a rather unusual holiday situation. The photo was taken by Svilova.
[ÖFM]

Pe 56 (unten/below)
Vertov im Gebirge, 30er Jahre / Vertov in the mountains, 1930s **F** 177 x 128

Siehe P 49/2

See P 49/2

Pe 54
Vertov öffnet einen Brief, beobachtet von Svilova, 30er Jahre
Vertov opening a letter, observed by Svilova, 1930s
F 175 x 125

delt sich um eine deutschsprachige Aufschrift, die vermutlich zum
Wort „Telegramm" zu ergänzen ist.

writing is in German, presumably inidcating the word "Telegramm".

Pe 55
Vertov mit *Kinamo*-Kamera
Vertov with a *Kinamo*-Camera
F 177 x 125

Vertov mit *Kinamo*-Kamera, eine der kleinsten und kompaktesten
Handkameras, die jemals entwickelt wurden, hergestellt von der Firma
Ica in Dresden. Eines der wenigen Fotos, das Vertov selbst mit einer
Filmkamera zeigt.

Vertov with a *Kinamo*-Camera, one of the most compact cameras
ever produced. The *Kinamo* was designed by Ica in Dresden, Germany.
This picture is among the few showing Vertov with a camera.

Pe 61

Porträt Vertovs, ca. 40er Jahre
Portrait of Vertov, ca. 1940s
F 182 x 240

Vertov, von unten beleuchtet, vielleicht
gemeinsam entstanden mit Foto Pe 63
und 65/2.

Vertov, illuminated from below, perhaps
taken together with the photos Pe 63
and 65/2.

Pe 63

Porträt Vertovs mit grellem
Lichtstreifen, ca. 40er Jahre
Portrait of Vertov with a bright
shaft of light, ca. 1940s
F 240 x 185

Vertov, seitlich beleuchtet,
vielleicht gemeinsam
entstanden mit Foto
Pe 61 und 65/2.

Vertov, laterally illuminated,
perhaps this photo was taken
together with the photos
Pe 61 and 65/2.

Pe 65/2

Porträt Vertovs, eine Gesichtshälfte im Schatten,
ca. 40er Jahre / Portrait of Vertov, one side of his face
in the shade, ca. 1940s **F** 235 x 180.

Vertov, seitlich beleuchtet, vielleicht gemeinsam
entstanden mit Foto Pe 61 und 63.

Vertov, laterally illuminated, perhaps this photo was
taken together with the photos Pe 61 and 63.

Pe 66
Offiziell wirkendes Porträt Vertovs, ca. 50er Jahre
Official-looking portrait of Vertov, ca. 1950s
F 235 x 175

Die grauen Haare weisen auf die letzten Lebensjahre Vertovs hin.

The grey hair indicates that Vertov is in the last years of his life.

Pe 68
Zimmerwand in Vertovs Wohnung mit gerahmten Fotografien
und Artikeln / Wall in a room in Vertov's apartment, displaying framed
photographs and articles **F** 180 x 240

Die Fotografie entstand in Vertovs Moskauer Wohnung in der Bol'šaja Poljanka 34.
Es handelt sich um Devotionalien vor allem von der Europatournee 1931: Vertov in
Berlin, Rotterdam, eine deutsche Zensurkarte, Einladung zur Filmpremiere in
Frankfurt, außerdem Artikel und Fotos mit Weggenossen und Freunden.

This photograph was taken in Vertov's Moscow apartment in Bol'šaja Poljanka 34.
It shows devotional objects, above all from the European tour of 1931: Vertov in
Berlin and Rotterdam, a German censorship card, an invitation to the film
premiere in Frankfurt, as well as articles und photos of contemporaries and friends.

Pe 69

Fotografie und Broschüre auf einer
Tischplatte, frühestens 1960
Photograph and leaflet on a table-top,
1960 at the earliest
F 180 x 240

Auf dem Tisch in Svilovas Wohnung lie
eine Variante der 1931/32 von Aleksand
Rodčenko gemachten Porträts von Ver
(vgl. Pe 45 und 46). Daneben die Brosc
zur Filmretrospektive der Leipziger Wo
für Kultur- und Dokumentarfilm 1960:
*Dsiga Wertow: Publizist und Poet des
Dokumentarfilms.*

On the table in Svilova's apartment lie
variation of the portraits of Vertov tak
Aleksandr Rodčenko in 1931/32 (cf. Pe
and 46). Beside it is the leaflet for the
retrospective *Dsiga Wertow: Publizist u
Poet des Dokumentarfilms,* organised a
of the 1960 Leipzig Week of Cultural a
Documentary Films.

Pe 70

Svilova an einem 16mm-Schneidetisch
sitzend, schreibt ein Gedicht, 1973
Svilova sitting at a 16mm editing table,
writing a poem, 1973
F 170 x 232

Svilova schreibt im November 1973 in
Ost-Berlin im Rahmen der Berliner Ver
Ausstellung das Gedicht „Vertov liebte
[ÖFM].

In November 1973, in East Berlin, Svilo
wrote the poem "Vertov loved ..." for
Vertov exhibition in Berlin. [ÖFM]

Ar 1

Vertov überwacht das Beladen eines Agitzugs, ca. 1920
Vertov supervises the loading of an agit train, ca. 1920
F 130 x 180

Diese aus sechs Fotografien bestehende Fotoserie
stammt aus einer Filmsequenz, vermutlich aus dem
Film *Agitpoezd VCIK* (Der Agitzug des Gesamtrussischen
Zentralen Exekutivkomitees, 1921). Zitiert findet sich die
Szene auch in dem filmischen Vertov-Porträt *Mir bez igry*
(Welt ohne Spiel, 1966) von Leonid Machnač. Offen-
sichtlich ist Vertov hier bereits in einer leitenden,
überwachenden Funktion zu sehen, und als Raucher!
Die im Vertov-Fond des RGALI in Moskau vorhandenen
Berichte über die Arbeit der Agitzüge reichen vom
22.4.1919 bis zum 2.11.1921. Spätestens ab 1920 fungiert
Vertov als Leiter des Kinowaggons innerhalb eines
Agitzugs, meist auf dem Zug *Oktoberrevolution*. 1921
wird er zum Leiter des gesamten Netzes der Agitzüge
ernannt, sein Dienstausweis als Leiter der Filmabteilung
der Agitzüge datiert vom 3.2.1921 (vgl. hier im Buch D 9).

This series of six photographs derives from a film
sequence, presumably from the film *Agitpoezd VCIK* (the
agit train of the All-Russian Central Executive Committee,
1921). The scene is also referred to in the cinematic Vertov
portrait *Mir bez igry* (World Without Play, 1966) by
Leonid Machnač. Vertov can here be seen in what is
evidently already a leading supervisory role—and also as
a smoker! The reports of the work of the agit trains that
exist in the Vertov files of the RGALI in Moscow range
from 22.4.1919 to 2.11.1921. At the latest from 1920 onwards,
Vertov worked as the director of the cinema wagon
within one of the agit trains, usually on the train called
the *October Revolution*. In 1921 he was appointed director
of the whole network of agit trains. His identification card
as director of the film department of the agit trains is
dated 3.2.1921 (cf. here in the book D 9) .

Ar 2

Vertov überwacht das Beladen eines Agitzugs, ca. 1920
Vertov supervises the loading of an agit train, ca. 1920
F 110 x 145

Siehe Kommentar zu Ar 1. / See commentary on Ar 1

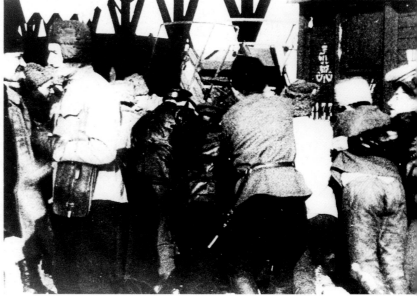

Ar 3
Vertov überwacht das Beladen eines
Agitzugs, ca. 1920
Vertov supervises the loading of an
agit train, ca. 1920
F 130 x 180

Siehe Kommentar zu Ar 1.
See commentary on Ar 1.

Ar 4
Vertov überwacht das Beladen
eines Agitzugs, ca. 192
Vertov supervises the loading
of an agit train, ca. 1920
F 180 x 240

Siehe Kommentar zu Ar 1.
See commentary on Ar 1.

Ar 5
Vertov überwacht das Beladen
eines Agitzugs, ca. 1920
Vertov supervises the loading of
an agit train, ca. 1920
F 180 x 240

Siehe Kommentar zu Ar 1.
See commentary on Ar 1.

Ar 6
ov überwacht das Beladen eines
Agitzugs, ca. 1920
Vertov supervises the loading of
an agit train, ca. 1920
F 180 x 240

Siehe Kommentar zu Ar 1.
See commentary on Ar 1.

Ar 14

Mit Agitationsmotiven bemalter Agitzug, 1919–21
Agit train painted with agitation motifs, 1919–21
F 130 x 180

Das Foto zeigt den Agitzug mit dem Namen *Lenin*. Vertov fuhr meist auf dem Agitzug *Oktoberrevolution*. Vielleicht nahm er aber im April/Mai 1919 auch an einer Fahrt des Agitzugs *Lenin* teil, die in der *Kinonedelja Nr. 38* zu sehen ist.

The photograph shows the agit train bearing the name *Lenin*. Vertov usually travelled with the agit train called *October Revolution*. However, in April/May 1919 he may also have made the journey on the agit train *Lenin*, which is to be seen in *Kinonedelja Nr. 38*.

Ar 15

Kameramann und Menschenmenge vor dem Kinowaggon eines Agitzugs, 1919–21
Cameraman and crowd in front of the cinema wagon of an agit train, 1919–21 **F** 130 x 180

Vermutlich eine Kadervergrößerung aus einer Filmsequenz, da filmtypische Kratzer und Laufschrammen vorhanden sind. Nach einer Aufschrift könnte es sich um den Agitzug *Krasnyj kazak* (*Roter Kosak*) handeln, vermutlich aus dem Film *Agitpoezd VCIK* (*Der Agitzug des Gesamtrussischen Zentralen Exekutivkomitees*, 1921).

Presumably a frame enlargement from a film sequence, since there are typical film scratches to be found on it. According to an inscription it may be the agit train *Krasnyj kazak* (*Red Cossack*), probably from the film *Agitpoezd VCIK* (*The agit train of the All-Russian Central Executive Committee*, 1921).

Ar 23
rehpause bei Aufnahmearbeiten auf dem Land, ca. 1924
Break during shooting in the country, ca. 1924
F 180 x 240

Vertov (l.) und Mitarbeiter, vermutlich bei Aufnahmearbeiten zu *Kinoglaz*, wie die Kleidung schließen lässt.

Vertov (left) and colleagues, to judge from the clothing
presumably while filming *Kinoglaz*.

Ar 26 (rechts/right)
ov während der Dreharbeiten zu *Šestaja čast' mira*, 1926
Vertov during the filming of *Šestaja čast' mira*, 1926
F 130 x 180

Vertov mit Aktentasche bei der Abfertigung einer
Aufnahmeexpedition zu *Šestaja čast' mira* [ÖFM].

ertov, with briefcase, about to set off on an expedition to
shoot *Šestaja čast' mira* [ÖFM].

Ar 28 (links/left)
Porträt von Dziga Vertov, 40er Jahre
Portrait of Dziga Vertov, 1940s **F** 90 x 130

Vertov in elegantem kariertem Mantel. Ein Porträt
rtovs im gleichen Mantel wurde durch das ÖFM auf das
Jahr 1940 datiert, vgl. Pe 40.

v in elegantly checkered coat. A portrait of Vertov in the
same coat was dated to 1940 by the ÖFM, cf. Pe 40.

Ar 29

Michail Kaufman (l.) und Dziga Vertov (M.) bei Dreharbeiten
zu *Čelovek s kinoapparatom*, 192
Michail Kaufman (l.) and Dziga Vertov (m.) during the shooting
of *Čelovek s kinoapparatom*, 1928 **F** 180 x 240

Die Datierung erfolgte aufgrund der Kleidung von Michail Kaufman,
die er als Protagonist in *Čelovek s kinoapparatom* ständig trägt. Das Foto
illustriert anschaulich, dass er tatsächlich – wie im Vorspann angegeben –
als „Haupt-Kameramann" des Streifens fungierte und alle Szenen drehte,
in denen er selber nicht als Kunstfigur agierte.

The dating here was made on the basis of Michail Kaufman's clothing,
since he constantly wore these clothes as the protagonist of *Čelovek s kinoapparatom*. The photo clearly illustrates that he really did work as 'principal
photographer' for the film—as stated in the opening credits—and shot all
the scenes in which he was not acting as a fictional character.

Ar 37

Vertov, Kaufman und Mitarbeiter in Kiev, ca. 1927–28 / Vertov, Kaufman and colleagues in Kiev, ca. 1927–28 F 180 x 240

Vertov (mit Zeitung) und Michail Kaufman (2.v.l.) in Kiev vor Vertovs damaligem Wohnsitz, dem „Hotel Palast", während der Dreharbeiten zu *Odinnadcatyj* oder *Čelovek s kinoapparatom*.

Vertov (with newspaper) and Michail Kaufman (2ⁿᵈ from left) in front of Vertov's accommodation at the time, the Hotel Palast in Kiev, during the shooting of either *Odinnadcatyj* or *Čelovek s kino-apparatom*.

Ar 43

Vertov mit Kamera und Mitarbeitern bei Dreharbeiten zu *Éntuziazm*, 1929/30 / Vertov with camera and colleagues while shooting *Éntuziazm*, 1929/30 F 90 x 130

Eine Banderole im Hintergrund könnte darauf hinweisen, dass es sich um die Dreharbeiten zu den 1. Mai-Aufmärschen 1930 in Leningrad handelt. Im Vordergrund sieht man eine techische Apparatur, die wohl zur Tonfilmausrüstung hört. Die Antennen lassen auf eine Sende- oder mpfangsfunktion schließen. Der Durchbruch bei ntuziazm gelang mit Hilfe von Radiomikrofonen nd einer offenbar gesendeten Ferntonaufnahme (vgl. hier im Band seinen Text „Künstlerische Visitenkarte", § 107).

A banner in the background could indicate that his was taken during the shooting of the 1st May arch in 1930 in Leningrad. In the foreground one n see a technical device which probably belongs the sound equipment. The antennae would sug-st some kind of transmitting or receiving device. The breakthrough in the work on *Entuziazm* was achieved with the aid of radio microphones and note sound recording which was evidently trans-mitted (cf. here in this volume Vertov's text 'Artistic Calling Card', § 107).

Ar 44

Vertov und Svilova im Gespräch bei
Dreharbeiten zu *Éntuziazm*, 1929/30
Vertov and Svilova involved in a discussion during the
shooting of *Éntuziazm*, 1929/30 **F** 130 x 180

Dieses Foto unterstreicht, dass Svilova seit *Éntuziazm*
nicht mehr nur als Schnittmeisterin, sondern als Co-Regisseurin
Vertovs fungierte.

This photo conspicuously illustrates that since *Éntuziazm*
Svilova was no longer only working as an editor,
but as Vertov's co-director.

Ar 48

Vertov und Mitarbeiter im Gegenlicht bei Dreharbeiten zu *Éntuziazm*, 1929/30
Vertov and colleagues in a backlit shot during the filming of *Éntuziazm*, 1929/30
F 130 x 180

Vertov (r.) und Mitarbeiter installieren die Kamera auf einem Kamerawagen, der
für Fahrten vor allem bei den 1. Mai-Paraden dazu diente, aus leicht erhöhter
Kameraperspektive zu filmen. Es könnte sich auch um die „fahrbare Tonaufnahmeanlage" mit der Tonkamera handeln, die Vertov speziell konstruieren ließ,
wohl vor allem aus Gewichtsgründen (vgl. „Künstlerische Visitenkarte,
S. 80 ff, § 109).

Vertov (right) and colleagues installing the camera on a camera wagon, which
served to film above all during the May Day, from a slightly raised camera
perspective. It may also be the "mobile sound recording equipment" complete
with sound camera, which Vertov had specially constructed, in all probability due
to weight considerations (cf. here in the book his text
"Artistic Calling Card", § 109).

Ar 50

Vertov, Svilova und der Kameramann bei
Dreharbeiten zu *Entuziazm*, 1929/30
Vertov, Svilova and the cameraman during the
shooting of *Entuziazm*, 1929/30
F 130 × 180

Links neben Vertov (2.v.l.) und Svilova (r.) erscheint hier der
Darsteller des „Papstes" von einem antireligiösen Umzug, der im
Film zu sehen ist. Das Foto lässt eine gewisse Absprache, ein
Arrangement der Aufnahme erahnen.

To the left, beside Vertov (2nd from left) and Svilova (right), may be
seen the actor playing the Pope in the anti-religious procession
which is depicted in the film. The photo suggests a certain
prior arrangement of the shot.

Ar 51

Vertov und Svilova überwachen die Dreharbeiten zu *Entuziazm*, 1929/30
Vertov and Svilova supervising the shooting of *Entuziazm*, 1929/30
F 130 × 180

Svilova (M.) und Vertov (r.) mit Zigarette.

Svilova (m.) and Vertov (r.) with cigarette.

Ar 53
Vertov und Mitarbeiter im Gespräch bei den
Dreharbeiten zu *Ėntuziazm,* 1929/30 / Vertov and his
colleagues in discussion while shooting *Ėntuziazm,*
1929/30 **F** 180 x 240

Es handelt sich bei dem Gesprächspartner vermutlich um Professor Aleksandr Šorin, den Erfinder
und Konstrukteur der Tonapparatur, mit der Vertov
Ėntuziazm dreht. Timarcev und Čibisov, zwei Mitarbeiter Šorins, begleiten Vertovs Filmgruppe sogar
bei der Erprobung der Apparatur.

Vertov's discussion partner here is presumably
Professor Aleksandr Šorin, the inventor and con-
structor of the sound equipment with which Vertov
shot *Ėntuziazm*. Timarcev and Čibisov, two of
Šorin's colleagues, are accompanying Vertov's film
group even while the equipment is being tested.

Ar 52
Vertov und ein Mitarbeiter posieren, auffällige
Architektur, ca. 1932–33
Vertov and a colleague posing, conspicuous
architecture, ca. 1932–33
F 130 x 180

Bei dem Mitarbeiter handelt es sich vermutlich um
Dmitrij Surenskij, einen der Kameramänner bei *Tri
pesni o Lenine*. Er drehte besonders in den asiatischen Teilen der UdSSR, wo vermutlich auch die
eindrucksvolle Architektur zu suchen ist.

The colleague is presumably Dmitrij Surenskij, one
of the cameramen on *Tri pesni o Lenine,* 1932–33.
He filmed a lot in particular in the Asiatic parts of
the USSR, where this imposing architecture is
presumably also to be found. ,

Ar 54
Porträt Vertovs während der
Dreharbeiten zu *Ëntuziazm*,
1929/30, I
Portrait of Vertov taken during
the shooting of *Ëntuziazm*,
1929/30, I
F 130 x 180

Die Datierung dieses und des
folgenden Bildes erfolgt aufgrund
der Kleidung Vertovs.

The dating has been made on the
basis of Vertov's clothing. To this
series also belongs Ar 55.

Ar 55
Porträt Vertovs während der
Dreharbeiten zu *Ëntuziazm*,
1929/30, II
Portrait of Vertov taken during
the shooting of *Ëntuziazm*,
1929/30, II
F 180 x 240

Siehe Ar 54.

See commentary on Ar 54.

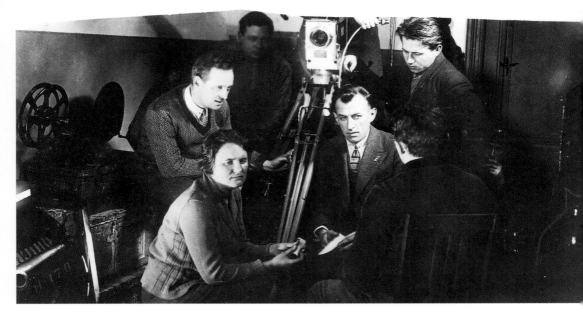

Ar 68.II
Besprechung des Arbeitsteams von *Entuziazm*, 1929/30
Discussion among the crew of *Entuziazm*, 1929/30
F 130 x 180

Vertov (2.v.r., sitzend, von hinten) versammelt seine Arbeitsgruppe um die Tonkamera, darunter den Toningenieur Petr
Štro (r., stehend) und Svilova (2.v.l.).

Vertov (2nd from right, seated, from behind) gathers his
working group around the sound camera, among them
the sound engineer Petr Štro (right, standing) and Svilova
(2nd from left).

Filmkader / Film stills [Fi]

In diesem Konvolut befinden sich 528 Fotografien, die aus den Filmen von Vertov stammen. Fast ausnahmslos handelt es sich um Kadervergrößerungen direkt aus den Filmkopien, einige wenige könnten auch von einem Standfotografen stammen. Sie zeigen aber stets Motive des Films. Ein Teil sind „Sammlungsoriginale" aus der Sowjetunion, übergeben von Svilova. Ein weiterer Teil stammt aus anderen Quellen, z. B. von befreundeten Archiven. So wurde dem ÖFM vom Svenska Filminstitutet eine Anzahl Filmkader zur Verfügung gestellt. Für die Vertov-Ausstellung von 1974 wurden etliche Motive auf kleine Pappen aufgezogen. Ein letzter Teil wurde vom ÖFM extra angefertigt (z. B. im Jahr 2006 zu Čelovek s kinoapparatom: 73 verschiedene Bilder). Nur ein Bruchteil ist auch als Duplikat-Negativ und als Repro-Negativ (neues Negativ von einem Positivabzug) vorhanden. Ein Großteil davon liegt mittlerweile auch digital vor. Die Anzahl der Bildmotive verteilt sich auf die Vertov-Filme wie folgt:

Kinonedelja: 4
Kinoglaz: 40
Kinopravda Nr. 21: 33
Šagaj, Sovet!: 36
Šestaja čast' mira: 52
Odinnadcatyj: 43
Čelovek s kinoapparatom: 53 + 73 = 126
Éntuziazm: 31
Tri pesni o Lenine: 139
Kolybel'naja: 18
Tebe, front!: 5
Mir bez igry (Porträtfilm über Vertov): 1

Beispiele aus dieser Rubrik haben wir als Illustrationen auf den gesamten Band verteilt. [TT]

This bundle contains 528 photographic stills from Vertov's films. Almost without exception, they are frame enlargements made directly from film prints, although a few of them may also be production stills. However, they always present motifs from the film. One part comprises 'collection originals' from the Soviet Union, donated by Svilova. A second part derives from other sources, e.g. from other closely connected archives such as the Svenska Filminstitutet (which passed a number of frame enlargements on to the ÖFM in the 1970s) For the Vertov exhibition of 1974 some stills were mounted on little pieces of card. A final part was specially produced by the ÖFM (e.g. in 2006 for Čelovek s kinoapparatom: 73 different images). Only a fraction of them also exist as a duplicate negatives or as repro-negatives (new negatives from positive prints). Many of them have in the meantime also been transferred to a digital format. The number of pictorial motifs deriving from each of Vertov's films breaks down as follows:

Kinonedelja: 4
Kinoglaz: 40
Kinopravda Nr. 21: 33
Šagaj, Sovet!: 36
Šestaja čast' mira: 52
Odinnadcatyj: 43
Čelovek s kinoapparatom: 53 + 73 = 126 ·
Éntuziazm: 31
Tri pesni o Lenine: 139
Kolybel'naja: 18
Tebe, front!: 5
Mir bez igry (Vertov portrait): 1

Many of these film stills are reproduced as illustrations throughout this volume. [TT]

Presse/Press [Pr]

Diese Rubrik, die größte der Sammlung, umfasst 592 Objekte aus insgesamt 19 verschiedenen Ländern. In den meisten Fällen handelt es sich um Zeitungsartikel, die entweder als Fotokopie oder als Fotografie erhalten sind. Auch einige wenige Originale finden sich hier – aus Zeitschriften (vermutlich von Svilova) herausgerissene Seiten, die einen Vertov-Bezug aufweisen. Der überwiegende Teil der Beiträge stammt aus der deutschen (263) und der sowjetischen (148) Presse, danach folgen Frankreich, England und die Niederlande. Österreich ist mit 19 Einträgen vertreten; schließlich finden sich sogar ein argentinischer und ein kubanischer Artikel.

Der zeitliche Schwerpunkt liegt eindeutig um 1930 und betrifft Vertovs Europatourneen 1929 und 1931. Eine zweite Welle der Vertov-Rezeption setzte in den 70er Jahren ein. Liegen in vielen Fällen gute, lesbare Reproduktionen der Artikel vor, so haben einige unscharf fotografierte Texte immerhin den Sinn eines Quellennachweises. So konnten beispielsweise einige der in der „Künstlerischen Visitenkarte" Vertovs erwähnten Texte mühelos gefunden werden. Die Trennung nach Herkunftsländern ermöglicht es, unterschiedliche Rezeptionshaltungen und Tendenzen nationaler Filmkritik nachzuvollziehen. Insbesondere für die sowjetischen Filmzeitschriftenartikel aus den 1920er Jahren ist der praktische Wert hoch, da diese über herkömmliche Bibliotheksrecherchen meist nur in Moskau aufzutreiben sind. Schließlich spiegelt die Rubrik „Presse" die intensive Forschungstätigkeit des ÖFM in den 1970er Jahren wieder.

This section, the largest in the collection, comprises 592 objects from a total of 19 different countries. Most of them are newspaper articles which have been preserved either as photocopies or as photographs. There are also a few originals to be found here – articles connected to Vertov torn out of magazines (presumably by Svilova). The major part of the texts derive from the German press (263) and the Soviet press (148), followed by France, England and the Netherlands. Austria is represented with 19 entries; finally, one Argentinian and one Cuban article are also included.

As far as the date is concerned, the focus clearly lies on the late 1920s and the texts relate to Vertov's European tours of 1929 and 1931. A second wave of Vertov reception began in the 1970s. Although many of the reproductions of the articles are good and easily readable, those photographs of texts that are out of focus also serve as a proof of sources. In this way, for example, some of the texts by Vertov that are mentioned here in this volume in the "Artistic Calling Card" could easily be found. The division according to country of origin makes it possible to understand different attitudes of reception and the tendencies of national film criticism. Particularly the articles in Soviet film journals dating from the 1920s have great practical value, since they can usually only be found by means of traditional library research in Moscow. Finally, this section also reflects the ÖFM's intensive research activity of the 1970s.

Pr De 8.1 [Presse Deutschland]
„Der Moskauer Filmregisseur Dsiga Werthoff"
in: *Hannoverscher Anzeiger,* **4. Juni 1929.**
M Foto sw
Es handelt sich hierbei um die Ankündigung der westeuropäischen Uraufführung von *Čelovek s kinoapparatom*. Sie fand nicht in Berlin, sondern in Hannover statt, da El Lissitzky und seine deutsche Ehefrau Sophie Küppers im Hintergrund von Vertovs Deutschlandtournee die Kontakte herstellten. Sophie Küppers kam aus Hannover, wo ihr erster Mann jahrelang die Kestner-Gesellschaft geleitet hatte. Vertov projizierte nicht auf die Leinwand, sondern in die Planetariumskuppel hinein. [TT]

Pr De 8.1 [German press]
„Der Moskauer Filmregisseur Dsiga Werthoff"
in: *Hannoverscher Anzeiger,* **4. Juni 1929.**
M photo b&w
This is the announcement for the Western European première of *Čelovek s kinoapparatom*. It was held not in Berlin, but in Hanover, since El Lissitzky and his German wife Sophie Küppers made the contacts during Vertov's tour of Germany. Sophie Küppers came from Hanover, where her first husband had been the director of the Kestner Society for years. Instead of projecting onto the screen, Vertov projected into the dome of the planetarium. [TT]

ınnoverscher Anzeiger, Hannover

Ausschnitt aus der Nummer vom: 4. JUN 1929

Der Moskauer Filmregisseur
Dsiga Werthoff

Schöpfer der Bewegung für den unsgestellten,
ierten Film, des „Kinofi" (das „Kino-Auge"),
beute, Montag, den 3. und morgen, Dienstag,
4. Juni, im Blanckatzimmsal des Mo-
Hochschules aus seinen neuesten Filmen vor-
führen und dazu sprechen wird.

Was das
KINO-AUGE SIEHT

ПРОБУЖДЕНИЕ

Photomontage aus dem Film „Der Mann mit der Kamera"

Je 8.ı

Pr De 108

Chaplin 116. Nr 5/1972. 5 kr.
inkl. moms

Jonas Sima om kärleken; Pier Paolo Pasolini om Ero-
tiken; Torsten Manns om Det depraverade; D. Vertov.

Pr S 1

Pr De 108 [Presse Deutschland]
Was das Kino-Auge sieht
Fotomontage mit Motiven aus *Čelovek s kinoapparatom* für
die Reklame in Deutschland 1929.
M Foto sw
Eventuell stammt sie von Vertov selbst, der sich – wie aus
Briefen an Svilova hervorgeht – mit solchen Arbeiten
Honorare erwarb, denn er war von Sovfilm ohne Devisen
auf die Europatournee geschickt worden. [TT]

Pr S 1 [Presse Schweden]
**Umschlagseite der schwedischen Zeitschrift *Chaplin*
Nr. 5, 1972.**
M Originalausschnitt
Cover-Rendezvous der dritten Art: Vertov meets Liza
Minnelli. Die Filmwissenschaftlerin Anna-Lena Wibom
veröffentlichte 1972 in der schwedischen Kinozeitschrift
Chaplin zwei Artikel über Vertov (Nr. 5 und Nr. 6). Wie
kurios das Aufeinandertreffen des Machers von *Tri pesni o
Lenine* und der Film-Society der 70er Jahre war, illustriert
das Cover der Zeitschrift. [BW]

Pr De 108 [German press]
Was das Kino-Auge sieht
Photo montage featuring motifs from *Čelovek s kinoapparatom* for promotion in Germany, 1929.
M photo b&w
This may be the work of Vertov himself, since it emerges
from his letters to Svilova that he obtained some remuner-
ation by doing such work, having been sent by Sovfilm on
his tour of Europe without any foreign currency. [TT]

Pr S 1 [Swedish press]
**Cover page of the Swedish magazine *Chaplin* No. 5,
1972.**
M Original press clipping
A cover meeting of the third kind: Vertov meets Liza
Minnelli. In 1972 the film archivist Anna-Lena Wibom
published two articles about Vertov (No. 5 and No. 6) in
the Swedish film magazine *Chaplin*. The peculiarity of the
meeting of the maker of *Tri pesni o Lenine* and the high-
society of the 1970s is illustrated by the cover of the
magazine. [BW]

Pr USS 4

Pr USS 4 [Presse UdSSR]
Gan, Aleksej: „Kino-pravda. Trinadcatyj opyt" [1923]
Text über das „dreizehnte Experiment" –
die *Kinopravda Nr. 13*.
ᴍ Originalausschnitt
Aleksej Gan war der Begründer der konstruktivistischen
Filmzeitschrift *Kino-fot*, in der Vertov auch sein erstes
Manifest „My" („Wir") veröffentlichte. Im vorliegenden
vierseitigen Artikel (in Nr. 5, 1923) preist Gan die experi-
mentelle, den Grundsätzen des Konstruktivismus entspre-
chende Zwischentitelgestaltung der *Kinopravda Nr. 13* durch
Aleksandr Rodčenko. Die Abbildung zeigt nicht nur einige
schöne Beispiele hierfür, sondern ganz nebenbei auch eine
Archivierungspraxis von Svilova: Ganze Artikel wurden aus
Zeitschriften herausgerissen; im Text selbst wird genau so
ungeniert „geschnitten" wie am Schneidetisch. [BW]

Pr USS 84 [Presse UdSSR]
È. Mordimilovič, M. Babičenko, Kino Nr. 22, 1936
Karikatur zum 1. Mai
ᴍ Foto sw
Die Karikatur zeigt in der Bildmitte den Doyen der sowjetischen Filmlandschaft, Sergej Eisenstein, der mit dem
Kinderwagen die kleinen Babys der Filmhochschule (VGIK)
durch die Gegend schiebt. Der Adonis gleich links dahinter
ist Aleksandr Dovženko, links davon die Brüder Vasiliev, die
wie ihr Held Čapaev direkt aus dem erfolgreichen Kampf zu
kommen scheinen. Links unten – Lev Kulešov, unten Mitte
– Vsevolod Pudovkin, und schließlich rechts außen, bewaff-
net mit dem Kanonenrohr, Vertov, der Mann mit der
Kamera. [BW]

Pr Ö 5/3 [Presse Österreich]
„Gottlosenpropaganda in einem Wiener Kino" [1932]
ᴍ Fotokopie
Dieser Artikel (*Reichspost* vom 21.5.1932) war zentral für die
Initiierung von Tumulten im Kino, die schließlich zum
Verbot des Films *Èntuziazm* in Österreich führten. [TT]

Gottlosenpropaganda in einem Wiener Kino.
Ein aufreizender russischer Film. /
Verspottung des christlichen Glaubens.

Pr USS 4 [USSR Press]
Gan, Aleksej: „Kino-pravda. Trinadcatyj opyt" [1923]
Text on the "Thirteenth Experiment" – *Kinopravda No. 13*.
ᴍ Original press clipping
Aleksej Gan was the founder of the Constructivist film
magazine Kino-fot, in which Vertov also published his
first manifesto "My" ("We"). In the four-page article, Gan
praises the experimental design of the intertitles of *Kinopravda No. 13* by Aleksandr Rodčenko for corresponding to
the principles of Constructivism. The illustration shows not
only some good examples of this, but also, quite incidentally, one of Svilova's practices as an archivist: she would
tear out whole articles from magazines and the text itself
would be "cut up" just as uninhibitedly as at the film-
editing table. [BW]

Pr USS 84 [USSR Press]
È. Mordimilovič, M. Babičenko, Kino Nr. 22, 1936
Caricature on the 1st May
ᴍ photo b&w
This caricature shows, in the centre of the picture, the
doyen of the Soviet film scene, Sergej Eisenstein, pushing
around a pram full of the little babies of the Film School
(GIK). The Adonis just to the left behind him is Aleksandr

РИСУНОК З. МОРДМИЛОВИЧА и М. БАБИЧЕНКО.

Pr USS 84

In einem Lichtspieltheater der Inneren Stadt läuft seit Freitag, 20.d., ein Russentonfilm, der eine Etappe des Fünfjahrplanes schildert. Den Regieeinfällen des Films ist von verschiedenen deutschen Kritikern, die das Werk in einer Pressevorführung kennen lernten, eine ausführliche Beachtung zuteil geworden. In der Tat kann *Das Lied vom Aufbau* (Enthusiasmus) – so der Titel des Tonfilms – regietechnisch auch Interesse erwecken. Auf dem Gebiete des stummen Films liegen Spitzenleistungen der russischen Spielleiter vor und in dem neuen Tonfilm geht Regisseur Dsiga Werthoff Wege, die deshalb bemerkenswert sind, weil sie die Synthese von Ton und Bild in einer Weise herbeiführen, wie es bisher nur selten in einigen französischen Filmen gelungen ist.

Anders steht es aber mit dem Inhalt des Werkes. Man hat es mit einem bolschewistischen Propagandafilm übelster Sorte zu tun, der das System des Kommunismus verherrlicht und am tönenden Band die von der Welt längst entlarvte Lüge vorführt, daß es kein glücklicheres Land als die Sowjetrepublik gebe, daß die Arbeiter mit Enthusiasmus in die Tretmühle steigen, um die Befehle der kommunistischen Kommissäre auszuführen.

Der Film begnügt sich aber nicht mit der Darstellung des Wiederaufbaues der Industrie. Er geht in seinem ersten Teil, wo in einem bunten Szenengemisch das rote

Dovženko, left of him are the Vasiliev brothers, who like their hero Čapaev, seem to have arrived directly from a successful fight. Below left is Lev Kulešov, below centre Vsevolod Pudovkin and finally, on the far right, armed with a gun barrel, is Vertov, the Man with the Movie Camera. [BW]

Pr Ö 5/3 [Austrian Press]
„Gottlosenpropaganda in einem Wiener Kino" [1932]
"Atheistic propaganda in a Viennese cinema"
M Photocopy
This article (*Reichspost*, 21.5.1932) played a large role in causing the disturbances at the cinema which finally led to the film *Entuziazm* being banned in Austria. [TT]

> Atheistic propaganda in a Viennese cinema
> A provocative Russian film /
> Derision of the Christian faith
> Since Friday 20th a Russian sound film describing one stage of the five-year plan has been showing at a cinema in the city centre. The director's ideas have earned him great respect from the various German critics who saw the film at a press screening. Indeed, *Das Lied vom Aufbau* (Enthusiasmus) ('The Song of Construction (Enthusiasm)') – such is the title of the sound film – deservedly aroused interest for its directorial technique. The director, Dsiga

Pr Ö 5/3

Rußland mit dem zaristischen System kontrastiert wird, in einen brutalen Angriff über.

Sein ätzender Spott gilt der Religion.

Durch Übertreibungen wird die Christusverehrung im Vorkriegsrußland verhöhnt, Kirchenszenen sind unmittelbar gefolgt von widerlichen Darstellungen Betrunkener, und unverhüllt zeigt sich die Tendenz in den Bildern, in denen eine russische Kathedrale in Schutt zusammenstürzt. Diese Gottlosenpropaganda erreicht ihren regietechnischen Knalleffekt in der Szene, in der steinerne Kreuze, die die Fassade einer Kirche schmücken, von einer unsichtbaren Hand weggewischt werden und die rote Fahne auf der Kuppel des Gotteshauses aufgepflanzt wird. Aber selbst damit begnügt sich dieser Film noch nicht. Er hat sein ganzes Gift erst verspritzt, nachdem er in einer Demonstration eine auf einen Galgen aufgeknüpfte Puppe, die einen Bischof darstellt, vorgeführt hat.

Das beschämendste ist wohl, daß ein derartiges widerliches Machwerk in Wien öffentlich aufgeführt werden kann. Es gibt keine gesetzliche Handhabe, um von vornherein solche Erzeugnisse zu verbieten. Aber was anderes ist es wohl, ob die Bevölkerung sich eine solch niederträchtige Provokation schweigend gefallen lassen muß.

Werthoff, has already achieved a great deal in the field of silent movies and in his latest film the Russian director embarks on new paths which are remarkable precisely because they bring about a synthesis of sound and image in a way that has otherwise only been attained in a few rare French films.

However, as far as the content is concerned, it is a quite different matter. It is a Bolshevik propaganda film of the very worst kind, glorifying the system of Communism and recounting (in sound) lies that have long since been exposed by the world: that there is no happier place than the Soviet Republic and that the workers enthusiastically enter their treadmills to carry out the commands of the Communist commissaries.

However, the film is not content to simply depict the reconstruction of industry. The first part presents a colourful mixture of scenes, contrasting Red Russia with the Csarist system, but then it turns into a brutal attack.

The target of its caustic scorn is religion.

The veneration of Christ in pre-war Russia is ridiculed by means of exaggerations; church scenes are immediately followed by disgusting images of drunks and this tendency continues undisguised in the form of images of a Russian cathedral collapsing into rubble. This atheistic propaganda drops its real dictorial bombshell in the scene where the stone crosses that decorate the facade of a church are wiped away by an invisible hand and the red flag is planted on the dome of the house of god. However, this film does not even remain content with that. Its last spout of venom is reserved for the scene when a puppet, representing a bishop, is strung up on a gallows during a demonstration.

Probably the most shameful thing is that such a disgusting and mean piece of work can be publicly shown in Vienna. There may be no legal way to ban such creations beforehand. Yet the question is actually whether the population has to endure this malicious provocation in silence.

266

Übersetzungen / Translations [Ü]

Übersetzungen von Vertovs russischen Originaltexten sind ein zentraler Bestandteil der wissenschaftlichen Arbeit. 1967 gab das ÖFM Vertovs Tagebücher heraus (Dziga Wertow, *Aus den Tagebüchern*, Wien 1967, deutsche Übersetzung: Reinhard Urbach). Die vorliegende Rubrik belegt, dass auch die Edition und Übersetzung anderer Vertov-Texte in Vorbereitung war.

Das Konvolut umfasst 44 Einträge von Übersetzungen ins Deutsche sowie die Aufführung vereinzelter Übersetzungen in andere Sprachen (englisch – 2 (GB), 4 (USA), französisch – 7, italienisch – 1, schwedisch – 1 und tschechisch – 4), die einen ersten Überblick über die Vertov-Rezeption im nicht-deutschsprachigen Raum zulassen.

Innerhalb von Ü D (Übersetzungen ins Deutsche) beziehen sich drei Einträge auf weitere deutschsprachige Vertov-Ausgaben: Dziga Wertow, *Aufsätze, Tagebücher, Skizzen*, hg. v. Hermann Herlinghaus, Berlin (Ost) 1967 und Dziga Vertov, *Schriften zum Film*, hg. v. Wolfgang Beilenhoff, München 1973. Sieben Übersetzungen sind Zwischentitellisten zu Stummfilmen Vertovs, die teilweise bis heute für die Vorführungen verwendet werden. Der Rest betrifft Artikel Vertovs, häufig noch unveröffentlichte Texte, darunter das Original-Typoskript des Vortrags von „Was ist ‚Kino Auge'?", den Vertov während seiner Europareise 1929 hielt (Ü D 22; vgl. auch P 19). [BW]

Ü D 12
Vertov, Dziga: „Der Kampf geht weiter" [„Bor'ba prodolžaetsja"], in: *Kino* (Moskva) 30.10.1926.

Die schwierige Kunst der Übersetzung: Je nach Wissensstand und bestimmten Übersetzungsdevisen werden an vorliegenden Texten Korrekturen durchgeführt.

Translations of Vertov's Russian original texts are a central component of academic work. In 1967 the ÖFM published an excerpt from Vertov's diaries (Dziga Wertow, *Aus den Tagebüchern*, Vienna 1967, German translation by Reinhard Urbach). This section shows that preparations had also been made for editing and translating other texts by Vertov.

This bundle comprises 44 items of translations into German, as well as the listing of individual translations into other languages (English—2 (GB), 4 (USA), Italian—1, Swedish—1 and Czech—4), providing a preliminary overview of the reception of Vertov in non-German-speaking countries.

Among the Ü D (translations into German) three items relate to German-language editions of Vertov (apart from the aforementioned one published by the ÖFM itself): Dziga Wertow, *Aufsätze, Tagebücher, Skizzen*, ed. Hermann Herlinghaus, Berlin (GDR) 1967 and Dziga Vertov, *Schriften zum Film*, ed. Wolfgang Beilenhoff, Munich 1973. Seven of the translations are of lists of intertitles for Vertov's silent films, which even today are still partly used for screenings of the films. The rest are of Vertov's articles, many of which are still unpublished, including the original typescript of the lecture "Was ist 'Kino Auge'?" (What is 'Kino-Eye'?), which Vertov gave during his European tour in 1929 (Ü D 22; cf. also the original poster P 19).

Ü D 12
Vertov, Dziga: „Der Kampf geht weiter" [„Bor'ba prodolžaetsja"], in: *Kino* (Moskva) 30.10.1926.

The difficult art of translation: in accordance with the individual state of knowledge and certain translating strategies, corrections are being made to existing texts.

Dziga Vertov

Der Kampf geht weiter

Die Gerüchte, daß der Sieg ~~im sechsten~~ Teil der Erde von ~~den~~
Kinokis einen Übergang zur Produktion ausschließlich in Richtung
und Umfang des pathetisch-gehobenen ~~Freundfilm~~kampffilms fordert,
sind falsch und werden von den aufgescheuchten ~~Gewohnern~~ der
künstlerischen Kinematographie in Umlauf gesetzt.

Die Kinokis werden weiterhin in fünf Richtungen arbeiten:
1. Tageschronik der Ereignisse. ("Sowjetischer ~~Filmkalender~~" und
~~"Sowjetisches Filmjournal"~~). 2. thematische Chronik (Tatsachen-
berichte von einem Monat ~~oder auch zwei~~, von der Art der
~~"Filmwahrheit"~~). 3. komplizierte Chronik, (Zusammenfassung der
Tatsachen ~~von~~ einem halben Jahr ~~oder auch mehreren~~, in der Form
des "Augenzeugen", ~~Filmpoeme~~ oder auch chronologisch konzen-
trierte Filmberichte). 4. Forschungs- oder populärwissenschaft-
liche Filme, auch ~~Lehrfilme~~. Und schließlich 5. experimentielle
Film-Etüden, Laborversuche, die der ganzen ~~Augenzeugen~~-Bewegung
neue Wege freilegt.

Ebenso falsch sind die Gerüchte, daß wir unter Tatsachen-Film-
studio etwas anderes verstehen, als ein Studio des Nichtspielfilms.
Beide Begriffe sind von uns geprägt, mit uns abgestimmt und
bedeuten einunddasselbe. Es geht um Verfilmung, Sammlung, Organ-
isierung und Verbreitung von Tatsachen (s."Prawda" No.168 ~~5797~~)
und nicht um Fabrikation von Tatsachen, wie sich eine Vertreterin
des Spielfilms ausdrückte.

Eine echte Gefahr ist die Fabrikation von vorsätzlich falschen
"erüchten, ist die Entstellung der Hauptaufgaben des ~~Augenzeugen~~

in den Spalten der Presse und die Flüsterpropaganda.

Die Furcht davor, der Augenzeuge könnte aus einer von der in theatralischen Kinematographie ausgenutzten Bewegung" in eine Bewegung übergehen, die über den Friedhof der/künstlerischen Kinematographie marschiert, vereinigte alle Gegner des Augenzeugen samt seiner hochoben sitzender Feinde.

Vom populären Szenaristen bis zum gewichtigen Direktor, von der gesprächigen Schnittmeisterin bis zum unnachahmlichen Regisseur, alle begannen sie plötzlich voller Mitgefühl von der alten, guten harmlosen, begräbnishaft-feierlichen Filmchronik zu flüstern, eine Chronik, die der Verdauung nicht schadet und der kein Film-Umsturz droht. Wahrlich, ein kunstvolles Drama. Wir Produzenten des Augenzeugen, die wir erprobte Kämpfer für Tatsachen, für die Filmchronik sind, möchten unsere Freunde, ja alle Freunde des Nichtspielfilms davor warnen, diesem verlogenen Gesang einer Film-"Messe" Gehör zu schenken.

Wir werden über diese Welle von Geschwätz, Absetzungen, Denunzierungen und provokatorischen Auseinandersetzungen ebenso unbeugsam hinwegschreiten wie bisher.

Und bitte, wenn jemand in Eurer Gegenwart vom Monopol der Kinokis redet, so versichert ihn, daß keiner von uns das Monopol verbissen in der Filmillegalität zu kämpfen, das Monopolrecht, Tag und Nacht in einen bis ans Knie mit Wasser gefüllten Keller zu arbeiten, zu verteidigen denkt.

Dsiga Vertow

"Kino" i. M. 30. Oktober 1926

Zeitgenossen
Contemporaries [Z]

Z 6

Die Gestaltung des eigenen Nachlasses durch die Nennung von Kollegen, Freunden und anderen Künstlern steuert die Rezeption der eigenen Produktion. Im Fall von Vertov war es offenbar wichtig, den Kontext einer explizit linken Avantgarde herzustellen. Davon handelt diese Rubrik der Sammlung – hier treffen die Interessen der Nachlassverwalterin Svilova perfekt auf die Forschungsinteressen der 1970er Jahre. Wer im Einzelfall gewünscht hat, dass Fotoreproduktionen von Vladimir Majakovskij, Aleksandr Rodčenko, Osip Brik, Sergej Tret'jakov oder Vsevolod Mejerchol'd aus bereits publizierten Fotoalben und Büchern abfotografiert werden sollten, bleibt unklar. In dieser Rubrik finden sich insgesamt 40 Objekte – neben den persönlichen Fotos der genannten Künstler auch wichtige künstlerische Entwürfe von Kazimir Malevič, den Brüdern Stenberg, Varvara Stepanova, Lidija Popova und vor allem El Lissitzky. Hier handelt es sich in den meisten Fällen um Abbildungen, die aus Büchern abfotografiert wurden. [BW]

Z 6
Einladung zu einem Majakovskij-Gedenkabend, 15. April 1936
M Foto sw F 130x180

Am 14.4.1930 beging der russische Dichter Vladimir Majakovskij den wohl aufsehenerregendsten Selbstmord der sowjetischen Künstlerszene. Sechs Jahre später – in dem Jahr, in dem die offiziöse Vereinnahmung Majakovskijs durch Stalin einsetzte – lädt die Literatur- und Kunstsektion des *Dom Pečati* (Haus der Presse) zu einem Gedenkabend, an dem neben den Literaten und Theoretikern Sergej Tret'jakov und Viktor Šklovskij auch Dziga Vertov vorträgt. Ein Jahr später wird Tret'jakov vom NKWD verhaftet und kurze Zeit später ermordet.

To design one's own bequest by mentioning colleagues, friends and other artists influences the reception of one's own production. In Vertov's case it was evidently important to emphasise the context of an explicitly left-wing avantgarde. This is the subject of this part of the collection—here the interests of the administrator of Vertov's estate, Elizaveta Svilova, perfectly match the research interests of the 1970s. It remains unclear exactly who wanted photographs taken of photo-reproductions of Vladimir Majakovskij, Aleksandr Rodčenko, Osip Brik, Sergej Tret'jakov or Vsevolod Mejerchol'd from already published photo albums and books. Under this heading are to be found a total of 40 objects—beside the personal photos of the aforementioned artists there are also important artistic designs by Kazimir Malevič, the Stenberg brothers, Varvara Stepanova, Lidija Popova and above all El Lissitzky. In most cases, these too are illustrations which have been photographed from books. [BW]

Z 6
Invitation to a Majakovskij Memorial Evening, 15 April 1936
M Photo b&w F 130x180

On 14.4.1930 the Russian poet Vladimir Majakovskij committed probably the most sensational act of suicide that had ever occurred in the Soviet artistic scene. Six years later—the year in which the official appropriation of Majakovskij by Stalin began—the literature and art section of *Dom Pečati* (House of the Press) sent out an invitation to a memorial evening, at which Dziga Vertov also lectured, together with the literary figures and theorists Sergej Tret'jakov and Viktor Šklovskij. One year later Tret'jakov was arrested by the NKWD and shortly afterwards murdered.

Z 27

Z 9
Rodčenko, Aleksandr: Collage für das Cover der Zeitschrift *LEF* Nr. 3, 1923
M Foto sw F 130x180

Die linke Avantgarde-Vereinigung LEF – *Levyj front iskusstv* [Linke Front der Künste] – publizierte von 1923–1925 die gleichnamige Zeitschrift. Der Konstruktivist Rodčenko, der u. a. für Vertovs *Kinopravda Nr. 13* die Zwischentitel sowie einige der berühmtesten Plakate zu Vertov-Filmen gestaltete, kombiniert in der vorliegenden Collage Schrift- und Bildelemente für den Cover-Entwurf der Nr. 3, 1923, jener Ausgabe, in der auch Dziga Vertovs berühmtes Manifest „Kinoki. Umsturz" („Kinoki. Perevorot") erscheint. Auf der mit Antriebsrädern und einem Wasserturm bestückten Zeppelin-Flughalle steht *Zgaraambra* geschrieben. Die Dynamik dieser Energiemaschine scheint sich auf den sportlichen Körper des fallend-fliegenden Eisläufers zu übertragen.

Z 27
Foto-Auge. 75 fotos der zeit, hg. von franz roh und jan tschichold
Informations-Broschüre für die gleichnamige Publikation, Stuttgart 1929

D 1929 M Papier T Offsetdruck 2-färbig F 135x300

1929 veranstaltete der Deutsche Werkbund in Stuttgart die Ausstellung „Film und Foto", in deren Zusammenhang Franz Roh und Jan Tschichold das hier in einer Informations-Broschüre samt beiliegendem Bestellkupon vorgestellte Buch *Foto-Auge* veröffentlicht haben. Der Bezug zu Vertov stellt sich über diesen Begriff her – das *Foto-Auge* (*Fotoglaz*) war neben dem *Kinoglaz* und dem *Radioglaz* ein zentraler, von Vertov geprägter Neologismus.

Z 9
Rodčenko, Aleksandr: Collage for the cover of the magazine *LEF* Nr. 3, 1923
M Photo b&w F 130x180

From 1923–1925 the left-wing avant-garde association LEF—*Levyj front iskusstv* [Left Front of the Arts]—published the eponymous magazine. In the present collage, the constructivist Rodčenko, who among other things designed the intertitles for Vertov's *Kinopravda Nr. 13* and also some of the most famous posters for Vertov's films, combines written and pictorial elements for the cover design of No. 3, 1923, the issue in which Dziga Vertov's most famous manifesto "Kinoki. A Revolution" ("*Kinoki. Perevorot*") also subsequently appeared. On the zeppelin hangar, which is equipped with drive wheels and a water tower, is written *Zgaraambra*. The dynamics of this energy machine seem to be transmitted to the athletic body of the falling/flying ice skater.

Z 27
Foto-Auge. 75 fotos der zeit, hg. von franz roh und jan tschichold
Information brochure for an eponymous publication, Stuttgart 1929

D 1929 M Paper T offset print 2-colour F 135x300

In 1929 the German *Werkbund* organised the exhibition *Film und Foto* (Film and Photo) in Stuttgart, in the context of which Franz Roh and Jan Tschichold published the book *Foto-Auge* (*Photo-Eye*), here presented in an information brochure, complete with accompanying order coupon. The connection to Vertov is via the term used in the title. *Foto-Auge* (*Fotoglaz*), together with *Kinoglaz* and *Radioglaz*, was a central neologism coined by Vertov.

Ankündigungen / Announcements [A]

Diese Rubrik umfasst 46 Ankündigungen und Einladungen zu Vorführungen von Vertov-Filmen zwischen 1929 und 1974. Ein Großteil stammt von Vertovs Europatourneen 1929 und 1931 durch Deutschland, Frankreich und die Niederlande. Beachtenswert sind die verschiedenen Schreibweisen des Namens Vertov (Werthoff, Wertoff, Vertoff etc.). Ein weiterer Teil betrifft Ankündigungen und Programmhefte zu Vertov-Retrospektiven der 60er und 70erJahre, u. a. in Montreal, Berlin-Ost, Stockholm und Wien, darunter die Ankündigungen des ÖFM von 1966–1974. [TT]

This section comprises 46 announcements and invitations to screenings of Vertov's films between 1929 and 1974. Many of them derive from Vertov's tours of Europe in 1929 and 1931, when he was travelling through Germany, France and the Netherlands. Worth noting are the various ways in which the name Vertov is spelled (Werthoff, Wertoff, Vertoff etc.). Others are announcements and programmes for Vertov retrospectives in the 60s and 70s, incl. those in Montreal, East Berlin, Stockholm and Vienna, in particular the ÖFM's announcements dating from 1966–1974. [TT]

A 7/5
Einladung zu *Das Lied vom Aufbau*, Wien, 19. Mai 1932
F 130 x 180, vierseitig, davon drei bedruckt
Es handelt sich um eine Einladung zur Pressevorführung des Films *Entuziazm* im Wiener Kreuz-Kino, der in Österreich unter dem Titel *Das Lied vom Aufbau* lief. Die Einladung ist mit dem österreichischen Plakatmotiv zum Film illustriert, das in Variationen auch für Inserate diente (vgl. A 8). Als Veranstalter tritt die „Weltfilm-Vereinigung" auf, vermutlich eine Filiale der in Berlin ansässigen kommunistischen Filmfirma „Weltfilm".

A 38
Ankündigung von *Symphonie der Steinkohle*
F 190 x 290
Diese dreisprachige Werbeanzeige der Firma Ukrainfilm für den Film *Entuziazm* stammt aus einer unbekannten westeuropäischen Zeitung [*Close Up?*]. Sie bietet mit *Symphonie der Steinkohle (Enthusiasmus)* eine weitere Titelvariante. Der Film ist aber weder in Frankreich, noch in Großbritannien oder in der Schweiz zu einem offiziellen Kinostart gelangt.

A 7/5
Invitation to *Das Lied vom Aufbau*, Vienna, 19 May 1932
F 130 x 180, four-sided, of which three are printed
This is an invitation to Vienna's Kreuz-Kino for the press screening of the film *Entuziazm*, which in Austria was released under the title *Das Lied vom Aufbau* ('The Song of Reconstruction'). The invitation is illustrated with the motif used on the Austrian posters for the film, which was also used in other variations for adverts (cf. A 8). A certain '*Weltfilm-Vereinigung*' appears as the organiser, presumably a branch of the Communist film company '*Weltfilm*', which was based in Berlin.

A 38
Announcement for *Symphonie der Steinkohle*
F 190 x 290
This trilingual advertisement for the film *Entuziazm* was placed by the company Ukrainfilm in an unknown Western European newspaper [*Close Up?*]. The title used here— *Symphonie der Steinkohle (Enthusiasm)* ['*Symphony of Coal (Enthusiasm)*']—provides yet another variation. However, the film never managed an official run at the cinemas either in France, Great Britain or in Switzerland.

Einladung

für

....

....

uer Wohlgeboren!

Wir gestatten uns, Sie zu unserer am Donnerstag, den 19. Mai 1932, pünktlich ¼10 Uhr abds., in unserem Uraufführungstheater, KREUZ-KINO, Wien, I. Bezirk, Wollzeile Nr. 17, stattfindenden

geschlossenen Pressevorführung

nseres Filmes

Das Lied vom Aufbau

(E N T H U S I A S M U S)

ein Russentonfilm vom 5-Jahrplan — Regie Dsiga Werthoff — höflichst einzuladen.

Hochachtungsvoll

Weltfilm-Vereinigung - Wien, 7., Neubaug. 25/15

egen Abgabe dieser Einladung werden bei der Kassa 2 Eintrittskarten ausgefolgt.

PRODUKTION : UKRAINFILM

SYMPHONIE DER STEINKOHLE

(Enthusiasmus), Tonfilm

Regie: DSIGA WERTOFF
Kamera: B. Zeitlin

Eine abendfüllende Filmreportage des Schöpfers des Films „Der Mann mit der Filmkamera". Dieser Film zeigt uns eine Symphonie der Maschinen, der Steinkohle und des Metalls. Das Leben in einem Industriegebiet, das durch Verwendung der modernen technischen Errungenschaften siegreich zu den höchsten Formen der Güterproduktion schreitet, bildet das Thema dieses Films.

Die Arbeit des Regisseurs und des Kameramannes geht weit über den Rahmen des Üblichen hinaus und bereichert die Kunst der Photographie und Montage mit neuen, sehr interessanten Entdeckungen.

THE SYMPHONY OF COAL
A soundfilm

Director: DSIGA VERTOFF
Photography: B. Zeitlin

A grand film, filling a whole evening, by the creator of "The man with the film camera". This film which shows us a symphony of machines, coal and metal, and the life in an industrial centre which by the use of modern technical appliances is victoriously striding forward to the highest forms of production of wealth. That is the theme of this film. The work of the director and photographer is far better than the average production. New and very interesting discoveries have been added to the art and composition of photography.

SYMPHONIE DU CHARBON
Film sonore

Mise en scène: DSIGA VERTOFF
Photographie: B. Zeitlin

C'est un reportage cinématographique qui remplit une soirée, du auteur du film « L'homme avec l'appareil cinématographique ». Ce film nous montre une symphonie des machines, du charbon et des métaux. C'est la vie dans une région industrielle qui applique les conquêtes techniques modernes et qui développe la production jusqu'à la plus haute perfection.

Le travail du regisseur et de l'opérateur dépasse en beaucoup le cadre habituel et enrichit l'art cinématographique par de nouvelles conceptions intéressantes.

2

A 38

Vertov-Filmkopien / Film prints

Bestand des Österreichischen Filmmuseums, Stand: März 2006 / ÖFM Inventory as of March 2006

Die Filmkopien des Österreichischen Filmmuseums bilden das Herzstück seiner Sammlungen. Die Gründung der Sammlung verdankt sich unter anderem der großzügigen Unterstützung des Gosfilmofond (Staatlicher Sowjetischer/ Russischer Filmfond) und seines damaligen Leiters Viktor Privato. So stammt auch ein Großteil der Vertov-Bestände (Positivkopien, von denen in der Zwischenzeit fast durchwegs Duplikat-Negative hergestellt wurden) aus dem Archiv des Gosfilmofond und gleicht darin in vielen Fällen anderen Kopien, die in westlichen Archiven vorliegen. Eine Ausnahme stellen die Ausgaben der *Kinonedelja* dar, die bald nach ihrer Entdeckung in Schweden in die Sammlung des ÖFM eingingen, sowie porträthafte Filmmaterialien mit und über Vertov, die Elizaveta Svilova in den 1970er Jahren nach Wien brachte. Seit dem Winter 2005/06 steht das ÖFM in intensivem wissenschaftlichem Kontakt mit dem RGAKFD (Russisches Staatsarchiv für Film- und Foto-Dokumente, Krasnogorsk), der in den kommenden Jahren den Austausch von Filmen, darunter sämtliche erhaltenen Ausgaben der *Kinopravda*, ermöglichen soll. Den Abschluss dieser Auflistung bilden drei Filme (1974 und 2005 entstanden), die die Vertov-Aktivitäten des ÖFM dokumentieren.

[ML/Edith Schlemmer]

The film prints in the collection of the Austrian Film Museum form the core of its public presentations. The foundation of the collection was due among other things to the generous support of Gosfilmofond (Soviet/Russian State Film Fund) and its then director Viktor Privato. For that reason, large parts of the Vertov collection (positive prints, all of which have in the meantime been preserved as duplicate negatives) derive from the archives of the Gosfilmofond and as such are in many cases similar to the prints that exist in other western archives. Exceptions include the prints of *Kinonedelja*, which entered the collection of the ÖFM soon after they were discovered in Sweden, as well as film material, either featuring or concerning Vertov, which Elizaveta Svilova brought to Vienna in the 1970s. Since the winter of 2005/06 the ÖFM has been in intensive contact with the RGAKFD (Russian State Archive for Film and Photo Documents in Krasnogorsk), which in the coming years will provide the ÖFM with film prints such as all the formerly unavailable issues of Vertov's *Kinopravda*. The list concludes with three films (made in 1974 and 2005), documenting the work of the ÖFM in relation to Vertov.

[ML/Edith Schlemmer]

EDITORISCHE ANMERKUNGEN

Wenn nicht anders angegeben, liegen die angeführten Filme in Originalversion, 35mm und schwarzweiß (sw) vor.

Mit **P** sind Monat und Jahr der Erstaufführung im ÖFM bezeichnet.

QUELLE bezeichnet den Ursprungsort der Kopie und das Datum, an dem sie Eingang in die Bestände des ÖFM fand.

Die angegebene Vorführgeschwindigkeit (**FPS** – *frames per second*) orientiert sich an der gängigen Praxis des ÖFM in den Jahren 1966–2001. Erwähnt werden muss hierbei, dass die Forschung in manchen Fällen von abweichenden Geschwindigkeiten bei Vorführungen der 1920er Jahre ausgeht. Einige Filme, z. B. die *Kinopravda Nr. 18*, hat Vertov nachweislich mit 18 fps spielen lassen (schriftliche Dokumente); *Čelovek s kinoapparatom* wurde 1929 in vielen Fällen nachweislich mit 24 fps gespielt.

EDITORIAL NOTE

When not otherwise indicated, the listed films are in the original language version, 35 mm and black-and-white (b&w).

P refers to the month and year of the first public screening at the ÖFM.

SOURCE refers to the place of origin of the print and the date when it became part of the ÖFM collection.

The given projection speed (**FPS**—*frames per second*) is based on the customary practice of the ÖFM during the years 1966–2001. In this context, it should be mentioned that in some cases research has come to assume that different speeds were used in the screenings of the 1920s. Written documents show that Vertov had some films, e.g. *Kinopravda No. 18*, projected at 18 fps; there is also evidence that in 1929 *Čelovek s kinoapparatom* was often projected at 24 fps.

Kinoglaz

Šestaja čast' mira

LANGFILME

FEATURE FILMS

Kinoglaz (1924)
Kino-glaz na pervoj razvedke. 1-aja serija cikla „Žizn' vrasploch"
Filmauge auf der ersten Erkundung. Erste Folge aus dem Zyklus „Das überrumpelte Leben"
1593 m, 87 min/16 fps
QUELLE Gosfilmofond, 03/1968 P 10/1967
An die ursprünglich sechste Rolle des Films war Filmmaterial gekoppelt, das zunächst als zum Film gehörig betrachtet wurde, bald aber abmontiert wurde. Eine grobe Sichtung wies diesen Teil der Kopie als Schnittmaterial bzw. Restfragmente aus den Filmen *Kinoglaz, Kinopravda Nr. 23 (Radio-Kinopravda), Šagaj, Sovet!* sowie eventuell auch *Šestaja čast' mira* aus. [BW]

Šagaj, Sovet! (1926)
Vorwärts, Sowjet!
1481 m, 81 min/16 fps
QUELLE Gosfilmofond, 03/1968 P 10/1967

Šestaja čast' mira (1926)
Ein Sechstel der Erde
1513 m, 83 min/16 fps
QUELLE Gosfilmofond, 03/1968 P 10/1967

Odinnadcatyj (1928)
Das elfte Jahr
1194 m, 66 min/16 fps
QUELLE Gosfilmofond, 03/1968 P 10/1967
Diese Kopie aus den Beständen des Gosfilmofond – in einer im Vergleich zur Uraufführungslänge deutlich kürzeren Fassung – wurde (laut Auskunft Peter Konlechner) von

Kinoglaz (1924)
Kino-glaz na pervoj razvedke. 1-aja serija cikla „Žizn' vrasploch"
Kino-Eye on Its First Reconnaissance: First Episode of the Cycle 'Life Caught Unawares'
1593 m, 87 min/16 fps
SOURCE Gosfilmofond, 03/1968 P 10/1967
Extra film material was added to what was originally the sixth reel of this film. Although at first it was regarded as part of the film, it was soon afterwards removed. A first viewing showed this part of the print to be editing or surplus material relating to the films *Kinoglaz, Kinopravda No. 23* (Radio-Kinopravda), *Šagaj, Sovet!* and possibly *Šestaja čast' mira*. [BW]

Šagaj, Sovet! (1926)
Stride, Soviet!
1481 m, 81 min/16 fps
SOURCE Gosfilmofond, 03/1968 P 10/1967

Šestaja čast' mira (1926)
A Sixth Part of the World
1513 m, 83 min/16 fps
SOURCE Gosfilmofond, 03/1968 P 10/1967

Odinnadcatyj (1928)
The Eleventh Year
1194 m, 66 min/16 fps
SOURCE Gosfilmofond, 03/1968 P 10/1967
This print derives from the archives of Gosfilmofond, although the present version is distinctly shorter than the film mentioned in the historical literature. According to

Čelovek s kinoapparatom

Svilova nach einer Sichtung in Wien als „völlig durcheinander" und „fragmentarisch" bezeichnet.

Čelovek s kinoapparatom (1929)
Der Mann mit der Kamera
1814 m, 88 min/18 fps
QUELLE Gosfilmofond, 03/1968 **P** 10/1967
Wie andere Kopien von Vertovs Film, die via Gosfilmofond in den Westen gelangten, ist auch bei dieser die Kadrierung des Bildes beschnitten, da Stummfilme in den 1960er Jahren für gewöhnlich mit dem Bildausschnitt für Tonfilme kopiert wurden. Auf dem Stummfilmfestival in Pordenone / Sacile wurde 2004 die im Nederlands Film Museum überlieferte Vollkaderversion des Films gezeigt, ergänzt durch eine in dieser Kopie fehlende Passage (Geburt des Babys) aus den Beständen des RGAKFD. Die niederländische Kopie stammt aus den Beständen der Niederländischen Filmliga, die diese bereits in den 30er Jahren erwarb. Diese Vorführung hat erwiesen, dass der Formatunterschied gravierende Folgen für den Eindruck von Vertovs und Michail Kaufmans kompositorischer Arbeit hat. Eine Bild-für-Bild-Analyse der verfügbaren Fassungen, wie sie das Filmmuseum für die nächsten Jahre anstrebt, wird möglicherweise auch Unterschiede in der Montage (Dauer und Platzierung einzelner Einstellungen) zu Tage fördern, die vereinzelt durch Vertov-Forscher schon angedeutet wurden.

Ēntuziazm (Simfonija Donbassa) (1930)
Enthusiasmus (Donbass-Sinfonie)
1838 m, 67 min/24 fps
QUELLE Gosfilmofond, 03/1968 **P** 10/1967
1849 m, 67 min/24 fps
QUELLE ÖFM, 1972 (Restaurierung) **P** 02/1974
Das Filmmuseum besitzt zwei Fassungen des Films. Zum einen die vom Gosfilmofond erworbene Fassung, zum anderen jene, in der Peter Kubelka gemeinsam mit Edith Schlemmer 1972 die Bild-Ton-Synchronität wiederherstellte. An den meisten Stellen betrug die Differenz zwischen Bild- und Tonereignissen etwa 20 Kader – ein Fehler, der wohl im Zuge von Umkopierungen in früheren Jahren gemacht wurde und auf einem falschen Anlagepunkt von Ton- und

information supplied by Peter Konlechner, Svilova described it as "completely chaotic" and "fragmentary" after she had viewed it in Vienna.

Čelovek s kinoapparatom (1929)
Man with a Movie Camera
1814 m, 88 min/18 fps
SOURCE Gosfilmofond, 03/1968 **P** 10/1967
As is the case with all those prints of Vertov's film which arrived in the west via Gosfilmofond, here too the picture has been cropped, because in the 1960s silent films were generally duplicated using a mask designed for sound film. In 2004, the full-frame version of the film, as preserved in the Nederlands Film Museum, was screened at the silent film festival in Pordenone/Sacile, supplemented by a passage (birth of the baby) from the archives of RGAKFD that is missing in this print. The Dutch print derives from the archives of the Dutch Filmliga, which acquired it as early as the 1930s. The screening showed that the difference in format did indeed have grave consequences for the impression with which Vertov and Michail Kaufman had sought to make with their compositional work. A frame-by-frame-analysis of the available versions, which the Film Museum plans to undertake next year, may well bring to light differences in the editing (duration and placing of individual shots), isolated examples of which have already been pointed out by Vertov researchers.

Ėntuziazm (Simfonija Donbassa)   *Tri pesni o Lenine*

Bildkadern beruht. An anderen Stellen beträgt die Differenz bis zu 759 Kader – es bleibt unklar, ob die fehlenden Stellen im Bild Zensurschritten zum Opfer fielen oder einfach im Zuge der Überlieferung in der Sowjetunion verloren gingen. Bis dato konnte bedauerlicherweise keine vollständigere Version des Films gefunden werden, der in den 1930er Jahren in Westeuropa noch in einer deutlich längeren Fassung gezeigt worden war. Generell wurde von Kubelka/Schlemmer kein Bild aus dem Film entfernt – fehlende Bildteile wurden durch Schwarzfilm, fehlende Tonteile durch eine leere Tonspur ersetzt.

Eine Dokumentation zur Restaurierungsarbeit findet sich auf der DVD *Entuziazm*, die das Österreichische Filmmuseum 2005 in der *Edition Filmmuseum* veröffentlichte, zusammen mit den beiden Versionen des Films.

Die folgenden Änderungen wurden via Duplikat-Negativ und Lichtton-Negativ vorgenommen:

ROLLE 1
Anfangsmusik mit Blankfilm verlängert.
Zwischen der vorletzten und letzten Einstellung (282,75 m), Bild +21 Kader; Bild: Aufmarsch – Fabriksirene

ROLLE 2
› Nach 22,75 m Ton +20 Kader; Ton: Marsch – Glocke; Bild: Aufmarsch – Kirche
› Nach 31 m Ton +30 Kader; Bild: Kreuz – alte Frauen; Ton: Glockenschläge
› Nach 51,5 m Bild +23 Kader; Bild: Frau mit Kopfhörer – Aufmarsch; Ton: Leitmotiv
› Nach 125,25 m Bild +9 Kader; Bild: einkopierte Schnittstelle, Mann auf Kirchturm
› Nach 160,25 m Ton +21 Kader; Bild: Haus; am Dach Männer – Musikanten, vorne 1 Trommler und 1 Beckenschläger; Ton: Hurra-Rufe – Musik mit Trommel und Becken

Ėntuziazm (Simfonija Donbassa) (1930)
Enthusiasm (Symphony of the Donbas)
1838 m, 67 min/24 fps
SOURCE Gosfilmofond, 03/1968 **P** 10/1967
1849 m, 67 min/24 fps
SOURCE ÖFM, 1972 (restoration) **P** 02/1974

The Film Museum possesses two versions of this film. One of them was acquired from Gosfilmofond, while the other one was created by Peter Kubelka and Edith Schlemmer in 1972, in order to restore the image-sound synchronicity. In most places, the difference between the image and the sound events amounted to some 20 frames—a mistake which probably occurred in the course of duplicating it many years ago and derives from a false sync point for sound and image. In other places the difference amounts to as much as 759 frames—it remains unclear whether the missing places in the picture fell victim to censorship or were lost in the course of time in the Soviet Union. Unfortunately, to date, no more complete version of the film has been discovered, even though a distinctly longer version of it was being shown in Western Europe in the 1930s. In general, not a single image was removed from the film by Kubelka/Schlemmer – the missing parts were replaced with black leader or an empty soundtrack.

A documentation of the restoration work can be found on the DVD *Entuziazm*, which the ÖFM released in 2005 in the *Edition Filmmuseum*. It also contains both versions of the film.

The following changes were undertaken on a duplicate negative and optical-sound negative:

REEL 1
Initial music extended by means of blank film.
Between the penultimate and final shot (282.75 m), image +21 frames; Image: parade—factory sirens

> Nach 172,75 m Bild +19 Kader; Bild: Kirchen – Frau mit Kopfhörer

ROLLE 3

> Nach 214 m Bild +27 Kader; Bild: Stollen, Männer schichten Holz. Stollen, Mann mit Bohrer; Ton: Bohrgeräusch
> Nach 218 m Ton +9 Kader; Bild: Mann mit Bohrer
> Nach 229,5 m Ton +24 Kader; Bild: Stollen, Mann bei der Arbeit. Stollen, Pferd kommt ins Bild
> Nach 239 m Bild +3 Kader; Bild: Wald, gebückte Männer marschieren
> Nach 284 m -20 Kader Ton (Schweigen); Bild: Frau, Maschinenturm; Ton: Frau spricht, Beginn eines Antriebsgeräusches

ROLLE 4

> Nach 182,5 m Bild +759 Kader; Bild: Förderturm mit Materialseilbahn (darunter Auffangnetz)
> Nach 202 m Ton +221 Kader; Bild: Fabriksgelände
> Nach 211 m Bild +148 Kader; Bild: Arbeiter, Flammen

ROLLE 5

> Anfangsmusik: Nach 38 m Bild +202 Kader; Bild: Fabriksgelände, Fabriksgelände nah

ROLLE 6

> Nach 9,75 m Bild +19 Kader; Bild: Zug, Maschine
> Nach 12,50 m Bild +5 Kader; Bild: Maschine, Zugdach
> Nach 22 m Bild +11 Kader; Bild: Zugdach, 2 Arbeiter
> Nach 44 m Ton +14 Kader, beim folgenden Szenenwechsel -14 Kader; Bild: Fahrender Zug, Schmiedewerk

Tri pesni o Lenine (1934/1938)
Drei Lieder über Lenin
1693 m, 62 min/24 fps
Tonfassung (1938)
QUELLE Gosfilmofond, 03/1968 **P** 10/1967
Von diesem Film stellte Vertov 1934 eine Tonfilmfassung und 1935 eine Stummfilmfassung her, was den seltenen Fall einer zweiten Autorenversion darstellt. 1938 wurden beide Fassungen auf Druck der Obrigkeit noch einmal von Vertov umgeschnitten (vgl. „Künstlerische Visitenkarte", S. 79 ff, § 128). 1970 montierten Svilova, Il'ja Kopalin und Semiramida Pumpjanskaja eine sogenannte „Rekonstruktion" der ursprünglichen 1934er-Fassung. Im Westen ist – unseres Wissens – meist nur diese Rekonstruktion von 1970 über-

REEL 2

> After 22.75 m sound +20 frames; Sound: march—bell; Image: parade—church
> After 31 m sound +30 frames; Image: cross—old women; Sound: bell striking
> After 51.5 m image +23 frames; Image: woman with headphones—parade; Sound: leitmotif
> After 125.25 m image +9 frames; Image: visible edit, man on church tower
> After 160.25 m sound +21 frames; Image: house; men on the roof—musicians, at the front 1 drummer and 1 cymbalist; Sound: shouts of "Hurrah!"—music with drum and cymbals
> After 172.75 m image +19 frames; Image: church—woman with headphones

REEL 3

> After 214 m image +27 frames; Image: mine tunnel, men stacking wood. Mine tunnel, man with drill; Sound: noise of drill
> After 218 m sound +9 frames; Image: man with drill
> After 229.5 m sound +24 frames; Image: mine tunnel, man at work. Mine tunnel, horse comes into picture
> After 239 m image +3 frames; Image: forest, stooping men marching
> After 284 m -20 frames sound (silence); Image: woman, machinery tower; Sound: woman speaks, sound of a drive belt starting up

REEL 4

After 182,5 m +759 frames; Image: winding tower with material cableway (safety net beneath)
> After 202 m sound +221 frames; Image: factory premises
> After 211 m image +148 frames; Image: worker, flames

REEL 5

Initial music 38 m +202 frames; Image: factory premises, near factory premises

REEL 6

> After 9.75 m image +19 frames; Image: train, machine
> After 12,50 m image +5 frames; Image: machine, train roof
> After 22 m image +11 frames; Image: train roof, 2 workers
> After 44 m sound +14 frames, during the subsequent change of scene −14 frames; Image: moving train, forge

Kolybel'naja

Kinonedelja No. 1

liefert. Das ÖFM erhielt Ende der 60er Jahre also offenbar noch die Fassung von 1938. Das RGAKFD besitzt zusätzlich als vermutlich einziges Archiv die *stumme* Fassung von 1938. Ein eingehender Vergleich all dieser Fassungen, die nach ersten Sichtungen enorme Unterschiede zueinander aufweisen, ist derzeit gemeinsam mit Aleksandr Derjabin in Vorbereitung.

Kolybel'naja (1937)
Wiegenlied
432 m, 16 min/24 B/Sek (Fragment)
QUELLE Gosfilmofond, 09/1978 P 10/1978
1578 m, 58 min/24 fps.
QUELLE Gosfilmofond, 02/1993 P 04/1993
1978 gelangte nur ein kurzes stummes Fragment des Films in die Sammlung des ÖFM. Erst 1993 konnte der Film nach seiner Restaurierung im Gosfilmofond erworben werden. Vergebliche Versuche, den Film für die Sammlung zu bekommen, lassen sich im Briefverkehr des ÖFM bis ins Jahr 1967 zurückverfolgen.

Tebe, front! (1943)
Dir, Front
1233 m, 45 min/24 fps
QUELLE Gosfilmofond, 01/1978 P 02/1978

WOCHENSCHAUEN

Kinonedelja (1918–1919)
Das Österreichische Filmmuseum besitzt Kopien von 14 eindeutig identifizierten Ausgaben der *Kinonedelja*. Quelle war in den 1970er Jahren das Svenska Filminstitutet, wo Anna-Lena Wibom 1967 die Wochenschauen im Depot des schwedischen Fernsehens gefunden hatte. 1973 wurde vom Filmmuseum – unter der Auflage, die Filme vorerst nicht öffentlich vorzuführen – ein Satz Positivkopien aus Schweden erworben (Sammlungseingang am 4.1.1974). Die oft nur

Tri pesni o Lenine (1934/1938)
Three Songs of Lenin
1693m, 62 min/24 fps
Sound version (1938)
SOURCE Gosfilmofond, 03/1968 P 10/1967
In 1934 Vertov produced a sound version of this film and in 1935 a silent version of it, thereby creating the rare case of a second authorial version. In 1938, under pressure from the authorities, both versions were re-edited once more (cf. Vertov's "Artistic Calling Card", § 128 in this volume). In 1970 Svilova, Il'ja Kopalin and Semiramida Pumpjanskaja edited a so-called "reconstruction" of the original 1934 version. To our knowledge, it is in most cases only this reconstruction of 1970 that has been preserved in the west. At the end of the 1960s the ÖFM obtained what was evidently still the version dating back to 1938. However, the RGAKFD is the only archive to also possess the *silent* version of 1938. An extensive comparison of all these versions, which even after the first viewings revealed enormous differences, is at present being prepared together with Aleksandr Derjabin.

Kolybel'naja (1937)
Lullaby
432 m, 16 min/24 B/Sek (Fragment)
SOURCE Gosfilmofond, 09/1978 P 10/1978
1578 m, 58 min/24 fps.
SOURCE Gosfilmofond, 02/1993 P 04/1993
In 1978 only a short silent fragment of the film entered the collection of the ÖFM. It was not until 1993, after it had been restored at the Gosfilmofond, that the film could be purchased. Inspection of the ÖFM's correspondence shows that its unsuccessful attempts to acquire the film for the collection go back to the year 1967.

Tebe, front! (1943)
To you, Front!
1233 m, 45 min/24 fps
QUELLE Gosfilmofond, 01/1978 P 02/1978

wenige Kader langen russischen Zwischentitel (sogenannte „Springtitel") wurden im Januar 1996 in Wien verlängert und in die Kopien (die in einigen Fällen norwegische Titel enthielten) eingefügt. Die erste öffentliche Wiener Vorführung fand in Anwesenheit von Anna-Lena Wibom im Januar 1996 statt. Zu den wenigen Personen, die die Ausgaben der *Kinonedelja* bereits 1973 sahen, zählt übrigens der damalige Unterrichtsminister und spätere Bundeskanzler Fred Sinowatz, der im Rahmen einer privaten Vorführung wertvolle Hinweise zur Identifizierung von Personen und Sujets der Wochenschauen liefern konnte (Auskunft Ziegler und Konlechner, 2006). Ein lohnendes Forschungsprojekt wäre es, die schwedischen Ausgaben der *Kinonedelja* mit den im RGAKFD überlieferten, nachweislich anders montierten Ausgaben zu vergleichen.

Im ÖFM werden die Filme mit 16–18 fps vorgeführt. Die angegebenen Laufzeiten orientieren sich an der langsameren Projektionsgeschwindigkeit von 16 fps.

Nr. 1 (1918) 156 m/8 min 33 sec
Nr. 3 (1918) 174 m/9 min 32 sec
Nr. 4 (1918) 101 m/5 min 32 sec
Nr. 5 (1918) 113 m/6 min 12 sec
Nr. 21 (1918) 151 m/8 min 17 sec
Nr. 22 (1918) 190 m/10 min 25 sec
    Norwegische Zwischentitel
Nr. 23 (1918) 121 m/6 min 38 sec
Nr. 24 (1918) 169 m/9 min 16 sec
    Norwegische Zwischentitel
Nr. 25 (1918) 107 m/5 min 52 sec
Nr. 31 (1919) 204 m/11 min 11 sec
Nr. 32 (1919) 125 m/6 min 51 sec
    Norwegische Zwischentitel.
    In dieser Kopie fehlt der Titel.
Nr. 33 (1919) 165 m/9 min 03 sec
Nr. 34 (1919) 160 m/8 min 46 sec
    Norwegische Zwischentitel
Nr. 35 (1919) 160 m/8 min 46 sec

NEWSREELS

Kinonedelja (1918–1919)

The ÖFM has prints deriving from 14 clearly identifiable editions of *Kinonedelja*. The source was the Svenska Filminstitutet, whose curator, Anna-Lena Wibom, had discovered the newsreels in the depot of the Swedish television in 1967. In 1973 the Film Museum acquired a set of positive prints from Sweden, with the proviso that the films should not initially be publicly screened (collection entry on 4.1.1974). In January 1996 the Russian intertitles, which were often only a few frames long (so-called "flash titles"), were optically lengthened and inserted into the prints (which in some cases had Norwegian titles). The first public screening in Vienna took place in the presence of Anna-Lena Wibom in January 1996. Incidentally, among the limited number of people who saw the *Kinonedelja* prints in 1973 was the then Minister of Education and later Federal Chancellor of Austria, Fred Sinowatz: during a private screening he was able to provide valuable help in identifying the people and subjects seen in the newsreels (information provided by Ziegler and Konlechner, 2006). A worthwhile research project would be to compare the Swedish prints of *Kinonedelja* with the prints preserved at the RGAKFD.

At the ÖFM the newsreels are projected at 16–18 fps. The duration given is based on the slower projection speed of 16 fps.

Nr. 1 (1918) 156 m/8 min 33 sec
Nr. 3 (1918) 174 m/9 min 32 sec
Nr. 4 (1918) 101 m/5 min 32 sec
Nr. 5 (1918) 113 m/6 min 12 sec
Nr. 21 (1918) 151 m/8 min 17 sec
Nr. 22 (1918) 190 m/10 min 25 sec
    Norwegian intertitles
Nr. 23 (1918) 121 m/6 min 38 sec
Nr. 24 (1918) 169 m/9 min 16 sec
    Norwegian intertitles
Nr. 25 (1918) 107 m/5 min 52 sec
Nr. 31 (1919) 204 m/11 min 11 sec
Nr. 32 (1919) 125 m/6 min 51 sec

Kinopravda Nr. 16: „Mai mit Dir"/ "May with You"

[Kinonedelja?]

Unter diese Kategorie – die eckigen Klammern bezeichnen
einen internen Titel für unidentifiziertes Material – fallen
1249 Meter Material, das aus dem selben Konvolut wie die
Kinonedelja stammt und von dem vermutet wurde, es
könnte sich um Schnittreste der Wochenschau handeln.
Die Sujets sind eindeutig russisch, allerdings stimmt ihre
Entstehungszeit zum Großteil nicht mit dem Produktions-
zeitraum der *Kinonedelja* überein. Im Winter 2006 stellte
Aleksandr Derjabin große Ähnlichkeiten in Aufbau und
Sujets von Teilen des Materials mit Dokumentationen fest,
die Grigorij Boltanskij in seinem Verzeichnis „Spiski tematičeskoj chroniki (1918–21)" angeführt hat (Quelle: RGALI,
f 252, op. 1, d 85). Vertovs Autorenschaft ist für Derjabin
zudem aufgrund der Drehorte (z. B. Petrograd) unwahrscheinlich. Eine genaue Befundung dieser Filmmaterialien
durch Derjabin findet im Sommer 2006 statt.

Kinopravda (1922–1925)

Kino-Pravda (Ausschnitte) (1922/1930er Jahre)
342 m, 16 min 40 sec/18 fps
Englische Zwischentitel
QUELLE Museum of Modern Art (New York), 10/1967
P 10/1967
Eine Zusammenstellung von Ausschnitten aus den ersten 9
Ausgaben der *Kinopravda,* die in den 1930er Jahren von der
Museum of Modern Art Film Library in New York angefer-
tigt wurde.

Nr. 16 / Vesennjaja kino-pravda (1923)
Frühlings-Kinopravda
541 m, 29 min 40 sec/16 fps
QUELLE Gosfilmofond, 01/1978 [*Dnevnik Glumova/Glumovs
Tagebuch*], 02/93 **P** 01/1983

Nr. 20 / Pionerskaja pravda (1924)
Pionier-Pravda
326 m, 17 min 52 sec/16 fps
QUELLE Gosfilmofond, 10/1980 **P** 01/1983

Norwegian intertitles
In this print the main titles are missing.
Nr. 33 (1919) 165 m/9 min 03 sec
Nr. 34 (1919) 160 m/8 min 46 sec
Norwegian intertitles
Nr. 35 (1919) 160 m/8 min 46 sec

[Kinonedelja?]

This category—in which the square brackets signify an
internal title for unidentified material—contains 1,249
metres of material, deriving from the same bundle as the
newsreel. It was thought that this might constitute out-
takes. The subjects are unequivocally Russian, although
their date of origin generally does not match the production period of *Kinonedelja*. In the winter of 2006 Aleksandr
Derjabin ascertained great similarities between the structure and subject matter of some of the material and the
documentary films listed by Grigorij Boltanskij in his index
"Spiski tematičeskoj chroniki (1918–21)" (source: RGALI, f
252, op. 1, d 85). Moreover, on the basis of the film locations (e.g. Petrograd), the possibility of Vertov's authorship
may be ruled out. A detailed examination of this film
material will be undertaken by Derjabin in summer 2006.

Kinopravda (1922–1925)

Kino-Pravda (Ausschnitte) (1922/1930s)
Kino-Pravda (Excerpts)
342 m, 16 min 40 sec/18 fps
English intertitles
SOURCE Museum of Modern Art (New York), 10/1967
P 10/1967

Vertov Privataufnahme

Nr. 21 / Leninskaja kinopravda (1925)
Lenin-Kinopravda
664 m, 36 min 24 sec/16 fps
QUELLE Gosfilmofond, 03/1968 P 10/1967

**Nr. 22 / Krest'janskaja kinopravda /
V serdce krest'janina Lenin živ!** (1925)
Bauern-Kinopravda / Im Herzen des Bauern ist Lenin lebendig
397 m, 21 min 46 sec/16 fps
QUELLE Gosfilmofond, 03/1968 P 10/1967

ÜBER DZIGA VERTOV

Vertov Privataufnahme (1922–1930)
21 m, 1 min/18fps
Auch digital (Auflösung: 2k) in der Sammlung vorhanden
QUELLE E.I. Svilova, April 1974
Von Svilova hergestellte stumme Kompilation von Aufnahmen, die Dziga Vertov selbst zeigen, und die sie als
Geschenk an Peter Konlechner im Handgepäck nach Wien
brachte. Drei unterschiedliche Szenen:
> Vertov in der Straßenbahn (stammt aus dem Film *Process
pravych ėserov* [1922], wo Vertov, Michail Kaufman und
Ivan Beljakov Passanten spielen, die sich aus der Zeitung
über den Fortgang des Prozesses gegen die Sozialrevolu-
tionäre informieren).
> Beladen eines Agitzugs (vgl. auch die Kadervergrößerun-
gen in der Kategorie „Arbeitsfotos" [Ar 1–6].
> Eine Porträtaufnahme neben einem konvexen Spiegel (als
Ar 30 auch in der Fotosammlung erhalten), wohl aus der
Zeit von *Čelovek s kinoapparatom*. Die Aufnahmen fanden
(auf 16mm umkopiert) Eingang in Peter Konlechners

A compilation of excerpts from the first nine editions of
Kinopravda, put together by the Museum of Modern Art
Film Library in New York in the 1930s.

Nr. 16 / Vesennjaja kino-pravda (1923)
Spring Kinopravda
541 m, 29 min 40 sec/16 fps
SOURCE Gosfilmofond, 01/1978 [*Dnevnik Glumova / Glumov's
Diary*], 02/93 P 01/1983

Nr. 20 / Pionerskaja pravda (1924)
Pioneer Pravda
326 m, 17 min 52 sec/16 fps
SOURCE Gosfilmofond, 10/1980 P 01/1983

Nr. 21 / Leninskaja kinopravda (1925)
Lenin Kinopravda
664 m, 36 min 24 sec/16 fps
SOURCE Gosfilmofond, 03/1968 P 10/1967

**Nr. 22 / Krest'janskaja kinopravda /
V serdce krest'janina Lenin živ!** (1925)
Peasant Kinopravda / Lenin is alive in the Heart of the
Peasant
397 m, 21 min 46 sec/16 fps
SOURCE Gosfilmofond, 03/1968 P 10/1967

ABOUT DZIGA VERTOV

Vertov Privataufnahme (1922–1930)
Vertov Filmed in Person
21 m, 1 min/18fps
SOURCE E.I. Svilova, April 1974
Also extant in the collection in digital form (resolution: 2k).
A silent film compilation put together by Svilova from
shots which show Dziga Vertov himself and which was
given to Peter Konlechner as a present and brought to
Vienna in her hand luggage. Three different scenes:
> Vertov in the tram (derives from the film *Process pravych
ėserov* [1922] where Vertov, Michail Kaufman and Ivan
Beljakov play passers-by, reading a newspaper to inform

Dreharbeiten zu / Production still from *Vertov Ausstellungs-Eröffnung* 18. 4.1974: Peter Konlechner, Elizaveta Svilova, Vasilij Mamontov, Sergej Drobašenko

Dokumentarfilm *Dziga Vertov* (siehe S. 284). Sie sind auf der DVD *Entuziazm* des Österreichischen Filmmuseums zu sehen.

Vertov Interview. M. Sojin Kamiyamo Japan et le metteur-en-scène Wertoff (1935 ff.)

15 m, 39sek/20 fps, ohne Ton
QUELLE unbekannt, 02/1975
Eine weitere Zusammenstellung von Vertov-Aufnahmen, angefertigt wahrscheinlich von Svilova. Yuri Tsivian vermutet, dass das (stumme) Interviewmaterial, das Vertov im Gespräch mit Sojin Kamiyamo (Japan) zeigt, aus dem Jahr 1935 stammt und im Rahmen des Moskauer Filmfestivals entstanden sein könnte.

Svilova-Vertova (1970)

93 m, 9 min/24fps, 16mm, sw, stumm
QUELLE unbekannt, 07/1971
Die ersten Bilder zeigen eine junge Frau als Lichtdouble – möglicherweise die Künstlerin Cora Pongratz, deren Mann, der Schriftsteller Reinhard Priessnitz, eng mit dem Filmmuseum zusammenarbeitete. Im Anschluss wird Svilova am Schreibtisch des Büros des Österreichischen Filmmuseums von Peter Konlechner interviewt und erläutert etliche Objekte (Fotos, Plakate, Autografen) aus der Vertov-Sammlung des ÖFM. Die Aufnahmen sind mit Sicherheit im Mai 1970, anlässlich von Svilovas erstem Besuch in Wien entstanden. Jedoch kann sich keiner der befragten Zeitzeugen mehr an das Ereignis erinnern. Der Kameramann ist unbekannt, und bedauerlicherweise ist der Ton zu den Bildaufnahmen nie in die Sammlung eingegangen.

Vertov Ausstellungs-Eröffnung 18. April 1974

KAMERA Rudolf Klingohr TON Clemens Duniecki
134 m/12 min/25fps, 16mm, Farbe, Ton
Dieser Film entstand anlässlich der Eröffnung der Vertov-Ausstellung in der Wiener Albertina im Auftrag des Österreichischen Filmmuseums. Rudolf „Purzl" Klingohr, der Kameramann, war bei der Wiener Interspot Film beschäftigt und wirkte später u. a. auch bei den Filmen John Cooks mit; Clemens Duniecki (Ton) war auch bei Peter Konlechners Dokumentarfilm *Dziga Vertov* beschäftigt. Der Film zeigt

themselves about the progress of the trial against social revolutionaries.
› Loading an agit train (cf. also the frame enlargements in the category "Work Photos" [Ar 1–6].
› A portrait shot next to a convex mirror (as Ar 30 also preserved in the collection as a photography), probably dating from the time of *Čelovek s kinoapparatom*. The shots found their way (duplicated onto 16mm) into Peter Konlechner's documentary film *Dziga Vertov* (see below). They are to be found on the DVD *Entuziazm* produced by the ÖFM.

Vertov Interview. M. Sojin Kamiyamo Japan et le metteur-en-scène Wertoff (1935 ff.)

15 m, 39sek/20 fps, silent
SOURCE unknown, 02/1975
A further compilation of Vertov shots, put together probably by Svilova. Yuri Tsivian believes that the (silent) interview material, which shows Vertov talking to Sojin Kamiyamo (Japan), dates from 1935 and might have been taken during the Moscow Film Festival.

Svilova-Vertova (1970)

93 m, 9 min/24fps, 16mm, sw, silent
SOURCE unknown, 07/1971
The first sequence shows a young woman—possibly the artist Cora Pongratz, whose husband, the writer Reinhard Priessnitz, worked closely with the Film Museum—as a stand-in. Then, Svilova is interviewed by Peter Konlechner at a desk in the office of the Austrian Film Museum and explains various objects (photos, posters, manuscripts) in the Vertov Collection of the ÖFM. The shots were certainly taken in May 1970, on the occasion of Svilova's first visit to Vienna. However, none of the contemporary witnesses who were asked about the event can still remember it. The

283

camera operator is unknown and unfortunately the sound-track never entered the collection.

Vertov Ausstellungs-Eröffnung 18. April 1974

Opening of the Vertov Exhibition in Vienna on 18 April 1974
PHOTOGRAPHY Rudolf Klingohr **SOUND** Clemens Duniecki
134 m/12 min/25fps, 16mm, colour, sound
This film was made on the occasion of the opening of the Vertov exhibition at the Albertina in Vienna and was commissioned by the Austrian Film Museum. Rudolf "Purzl" Klingohr, the camera operator, worked for Interspot Film in Vienna and later also on the films of John Cook; Clemens Duniecki (sound) also worked on Peter Konlechner's documentary film *Dziga Vertov*. The film shows the opening of the exhibition in the presence of Svilova, Sergej Drobašenko and the ambassador of the Soviet Union, Vasilij Mamontov. The first to speak was Konlechner (who appeals to the ambassador to allow Svilova to restore Vertov's films in the USSR), then Drobašenko and finally Svilova herself (who addresses Konlechner as "Comrade Konlechner"!) Afterwards there are several minutes of exhibition shots, largely without sound. This film is also contained on the Austrian Film Museum's DVD *Entuziazm*.

Dziga Vertov (1974)

WRITTEN & DIRECTED BY Peter Konlechner **ASSISTANT DIRECTOR AND EDITOR** Tamara Epp **PHOTOGRAPHY** Walter Kindler, Michael Epp **SOUND** Clemens Duniecki, Juergen Thiel **TRANSLATIONS** Rosemarie Ziegler **PRODUCER** Norddeutscher Rundfunk, Hamburg **EXECUTIVE EDITOR** Hans Brecht **FEATURING** Elizaveta Svilova
612m, 54 min/25fps, 16mm, b&w and colour, separate sound on magnetic tape
SOURCE NDR 1974
Peter Konlechner's only film was commissioned by Norddeutschen Rundfunk (NDR) in 1974, but never broadcast. The film is biographically arranged and narrates Vertov's "rise and fall" solely on the basis of primary sources (film clips, quotes from the writings, objects from the Vertov collection) and interviews with Svilova. It is remarkable in several respects: it is probably the only film document in

die Eröffnung der Ausstellung in Anwesenheit von Svilova, Sergej Drobašenko und dem Botschafter der Sowjetunion, Vasilij Mamontov. Zuerst spricht Konlechner (der den Botschafter um Fürsprache für die Restaurierung von Vertovs Filmen durch Svilova in der UdSSR ersucht), dann Drobašenko, zuletzt Svilova selbst (die Konlechner mit „Genosse Konlechner" anspricht!). Darauf folgen einige Minuten Ausstellungsansichten, zum Großteil ohne Ton. Der Film ist auf der DVD *Entuziazm* des Österreichischen Filmmuseums enthalten.

Dziga Vertov (1974)

REGIE, BUCH Peter Konlechner **REGIE-ASSISTENZ, SCHNITT** Tamara Epp **KAMERA** Walter Kindler, Michael Epp **TON** Clemens Duniecki, Juergen Thiel **ÜBERSETZUNG** Rosemarie Ziegler **PRODUKTION** Norddeutscher Rundfunk, Hamburg **REDAKTION** Hans Brecht **MITWIRKENDE** Elizaveta Svilova
612m, 54 min/25fps, 16mm, sw und Farbe, separater Ton auf Cordband
QUELLE NDR 1974

Peter Konlechners einzige Filmarbeit wurde 1974 vom Norddeutschen Rundfunk (NDR) in Auftrag gegeben, aber niemals ausgestrahlt. Der Film ist biografisch angelegt und erzählt Vertovs „Aufstieg und Fall" ausschließlich anhand von Primärquellen (Filmausschnitte, Zitate aus den Schriften, Objekte aus der Vertov-Sammlung) und über die Zeitzeugin Svilova. Bemerkenswert ist er in vielerlei Hinsicht – es ist das vermutlich einzige Filmdokument, in dem Svilova Auskunft über das Werk Vertovs gibt; zugleich macht der Film – gedreht in den Räumlichkeiten der Albertina – den Aufbau der Wiener Vertov-Ausstellung von 1974 anschaulich. Ungewöhnlich nach Fernsehmaßstäben wirkt Konlechners gestalterische Entscheidung, die Filmausschnitte mit keinerlei Musik zu unterlegen – eine Haltung, die der Politik des ÖFM bis 2001, Stummfilme prinzipiell stumm vorzuführen, Rechnung trägt.

Bei der im ÖFM konservierten, nicht lichtbestimmten Kopie und dem dazu gehörigen Tonband handelt es sich um ein Unikat.

Restoring Entuziazm (2005)

REALISATION Joerg Burger, Michael Loebenstein
MITWIRKENDE Peter Kubelka, Edith Schlemmer
65 min, Video (DVCam PAL), sw und Farbe, 16:9
QUELLE Joerg Burger/ÖFM, 09/2005
Als Dokumentation für die DVD Entuziazm produziert, zeigt Restoring Entuziazm den Filmmuseum-Mitbegründer und Filmmacher Kubelka am Schneidetisch bei der Demonstration der Restaurierungsarbeiten, welche er und Edith Schlemmer 1972 an Entuziazm vorgenommen hatten. Gedreht wurde in den Räumlichkeiten der Wiener Produktionsfirma Pammer Film, da dort ein funktionsfähiger 35mm-Schneidetisch der Marke Prevost vorhanden war. Auf einem solchen Tisch hatten Kubelka und Schlemmer auch 1972 gearbeitet. Geprobt wurde der Dreh am 12. August 2005, die Demonstration vor der Kamera fand am 13. August statt und wurde überwiegend in ununterbrochenen Plansequenzen aufgenommen. Insgesamt existieren etwa vier Stunden Kameramaterial im Format HDV-PAL.

which Svilova supplies extensive information about Vertov's work, yet the footage shot in the rooms of the Albertina also gives us an insight into the structure of the Vertov exhibition in Vienna in 1974. Furthermore, Konlechner's decision to formally dispense with music in the background of the film clips was unusual television practice and adheres to the ÖFM's decision to show silent films in silence as a matter of principle—a policy that was pursued until 2001.

The print conserved at the ÖFM is not color-corrected and a unique copy.

Restoring Entuziazm (2005)

REALISATION Joerg Burger, Michael Loebenstein
FEATURING Peter Kubelka, Edith Schlemmer
65min, Video (DVCam PAL), b&w and colour, 16:9
SOURCE Joerg Burger/ÖFM, 09/2005
Produced as a documentation for the DVD Entuziazm, the film Restoring Entuziazm shows the filmmaker and co-founder of the Film Museum, Peter Kubelka, at the editing table, demonstrating the work of restoration which he and Edith Schlemmer undertook on Entuziazm in 1972. The documentary was shot on the premises of the Vienna production company Pammer Film, since they had a working 35mm editing table made by the Prevost company. It was on such a table that Kubelka and Schlemmer had worked in 1972. There was a rehearsal on 12 August 2005 and the demonstration in front of the camera took place on 13 August, predominantly shot in uninterrupted single takes. Overall, some four hours of camera material exist in HDV-PAL format.

Anhang / Appendix

AUTOR/INNEN (ESSAYS) / CONTRIBUTORS (ESSAYS)

MICHAEL LOEBENSTEIN
*1974 in Wien. Wissenschaftlicher Mitarbeiter des Öster-
reichischen Filmmuseums, seit 1999 als Autor (u. a. *Falter*)
Mediengestalter (Video-, CD-Rom- und DVD-Projekte)
tätig. Redaktionsmitglied der Filmzeitschrift *kolik.film*,
Mitglied von SYNEMA – Gesellschaft für Film & Medien.
Born 1974 in Vienna. Head of Research & Education
Dept. at the Austrian Film Museum, writer, digital media
designer (video, CD-Rom, DVD), curator of film programs
and co-editor of the film periodical *kolik.film*. Member of
SYNEMA – Society for Film & Media.
Publikationen/Publications: *Peter Tscherkassky* (2005,
with Alexander Horwath); *Entuziazm (Simfonija Donbassa)*,
DVD, 2005; *Blind Husbands*, DVD, 2006

THOMAS TODE
*1962, Studium der Visuellen Kommunikation, Germanistik
und Etudes Cinématographiques in Hamburg und Paris.
Lebt in Hamburg als Filmemacher, Kurator und freier Publizist. Forscht insbesondere zum Essayfilm, zum sowjetischen Film, zu Dokumentar- und Avantgardefilm. Regelmäßig Beiträge für *CineGraph Lexikon* (Hamburg/München),
Cinémathèque (Paris), *Cinema* (Zürich). Lehraufträge an den
Universitäten Hamburg, Bochum und Wien. Freier Mitarbeiter der Kinemathek Hamburg, Organisation von Film-
reihen, Kurator des Filmfestivals Cinepolis — Architektur &
Stadt im Film.
Born 1962. Studies in Visual Communication, German
literature and Etudes Cinématographiques in Hamburg and
Paris. Lives and works as a filmmaker, curator and writer in
Hamburg. His research focuses on the essay film, soviet
cinema, documentary and avantgarde film. Regular con-
tributor for *CineGraph Lexikon* (Hamburg/Munich), *Cinémathèque* (Paris), *Cinema* (Zurich). Teaches in Hamburg,
Bochum and Vienna, collaborator of the Kinemathek
Hamburg. He regularly organises film programs and
festivals, f.e. „Cinepolis—Architektur & Stadt im Film".
Eigene Filme/Films by Thomas Tode: *Natur Obskur*
(1988); *Die Hafentreppe* (1991); *Im Land der Kinoveteranen:
Filmexpedition zu Dziga Vertov* (1996); *Hafenstrasse Revisited*

(2006, im Entstehen/in production); *Revolution im Ton*
(in Vorbereitung/in preparation).
Herausgeber folgender Filmbücher/Publications include:
Johan van der Keuken: Abenteuer eines Auges (Basel/Frank-
furt a. M. 1992); *Chris Marker – Filmessayist* (München
1997); *Dziga Vertov – Tagebücher/Arbeitshefte* (gem. mit/
with Alexandra Gramatke, Konstanz 2000); *Der Mann mit
der Kamera*, DVD, 2006

BABARA WURM
*1973, Studium der Slawistik, Germanistik und Vergleichen-
den Literaturwissenschaft in Wien, Innsbruck, Moskau und
München. Wissenschaftliche Forschungsschwerpunkte: Li-
teratur-, Film- und Medientheorie (insbes. der Avantgarde).
Zurzeit Promotionsstudium im Graduiertenkolleg „Codierung von Gewalt im medialen Wandel" der Humboldt Universität zu Berlin mit einer Arbeit zum sowjetischen Doku-
mentar-/Kulturfilm der 1920er Jahre („Neuer Mensch' und
,Neues Sehen'). Lehraufträge an der Universität Wien sowie
an der FU und HU Berlin. Mitglied der Auswahlkommission
beim Internationalen Leipziger Festival für Dokumentar-
und Animationsfilm (Schwerpunkt: zeitgenössisches osteu-
ropäisches Kino). Kuratorische Mitarbeit in Programmkinos,
Filmclubs und Cinematheken in Leipzig, München, Berlin,
Wien („Kino-Revolution", Mai/Juni 2006 im Österreichischen Filmmuseum). Aufsätze und Rezensionen in *Filmdienst, kolik.film* und *Kinovedčeskie zapiski* sowie in wissenschaftlichen Zeitschriften und Sammelbänden, u.a. zu
Medientheorie und russischer Avantgarde (Jurij Tynjanov),
Filmexil (Alexander Granach), filmischer Zeit (Andrej Tarkovskij), sowjetischem Underground-Kino (Evgenij Jufit).
Born 1973. Studied Slavic Studies, German Studies and
Comparative Literature in Vienna, Innsbruck, Moscow and
Munich. Special research interests in literary, film and
media theory (focusing on avant-garde movements). Works
on her PhD at the Graduiertenkolleg "Codierung von
Gewalt im medialen Wandel" (Humboldt-University, Berlin)
with a thesis on Soviet Documentary / *Kulturfilm* of the
1920s ('The New Man' and the 'New Seeing'). Teaches in
Vienna and Berlin (FU and HU). Member of the selection
committee of the International Leipzig Festival for Documentary and Animated Film (focusing on contemporary

Eastern European cinema). Programmer for several ciné-
mathèques in Leipzig, Munich, Berlin and Vienna,
programme consultant for "Kino-Revolution", May/June
2006, Österreichisches Filmmuseum. Articles and reviews in
Filmdienst, kolik.film and *Kinovedčeskie zapiski* as well as in
journals and anthologies on media theory and Russian
avant-garde (Jurij Tynjanov), film exile (Alexander Granach),
cinematic time (Andrej Tarkovskij) and Soviet Underground
Cinema (Evgenij Jufit).

TEXT- UND BILDNACHWEIS/ACKNOWLEDGEMENTS

Alle Texte dieses Bands sind Erstveröffenlichungen /
All essays in this book are published here for the first time.
Julian Graffys englische Übersetzungen der Vertov-
Gedichte in V 1, V 10 und V 11 wurden erstabgedruckt in
Yuri Tsivian (Hg.), *Lines of Resistance: Dziga Vertov and the
Twenties,* Pordenone/Sacile 2004. / Julian Graffy's English
translations of Vertov's poems (see V 1, V 10, V 11) were first
published in Yuri Tsivian (ed.), *Lines of Resistance: Dziga
Vertov and the Twenties,* Pordenone/Sacile 2004.
Benutzte Nachschlagwerke zu Dziga Vertov /
Works of reference
Sergej Drobašenko, *Dziga Vertov: Stat'i, dnevniki, zamysly,*
  Moskva 1966.
Hermann Herlinghaus, *Dsiga Wertow: Aufsätze, Tagebücher,
  Skizzen,* Berlin (Ost/East) 1967.
Wolfgang Klaue, Manfred Lichtenstein, *Sowjetischer
  Dokumentarfilm,* Berlin (Ost/East) 1967.
Wolfgang Beilenhoff, *Dziga Vertov: Schriften zum Film,*
  München 1973.
Thomas Tode, Alexandra Gramatke, *Dziga Vertov, Tage-
  bücher/Arbeitshefte* (= *Close Up,* Nr. 14), Konstanz 2000.
Aleksandr S. Derjabin, *Dziga Vertov, Iz nasledija T. 1:
  Dramaturgičeskie opyty (Sost., predisl., komm., immenoj
  ukazatel' A. S. Derjabin),* Moskva 2004.
Yuri Tsivian, *Lines of Resistance: Dziga Vertov and the
  Twenties,* Pordenone/Sacile 2004.
Alle Abbildungen aus der Vertov-Sammlung, außer /
All pictures are from the Vertov Collection with the
exception of:
p. 45 © Gerhard Heller
p. 61 © Michael Loebenstein
p. 283 © Friedl Kubelka
p. 284 © Joerg Burger
Kadervergrößerungen auf den Seiten / Frame enlargements
  on pages 23, 25, 31, 75–77, 276: Georg Wasner

ÜBERSETZER/INNEN / TRANSLATORS

Tom Appleton: pp. 33–62 (deutsch-english)
Teresa Devlin: Preface; p. 7 (deutsch–english)
Felix Eder [FE]: Vertov-Gedichte / Vertov's poems V 2, 10,
  11, 13 (russisch/russian–deutsch)
Eve Heller: p. 63, p. 159, pp. 81–158 (deutsch-english)
Renée von Paschen: V 88; pp. 12–15 (deutsch–english)
Barbara Pichler: pp. 7–12, 18–21, 22–24, 29–32
  (english–deutsch)
Isolde Schmitt [IS]: pp. 12–15 (français-deutsch); V 49, 65,
  88, 145, 151 (russisch/russian–deutsch)
Nelson Wattie: pp. 15–17, 20–21, 24–29 (deutsch–english)
Peter Waugh: Katalog / catalogue; pp. 64–78
  (deutsch–english)
Barbara Wurm [BW]: pp. 81–158; V 1, 63, 78, 80, 96, 137,
  147, 160.I, 170 (russisch/russian–deutsch)

DANK AN / THANKS TO

Marianne Bauer, Maria und Ronald Bron, Peter Grabher,
Ulli Fuchs, Brigitte Mayr, Olaf Möller, Ingrid Müller,
Michael Omasta, Johann Rabitsch, Regina Schlagnitweit,
Claudia Slanar, Elisabeth Streit, Luka Szucsich, Georg
Wasner und allen Autor/innen dieses Bands / and all
the authors of this volume.

Seit einigen Jahren arbeiten das Österreichische Filmmuseum und SYNEMA in vielfältiger Weise zusammen. Die Palette gemeinsamer Veranstaltungen reicht von Retrospektiven, die dem Schauspieler und Regisseur *Peter Lorre* (Mai–Juni 2004) oder dem filmischen Werk von *Alexander Hackenschmied/Hammid* (März 2002) gewidmet waren, bis zu den Symposien *Screenwise – Film, Fernsehen, Feminismus* (Mai 2003), *Film/Denken – Film & Philosophie* (November 2002) und *Infame Bilder. Im Kino der Kontrollgesellschaft* (Mai 2004). Großen Anklang fanden auch Projekte wie *Moving Landscapes* zur Bedeutung von Landschaft im Film (November 2004) oder die umfassende „Film-Ausstellung" *You can't win. Film noir 1927–2001* (März und April 2005). Im Rahmen der gemeinsam konzipierten internationalen Konferenz *Film. Geschichte. Schreiben* (April 2004) standen schließlich die Formen der Tradierung, Kanonisierung und Vermittlung des Mediums Film zur Debatte – die Grundlagen der eigenen Arbeit.

All diese kooperativen Projekte sind von der Überzeugung getragen, dass die Wahrnehmung von Filmen und das Nachdenken darüber zusammengehören: dass die konkrete Anschauung, die „Lektüre" von Filmen im Kino der unverzichtbare Ausgangspunkt jeder Beschäftigung mit dem Medium ist – und dass umgekehrt eine „reine" Anschauung weder wünschenswert noch möglich ist, da die Artikulationsweisen des Films stets andere, ästhetische und gesellschaftliche Artikulationen nach sich ziehen.

Das Ziel, die Vermittlungsarbeit zu vertiefen und über die Veranstaltungen hinaus präsent zu halten, führte zur Idee einer gemeinsamen Buchreihe, in der die inhaltlichen Positionen, die Forschungsschwerpunkte und die Sammlungsbestände zum Ausdruck kommen sollen: FilmmuseumSynemaPublikationen.

Sie halten nun den vierten Band dieser Reihe in Händen, nach *Claire Denis* (Bd. 1), *Peter Tscherkassky* (Bd. 2) und *John Cook* (Bd. 3). Es ist zugleich ein „Arbeitsbuch" und ein „schönes Buch" und damit auch beispielhaft für die anderen Bände, die sich gleichermaßen historischen und zeitgenössischen Themen widmen; die manchmal zweisprachig und manchmal vielfärbig, manchmal über lange Frist und manchmal im „Wirbel der Ereignisse" entstehen; und die in jedem Fall der Leidenschaft geschuldet sind – der Leidenschaft jener, die die Bücher machen, und den Leidenschaften derer, die darin mit ihren Filmen, Schriften, Bildern vertreten sind.

Alexander Horwath
Österreichisches Filmmuseum
Augustinerstraße 1, A-1010 Wien
Tel. +43/1/533 70 54
E-Mail: office@filmmuseum.at
www.filmmuseum.at

Brigitte Mayr
SYNEMA – Gesellschaft für Film & Medien
Neubaugasse 36/1/1/1, A-1070 Wien
Tel. & Fax +43/1/523 37 97
E-Mail: office@synema.at
www.synema.at